Jahrbuch Nachhaltige Ökonomie
... im Brennpunkt: Wachstum

Jahrbuch Nachhaltige Ökonomie 2011/2012

Herausgeber/innen
Professor Dr. Holger Rogall (Geschäftsführender Herausgeber)
Professor Dr. Hans-Christoph Binswanger
Professor Dr. Felix Ekardt
Professor Dr. Anja Grothe
Professor Wolf-Dieter Hasenclever
Professor Dr. Ingomar Hauchler
Professor Dr. Martin Jänicke
Professor Dr. Karl Kollmann
Professor Dr. Nina V. Michaelis
Professor Dr. Hans G. Nutzinger
Professor Dr. Gerhard Scherhorn

Redaktion
Der Redaktionssitz befindet sich an der Hochschule für Wirtschaft und Recht in Berlin (HWR-Berlin) bei Professor Dr. Holger Rogall, Badenschestr. 52, 10825 Berlin. Zum Mitarbeiterteam gehören: Urte Berthold, Katrin Fleischer, Rosa Haberland, Mira Klausen, Sven Klinkow und Kerstin Oebels.

Jahrbuch Nachhaltige Ökonomie

... im Brennpunkt: Wachstum

Metropolis-Verlag
Marburg 2011

Das Projekt Jahrbuch Nachhaltige Ökonomie wurde gefördert durch das:

Bibliografische Information der Deutschen Bibliothek
Die Deutsche Bibliothek verzeichnet diese Publikation in der Deutschen Nationalbibliografie; detaillierte bibliografische Daten sind im Internet über <http://dnb.ddb.de> abrufbar.

Metropolis-Verlag für Ökonomie, Gesellschaft und Politik GmbH
http://www.metropolis-verlag.de
Copyright: Metropolis-Verlag, Marburg 2011
Alle Rechte vorbehalten
ISBN 978-3-89518-900-5

Inhalt

Kurzfassung der Ziele 9

A. Vorwort 11

B. Brennpunkt 17
Hans Christoph Binswanger, Ingomar Hauchler, Holger Rogall
Ende des Wachstumsparadigmas

C. Trends der globalen Herausforderungen 27

D. Themenkomplexe 57

*Teil 1: Alternativen der Nachhaltigen Ökonomie
zur traditionellen Ökonomie* 57

Eberhard Umbach, Holger Rogall
Nachhaltigkeit – Konkretisierung eines kontroversen Begriffes 57

Hansjörg Herr, Holger Rogall
Von der traditionellen zur Nachhaltigen Ökonomie 81

Teil 2: Wachstumsdiskussion 109

Hans Christoph Binswanger
Die Wachstumsspirale: Geld, Energie, Imagination
in der Dynamik des Marktprozesses 109

Martin Jänicke
„Green Growth" – Vom Wachstum der Öko-Industrie
zum nachhaltigen Wirtschaften 123

Holger Rogall
Nachhaltigkeitsparadigma – wirtschaftliches Wachstum 143

Teil 3: Ethik und Menschenbild 173

Felix Ekardt
Ethische Fragen einer Nachhaltigen Ökonomie 173

Wolf-Dieter Hasenclever
Ökologischer Humanismus – Zur Grundlage einer Ethik
der Nachhaltigen Ökonomie 199

*Teil 4: Institutionelle Perspektiven, neue Instrumente
und Messsysteme* 217

Ingomar Hauchler
Institutionelle Reformen für eine Nachhaltige Ökonomie 217

Gerhard Scherhorn
Die Marktwirtschaft passt noch nicht zur
nachhaltigen Entwicklung 239

Michael Müller
Essentials einer nachhaltigen Marktwirtschaft 251

Jerzy Sleszynski
Indicators for Sustainable Development 279

Teil 5: Globale Aspekte einer Nachhaltigen Ökonomie 289

Jürgen Kopfmüller
Die globale Dimension der Nachhaltigen Ökonomie 289

Nina V. Michaelis
Der Weg zu einem globalen Ordnungsrahmen
für nachhaltige Entwicklung 311

Teil 6: Handlungsfelder der Nachhaltigen Ökonomie 333

Karl Kollmann
Verbraucher, Verbraucherpolitik und Nachhaltigkeit 333

Silke Bustamante
Corporate Social Responsibility – der Beitrag von Unternehmen
zur Nachhaltigkeit 355

E. Anhang **381**

Langfassung der Kernaussagen
der Nachhaltigen Ökonomie/Ökonomik 381

Autoren und Herausgeber 417

Kurzfassung der Ziele

Das Jahrbuch Nachhaltige Ökonomie wendet sich an alle Wissenschaftler, Politiker, Lehrer, Studierende, Fachleute in der Verwaltung und informierte Leser in der Zivilgesellschaft, die am Diskurs über die Entwicklung und Durchsetzung einer nachhaltigen Wirtschaftslehre interessiert sind und sich dafür engagieren.

Hinter dem Jahrbuch steht das Konzept der Nachhaltigen Ökonomie, wie es in den Kernaussagen des gleichnamigen Netzwerks beschrieben ist (Langfassung von 2009 in der Fassung vom 19.04.2011, siehe E. Anhang). Sie wird als „ökonomische Theorie der Nachhaltigkeit unter Berücksichtigung der transdisziplinären Grundlagen" definiert. Die Nachhaltige Ökonomie fühlt sich daher einer starken Nachhaltigkeit, welche die Grenzen der natürlichen Tragfähigkeit anerkennt, verpflichtet. Hierbei beruht sie auf den ethischen Nachhaltigkeitsprinzipien der intra- und intergenerativen Gerechtigkeit, der Verantwortung und Solidarität, dem Vorsorge-, Dauerhaftigkeits- und Angemessenheitsprinzip sowie den Prinzipien einer solidarischen Demokratie und Rechtsstaatlichkeit. Das Jahrbuch konzentriert sich auf den Einfluss der Ökonomie auf die Nachhaltige Entwicklung und ihre sozial-kulturellen, ökologischen und ökonomischen Dimensionen. Es wurde durch die Förderung des Bundesministeriums für Umwelt, Naturschutz und Reaktorsicherheit ermöglicht.

A. Vorwort

Mit dieser Veröffentlichung liegt die erste Ausgabe des Jahrbuchs Nachhaltige Ökonomie vor. Damit soll der nächste Schritt in der Diskussion um eine nachhaltige Wirtschaftslehre vollzogen werden. Die Herausgeber und Autoren hoffen, mit dem Werk ein Forum für Diskussionen über die Inhalte der Nachhaltigen Ökonomie geschaffen zu haben.

An der Entwicklung der Grundlagen der Nachhaltigen Ökonomie (früher Neue Umweltökonomie genannt) und dem Nachhaltigkeitsmanagement wird seit den 1990er Jahren in der HWR-Berlin (früher FHW) gearbeitet. Seit 2002 unterstützt die Gesellschaft für Nachhaltigkeit (GfN e.V.) diesen Prozess. Nach einigen vorbereitenden Büchern veröffentlichte Professor Dr. Holger Rogall, Hochschullehrer für Nachhaltige Ökonomie, 2009 das gleichnamige Lehrbuch, das die Grundlagen dieser neuen Wirtschaftsschule aus den Veröffentlichungen der Sustainable Science zusammenfasst und ins Polnische sowie Vietnamesische übersetzt wurde. Parallel zur Erstellung des Buches initiierte die GfN die Gründung des Netzwerkes Nachhaltige Ökonomie (www.nachhaltigeoekonomie.de) und warb bei wichtigen Vertretern der Sustainable Science um die Unterstützung ihrer Kernaussagen. Heute unterstützen etwa 200 Personen und Organisationen diese Aussagen, darunter 80 Professoren und Dozenten aus Deutschland, Österreich, Polen, der Schweiz und Vietnam. 2009 und 2010 führte das Netzwerk mit Förderung durch das BMU die beiden ersten internationalen Workshops in Berlin durch, auf denen die Kernaussagen präzisiert und weiterentwickelt wurden. Im Jahr 2011 erschien das Schwesterlehrbuch zur Nachhaltigen Ökonomie „Grundlagen einer nachhaltigen Wirtschaftslehre, Volkswirtschaftslehre für Studierende des 21. Jahrhunderts." Für beide Grundlagenwerke wurden Power-Point-Dateien für die Lehre erstellt, die auf den Webseiten herunter geladen werden können (www.holger-rogall.de, www.nachhaltige-oekonomie.de, www.gfn-online.de). Mittels einer erneuten Förderung durch das BMU wird die Erstellung der ersten beiden Jahrbücher ermöglicht.

Ein Teil der Netzwerkmitglieder möchte mit der Nachhaltigen Ökonomie eine neue Wirtschaftsschule gründen, die neben der Neoklassik und dem Keynesianismus steht, andere die bisherigen Schulen von Grund auf reformieren und um Nachhaltigkeitsaspekte erweitern, wiederum andere die beiden traditionellen Schulen ersetzen. Für diese teils unterschiedlichen Zielsetzungen, jedoch geeint in der Überzeugung, dass die bestehende Wirtschaftsweise nicht zukunftsfähig ist, soll das vorliegende Jahrbuch und folgende einen bedeutenden Beitrag leisten.

Die Jahrbücher weisen folgende wiederkehrende Struktur auf:

A. *Vorwort*

B. *Brennpunkt:* Aktuelles Schwerpunktthema

C. *Aktuelle Trends* zu den globalen Herausforderungen
   Aktuelle Daten zu den 15 zentralen Problemfeldern

D. *Themenkomplexe:* Autorenbeiträge zu den sechs Themenfeldern:

   (1) Alternativen der Nachhaltigen Ökonomie zur traditionellen Ökonomie (Kritik und Nachhaltigkeitsdebatte)

   (2) Wachstumsdiskussion

   (3) Ethik und Menschenbild der Nachhaltigen Ökonomie

   (4) Institutionelle Perspektiven, neue Instrumente und Messsysteme

   (5) Globale Aspekte einer Nachhaltigen Ökonomie

   (6) Handlungsfelder der Nachhaltigen Ökonomie

E. *Anhang*

– Langfassung der Kernaussagen des Netzwerkes Nachhaltige Ökonomie

– Autoren und Herausgeber

Das *Vorwort* (A) gibt Hinweise zur Zielsetzung und zu den Autorenbeiträgen.

(B) Der Brennpunkt behandelt ein aktuelles Schwerpunktthema, das an die öffentliche Diskussion anschließt. Das vorliegende erste Jahrbuch behandelt als *Brennpunkt die Wachstumsdebatte*, ein Thema, das ohne Frage eine zentrale Rolle für eine zukunftsfähige Wirtschaftslehre spielt. Das bisherige Wachstumsparadigma – das ein stetig exponentielles Wachstum des Bruttoinlandsprodukts und der materiellen Güterproduktion fordert – ist aus Sicht der Brennpunkt-Autoren in den Industrieländern weder realisierbar noch wünschbar. Nicht wünschbar, weil die Folgen eines ungesteuerten Wachstums die Klimaerwärmung mit ihren dramatischen Folgen (Rückgang der Nahrungsmittelproduktion, Armut und Hunger, Verlust von Lebensraum usw.) sowie den Verbrauch und die Übernutzung der natürlichen Ressourcen mit ihren Folgen (Knappheitspreise, Inflation, gewaltsame Konflikte) dramatisch verschärft. Andererseits können die Autoren auch keinen problemlosen Ausstiegspfad erkennen, der ohne ökonomische und sozial-kulturelle Brüche einen bewussten Schrumpfungsprozess der Wertschöpfung herbeiführt. Hierzu sind die ökonomischen und sozial-kulturellen Folgen einer dann folgenden Dauerdepression zu groß. Daher fordern sie eine wirtschaftliche Entwicklung, die sich der natürlichen Tragfähigkeit unterordnet und nicht die Frage der Wertschöpfungshöhe, sondern der Ressourcenverbrauchsminderung und den nachhaltigen Umbau der Volkswirtschaften in den Mittelpunkt stellt, hierzu muss allerdings das globale Wachstum aus ihrer Sicht eine Mäßigung erfahren.

(C) In den *aktuellen Trends* zu den globalen Herausforderungen aus Sicht der Nachhaltigen Ökonomie werden aktuelle Daten zu den 15 zentralen Problemfeldern (jeweils 5 aus der ökologischen, ökonomischen und sozial-kulturellen Dimension) erläutert. Hier zeigt sich, dass die derzeitige Entwicklung der Menschheit weit davon entfernt ist, eine Nachhaltige Entwicklung einzuschlagen, vielmehr werden die Probleme derzeit immer größer, da die Regierenden nicht bereit sind, nachhaltige Leitplanken einzuführen, die ein nachhaltiges Wirtschaften ermöglichen würden.

(D) Die Beiträge zu den *Themenkomplexen* lehnen sich an den Kernaussagen der Nachhaltigen Ökonomie an, wie sie das gleichnamige Netzwerk verabschiedet hat. Sie sollen in den kommenden Ausgaben des Jahrbuchs weiter geschärft, mit Beispielen versehen und diskutiert werden. In den Beiträgen werden die Kernaussagen der Nachhaltigen Ökonomie von unterschiedlichen Autoren wissenschaftlich begründet, weiterentwickelt, differenziert und ausformuliert. Hierzu finden sich im *Teil 1* (Alternativen zur traditionellen Ökonomie) zwei Beiträge. *Eberhard Umbach* und *Holger Rogall* konkretisieren den Begriff der Nachhaltigen Entwicklung. Sie stellen ihn in einen geschichtlichen Kontext und untersetzen diesen mit konkreten Handlungsweisen. Der

Beitrag von *Hansjörg Herr* und *Holger Rogall* zeigt die notwendigen Reformschritte an der traditionellen Ökonomie, so dass sie sich in Richtung einer nachhaltigen Wirtschaftslehre für das 21. Jahrhundert entwickeln kann.

Der *Teil 2* (Wachstumsdiskussion) beinhaltet drei Beiträge. *Hans Christoph Binswanger* erläutert in seiner „Wachstumsspirale" den Wachstumszwang, der der kapitalistischen Marktwirtschaft innewohnt, indem er in seine Betrachtung die Dynamik des Geldes, die Leistung der Natur und der Imagination einbezieht. Er fordert daher eine Mäßigung des Wachstums, institutionelle Änderungen und die Einführung des 100%-Geldes. *Martin Jänicke* zeigt in seinem Beitrag „Green Growth", dass es sich hierbei nicht um eine einseitige Wachstumsstrategie handelt, sondern um einen nachhaltigen Umbau der globalen Volkswirtschaften mit hohen Wachstumsraten bei den Umwelt und Ressourcen schonenden Technologien und um radikales „DE-Growth" (Schrumpfen) bei Produkten und Verfahren, die die langfristigen Lebens- und Produktionsbedingungen untergraben. *Holger Rogall* schließt an die Ausführungen von Jänicke an und zeigt die Bedingungen einer wirtschaftlichen nachhaltigen Entwicklung in den Grenzen der natürlichen Tragfähigkeit (von einigen Autoren auch selektives Wachstum genannt) auf und formuliert die Bedingungen für ein Nachhaltigkeitsparadigma.

Im *Teil 3* (Ethik und Menschenbild) finden sich zwei Beiträge. *Felix Ekardt* setzt sich mit der ethischen Frage in der Nachhaltigen Ökonomie auseinander und zeigt in seinen Ausführungen, dass Kosten-Nutzen-Analysen durch ihre unzutreffenden oder substanziell unvollständigen normativen und deskriptiven Annahmen in ihren Berechnungen für „Effizienz" das Klimaproblem nicht lösen können. *Wolf-Dieter Hasenclever* zeigt mit seinen Grundlagen eines ökologischen Humanismus, dass sich ihre ethische Grundlegung aus den Traditionen des Humanismus herleiten lässt, wenn diese unter dem Gesichtspunkt eines erweiterten Ökologieverständnisses durch die Kategorien der Verantwortung gegenüber der Umwelt, der Mitwelt und der Nachwelt erweitert werden.

Der *Teil 4* (Institutionelle Perspektiven, neue Instrumente und Messsysteme) bietet vier Beiträge. *Ingomar Hauchler* beschäftigt sich mit den notwendigen institutionellen und eigentumsrechtlichen Änderungen einer nachhaltigen Marktwirtschaft. Mit den wettbewerbsrechtlichen Bedingungen eines nachhaltigen Wirtschaftens und explizit mit der Möglichkeit der Externalisierung von Kosten setzt sich *Gerhard Scherhorn* auseinander. *Michael Müller* schreibt über die Bedingungen einer nachhaltigen Marktwirtschaft, dabei geht er über die ökologische Dimension heraus und beleuchtet auch die Interdependenzen der Dimensionen der Nachhaltigkeit. *Jerzy Sleszynski* beschreibt die Bedingungen und Probleme für Nachhaltigkeitsindikatoren zur Erfassung und Operationalisierung einer nachhaltigen Entwicklung.

Im *Teil 5* (globale Aspekte der Nachhaltigen Ökonomie) gehen *Nina Michaelis* und *Jürgen Kopfmüller* der Frage nach, wie ein globaler Ordnungsrahmen für eine nachhaltige Entwicklung aussehen kann. Jürgen Kopfmüller erläutert in seinem Beitrag die globale Dimension der Nachhaltigen Ökonomie, indem er global definiert und anschließend Strategie und Wirkung von globalen Prozessen untersucht und einige zentrale Leitlinien skizziert. Nina Michaelis beschäftigt sich mit Wegen zu einem globalen Ordnungsrahmen für eine nachhaltige Entwicklung.

Der *Teil 6* (Handlungsfelder) beinhaltet zwei Beiträge. *Karl Kollmann* setzt sich mit der Rolle der Verbraucherpolitik in der Nachhaltigen Ökonomie auseinander, dabei nähert er sich über die Rolle des Konsums und der Konsumenten in der Gesellschaft sowie über den transdisziplinären und politisch-ökonomischen Blick, Handlungsmöglichkeiten zur Verbesserung einer Verbraucherpolitik im Sinne eines nachhaltigen Konsums. *Silke Bustamante* setzt sich mit den Chancen und Grenzen der CSR auseinander, indem sie die Definition und das Konzept von CSR vorstellt und aus dem Kontext heraus global institutionelle Gründe und Motive darlegt.

(E) Im *Anhang* werden die Langfassung der Kernaussagen der Nachhaltigen Ökonomie sowie die Kurzlebensläufe der Autoren und Herausgeber veröffentlicht.

B. Brennpunkt

*Hans Christoph Binswanger, Ingomar Hauchler,
Holger Rogall*

Ende des Wachstumsparadigmas

1. Warum die Wachstumsfrage das zentrale Problem ist

Als Brennpunktthema für das erste Jahrbuch Nachhaltige Ökonomie haben die Herausgeber das Wachstumsthema gewählt, weil die Richtung der wirtschaftlich-technischen Entwicklung und die Reduzierung des Ressourcenverbrauchs zur alles entscheidenden Frage in diesem Jahrhundert geworden ist. Die Autoren dieses Beitrags sind der Überzeugung, dass eine Fortsetzung des bisherigen Wachstumsparadigmas – dass eine größtmögliche exponentielle Steigerung des Bruttoinlandsprodukts und der materiellen Güterproduktion fordert – nicht zukunftsfähig ist. Viele zentrale Probleme des 21. Jahrhunderts werden durch ein exponentielles Wachstum der Produktion materieller Güter verschärft: Die Klimaerwärmung mit der Folge der Bedrohung der Existenz von Milliarden Menschen, der Verbrauch nicht erneuerbarer und die Übernutzung erneuerbarer Ressourcen, extreme Preissteigerungen, gewaltsame Konflikte um Ressourcen. Die ca. 200 Mitglieder des Netzwerks Nachhaltige Ökonomie unterstützen diese wachstumskritische Position, hier heißt es in der vierten Kernaussage:

„Da ein exponentielles Wachstum mit einer zunehmenden Inanspruchnahme natürlicher Ressourcen über Jahrtausende nicht möglich ist, wird die Ersetzung des heutigen Wachstumsparadigmas durch ein Nachhaltigkeitsparadigma zur notwendigen Voraussetzung einer dauerhaften Entwicklung".

Mit dieser Position ist die Nachhaltige Ökonomie der ökonomischen Mehrheitsmeinung um Jahre voraus, sind doch fast alle traditionellen Ökonomen, trotz sonstiger Konflikte, in dem Ziel eines „stetigen und angemessenen wirtschaftlichen Wachstums" (Stabilitätsgesetz) einig. Sie vertreten ein Wachstumsparadigma, das offenbar auch der Deutsche Bundestag nicht unbedingt teilt, hat er doch eine Enquete Kommission „Wachstum, Wohlstand, Lebensqualität" eingerichtet.

2. Warum Kritik am Wachstum

Die Probleme von wirtschaftlichen Stagnations- oder Schrumpfungsprozessen sind seit Jahrzehnten bekannt.

(1) *Ökologische Gefahren:* Ein exponentielles Wachstum der Güterproduktion führt zur Erhöhung der Treibhausgasemissionen und damit der Klimaerwärmung mit extremen Kosten und inakzeptablen Folgeschäden, zur Zerstörung von Naturräumen und Artensterben, zur Erhöhung des Verbrauchs nicht-erneuerbarer Ressourcen und Übernutzung erneuerbarer Ressourcen, zur zunehmenden Vergiftung der Biosphäre. Diese Entwicklungen bringen so hohe soziale Kosten und menschliches Elend mit sich, dass sie weder ethisch noch ökonomisch akzeptabel sind.

(2) *Ökonomische Risiken:* Die Entwicklung, die derart große soziale und ökologische Gefahren bergen, führen auch zu schwerwiegenden ökonomischen Problemen. Mit der Übernutzung der natürlichen Ressourcen werden in der Folge auch fast alle ökonomischen Ziele einer Nachhaltigen Entwicklung tangiert. Für immer mehr Menschen können die Grundbedürfnisse nicht mehr befriedigt werden. Der immer schnellere Verbrauch und die Übernutzung der natürlichen Ressourcen führen zu drastischen Preissteigerungen.

(3) *Sozial-kulturelle Gefahren:* Unsere wachstumsfixierte Gesellschaft führt zu einem allgemeinen Wachstumszwang, dem sich kaum ein Politiker, Unternehmer oder Bürger entziehen kann: Der Wachstumszwang fördert gesellschaftliche Entwicklungen zur Verflachung, eine triviale Konsum- und Spaßgesellschaft, führt zu einer demokratiegefährdenden

Entpolitisierung. Er bewirkt einen Innovationszwang, der Neues fordert nur um des Neuen willen und zu einem Wettlauf der Statussymbole, die Glück vorgaukeln, wo oft nur Enttäuschung wartet. Er macht die Nationalstaaten und die Politik zu Gefangenen des Wachstumsparadigmas. In der Folge führen die knapper werdenden Ressourcen zu immer wachsenden Umweltbelastungen und zu „Rohstoffsicherungspolitiken", die zu Ressourcenkriegen eskalieren können. Auch führt der Wachstumszwang dazu, dass viele Länder glauben, nicht auf Techniken verzichten zu können und deren Risiken unbeherrschbar sind (z.b. Atomenergie, Teile der Gentechnik, fossile Energiewirtschaft).

Diese unvertretbaren Risiken und Entwicklungen zeigen, dass das Wachstumsparadigma nicht zukunftsfähig ist und durch ein Nachhaltigkeitsparadigma ersetzt werden muss, das ausreichend hohe ökologische, ökonomische und sozial-kulturelle Standards für alle Menschen erlaubt, ohne die Grenzen der natürlichen Tragfähigkeit zu verletzen (Ziel einer Nachhaltigen Entwicklung).

3. Wachstumskritik: Vier Positionen

Zwischenfazit: ein dauerhaftes exponentielles Wachstum der materiellen Güterproduktion, verbunden mit einem steigenden Ressourcenverbrauch (über viele Jahrhunderte), ist weder ökologisch vertretbar, noch wirtschaftlich wahrscheinlich. Ökonomen, die diese Position vertreten, bezeichnen wir als Wachstumskritiker. Ihre Argumente unterscheiden sich allerdings in mehrfacher Hinsicht:

(1) *Technikkonzept:* Die Vertreter des Technikkonzepts gehen davon aus, dass die globalen Probleme des 21. Jahrhunderts allein durch eine konsequente Effizienzstrategie auf der Grundlage technischer Neuerungen zu lösen sind. Sie sind der Meinung, dass die Zielkonflikte zwischen Umweltbelastungen und wirtschaftlichen Wachstumsraten durch „Begrünung" des Wachstums („green growth") auch bei hohen Wachstumsraten lösbar sind.

(2) *Konzept der Steady-State-Economy:* Die Vertreter dieser Position sehen demgegenüber keine Möglichkeit, ohne eine Gleichgewichtsökonomie, die ein Null- oder Minus-Wachstum realisiert, global eine Nachhaltige Entwicklung zu gewährleisten. Dabei wird das

Hauptgewicht auf die Einsicht in die Notwendigkeit eines neuen, einfacheren Lebensstils gelegt, aufbauend auf der Tatsache, dass die Menschen mindestens in den reichen Industrieländern auf einen ständigen Mehrverbrauch verzichten können, ohne dass sie wirklich an Lebensqualität einbüßen.

(3) *Konzept eines selektiven Wachstums:* Die Vertreter dieser Position verfolgen ein Konzept, das eine *wirtschaftliche Entwicklung in den Grenzen der natürlichen Tragfähigkeit anstrebt*: Dieses Konzept setzt den Fokus nicht auf die Höhe des Bruttoinlandsprodukts, sondern auf die Höhe des Verbrauches spezifischer Ressourcen, die dazu beitragen die natürliche Tragfähigkeit der Erde zu überschreiten. Es geht daher vor allem darum, den Verbrauch dieser Ressourcen und deren Beitrag zur Umweltbelastung so rasch wie möglich zu senken (vgl. den Beitrag von Rogall in diesem Buch).

(4) Das *Konzept der Mäßigung des Wachstums:* Dieses Konzept setzt die Priorität auf die Mäßigung der Wachstumsraten des BIP, um den Ressourcen- und Umweltverbrauch zu reduzieren. Nach diesem Konzept kann jedoch eine (minimale) Wachstumsrate nicht unterschritten werden. Deshalb muss der Ressourcen- und Umweltverbrauch durch zusätzliche Maßnahmen (siehe Position 3) weiter vermindert und wo nötig gänzlich gestoppt werden (vgl. den Beitrag von Binswanger in diesem Buch).

4. Globaler Umbau (Transformation) der Volkswirtschaft

Die Autoren des Brennpunkts sehen keine Alternative zu einem nachhaltigen Umbau (Transformation) der Volkswirtschaften, der zu einer Reduktion der Wachstumsraten des BIP führt und bei dem die heutigen nicht zukunftsfähigen Produkte, Verfahren und Strukturen durch nahhaltige ersetzt werden. Das heißt, ein nachhaltiges Wirtschaften muss gewährleisten, dass die Steigerung der Ressourcenproduktivität (aller natürlichen Ressourcen) größer ist als die Steigerung des BIP, so dass der absolute Ressourcenverbrauch bei weiterem – reduziertem – Wachstum Jahr für Jahr sinkt, die Formel dafür lautet:

$$\Delta \text{ Ressourcenproduktivität} > \Delta \text{BIP}$$

Die unbedingte Einhaltung dieser Formel bezeichnen wir als Nachhaltigkeitsparadigma.

Diesem Paradigma liegt die Vorstellung zugrunde, dass die Politik sich an einer Verbindung der dritten und vierten wachstumskritischen Position orientieren sollte.

Im *Technologie-Konzept* wird verkannt, dass bei hohen Wachstumsraten des BIP technologische Neuerungen nicht genügen, um den globalen Mehrverbrauch der Ressourcen erfolgreich auf ein nachhaltiges Niveau zu reduzieren. Der technische Fortschritt bestand ja seit der industriellen Revolution im Wesentlichen darin, die Arbeit durch energiebetriebene Maschinen und Apparate bei einer ständigen Steigerung der Produktion zu ersetzen. Dies gilt immer noch, auch wenn heute da und dort der erfolgreiche Versuch gemacht wird, die technische Effizienz des Energieeinsatze und zusätzlich des Einsatzes einzelner Rohstoffe zu erhöhen. Die Effizienzsteigerung wird aber, wie die Erfahrung zeigt, meistens durch Mengensteigerung aufgrund des direkten und indirekten Rebound-Effekts überholt. Das rein technisch orientierte „Green-Growth-Postulat" ist eine Wunschvorstellung, die der Realität nicht Stand hält.

Das Konzept der *Steady-State-Economy* mit einem Null- oder Minus-Wachstum, Das Postulat, so vernünftig es zu sein scheint, unterschätzt die Dynamik der arbeitsteiligen Marktwirtschaft, in der Unternehmungsgewinne eine existenzielle Rolle spielen. Im Rahmen des bestehenden Wirtschaftssystems können Unternehmungen, die für den Markt produzieren und daher immer einem Risiko ausgesetzt sind, ohne Gewinne nicht existieren. Die Erzielung von Gewinnen setzt aber ein Wachstum der Produktion voraus. Eine Gleichgewichtsökonomie, in der die Einnahmen der Unternehmen immer gleich ihren Ausgaben sind, so dass keine Gewinne entstehen (Gewinne sind die Differenz zwischen Einnahmen und Ausgaben), und in der auch die Einkommen der Haushalte immer gleich bleiben, ist mit den institutionellen Grundlagen und Antrieben der kapitalistischen Marktwirtschaft nicht vereinbar. Ein einfacher Verzicht auf eine weitere Erhöhung des Konsums erscheint hier für den einzelnen Konsumenten allenfalls zumutbar, aber nicht für die Gesamtwirtschaft. Dies gilt jedenfalls, solange man auf die Marktwirtschaft und auf die mit ihr verbundene Freiheit der Konsumwahl und der Möglichkeit zur Ergreifung individueller Initiativen im Produktionsbereich nicht verzichten will. Die Erwartung, man könne ein nachhaltiges Wirtschaften allein durch einen Appell an den Verzicht auf Konsumsteigerung und eine entsprechende Änderung des Lebensstils erreichen, ist daher als Illusion zu werten.

5. Das Nachhaltigkeitsparadigma als Gesamtkonzept

Aus diesen Überlegungen folgt, dass eine Strategie, die die Formel des Nachhaltigkeits-Paradigmas so schnell wie möglich durchsetzen will, zunächst einen mittleren Weg einschlagen sollte. Dieser ergibt sich aus einer Kombination des dritten und vierten Konzepts, die ein gemäßigtes und selektives Wachstum im Auge haben, auch wenn das erste und zweite Konzept in Teilen ihre Berechtigung haben. In den wirtschaftlich entwickelten Ländern, zu denen heute auch ein größerer Teil der ehemaligen Schwellenländern gehört, geht es primär darum, durch institutionelle Reformen die Vehemenz des Wachstumszwangs und -drangs zu senken und es so zu ermöglichen, dass die Ressourcen mindestens nicht verschwendet und die Umweltschäden in Grenzen gehalten werden. Ergänzt werden muss diese Strategie durch eine Umorientierung der Entwicklungsziele für die noch wenig entwickelten Länder. Es handelt sich um die Erkenntnis, dass die Forcierung des Wachstums in diesen Ländern durch die einseitige Förderung der Ausbeutung ihrer Ressourcen und des direkten Verkaufs derselben ins Ausland unter Verzicht auf die Wertschöpfung, die durch eine Verarbeitung im Inland möglich wäre, sowie die Förderung der Produktion von Nahrungsmitteln und anderen landwirtschaftlichen Gütern für den Export gebremst werden muss. Durch den Verzicht auf eine ökologisch schädliche Förderung des Wachstums würde zwar das BIP weniger steigen, dafür können aber eine dauerhafte wirtschaftliche Entwicklung gesichert werden, die Vertreibung der Bevölkerung von ihrem Grund und Boden, durch dessen Bearbeitung sie sich selbst versorgt haben, in Grenzen gehalten und Hungersnöte, die aus dieser Vertreibung resultiert, verhindert werden. – Ergänzend dazu geht es sowohl in den entwickelten wie in den noch weniger entwickelten Ländern darum, durch Minderung der Erzeugung umweltschädlicher Produkte und selektive Förderung der Erzeugung umweltkonformer Produkte das Nachhaltigkeitspostulat konsequent durchzusetzen.

6. Zur Realisierung dieses Gesamtkonzepts des Nachhaltigkeitsparadigmas

Die Transformation der globalen Volkswirtschaften zu nachhaltigen Marktwirtschaften, die dem Nachhaltigkeitsparadigma verpflichtet sind, setzt mehr instrumentelle und, auch institutionelle Änderungen voraus, als sie in diesem Brennpunktartikel behandelt werden können (vgl. den Beitrag von Hauchler in diesem Buch). Hierzu gehören: ein globaler und nationaler Ordnungsrahmen mit zahlreichen politisch-rechtlichen Instrumenten auf der nationalen Ebene und Regelwerke (z.b. Umweltregime) auf der globalen Ebene; die Einführung von globalen Naturnutzungszertifikatssysteme; die Ökologisierung des Finanzsystems; die Einführung von Kapitaltransaktionssteuern, die Austrocknung der Steueroasen und ein System der Banken- und Finanzdienstleisteraufsicht (detailliert siehe Rogall 2011, Kap. 27.2). Dazu gehört auch eine *Reform des Geldsystems*, das seit der vollständigen Loslösung vom Goldstandard seit den 1970er Jahren zu einer nicht mehr kontrollierbaren Geldschöpfung auf der Basis des Papier- und Buchgelds und darauf aufbauend zu einem ausufernden Wachstum des BIP geführt hat. Der Ausgangspunkt der Reform kann die Idee des 100%-Geldes des amerikanischen Ökonomen Irving Fisher sein, des bedeutendsten amerikanischen Ökonomen des 20. Jahrhunderts, die er nach der Krise von 1929 entwickelt hat (detailliert Binswanger 2010). Sie wird heute wieder – oder erst recht – aktuell. Gemäß diesem Vorschlag erhält die Zentralbank das ausschließliche Recht zur Geldschöpfung, indem die Banken verpflichtet werden, die Sichtguthaben, also das Buch- oder Bankgeld zu 100% durch Zentralbankguthaben bzw. Banknoten zu decken. Die Zentralbank – und nur die Zentralbank – kann so das nötige zusätzliche Geld in eigener Regie schöpfen. Dadurch erhält die Zentralbank die Möglichkeit und die Verpflichtung, das Ausmaß der Geldschöpfung aktiv – und nicht nur reaktiv wie heute – so zu bestimmen, dass krisenhafte Entwicklungen und Kollateralschäden des Wachstums möglichst vermieden werden, also

- es weder zu einer Inflation noch zu einer Deflation der Güterpreise kommt,
- keine spekulative Aufblähung der Geldmenge erfolgt,
- das Wachstum der Wirtschaft insoweit in Grenzen gehalten wird, dass eine nachhaltige Nutzung der natürlichen Ressourcen möglich wird.

Die Reform des Geldsystems muss durch eine *Reform des Unternehmungsrechts* ergänzt werden. Dabei geht es vor allem um eine Überprüfung des Rechts der Publikumsaktiengesellschaft. Diese ist aufgrund ihrer juristischen Konstruktion auf unbegrenztes Wachstum angelegt und kann sich nicht auf eine Strategie der Mäßigung zu einem angemessenen Maß einlassen. Dies ergibt sich daraus, dass heute der Wert der Aktien an der Börse sich an der Summe der abdiskontierten erwarteten künftigen Gewinne orientiert, und die erwarteten Gewinne umso höher sind, je größer die Investitionen sind, je schneller also die Unternehmung wächst. Aus diesem Grund sind die Aktionäre bereit, auf die Ausschüttung eines Teils des Reingewinns der Unternehmung als Dividende zu verzichten. Der Verzicht auf einen Teil des Reingewinns wird überkompensiert durch die exponentielle Steigerung der Aktienkurse. Da dies für alle Publikumsaktiengesellschaften gilt – und die Publikumsaktiengesellschaften der Wirtschaft die Leader sind – ist damit ein unbedingter Trend zum Wachstum der gesamten Wirtschaft vorprogrammiert. – Aktiengesellschaften sind eine Kreation des Staates. Daher haben die Eigentumsrechte der Aktionäre nur bedingten Charakter – bedingt durch die Gesetzgebung des Staates. Es besteht somit im Grundsatz die Möglichkeit, durch Änderung der Gesetzgebung deren Inhalt zu verändern. Dazu könnte eine (Wieder-)Aufteilung der Aktien in Namensaktien und Inhaberaktien gehören. Die Namensaktien hätten eine unendliche Dauer, könnten aber nicht an der Börse gehandelt werden, und ein außerbörslicher Verkauf wäre nur nach einer dreijährigen Sperrfrist möglich. Die Inhaberaktien könnten dagegen weiterhin an den Börsen gehandelt werden, hätten aber nur eine Geltungsdauer von 20 oder 30 Jahren, mit einer Rückzahlung des ursprünglichen Kapitaleinsatzes nach Ablauf der Geltungsdauer. Durch solche Begrenzungen würde die Tendenz zur „unendlichen" Steigerung der Aktienwerte und damit die einseitige Ausrichtung der modernen Wirtschaft auf ein exponentielles Wachstum des BIP erfolgreich gebremst (weitere Vorschläge zur institutionellen und eigentumsrechtlichen Änderung siehe Beitrag Hauchler in diesem Buch).

Als Zwischenfazit halten wir fest, dass zur Senkung des globalen Ressourcenverbrauchs, die Mäßigung des Wachstums und das Konzept des selektiven Wachstums mit der Verwirklichung der Nachhaltigkeitsstrategiepfade (Effizienz-, Konsistenz- und Suffizienz-Strategie) notwendig sind. Hierin sind auch Teile des Technik-Konzepts und des Konzepts der Steady-State-Economy enthalten.

(1) *Effizienzstrategie:* Die Effizienzstrategie setzt auf die Reduktion des Ressourcenverbrauchs und der damit verbundenen Umweltbelastung pro Produktionseinheit bzw. umgekehrt auf die Erhöhung der Produktion pro Ressourceneinheit. Dabei geht es entweder um die breitere Anwendung schon bestehender Technologien, oder um die Unterstützung der Einführung neuer Technologien. Dazu dienen sowohl Gebote und Verbote, als auch finanzielle Anreize. In diesem Zusammenhang kann auch eine ökologische Steuerreform eine besondere Rolle spielen, welche die Finanzierung von Sozialleistungen statt durch Belastung der Arbeit durch Abgaben, die die Lohnkosten erhöhen, durch eine Energiesteuer oder eine allgemeine Ressourcensteuer vorsieht.

(2) *Konsistenzstrategie* (auch als Substitutionsstrategie bezeichnet): Hierbei werden neue zukunftsfähige Produkte entwickelt, die in der Lage sind, die Managementregeln der Nachhaltigkeit einzuhalten, und erneuerbare Energieträger für die Bereitstellung von Strom, Wärme und Treibstoffen unter der Bedingung ihrer nachhaltigen Nutzung gefördert. Dazu zählt auch die möglichst ausschließliche Verwendung von Sekundärstoffen (Schließung der Stoffkreisläufe, Recycling von Rohstoffen, vor allem von Metallen).

(3) *Suffizienzstrategie:* Diese Strategie umfasst mehrere Komponenten: (a) Selbstbeschränkung: Diese meint die freiwillige Entscheidung von Menschen, das eigene Leben schrittweise ethisch verantwortbar umzugestalten, d.h. nach dem intra- und intergenerativen Gerechtigkeitsprinzip zu gestalten (Selbstgenügsamkeit). Herzu gehört, die Nutzung von natürlichen Ressourcen zugunsten anderer Menschen und künftiger Generationen einzuschränken, weil die Grenzen der natürlichen Tragfähigkeit bereits überschritten sind. (b) Änderung der Lebensstile: Sie beinhaltet die strukturelle Änderungen der Lebensstile, die auf eine veränderte Wertorientierung ausgerichtet sind (z.B. gemeinschaftliche Nutzung von Produkten oder intrasektoraler Strukturwandel von materiellen Gütern zu Dienstleistungen, d.h. eine Dematerialisierung der Wirtschaft.

7. Zusammenfassung

Der Wandel vom herkömmlichen Wachstumsparadigma zu einem ökonomischen Nachhaltigkeitsparadigma verlangt eine Umorientierung der Wirtschaft auf der Basis sowohl individueller Entscheidungen wie auf der Basis der Änderung der institutionellen Rahmenbedingungen durch politisch-rechtliche Reformen. Hierdurch sollen die Rahmenbedingungen für Konsumenten und Produzenten so verändert werden, dass der Transformationsprozess der Volkswirtschaften nach den Prinzipien und Managementregeln der Nachhaltigkeit erfolgen kann (vgl. den Beitrag von Umbach/Rogall in dem Buch). Um dieses Ziel zu erreichen, ist auch der Druck der Bürgergesellschaft durch NGOs sowie durch neue Bündnisse zwischen Zivilgesellschaft, Politik und gesellschaftlich verantwortlich wirtschaftenden Unternehmen unerlässlich. Dabei ist wichtig zu betonen, dass durch die Einführung von politisch-rechtlichen Reformen die Freiheit gegenwärtiger und künftiger Generationen nicht etwa beschränkt oder gar beseitigt werden soll. Vielmehr bedeuten die Erhaltung und – so weit möglich – Verbesserung von Umweltbedingungen eine Sicherung von Gemeingütern („global commons" oder meritorischen Gütern), die die Naturgrundlage für kollektive Freiheitsrechte darstellen.

Literatur

Binswanger, H. Ch. (2010): Vorwärts zur Mäßigung, Perspektiven einer nachhaltigen Wirtschaft, Hamburg.

Hauchler, I. (2011): Institutionelle Reformen für eine Nachhaltige Ökonomie, in: Rogall, H. u.a. (Hrsg.): Jahrbuch Nachhaltige Ökonomie 2011/12, Marburg.

Rogall, H. (2011): Grundlagen einer nachhaltigen Wirtschaftslehre, Volkswirtschaftslehre für die Studierenden des 21. Jahrhunderts, Marburg.

C. Trends der globalen Herausforderungen[1]

Holger Rogall, Rosa Haberland, Mira Klausen

Für ein menschenwürdiges Leben auf der Erde bedarf es einer intakten Natur. Die Analyse der Ursachen der Übernutzung von natürlichen Ressourcen und die Entwicklung von Lösungsstrategien bilden daher einen zentralen Schwerpunkt der Nachhaltigen Ökonomie. Darauf darf sie sich aber nicht beschränken, vielmehr muss sie auch für die anderen ökonomische und sozial-kulturelle Probleme Lösungsstrategien entwickeln. Diese Aufgabe, Probleme und Trends zu identifizieren, um entsprechende Lösungen zu entwickeln, wird schnell derart komplex, dass wir diese modellhaft in die drei Dimensionen der Nachhaltigkeit mit jeweils fünf Kategorien untergliedern. Hier im ersten Jahrbuch werden die Grundlagen skizziert und in den folgenden Jahrbüchern werden die aktuellen Trends erläutert und abgebildet. Einige Problemfelder des 21. Jh. der drei Dimensionen sind so alt wie die Menschheit selbst, andere sind aber erst im Zuge der Industrialisierung entstanden. Viele der Probleme nehmen seit den 1980er Jahren immer schneller zu, sie beginnen seit der Jahrtausendwende, allmählich unsere Kultur und die Art unseres Zusammenlebens zu bedrohen. Ohne einen nachhaltigen Umbau der globalen Volkswirtschaften ist mit den folgenden Megatrends zu rechnen.

---

[1] Dieser Beitrag basiert auf der Veröffentlichung von Rogall, H. (2009): Nachhaltige Ökonomie, Marburg, Kap. 1.2.

Übersicht 1: Problemdimensionen im 21. Jahrhundert

Ökologische D.	Ökonomische D.	Sozial-kulturelle D.*
(1) Klimaerwärmung	(6) Negative Entwicklungen auf dem Arbeitsmarkt	(11) Verlust staatlicher Steuerungspotenziale und Demokratieprinzipien
(2) Zerstörung von Ökosystemen, Artensterben	(7) Unzureichende Befriedigung der Grundbedürfnisse mit nachhaltigen Produkten	(12) Mangelnde soziale Sicherheit, Armut, demografische Fehlentwicklungen
(3) Verbrauch nicht erneuerbarer Ressourcen	(8) Instabilität des Geldwerts und der Finanzmärkte, Konzentration	(13) Chancenungleichheit und ungerechte Einkommens- und Vermögensverteilung
(4) Übernutzung erneuerbarer Ressourcen	(9) Außenwirtschaftliche Ungleichgewichte und Abhängigkeiten, Unterentwicklung	(14) Innere und äußere Unsicherheit, gewaltsame Konflikte, Verletzung der Menschenrechte
(5) Gefährdung der menschlichen Gesundheit	(10) Unausgeglichene Staatshaushalte, Unterausstattung mit meritorischen Gütern	(15) Fehlentwicklungen in Technik und Wirtschaft (inklusive Werteverfall)

Quelle: Eigene Zusammenstellung 2011
* Wir sprechen von der sozial-kulturellen Dimension, da hierdurch die partizipativen Bestandteile einer Nachhaltigen Entwicklung besser zu behandeln sind.

Die Übernutzung und Belastung der natürlichen Systeme findet in zahlreicheren Bereichen statt, als wir hier beschreiben können. Aus Gründen der systematischen Darstell- und Erfassbarkeit werden die mannigfaltigen Belastungsarten, wie eingangs erwähnt, in fünf Problembereiche gegliedert und mit entsprechend verfügbaren und relevanten Daten beschrieben.

Ökologische Dimension

(1) *Klimaerwärmung:* Die Klimaerwärmung stellt wahrscheinlich die größte Herausforderung für die Menschheit in diesem Jahrhundert dar. Heute ist nicht mehr umstritten, dass sie von Menschen verursacht wird. Fast jährlich werden weitere Untersuchungen ver-

öffentlicht, die einen noch schnelleren Erwärmungsprozess aufzeigen als in den Berichten zuvor. So geht aus neusten Untersuchungen beispielsweise hervor, dass das Jahr 2010 das wärmste Jahr seit Beginn der Temperaturaufzeichnungen im 19. Jh. war (UBA 2011/05: 1). Aufgrund der langen Verweildauer der Treibhausgase in der Atmosphäre muss sich die Menschheit schon heute auf zunehmende gesundheitliche Belastungen und Gefahren einrichten (IPCC 2007/04: 2). Eine neue Qualität erhalten diese Gefahren, sollte es in diesem Jahrhundert nicht gelingen, die Klimaerwärmung auf 2°C zu begrenzen (was einer maximalen CO_2-Konzentration von 450 ppm entspricht). In diesem Falle wird u. a. mit folgenden Risiken und Auswirkungen für die Menschheit und Natur gerechnet (IPCC 2007/04, Müller u.a. 2007, IPCC 2007/05; Stern 2006, WBGU 2008).

(a) *Gletscherschmelze, Verringerung der Wasservorräte, Extremwetter:* Die schmelzenden Gletscher, insbesondere in Asien und Europa, bringen zunächst ein höheres Überflutungsrisiko und dann stark abnehmende Wasservorräte mit sich, die etwa ein Sechstel der Erdbevölkerung bedrohen (Stern 2006: vi). Die Zunahme extremer Wetterereignisse in Form von Dürre- und Hitzeperioden führt zur Ausdehnung der Wüsten und Steppen. In weiten Teilen Asiens, Afrikas, Süd-Amerikas und im Mittelmeerraum muss mit erheblich sinkenden Ernteerträgen gerechnet werden (in Afrika mit bis zu 50%). Auch wird die Menschheit vermehrt von Extremniederschlägen und Wirbelstürmen mit daraus resultierenden Überschwemmungen und Zerstörungen bedroht.

(b) *Steigender Meeresspiegel:* Der steigende Meeresspiegel wird Küstengebiete und Städte überschwemmen. Mit einer wirklich dramatischen Entwicklung ist zu rechnen, wenn die Temperaturen im Schnitt über 1,5 bis 3,5°C ansteigen, dann kommt es zu einem unumkehrbaren Abschmelzungsprozess der Eisschilde Grönlands und der westlichen Antarktis (IPCC 2007/04: 2). In diesem Fall wird der Meeresspiegel langfristig um etwa 7 m ansteigen und in der Folge eine Reihe von Küstenstaaten (Bangladesch und Vietnam), viele Küstenregionen und -städte (chinesische Küste, Tokio, New York, Kairo, London) sowie eine große Anzahl Inselstaaten in Südostasien ernsthaft in ihrer Existenz gefährden (IPCC 2007/02: 18). Diese Entwicklung bedroht nach Stern eine Landfläche, auf der heute 5% der Menschheit leben (Stern 2006: vii). Bei den ab 2050 etwa 9 Mrd. Menschen könnten also bis zu 450 Mio. Menschen ihre Lebensgrundlage verlieren, sollte die Menschheit entsprechend der heutigen Trends gar auf über 11,7 Mrd. Menschen bis 2050 anwachsen (DSW 2005/03: 4), könnte diese Zahl noch ansteigen. Diese Entwicklung ist bereits eingeleitet, seit 1961 steigt der Meeresspiegel um jährlich 1,8 Millimeter, seit 1993 um 3 Millimeter (Leggewie, Walzer 2010: 24). Wie lange dieser Prozess dauert, ist umstritten und hängt von der tatsächlich eintreffenden Erderwärmung ab. Nach einer Studie des Arctic Monotoring and Assessment Program (AMAP), einer Arbeitsgruppe des Arktischen Rates, aus dem Jahr 2011 hat sich die Eisschmelze in der Arktis derart beschleunigt, dass der globale Meeresspiegel bis Ende dieses Jahrhunderts um voraussichtlich bis zu 1,6 Meter steigen wird, das ist rund dreimal höher als der UN-Klimarat (IPCC) in seinem Bericht 2007 berechnet hatte (0,19-0,59 Meter). Die Folgen werden dramatisch sein, leben doch über 150 Millionen Menschen schon heute in Gebieten, die weniger als einen Meter über der Meeresoberfläche liegen (Gamillscheg 2011/05: 7).

(c) *Umkippen des Golf-Stroms:* Eine Reihe von Klimaforschern befürchtet, dass bei einer globalen Erwärmung von ca. 3°C der Golf-Strom, der riesigen Wärmemengen aus der Karibik nach Europa transportiert, zum Erliegen kommen könnte. In der Folge würde Europa so kalt und trocken, dass Landwirtschaft zum Teil nicht mehr möglich wäre und der Kontinent extremen Wintertemperaturen ausgesetzt wäre (Quaschning 2010: 55).

(d) *Volkswirtschaftliche Kosten:* Obwohl es auf Grund der Monetarisierungs- und Diskontierungsproblematik (Bewertung und Abzinsung) kaum möglich ist, die genauen Kosten für die weltweiten Volkswirtschaften zu errechnen, ist gewiss, dass diese Entwicklungen zu extremen Schäden führen werden. Stern beziffert diese jährlich mit 5% bis 20% des globalen Bruttonationaleinkommens (Stern 2006: xi). Diese extreme Kostenbelastung, die sich nur mit dem wirtschaftlichen Einbruch in der Weltwirtschaftskrise in den 1930er Jahren vergleichen lässt, könnte nach den Berechnungen des DIW (Deutsches Institut für Wirtschaftsforschung) sogar noch höher ausfallen. Das Institut kommt auf globale Kosten von bis zu 20

Billionen USD im Jahr 2100 (in Preisen von 2002, Kemfert 2005/ 03: 1). Die wirtschaftlichen Folgen des Klimawandels lassen somit nicht weniger als den Zusammenbruch der globalen Finanz- und Kapitalmärkte, eine extreme Arbeitslosigkeit und Gefährdung aller Sozialsysteme befürchten. Der Stern Review von 2006 spricht in diesem Zusammenhang von einer „einzigartigen Herausforderung" für Volkswirtschaften: „ (...) (der Klimawandel) ist das größte und weittragendste Versagen des Marktes, das es je gegeben hat." (Stern 2006: 1).

(e) *Massenmigration und gewaltsame Konflikte:* Durch die Zerstörung der Lebensgrundlagen für Hunderte Millionen Menschen ist mit einer Massenmigration (neue Völkerwanderung) zu rechnen (der enge Zusammenhang zwischen dem Aufstieg und Fall von Imperien und Massenmigrationen zu klimatischen Bedingungen ist heute wissenschaftlich belegt, Kehse 2011/01: 15). Stern schätzt, dass bereits Mitte des 21. Jh. 200 Millionen Menschen aufgrund des Klimawandels „permanent vertrieben werden." (Stern 2006: vii). Diese Entwicklung ist bereits eingeleitet, ohne dass sich die Menschen in den Industriestaaten dessen wirklich bewusst sind. Das Internationale Rote Kreuz schätzte bereits in seinem „World Disasters Report 1999" den Anteil der Umweltflüchtlinge an den globalen Flüchtlingsströmen auf 58%, dies bedeutet, dass es schon seit längerem mehr Umwelt- als Kriegsflüchtlinge gibt (Germanwatch 2000/09).

(f) *Sonstige Folgen der Klimaerwärmung:* Die Zerstörung von Ökosystemen und die Gefährdung der menschlichen Gesundheit sind im 21. Jahrhundert so gravierend, dass sie an anderer Stelle gesondert behandelt werden (s. (2) und (5)).

Der WBGU zieht aus diesen Szenarien die Konsequenz, dass die „Transformation zur Klimaverträglichkeit (...) daher moralisch ebenso geboten (ist) wie die Abschaffung der Sklaverei und die Ächtung der Kinderarbeit." (WBGU 2011/03: 1).

Der IPPC-Bericht von 2007 kommt zu dem Ergebnis, dass der Menschheit nur ein extrem schmales Zeitfenster bleibt, um den Temperaturanstieg auf 2°C zu begrenzen und die dargestellten Auswirkungen zu verhindern. Eine besondere Brisanz hat das Thema dadurch erhalten, dass aufgrund der langen Verweildauer einiger Treibhausgase (CO_2 über 1.000 Jahre) viele Klimaexperten sogar zu dem Fazit kommen, dass, sollte es der Menschheit nicht gelingen, bis zur Mitte des Jahrhunderts das fossile Energiezeitalter zu beenden, damit zu rechnen ist, dass die natürlichen Lebensgrundlagen von Milliarden Menschen zerstört werden. Ein Report, der von UNEP (United Nations Environment Programme) und Klimaforschern im Vorfeld der Klimakonferenz in Cancún im Dezember 2010 veröffentlicht wurde, stellt dar, dass die weltweiten Emissionen bis 2020 auf 44 Gigatonnen (Gt) CO_2-Äquivalente gesenkt werden müssten. Wenn alle Staaten ihren bisherigen Reduktionsverpflichtungen zur Gänze nachkämen, blieben dennoch Emissionen in Höhe von 49 Gt, es gilt somit, innerhalb des nächsten Jahrzehnts eine Lücke zwischen Klima- und Emissionszielen zu schließen, die in der Größenordnung aller Emissionen von Pkw, Bussen und Lkw in 2005 liegt (UNEP 2011 a: 5).

(2) *Zerstörung von Ökosystemen, Artensterben:*

(a) Das natürliche Gleichgewicht von *Artenentstehung und Artensterben* ist aus den Fugen geraten, das Artensterben schreitet heute bis zu 1.000-mal schneller voran als unter natürlichen Umständen (IUCN 2010). Das erfolgt nicht mehr nur in den Industriestaaten, sondern immer schneller auch in den Schwellen- und Entwicklungsländern. Diese werden verstärkt zu Standorten für umweltbelastende Industrien (Metallverarbeitung, Chemie, Papier), da ihre Regierungen selten in der Lage sind, gegenüber multinationalen Konzernen die Einhaltung von Umweltstandards durchzusetzen, die in den Heimatländern der Industrien üblich sind. So kommt es zu einem Öko-Dumping. Dabei ist die genaue Zahl der auf der Welt existierenden Tier- und Pflanzenarten nicht bekannt. Die Schätzungen schwanken zwischen 5 und 30 Mio. von denen ca. 1,4 Mio. Arten bislang klassifiziert wurden. Die gefährdete Arten werden in der sogenannten „Roten Liste" erfasst. Laut Liste sind 22% aller Säugetiere gefährdet oder bereits ausgestorben, außerdem 31% aller Amphibien und 14% aller Vögel (IUCN Redlist 2008). Der 3. Globale Ausblick zur Lage der biologischen Vielfalt (Global Biodiversity Outlook 3) kommt zu dem Fazit, dass das 2002 vereinbarte Ziel, den weltweiten Biodiversitätenverlust bis 2010 entscheidend zu verlangsamen, nicht erreicht wurde (Secretariat of the Convention on Biological Diversity 2010: 9). Andere Experten sprechen sogar von der sechsten großen Artenaussterbungsperiode der Erdgeschichte (WI 2005: 35), die die größte Krise seit dem Aussterben der Dinosaurier darstellt (IUCN 2010). Für über 80% der gefährdeten Arten stellt der Verlust der natürlichen Lebensräume eine Bedrohung dar (IUCN 2010). Die Erhaltung der Landschaftsvielfalt ist somit für den Artenschutz unerlässlich. Vor allem Landschaften mit reichem Artenvorkommen sind bedroht, insbesondere durch die Umwandlung in landwirtschaftliche Nutzflächen. So gingen zwischen 2000 und 2010 mehr als 400.000 km² Primärwald („Urwald") verloren – etwas mehr als die Gesamtfläche Deutschlands (Secretariat of the Convention on Biological Diversity 2010: 32). Gegenwärtig steht weniger als 13% der Landfläche bzw. Binnengewässer und weniger als 1% der Küstengebiete und Meere unter Naturschutz. Neben den ethischen und ästhetischen Fragestellungen, die sich bei der Ausrottung von Arten und der Zerstörung einmaliger Landschaften ergeben, wird vor allem die Vernichtung der genetischen Basis für die Entwicklung von Medikamenten sowie für die Züchtung von Naturpflanzen und Tieren befürchtet. Jede ausgestorbene Art schränkt die Entwicklungsmöglichkeit von Mensch und Natur für immer ein. Zusätzlich besteht die Gefahr, dass Seuchen und Schädlingsbefall infolge von Monokulturen häufiger auftreten. Spektakuläre Beispiele für die chronische Vergiftung der Biosphäre und Vernichtung von Arten sind die Förderung von Tiefsee-Öl (über 200 m tief, wo kein Einsatz von Tauchern mehr möglich ist) und der laufende Austritt von Rohöl in verschiedenen Fördergebieten (Nigerdelta, Kanada, Westsibirien, Nordsee). Wie die Öl-Katastrophe im Golf von Mexiko 2010 zeigte, existieren hierfür weder Notfallpläne noch adäquate Techniken zur Notfallbehebung. Darüber hinaus fehlt es bis heute an konkreten Maßnahmen gegen Langzeitschäden.

(b) *Zunehmende Vergiftung unserer Biosphäre.* Beispiele sind: Verschmutzung der Meere, „Sommersmog", Eutrophierung von Oberflächengewässern und Küstengebieten durch Nährstoffeinträge aus industriellen und privaten Abwässern (vornehmlich Nitrate und Phosphate), Erosion von Ackerflächen (vgl. BUND, MISEREOR 1996: 51), „Saurer Regen", „Waldsterben". Besondere Gefahren entstehen durch die Förderung von Rohstoffen und Energieträgern in der Arktis, der Förderung von Tiefsee-Öl (über 200 m tief, bei dem kein Einsatz von Tauchern mehr möglich ist) und der laufende

Austritt von Rohöl in verschiedenen Fördergebieten (z.b. Nigerdelta, Kanada, Westsibirien, Nordsee). Wie die Öl-Katastrophe im Golf von Mexiko 2010 zeigte, existieren hierfür weder Notfallpläne noch adäquate Techniken zur Notfallbehebung. Darüber hinaus fehlt es bis heute an konkreten Maßnahmen gegen Langzeitschäden.

(3) *Verbrauch nicht erneuerbarer Ressourcen:* Die heutigen Lebensstile der Menschen in den OECD-Staaten und den neuen Verbraucherländern, das Bevölkerungswachstum und die eingesetzten Techniken lassen den globalen Energieverbrauch und Materialdurchsatz Jahr für Jahr ansteigen. Fossile Energieträger und Rohstoffe, die Millionen Jahre zur Entstehung benötigten, werden innerhalb weniger Jahrhunderte verbraucht. Diese Entwicklung wird heute durch die Übernahme der Lebensstile der Menschen in Industriestaaten durch die neuen Mittel- und Oberschichten in den Entwicklungs- und Schwellenländern erheblich verstärkt. Schon heute besitzen die Menschen in den Entwicklungsländern mehr Fernsehgeräte als in den Industrieländern (Wachter 2006: 59). Hinzu tritt die Verlagerung der Rohstoffgewinnung von den Industriestaaten in die Schwellen- und Entwicklungsländer. So ist nach den Statistiken der europäischen Staaten der Ressourcenverbrauch zurückgegangen. Tatsächlich ist er aber zum Teil in den importierten Vorprodukten aus den Schwellenländern verborgen. Beispielsweise wurden Bergwerke und Industrien für Vorprodukte in Europa geschlossen und in den Schwellenländern aufgebaut (WI 2005: 69). Für einige wichtige nicht erneuerbare Ressourcen werden so noch in diesem Jahrhundert Knappheiten erwartet:

(a) *Fossile Energieträger:* Die statistische Reichweite bei gleichbleibender Förderung wurde von der Bundesanstalt für Geowissenschaften und Rohstoffe (BGR) 2009 wie folgt angegeben: Erdöl: 161 Mrd. t (42 Jahre); Erdgas: 240 Bill. m^3 (79 Jahre); Hartkohle: 723 Mrd. t (120 Jahre) (BGR 2010: 33 ff.). Einige Autoren halten diese Zahlen für geschönt, sie gehen davon aus, dass die globalen Reserven höchstwahrscheinlich viel niedriger sind. Die Mehrzahl der Energieexperten erwartet das weltweite Fördermaximum für Erdöl – der sog. Peak Oil – in 10 bis 20 Jahren, andere Autoren gehen davon aus, dass das Fördermaximum bereits erreicht ist und somit mit immer weiter steigenden Preisen zu rechnen ist (Vorholz 2011/03:

22). Die dargestellten Fakten bedeuten nicht, dass in wenigen Jahren kein Tropfen Erdöl und keine Rohstoffe mehr vorhanden sind. Mit den steigenden Knappheitspreisen (die ersten großen Förderländer haben ihr Produktionsmaximum bereits überschritten, wie die USA und Russland; WI 2005: 97) werden heute zu kostenaufwändige Ölquellen wirtschaftlich erschlossen (sog. Öl-Sande, Quellen in unerschlossenen Gebieten). Technische Entwicklungen können die erschließbare Ausbeutungsquote der Quellen gegebenenfalls erhöhen, allerdings können die erhofften noch zu findenden Reserven nur unter immer größerem Aufwand und Umweltschäden zu erreichen sein (durch Tiefbohrungen, s. Ölkatastrophe im Golf von Mexiko 2010). So stiegen die Öl-Preise von etwa 20 USD pro Fass Öl (159 Liter) um die Jahrtausendwende auf ca. 140 USD kurz vor der Wirtschafts- und Finanzkrise 2008/09, um im Frühjahr 2011 wieder auf 100 USD zu steigen. Mittelfristig ist die Ölpreisentwicklung abhängig von der wirtschaftlichen Entwicklung, so dass bei erneuter Verschärfung der globalen Wirtschafts- und Finanzkrise die Öl-Preise zeitweilig nochmals sinken könnten. Der Energieexperte Bukold hält künftig „250 Dollar oder mehr für möglich (...)" (Bukold 2011/02: 9). Umfassende Pläne zum kompletten und systematischen Ausstieg aus dem Fossilen-Zeitalter, innerhalb der kommenden 40 Jahre, existieren auf den Regierungsebenen der Staaten nicht. Heute verbraucht die Menschheit innerhalb eines Jahres etwa ebenso viele fossile Energieträger, wie die Erde innerhalb einer Million Jahre herausgebildet hat (BUND u.a. 2008: 36). Die Übernutzung und der Verbrauch dieser Ressourcen haben erhebliche Auswirkungen auf die drei Dimensionen der Nachhaltigen Entwicklung: Die immer stärkere Übernutzung der erneuerbaren und der Verbrauch der nicht-erneuerbaren Ressourcen führen zur Zerstörung der natürlichen Lebensgrundlagen der Menschheit mit enormen, immer noch unterschätzten, Konfliktpotenzialen bis hin zum Staatenverfall (WBGU 2008: 2). Dieses Problem könnte sich künftig sogar noch beschleunigen, da der spezifische Aufwand und damit die Umweltbelastung bei wachsendem Verbrauch der Ressourcen tendenziell steigen werden. Wird bei Versiegen von Ölquellen auf Ölsande oder Ölschiefer ausgewichen, kann dies nur mit erheblich größerem Aufwand an Energie und Kapital sowie einem weitaus größeren Abfallaufkommen erfolgen. In der Folge werden die Preise deutlich steigen und für viele Volkswirtschaften zu erheblichen Problemen führen.

(b) *Seltene Rohstoffe für Zukunftstechnologien:* Für verschiedene Zukunftstechnologien (wie Dünnschicht-Photovoltaik, Displays, Glasfaserkabel, Brennstoffzellen, Akkus, Windkrafträder) werden eine Reihe von seltenen Rohstoffen benötigt (insbes. die sog. seltenen Erden Samarium, Lanthan, Neodym sowie die Metalle Gallium und Indium). Ihre Reichweite ist zum Teil umstritten, ihr prognostizierter Bedarf übersteigt die heutige Weltförderung deutlich (um den Faktor 2 bis 6, Fraunhofer ISI und IZT 2009).

Die Befürchtungen des Club of Rome (Meadows u.a. 1972), der im Jahr 1972 von der baldigen Erschöpfung vieler Rohstoffe ausging, traten lange Zeit in den Hintergrund. Die zunehmende werkstoffliche Verwertung der Metalle als Sekundärmaterial (25% bis 50% der Produktion werden aus Sekundärmetall gedeckt) bei stark gestiegenen Reserven haben dazu geführt, dass viele Experten – nicht alle – für die Mehrzahl der Rohstoffe (für viele Metalle) erst einmal keine physisch bedingten Versorgungsprobleme erwarten (Frondel, Angerer 2007/02: 11). Sie bleiben aber endlich und es besteht das Problem der seltenen und teilweise nicht substituierbaren Stoffe.

In jüngster Zeit befürchten einige Autoren, dass die Annahmen über eine sehr große Reichweite von Rohstoffen zum Teil zu positiv waren. So weisen neuere Studien darauf hin, dass ohne einen Wechsel des Entwicklungsmodells der globale Rohstoffverbrauch bis 2020 um weitere 50% zunimmt (Meyer 2008: 51, die Bundesregierung geht bis 2025 sogar von einer Verdoppelung bis Verdreifachung aus, BMU, BMBF 2008/11: 27) und auf immer weniger ergiebige Rohstoffvorkommen zurückgegriffen werden muss. Wurden Anfang des 20. Jh. noch Kupfererze mit einem Metallgehalt von 2 bis 5% verhüttet, sind es seit der Jahrtausendwende nur noch 0,5%, Tendenz sinkend (UBA 2002: 384). In der Folge nehmen der Kapitalaufwand, der Energieverbrauch, die Stoffströme und die Abfälle zu, um an die gleiche Menge an Rohstoffen zu gelangen. Daher ist künftig mit deutlichen Preissteigerungen und zunehmenden Konflikten um die Sicherung der Energie- und Rohstoffvorräte zu rechnen (WBGU 2008: 51).

(c) *Böden:* Schätzungsweise 50% der globalen Landfläche sind durch direkten menschlichen Einfluss verändert worden. Böden unterliegen dabei einer massiven Degradierung (Verschlechterung), wobei fast ein Fünftel dieser Böden Getreideanbauflächen sind, deren Produktivität stark zurückgeht. Dies hat schwerwiegende Auswirkungen für die Menschheit, da allein schon 1,5 Milliarden Menschen in ihrer Existenzsicherung direkt von den bereits betroffenen Gebieten abhängig sind (ISRIC 2008: ii). Die Erde verfügt aber nur noch über sehr wenige bisher nicht genutzte Flächen. Bei anhaltendem Trend muss mit Hungerkatastrophen bislang unbekannten Ausmaßes gerechnet werden. In den Industriestaaten liegt das Hauptproblem in der zunehmenden Flächeninanspruchnahme (Nutzung als Siedlungs- und Verkehrsflächen). So erhöhte sich die Siedlungs- und Verkehrsfläche in Deutschland in 2008 um durchschnittlich 104 ha pro Tag. Dies stellt zwar einen geringeren Zuwachs als in den Vorjahren dar (2000: 129 ha pro Tag), ob aber das Ziel, die Neuinanspruchnahme bis 2020 auf 30 ha pro Tag zu begrenzen erreicht werden kann, ist fraglich (Statistisches Bundesamt 2010/07: 15).

(4) *Übernutzung erneuerbarer Ressourcen:* Seit vielen Jahrzehnten verbrauchen die Menschen mehr erneuerbare Ressourcen, als sich im gleichen Zeitabschnitt regenerieren. So wird das Naturkapital systematisch verbraucht. In den vergangenen Jahrzehnten war ein ständiger Druck auf die Entwicklungs- und Schwellenländer zu beobachten, ihre Exporte von Holz, Fisch, Rohstoffen und Primärenergieträgern stetig zu steigern sowie den Bau und Betrieb von Transportsystemen voranzubringen. Strategien, die den Ressourcenverbrauch mindern, wurden hingegen nicht unterstützt. Als Beispiele für diese nicht dauerhaft aufrechterhaltbare Entwicklung sollen genannt sein:

(a) *Süßwasser:* Wasser ist eine existenzielle Ressource, von deren Verfügbarkeit und Qualität die Existenz der gesamten Biosphäre, das Wohlergehen der Menschheit, ihre Ernährung und viele industrielle Prozesse abhängen (Grunwald, Kopfmüller 2006: 86). Die Wasservorräte der Erde bestehen zum größten Teil aus Salzwasser (96,5%), nur 3,5% sind Süßwasser und nur 0,3% stehen als Trinkwasser zur Verfügung, da der Rest in Eis bzw. Gletschern und Permafrostböden gebunden wird (Bertelsmann 2008: 688). Die

Wasservorkommen sind auf der Erde sehr ungleichmäßig verteilt und geraten lokal und regional verstärkt unter Druck. Die Ursachen liegen vor allem in der Klimaveränderung, Bevölkerungszunahme, Urbanisierung, Industrialisierung und der heutigen Landwirtschaft (Damm-, Deich- und Kanalbau, Landerschließung, Wasserverschmutzung, massive Grundwasser- und Flusswasserentnahme für Bewässerung und Produktionsprozesse). Weltweit liegt der Wasserfußabdruck, als direkten und indirekten Wasserverbrauch berechnet (auch virtuelles Wasser genannt), bei 1.385 m^3 pro Person im Jahr. China hat einen jährlichen Wasserverbrauch von 1.071 m^3, hingegen die USA einen von 2.842 m^3 (Water Footprint Organization 2011: 7). Der größte Verbrauch von Wasser geht auf den Konsum von landwirtschaftlichen Produkten zurück. Zudem können ökonomisch entwickelte Staaten auf Wasserressourcen anderer Länder zurückgreifen, indem sie Produkte importieren, zu deren Produktion Wasser im Exportland verbraucht wurde, was die Situation der ungleichen Wasserverteilung noch weiter verschärft. Schon heute müssen 1,2 bis 2 Mrd. Menschen ohne sauberes Trinkwasser auskommen, und 2,4 Mrd. Menschen leben ohne Anschluss an eine gesundheitlich unbedenkliche Abwasserentsorgung (Grunwald, Kopfmüller 2006: 88). Infolgedessen leidet die Hälfte aller Menschen in den Entwicklungsländern an einer wasserbedingten Krankheit. Nach einer Prognose des UN-Umweltprogramms UNEP könnten im Jahr 2025 zwei Drittel aller Menschen in Regionen leben, die von Wassermangel betroffen sind (Chasek u.a. 2006: 21). Durch den Süßwassermangel ist mit einem deutlichen Rückgang der Ernteerträge und einer Zunahme des Hungers zu rechnen. Viele Experten gehen davon aus, dass der „Kampf um Wasser" eine der Hauptursachen für Kriege in den Entwicklungsländern sein wird (Worldwatch Institute Report 1998: 17; WBGU 1998). Besonders gefährdet sind die Menschen in Asien, so waren bei einer Untersuchung in China 2004 58% aller Wasserstellen für den menschlichen Verbrauch zu schmutzig (Milke 2006: 58).

(b) *Wald:* Derzeit verringert sich die Waldfläche weltweit um jährlich etwa 13 Mio. ha (WBGU 2011/03: 4). Dies führt zu einer weiteren Beschleunigung der Klimaveränderung, da pro Hektar abgeholzten Wald zwischen 217 und 640 Tonnen CO_2 freigesetzt werden, sowie zur Entstehung und Ausbreitung von Ödgebieten (Worldwatch Institute 2009: 41). Hauptverursacher des Kahlschlags sind Land- und Holzwirtschaft.

(c) *Weitere Beispiele für die Übernutzung* erneuerbarer Ressourcen stellen die *Überfischung* und die *Überweidung* dar. Die FAO geht davon aus, dass 85% der weltweiten Fischbestände bis an die Grenze befischt werden, wobei davon bereits 28% überfischt und 3% sogar vollständig ausgebeutet sind (FAO 2010: 8).

(5) *Gefährdung der menschlichen Gesundheit:* Die natürliche Umwelt spielt eine entscheidende Rolle für das körperliche, geistige uns soziale Wohlbefinden des Menschen und damit auch für seinen Gesundheitszustand und seine Lebenserwartung. In der EU-27 lag 2006 die durchschnittliche Lebenserwartung bei der Geburt bei fast 76 Jahre für Männer und bei 82 Jahre für Frauen. Dieser sehr hohe Wert hängt auch mit dem relativ guten Umweltzustand in der EU zusammen. Die Weltgesundheitsorganisation (WHO) schätzt die umweltbedingte Krankheitslast in Europa auf zwischen 15 und 20% der Gesamtzahl der Todesfälle, wobei der östliche Teil Europas eine höhere Last als der Durchschnitt aufweist (EUA 2010: 91). Hierbei zeigen Studien in Deutschland, Italien und den Niederlanden, dass 6-12% der gesamten Krankheitslast auf neun ökologische Faktoren zurückzuführen sein könnten, von denen Feinstaub, Lärm, Radon und Tabakrauch die bedeutendsten sind (die umweltbedingte Krankheitslast zeigt den Anteil der Erkrankungen, die auf Belastungen durch Umweltfaktoren zurückzuführen sind; EUA 2010: 92). Als wichtigste Handlungsfelder sieht die EU daher in diesem Zielfeld die Luft- und Lärmbelastung (hauptsächlich aufgrund des Straßenverkehrs), Gewässerschutz und Chemikalien (das Thema Innenraumklima wird hierbei noch stark vernachlässigt; EUA 2010: 95).

Folgende Stoffe und Emissionen sollen auf Grund ihres besonderen Gefährdungspotentials genannt werden:

(a) *Schwermetalle, Umweltgifte:* Neben den Schwermetallen (Blei und Cadmium) sowie flüchtigen organischen Verbindungen (VOC) geben insbesondere die langlebigen organischen Umweltgifte (Persistent Organic Pollutants, UBA 2001: 148) Anlass zur Besorgnis. Diese Stoffe können Krebs erzeugen, den Hormonhaushalt verändern und das Immunsystem schwächen. Chronische Kindererkrankungen wie Asthma, Allergien und Neurodermitis nehmen weiter zu. Nachgewiesen ist auch der Rückgang der Spermiendichte bei europäischen und US-amerikanischen Männern (BMU 2006/10: 132 u. 133). Im Rahmen der internationalen Verhandlungen zum Verwendungsverbot dieser Stoffe werden insbesondere Pestizide und Fungizide aus der Landwirtschaft (DDT), Polychlorierte Biphenyle (PCB) aus der Industrie (Kühlmittel, Isolatoren) sowie Dioxine und Furane (aus Verbrennungsprozessen und Metallrecycling) genannt. Hinzu kommen Chlorparaffine als Weichmacher in Kunststoffen und polybromierte Biphenyle, die als Flammschutzmittel in Computern und Fernsehgeräten verwendet werden.

(b) *Emissionen*: In vielen Städten der Industriestaaten konnten die Emissionen erheblich gesenkt werden, indem unter anderem Kfz-Katalysatoren flächendeckend eingesetzt wurden und die Raumwärmeerzeugung sich grundlegend änderte (Wegfall der Kohlefeuerung). In vielen Metropolen der Schwellen- und Entwicklungsländer haben die Lärm- und Schadstoffemissionen ein Ausmaß angenommen, das die Gesundheit der dort lebenden Menschen ernsthaft gefährdet. Nach Angaben der WHO lassen sich weltweit 2 Mio. vorzeitige Todesfälle jährlich auf Luftverschmutzungen zurückführen (WHO 2008).

(c) *Lärm:* Eine bislang vernachlässigte Umweltbelastung ist der weiter zunehmende Lärm, hier insbesondere Verkehrslärm, der die Menschen nicht nur in immer stärkerem Maße belästigt, sondern auch eine ernst zu nehmende Gesundheitsgefahr für die Betroffenen darstellt. So nimmt die Gefahr, an einer Herzkreislaufstörung zu erkranken, für jeden Menschen signifikant zu, der tagsüber dauerhaft höheren Geräuschbelastungen als 65 Dezibel (dB)(A) ausgesetzt ist. In der EU-27 sind etwa 40% der Bevölkerung in den größten Städten langfristig durchschnittlichen Straßenlärmbelastungen von mehr als 55 dB ausgesetzt. Nachts sind in der EU 34 Mio. Menschen langfristigen Durchschnittslärmbelastungen von über 50 dB ausgesetzt. Hingegen empfiehlt die WHO, dass Menschen keiner längeren Lärmbelastung als 40 dB ausgesetzt sein sollten (EUA 2010: 100).

(d) *Wasserverschmutzung:* Eine besondere Bedrohung entsteht durch die zunehmende Übernutzung und Verschmutzung des Wassers. Während die EU-27 hier durch die Einführung der Trinkwasser-Richtlinie (TW-RL) sehr große Erfolge erzielt hat (EUA

2010: 107), nimmt global die Anzahl der Menschen, die keinen Zugang zu sauberen Trinkwasser hat weiter zu.

(e) Eine ähnliche Gefährdung wie die Klimaerwärmung stellte das „Ozonloch" dar, das 1984 über der Antarktis, Australien und Südamerika entdeckt wurde. Grundlage der wissenschaftlichen Diskussion waren die Arbeiten von Paul Crutzen aus den 1970er Jahren. Die vom Abbau betroffene Ozonschicht ist ein Teil der Stratosphäre (in 15 bis 50 km Höhe). In dieser befinden sich ca. 90% des vorhandenen Ozons. Ozon absorbiert die den Organismus schädigende kurzwellige UV-Bestrahlung der Sonne und wirkt somit wie ein Filter. Diese Schutzhülle wird zerstört, indem Chlor- und Bromverbindungen dem Ozon ein Sauerstoffatom entziehen. Bekanntestes Beispiel ozonschädigender Verbindungen sind Fluorchlorkohlenwasserstoffe (FCKW). Nur der im Montrealer Abkommen vereinbarte weltweite Produktionsstopp ozonschädigender Stoffe – der bisher größte Erfolg des globalen Umweltschutzes – hat eine Katastrophe für die Menschheit verhindert (Pötter 2007/09: 92). Die Gesamtemissionen gingen in den letzten Jahren deutlich zurück, nach dem jetzigen Wissensstand wird die Ozonschicht Mitte des Jahrhunderts die Stärke von 1970 erreichen (BMU 2006/10: 133, zur Geschichte und den Erfolgsbedingungen des Abkommens s. Aretz 2006).

(f) Ein wichtiges Thema für die Gesundheit sind die Verletzungen im Straßenverkehr, von denen es jährlich in der EU-27 etwa 4 Millionen Fälle gibt (zuzüglich 39.000 Todesfälle; EUA 2010: 99).

(g) Umstritten ist die Frage, ob *zivilisationsbedingte Krankheiten* aufgrund falscher Ernährung, Bewegungsmangels, legaler und illegaler Drogen, Stress infolge falscher Arbeits- und Lebensweisen zu den Umweltgefahren zu zählen sind (Bruckner 2001; Gimm 2001; Politische Ökologie 2001). Die Öffentlichkeit interessiert sich insbesondere immer dann für die Nahrungsmittelerzeugung, wenn Tierseuchen oder Lebensmittelskandale auftreten.

Ökonomische Dimension

(6) *Negative Entwicklungen auf dem Arbeitsmarkt:* Eine eigene Existenzsicherung durch eine erfolgreiche Selbstständigkeit oder ein Beschäftigungsverhältnis mit akzeptabler Arbeitsqualität für jeden Menschen im erwerbsfähigen Alter ist eines der wichtigsten wirtschaftspolitischen Ziele. Eine Erwerbstätigkeit dient der Erzielung von Einkommen, dem Ansehen der Person und teilweise der Selbstverwirklichung (Neumann, Schaper 2008: 125). Die globale Arbeitslosenquote lag 2010 bei 6,2%, bei den Jugendlichen (15-24 Jahre) sogar bei 12,6%. Diese Werte liegen zwar schon etwas unter denen des Vorjahres, sie bleiben aber gegenüber den Werten vor der Finanzkrise (2008/09) deutlich erhöht (ILO 2011: 12f.). Insgesamt zeigt sich, dass sich die Situation auf den globalen Arbeitsmärkten nach der Krise nur sehr langsam und unterproportional zu anderen makroökonomischen Indikatoren wie beispielsweise dem BIP bessert (ILO 2011: 5). Obwohl nur 15% aller Arbeitsplätze in Industrieländern zu finden sind, trugen diese mit 55% zur Zunahme der globalen Arbeitslosigkeit zwischen 2007 und 2010 bei (ILO 2010: 27). Auf den Arbeitsmärkten der Industrieländer sind negative Entwicklungen wie die Senkung der Löhne und Sozialstandards zu beobachten (Kündigungsschutz, Arbeitslosengeld usw.). Die hohe Jugendarbeitslosigkeit darf auf keinen Fall unterschätzt werden, da sie zu enormen gesellschaftlichen Folgekosten führen kann. Schon heute sind viele Jugendliche aufgrund der schlechten Perspektiven so unmotiviert, dass sie gar nicht aktiv nach einem Arbeitsplatz suchen und somit in der Arbeitslosenstatistik nicht mehr sichtbar sind (ILO 2011: 13). In einigen Ländern manifestiert sich die Frustration der jungen Menschen bereits in ernst zu nehmenden Protesten, so wie es 2011 unter anderem in Spanien, Großbritannien und Griechenland geschehen ist. Ein Fünftel aller erwerbstätigen Menschen lebt trotz Arbeit mit ihren Familien unterhalb der extremen Armutsgrenze von 1,25 USD pro Person pro Tag (ILO 2010: 23). Das große Problem der Kinderarbeit ist zwar tendenziell rückläufig, allerdings hat sich dieser Prozess verlangsamt. Zwischen 2004 und 2008 lag die Zahl nachweislicher Kinderarbeit bei 215 Millionen (ILO 2010: 5).

(7) *Unzureichende Befriedigung der Grundbedürfnisse (Nahrung, Trinken, Wohnen und Bekleidung) mit nachhaltigen Produkten:*

(a) *Ausreichende Nahrung:* Getreide ist das Grundnahrungsmittel der Armen. Von 1997 bis 2005 stieg die Getreideproduktion allerdings nur um 6,3%, während die Weltbevölkerung um 10,5% wuchs. In Ländern mit niedrigem Einkommen werden 45% des Haushaltseinkommens für Nahrungsmittel ausgegeben, unter den Ärmsten sogar bis zu 80%, hingegen in den reichen Ländern sind es im Schnitt nur 12% (Le Monde diplomatique 2009: 18). Derzeit leidet bereits 1 Mrd. Menschen an Unterernährung, 63% von ihnen leben im Asien-Pazifik-Raum, 23% in Sub-Sahara-Afrika und 1% in Industrieländern (UNDP 2010: 35). Trotz Hunger werden weltweit ein Drittel aller produzierten Lebensmittel verschwendet oder gehen verloren, was ungefähr 1,3 Milliarden Tonnen entspricht (FAO 2010: v). Demnach verschwendet in Europa und Nordamerika jeder Mensch durchschnittlich bis zu 115 Kilogramm Lebensmittel im Jahr. In ärmeren Regionen wie Südostasien oder Afrika sind es bis zu elf Kilogramm (FAO 2010: v). Viele Experten befürchten, dass Klimaerwärmung, ineffiziente Nutzung der Nahrungsmittelreserven, stagnierenden Erträge der Anbauflächen in den Industrienationen, zunehmenden Nahrungsmittelspekulation, Nutzungskonkurrenzen (Biotreibstoff- versus Nahrungsmittelproduktion) und wachsende Erdbevölkerung zu noch dramatischeren Hungerkatastrophen in diesem Jahrhundert führen werden.

(b) *Sauberes Trinkwasser:* Der Menschenrechtsrat der Vereinten Nationen hat im Oktober 2010 das Recht auf Wasser und Sanitärversorgung verbindlich anerkannt. Damit ist das Grundrecht von Menschen auf sauberes Wasser und auf Basissanitätsversorgung weltweit anerkannt (Brot für die Welt 2010). Wie unter Punkt 4a beschrieben, leiden bereits heute die Hälfte aller Menschen in Entwicklungsländern an einer wasserbedingten Krankheit.

(c) *Wohnen*: Weltweit sind ungefähr 100 Millionen Menschen obdachlos, und über 600 Millionen Menschen leben in unzureichenden Unterkünften (United Nation Centre for Human Settlement 2010). Die Mehrheit der Obdachlosen sind Frauen und Kinder. Nach dem „UN Habitat-Bericht" leben 31,6% der weltweiten urbanen Bevölkerung in lebensgefährlichen oder gesundheitsschädlichen Behausungen, hauptsächlich in Asien, Afrika und Lateinamerika (UN-Habitat 2003). Obdachlosigkeit hat einen direkten Einfluss auf die Gesundheit. In London ist die Lebenserwartung von Obdachlosen mehr als 25 Jahre niedriger als der landesweite Durchschnitt (United Nation Centre for Human Settlement 2010).

(8) *Instabilität des Geldwerts und der Finanzmärkte, Konzentration:* Viele Experten befürchten, dass die nicht-nachhaltige Nutzung der natürlichen Ressourcen in den nächsten Jahrzehnten zu globalen Inflationstendenzen sowie wirtschaftlichen und politischen Instabilitäten führen kann (vgl. (3), (4) (14)). So muss die Menschheit mit deutlich weiter steigenden Preisen für natürliche Ressourcen und Nahrungsmittel rechnen (seit der Jahrtausendwende stieg der Preis je Barrel Rohöl von 17 USD 2001 auf 74 USD 2006, 2008 wurden 140 USD erreicht, um durch die Krise vorübergehend zu fallen). Diese Entwicklung könnte eine allgemeine Inflation zur Folge haben. In Deutschland betrugen die Materialkosten im produzierenden Gewerbe bereits 2005 ca. 40% des Bruttoproduktionswertes, während sich Personalkosten nur auf 25% belaufen, in einigen Branchen wie der Automobil- und Nahrungsmittelindustrie betrugen die Materialkosten sogar über 50% (BMU, UBA 2009/01: 56).

Mindestens ebenso besorgniserregend sind die Preissteigerungen bei den Nahrungsmitteln, so kostete im Juli 2010 eine Tonne Weizen noch 200 USD, im Februar 2011 bereits 360 USD, bei Speiseölen und Mais sind ähnliche Preissteigerungen festzustellen (Doering 2011/04). Diese Preissteigerung betreffen besonders arme Menschen, hierdurch nimmt die Anzahl der hungernden weiter zu.

Die Deregulierung der Finanzmärkte seit den 1970er Jahren führte zu einem „Turbo-" und „Spekulationskapitalismus", in dem jedes angemessene Maß aus dem Blick geriet. Stattdessen wurden Hyperrenditen von 10%, dann 20% und 25% verlangt – Eigenkapitalrenditen, die in der Realwirtschaft gar nicht erzielbar sind. In der Folge kam es zu einer extremen Vermögens- und Geldausweitung. So nahmen die *täglichen* Finanztransfers zwischen 1980 und 2007 von 62 auf 3.475 Mrd. USD zu. Das nicht in der Realwirtschaft gebundene Kapital hat heute ein Volumen von etwa 100 Billionen USD (McKinsey in Müller, Niebert 2009: 35). Die Autoren *Eichhorn* und *Solte* befürchten, dass es ohne massive Eingriffe der Staatengemeinschaft entweder zu einem globalen Kollaps der Weltwirtschaft oder einer „Brasilisierung der Welt" kommen wird. Im letzteren Fall würden wenige Promille der Weltbevölkerung fast alle Vermögen auf sich konzentrieren und die große Mehrheit in Armut verharren oder dorthin gelangen (Eichhorn, Solte 2010). Eine weitere Gefahr stellt die *zunehmende Konzentration* in der Wirtschaft dar. Wenn Unternehmen zu groß werden, um bankrott zu gehen (weil der Staat die wirtschaftlichen Risiken nicht verantworten kann), müssen die Unternehmen nach Stiglitz entflochten werden. Auch darf wirtschaftliche Macht in einer Demokratie nie zur nicht legitimierten politischen Macht werden (Rogall 2011: 526). Unter den 100 größten Wirtschaftseinheiten (Staaten und Unternehmen) der Erde sind mittlerweile 54 Konzerne (Müller, Niebert 2009: 37).

(9) *Außenwirtschaftliche Ungleichgewichte, Abhängigkeiten, Unterentwicklung:*

a) Die globale Durchsetzung der Deregulierung der Güter- und Finanzströme, insbesondere seit den 1980er, hat zu extremen Ungleichgewichten in den Leistungs- und Kapitalbilanzen geführt. Diese Entwicklung hat eine schwerbeherrschbare private und öffentliche Verschuldung in vielen Ländern zur Folge gehabt. Unmittelbar vor der Wirtschafts- und Finanzkrise 2008/09 erreichten die Ungleichgewichte ihren vorläufigen Höhepunkt: Das Leistungsbilanzdefizit der USA betrug laut IWF-Daten 2006 fast 6% des BIP (1991 war es hingegen ausgeglichen), Spaniens Defizit belief sich im Jahr 2008 sogar fast auf 10% des BIP – spiegelbildlich haben einige andere Länder enorm große Überschüsse eingefahren (2007 Deutschland 7,6%, Japan 4,8% und China 11,3%) (Dullien, Herr, Kellermann 2009: 66). In der Krise korrigierten sich die Außenhandelsungleichgewichte mit brutaler Geschwindigkeit. Die globale Wirtschaftsleistung ging extrem zurück und mit ihr schnellte die Arbeitslosigkeit in die Höhe.

b) Die Industrie- und Schwellenländer haben Produktionsstrukturen aufgebaut, die sie extrem abhängig von Energie- und Rohstoffimporten machen (werden 70% der in Deutschland genutzten fossilen und 100% der atomaren Energieträger importiert, BMU 2009/01: 8). Diese Abhängigkeiten führen zu ernsten Risiken. Sobald die Preissteigerungen für die natürlichen Ressourcen ein bestimmtes Maß übersteigen, ist mit erheblichen wirtschaftlichen Erschütterungen (u.a. importierte Inflation) zu rechnen, die bis zu einem globalen Crash an den Börsen und einer Depression reichen könnten. Einige Autoren rechnen damit, dass dieser Fall schon in den nächsten Jahren eintreten wird (Leggett 2006: 34, 79, 101; Leggewie, Welzer 2010: 39). Die Bundesanstalt für Geowissenschaft und Rohstoffe erwartet das Fördermaximum für Erdöl im Jahr 2015 bis 2025 (Hennicke, Fischedick 2007: 21), andere sehen den Peak of Oil bereits erreicht (Vorholz 2011/03: 22).

c) Neben Abhängigkeiten von Energie- und Rohstoffen existiert gesamt für den Welthandel folgendes ungleiches Import- und Exportmuster: Zwischen den Industrieländern werden hochwertige Waren gehandelt, zwischen den Industrie- und Entwicklungsländern findet insbesondere ein Austausch von Waren geringen Geldwerts statt, und zwischen den Entwicklungsländern findet kaum ein Austausch statt. In Zahlen ausgedrückt: Das Handelsvolumen von Westeuropa lag 2005 bei 4.372 Milliarden USD mit einem Anteil des Außenhandels innerhalb der Region von knapp 75%, hingegen lag das Handelsvolumen von Afrika bei 298 Milliarden USD mit einem Anteil des Außenhandles innerhalb der Region von nur knapp 10% (Le Monde diplomatique 2006: 91). Im Geldwert macht der Handel mit veredelten Produkten rund drei Viertel des gesamten Welthandels aus (Wuppertal Institut 2005: 67). In den Schwellenländern werden insbesondere die schwerindustriellen Produktionsprozesse angesiedelt und die Rohstoffe hierfür stammen zu einem großen Teil aus den Entwicklungsländern. Das Ungleichgewicht lässt sich besonders gut am Außenhandel der Europäischen Union illustrieren: Drei Viertel der gesamten Importe (in Tonnen gemessen) sind Rohstoffe, von denen der größte Teil aus Entwicklungsländern stammt – im Geldwert des europäischen Handels machen sie nur 20% aus (bpb 2005: 67).

d) Während viele gemischtwirtschaftliche Systeme in Ost-Asien seit den 1980er Jahren erhebliche wirtschaftliche Erfolge zu verzeichnen haben (sie sind heute zum Teil keine Entwicklungs- sondern Schwellenländer), stagniert die Entwicklung in der arabischen Region zum Teil, in Afrika, südlich der Sahara ist sie z.T. sogar negativ.

(10) *Unausgeglichene Staatshaushalte und unzureichende Ausstattung mit meritorischen Gütern[2]:*

a) Wie im Zuge der globalen Finanz- und Wirtschaftskrise offenbar wurde, haben sich in den vergangenen 30 Jahren nicht nur viele Schwellen- und Entwicklungsländer überschuldet, sondern auch viele OECD-Staaten. Als Indikator und zur Vergleichbarkeit setzt man die Gesamtverschuldung einzelner Länder in Beziehung zum Bruttoinlandsprodukt (BIP). Betrug die durchschnittlich Schuldenquote der OECD-Länder 2008 noch 73%, so lag sie 2009 bei 90% und könnte 2011 sogar 100% des Bruttoinlandsprodukts (BIP) erreichen (Deutsche Bank 2010: 1). Damit müssen diese Staaten jährlich einen immer größeren Anteil ihrer Wirtschaftsleistung für den Kapitaldienst aufwenden. Diese Situation wird die Entwicklungspotenziale in diesem Jahrhundert schwer belasten. Schon etwas früher wurde deutlich, dass die sozial-ökologischen Markt- oder Gemischtwirtschaften Europas aufgrund der Steuersenkungswettläufe seit den 1980er Jahren und dem demografischen Wandel vor erheblichen Finanzierungsproblemen des Standards meritorischer Güter wie Bildung und Sozialsicherungssysteme stehen.

b) Vergleicht man die Entwicklung der Ausstattungsstandards mit meritorischen Gütern zeigt sich ein gemischtes Bild. Während Skandinavien bei fast allen Indikatoren seit Jahrzehnten einen hohen Standard aufweist, und Ost-Asien bei einigen Indikatoren (Bildung) langsam aufholt, stagniert die Entwicklung aufgrund der Steuersenkungswettläufe seit den 1980er Jahren in vielen OECD-Ländern.

Sozial-kulturelle Dimension

Lange Zeit wurden die sozial-kulturellen Einflüsse der heutigen Art des globalen Wirtschaftens vernachlässigt. Wir wollen folgende benennen, die erhebliche Auswirkungen haben:

---

[2] M.G. sind Güter, die positive externe Effekte für die Gesellschaft erzeugen, für die die Wirtschaftsakteure nicht bereit sind, ausreichend Geld aufzuwenden (z.B. Vorsorge für Bildung und soziale Sicherung sowie natürliche Ressourcen).

(11) *Verlust staatlicher Steuerungspotenziale und Demokratieprinzipien:*

a) Der Staat/die Politik hat die Aufgabe, die Rahmenbedingungen in einem Land so zu gestalten, dass das gesellschaftliche Zielsystem erreicht werden kann. Das Steuerungspotential, die Rahmenbedingungen zu verändern, ist aber aufgrund der Globalisierung seit den 1980er Jahren tendenziell im Sinken. Der Standard der staatlichen Steuerungspotentiale hat einen erheblichen Einfluss auf die Akzeptanz der Bevölkerung mit dem politischen und wirtschaftlichen System, und beeinflusst die gesamte Zufriedenheit der Bevölkerung.

b) Seit den 1980er Jahren ist eine Reihe von Fehlentwicklungen in der Wirtschaft feststellbar, die mittlerweile eine Gefährdung für das politische und wirtschaftliche System darstellen. Hierzu gehören u.a. der zunehmende Einfluss der Lobbys und die Korruption (Rogall 2011: 300).

Demokratische Legitimation gilt im Zeitalter der Globalisierung als Grundvoraussetzung für das Gelingen von Global Governance, kooperative, multilaterale Gestaltung der Globalisierung. Besonders bedeutsam, um global gegen ökonomische Interessen bzw. Kräften ein Gegengewicht aufzubauen.

(12) *Soziale Unsicherheit, Armut, demografische Fehlentwicklungen:*

a) Die große Mehrheit der Menschheit muss völlig ohne oder mit unzureichender sozialer Absicherung leben. Eine derartige Situation stellt eine schwere Belastung für die Betroffenen dar. Von einer derartigen Unsicherheit – wenn auch auf einem anderen Niveau – sind seit den 1980er Jahren zunehmend auch Menschen in den Industriestaaten betroffen, in denen diese Sicherheitsstandards (Kündigungsschutz, normale Beschäftigungsverhältnisse, ausreichende Bezahlung) reduziert werden (Rogall 2011). Die Zahl befristeter Arbeitsverträge hat in den vergangenen zwei Jahrzehnten deutlich zugenommen: Rund 2,7 Millionen (8,9%) der insgesamt 30,7 Millionen abhängig Beschäftigten hatten nach Ergebnissen des Mikrozensus 2008 einen Vertrag auf Zeit, der Anteil befristet Beschäftigter erreichte damit seit 1991 (5,7%) seinen bisherigen Höchststand (Statistisches Bundesamt 2010).

b) *Armut*: Als Armut bezeichnet man die wirtschaftliche Situation einer Person oder Gruppe, in der sie nicht aus eigener Kraft einen als angemessen bezeichneten Lebensunterhalt erreichen kann. Hierbei wird unterschieden in: absolute und relative Armut. Absolute Armut tritt dann auf, wenn Menschen nicht über die zur Existenzsicherung notwendigen Güter verfügen und ein Überleben in Menschenwürde gefährdet ist (internationaler Maßstab: weniger als die Kaufkraft von 1,25 USD pro Tag). Hiervon sind ca. 1,4 Mrd. Menschen insbesondere in den ärmsten Staaten (sog. LDCs) betroffen. Durch die großen wirtschaftlichen Erfolge Chinas hat sich in den letzten 20 Jahren auch die Anzahl an Armen und die globale Armutsquote verringert. Dabei wird oft übersehen, dass es sich bei dem 1,25 USD-Kriterium nicht um den Gegenwert nach dem Wechselkurs, sondern nach der Kaufkraft handelt, d.h. als absolut arm wird nur derjenige gerechnet, dessen Lage einem Armen in den USA gleicht, der dort nur 1,25 USD am Tag zur Verfügung hat. Unter relativer Armut werden nach der Definition der EU alle Einkommensbezieher gezählt, die weniger als 60% des durchschnittlichen Einkommens ihres Landes zur Verfügung haben (andere Definitionen gehen von 50% aus). Danach lebten im Jahr 2008 14% aller Deutschen in Armut (<925,- Euro/Monat), ein Drittel mehr als 1998 (DIW 2010/07: 2). Die Hauptursachen dieser relativen Armut sind Arbeitslosigkeit und prekäre Beschäftigungsverhältnisse. Darunter fallen auch sozialversicherungspflichtige Arbeitnehmer, die so wenig verdienen, dass sie ergänzendes Arbeitslosengeld II beziehen müssen, weil sie sonst nicht leben könnten.

c) Während in den Entwicklungsländern die Bevölkerung weiterhin stark zunimmt, sinkt die Bevölkerung in vielen Industrieländern, dabei können die schrumpfenden Länder das Bevölkerungswachstum in anderen Ländern auch nicht annähernd kompensieren. Die wachsende Bevölkerung wird zur beschleunigten Übernutzung der natürlichen Ressourcen und dramatisch steigenden Problemen der Befriedigung von Grundbedürfnissen führen. In den Staaten mit schrumpfender Bevölkerung werden erhebliche Probleme mit der Finanzierung der sozialen Sicherungssysteme auftreten (Rogall 2011, Kap. 17).

(13) *Chancenungleichheit, ungerechte Einkommens- und Vermögensverteilung:* Zu Beginn des 21. Jh. wissen wir, dass die Wohlstandskluft zwischen dem reichsten Fünftel der Erdbevölkerung und dem ärmsten Fünftel weiter gewachsen ist. Das gilt für die ärmsten und wohlhabendsten Staaten, aber auch für die ärmsten und reichsten Menschen der meisten Staaten. Das Welt-Bruttoinlandsprodukt (BIP) lag im Jahr 2007 bei etwa 54.300 Milliarden USD. Hierbei sind regionale Unterschiede gewaltig: Während auf die EU bzw. auf die USA und Kanada 30,9 bzw. 28,1% des Welt-BIP entfielen, hatte ganz Afrika mit 1,25 Billionen USD lediglich einen Anteil von 2,3 Prozent am Welt-BIP. Die Anteile Südamerikas bzw. Mittelamerikas und der Karibik waren mit 4,4 bzw. 2,1 % ebenfalls gering. Auf Asien entfielen 22,8% des Welt-BIP: Der Anteil von Japan und China betrug dabei 8,1%.und 6,1% (pbp 2011: 2).

Entsprechend der ungleichen Verteilung des Welt-BIP auf die verschiedenen Staaten bestehen auch hinsichtlich des BIP pro Kopf sehr große Unterschiede (bpb 2011: 8). Während das BIP pro Kopf in den Industriestaaten im Jahr 2007 bei etwa 38.000 USD lag, betrug das BIP pro Kopf in den Entwicklungsländern lediglich rund 2.700 USD. Neben den Unterschieden zwischen den Ländern gibt es auch eine frappierende Wohlstandskluft innerhalb der Länder. Dies geht für Deutschland aus einer Studie des Deutschen Instituts für Wirtschaftsforschung 2009 hervor (DIW 2009/4: 59): Hiernach hat sich das Wohlstandsgefälle seit 2002 bedenklich verändert. Die reichsten zehn Prozent der Bevölkerung steigerten ihren Anteil am Gesamtvermögen von 2002 bis 2007 von 57,9 auf 61,1 Prozent. Darunter vereinigen inzwischen ein Prozent der Bevölkerung 23% allen Vermögens auf sich. Die ärmeren 70% besitzen hingegen zusammen nur 9% des gesamten Vermögens. Für die Zufriedenheit der Menschen spielt das Gefühl, in einer gerechten Gesellschaft zu leben, aber eine entscheidende Rolle. So existiert ein enger Zusammenhang zwischen Ungleichheit und gesundheitlichen und sozialen Problemen (Wilkinson, Pickett 2009: 34).

(14) *Innere und äußere Unsicherheit, gewaltsame Konflikte:* Die heute bekannten Reserven von Rohstoffen und Energieträgern, insbesondere von Öl, Erdgas und selten Rohstoffen, liegen zum größten Teil in Regionen, die von vielen Experten als politisch instabil ange-

sehen werden (70% der Weltölreserven und 65% der Erdgasreserven, WBGU 2003: 32). Damit könnte die starke Abhängigkeit der Industriestaaten von diesen Ländern sich zugleich als eine sehr ernste Gefahr für den Weltfrieden herausstellen. So befürchten viele Experten künftig Kriege um die natürlichen Ressourcen (Welzer 2008). Mit den knapper werdenden Ressourcen wird mit einer weiteren Zunahme der internationalen Konflikte gerechnet (zur Geschichte der militärischen und wirtschaftlichen Konflikte um das Erdöl s. Seifert, Werner 2006). Ein erhöhtes Risiko wird insbes. zwischen den westlichen Industriestaaten und China in Afrika und der Arktis ausgemacht. Weiterhin werden gewaltsame Konflikte innerhalb von Rohstoff produzierenden Ländern schon heute festgestellt (z.B. Überfälle und Sabotage im Niger-Delta, UBA 2011/04: 22). Mit stark zunehmenden Konflikten wird aufgrund der Nahrungsmittelkrisen gerechnet, schon heute feststellbar in Lateinamerika (z.B. Haiti, Nicaragua), Afrika (z.B. Ägypten, Senegal, Mali) und Asien (z.B. Pakistan, UBA 2011/04: 23).

(15) *Fehlentwicklung in Technik und Wirtschaft* (inklusive Werteverfall):

a) In den vergangenen vierzig Jahren haben die Industriestaaten eine große Reihe von Techniken entwickelt, die wirtschaftliche Chancen bieten, aber teilweise auch mit erheblichen Risiken verbunden sind. Deshalb wird heute in vielen Ländern der Einsatz von Techniken kritisch diskutiert, z.B. die Atom- und Fusionstechnologie, die Gentechnik, und Teile der Chemietechnik.

b) Seit den 1980er Jahren ist eine zunehmende Reihe von Fehlentwicklungen in der Wirtschaft feststellbar, die mittlerweile eine Gefährdung für das politische und wirtschaftliche System darstellen. Hierzu gehören u.a. die Manipulation der öffentlichen Meinung und das Verschleiern von Gefahren, der informelle Einfluss auf Behörden und Politik, die personelle Durchdringung der Politik durch Mitarbeiter der Wirtschaft, die Korruption von Politik, Mitarbeitern und Kunden, rechtswidrige Kartelle, Bilanzfälschungen und Steuerhinterziehungen (Rogall 2011: 300 ff).

Literatur

Aretz, H.-J. (2006): Globale kollektive Güter und internationale Umweltpolitik: Das Beispiel der Ozon-Politik, Frankfurt.

Bertelsmann (2008): Jugendlexikon, München.

BGR (2010) Bundesanstalt für Geowissenschaften und Rohstoffe: Reserven, Ressourcen und Verfügbarkeit von Energierohstoffen, online: http://www.bgr.bund.de/DE/Themen/Energie/Downloads/Energiestudie-Kurz studie2010.pdf;jsessionid=EBE870333ADE22519A5658DA508D6FD 5.1_cid135?__blob=publicationFile&v=3.

BMU (2006/10): Umweltbericht 2006: Umwelt – Innovation – Beschäftigung, Berlin.

BMU (2008/10a): Ökologische Industriepolitik, Broschüre, Berlin.

BMU (2009/01): Neues Denken – Neue Energie, Roadmap Energiepolitik, Broschüre, Berlin.

BMU, BMBF (2008/11): Masterplan Umwelttechnologien, Papier Online: http://www.bmu.de/files/pdfs/allgemein/application/pdf/masterplan_umwelttechnologien.pdf.

BMU, UBA (2009/01): Umweltwirtschaftsbericht 2009, Broschüre, Berlin.

Bpb – Bundeszentrale für politische Bildung (2011): Globalisierung Zahlen und Fakten, online: http://www.bpb.de/wissen/Y6I2DP.

Brot für die Welt (2010): online: .http://www.brot-fuer-die-welt.de/presse/index_8782_DEU_HTML.php, 23.07.2011.

Bruckner, M. (2001): Unsere Nahrung unser Schicksal, Lahnstein.

Bukold, S. (2011/02): Ich halte 250 Dollar für möglich, Interview mit der Berliner Zeitung am 2.2.2011.

BUND, MISEREOR (1996, Hrsg.): Zukunftsfähiges Deutschland – Ein Beitrag zu einer global nachhaltigen Entwicklung. Studie des Wuppertal Institutes für Klima, Umwelt, Energie, Basel, Boston, Berlin.

BUND; Brot für die Welt (2008, Hrsg.): Zukunftsfähiges Deutschland in einer globalisierten Welt. Studie des Wuppertal Institutes für Klima, Umwelt, Energie, Frankfurt a.M.

Chasek, P.; Downie, D.; Brown, J. W. (2006): Handbuch globale Umweltpolitik, Berlin, original (2006): Global Environment Politics, Westview Press.

Deutsche Bank (2010): Zeitbombe Staatsverschuldung entschärfen – national und international, Frankfurt am Main.

DIW – Deutsches Institut für Wirtschaftsforschung (1999/21): Versorgung mit Metallrohstoffen auch langfristig weltweit gesichert, Wochenbericht.

DIW – Deutsche Institut für Wirtschaft (2009/4): Gestiegene Vermögensungleichheit in Deutschland, Berlin.

DIW – Deutsche Institut für Wirtschaft (2010/07): Weiterhin hohes Armutsrisiko in Deutschland, Berlin.

Doering, M. (2011/04): Der Reis-Rendite-Hunger, in Berliner Zeitung 23.8.2010.

DSW – Deutsche Stiftung Weltbevölkerung (2005/03): Wie viele Menschen werden in Zukunft auf der Erde leben?, Broschüre, Hannover.

Dullien, S.; Herr, H.; Kellermann, C. (2009): Der gute Kapitalismus, Bielefeld

Eichhorn, W.; Solte, D. (2010): Das Kartenhaus Weltfinanzsystem, Hrsg. Wiegandt, K., Sonderausgabe der Bundeszentrale für politische Bildung. Original 2009.

EUA (2010): Die Umwelt in Europa. Zustand und Ausblick 2010: Synthesebericht, Kopenhagen.

FAO – Food and Agriculture Organization oft he United Nation (2011): Global Food Losses and food waste, Düsseldorf.

FAO (2010): The state of world fisheries and aquaculture 2010, Rom.

Fraunhofer ISI, IZT (2009): Rohstoffe für Zukunftstechnologien, Stuttgart. online: http://publica.fraunhofer.de/eprints/urn:nbn:de:0011-n-910079.pdf

Frondel, M.; Angerer, G. (2007/02): Von der baldigen Erschöpfung der Rohstoffe, in: Ökologisch Wirtschaften Nr. 2, 2007.

Gamillscheg, H. (2011/05): Meeresspiegel steigt dramatisch, in: Berliner Zeitung vom 3.5.2011.

Germanwatch (2000/09): Globaler Klimawandel wird zur treibenden Kraft – Mehr Umwelt- als Kriegsflüchtlinge, KlimaKompakt Nr. 5/September 2000.

Gimm, H. (2001): Aus Teufels Topf – Die neuen Risiken beim Essen, München.

Grunwald, A.; Kopfmüller, J. (2006): Nachhaltigkeit, Frankfurt.

Hennicke, P.; Fischedick, M. (2007): Erneuerbare Energien, München.

ILO (2010): Accelerating action against child labour: Global Report under the follow-up to the ILO Declaration on Fundamental Principles and Rights at Work, Genf.

ILO (2011): Global Employment Trends 2011: The challenge of a jobs recovery, Genf.

IPCC (2007/02): Klimaänderungen 2007: Wissenschaftliche Grundlagen; online: http://www.bundestag.de/ausschuesse/a16/anhoerungen/36__Sit zung_23_Mai_2007__-___ffentliche_Anh__rung_zum__Klima schutz_/A-Drs_16-16-229.pdf.

IPCC (2007/04): 4. Sachstandsbericht des IPCC über Klimaveränderungen: Auswirkungen, Anpassungsstrategien, Verwundbarkeiten, Kurzzusammenfassung, herausgegeben vom BMU, IPCC deutsche Koordinierungsstelle und BMBF vom 06.04.2007, online: http://www.bmbf.de/pub/ IPCC_AG1_kurzfassung_dt.pdf.

IPCC (2007/05): 4. Sachstandsbericht des IPCC III. Verminderung des Klimawandels, Kurzzusammenfassung, herausgegeben vom BMU, IPCC deutsche Koordinierungsstelle und BMBF vom 04.05.2007, online: http://www.bmu.de/files/pdfs/allgemein/application/pdf/ipcc_teil3_kurzfassung .pdf.

ISRIC – World Soil Information (2008): Global Assessment of Land Degradation and Improvement: 1. Identification by remote sensing, Wageningen.

IUCN (2010): Why is biodiversity in crisis?, online: http://www.iucn.org/what/tpas/biodiversity/about/biodiversity_crisis.

IUCN Redlist (2008): State of the World´s Species, online: http://cmsdata.iucn.org/downloads/state_of_the_world_s_species_factsheet_en.pdf.

Kaufmann, St. (2007/03): Die kühlen Jahre sind vorbei, in: Berliner Zeitung 15.3.2007.

Kehse, U. (2011/01): Die Völker wanderten im Regen, in: Berliner Zeitung 13.01.2011.

Kemfert, C. (2005/03): Weltweiter Klimaschutz – Sofortiges Handeln spart hohe Kosten, DIW-Wochenbericht Nr. 12-13.

Le Monde diplomatique (2008):Atlas der Globalisierung spezial – Klima, Berlin.

Le Monde diplomatique (2009): Atlas der Globalisierung, Berlin.

Leggett, J. (2006): Peak Oil – Die globale Energiekrise, die Klimakatastrophe und das Ende des Ölzeitalters.

Leggewie, C.; Welzer, H. (2010): Das Ende der Welt, wie wir sie kannten, Lizenzausgabe für die Bundeszentrale für politische Bildung, Bonn, Original 2009.

Meadows, D. H.; Meadows, D. L.; Zahn, E.; Milling, P. (1972): Die Grenzen des Wachstums, Reinbek bei Hamburg, englische Originalausgabe: The Limits to Growth, New York; Bericht des Club of Rome.

Meyer, B. (2008): Wie muss die Wirtschaft umgebaut werden? Bonn.

Milke, K. (2006): Geschäfte und Verantwortung – zur Debatte um ökologische und soziale Kriterien für unternehmerisches Handeln, in: Worldwatch Institute (2006): Zur Lage der Welt 2006 – China, Indien und unsere gemeinsame Zukunft, Münster.

Müller, M., Fuentes, U., Kohl, H. (2007, Hrsg.): Der UN-Weltklimareport, Bericht über eine aufhaltsame Katastrophe, Köln.

Müller, M.; Niebert, K. (2009): Epochenwechsel, München.

Neumann, L.; Schaper, K. (2008): Die Sozialordnung der Bundesrepublik, 5. Auflage, Lizenzausgabe für die Bundeszentrale für politische Bildung, Bonn.

Politische Ökologie (2001): Es ist angerichtet – Rezepte für Landwirtschaft und Ernährung der Zukunft, 19. Jg., Dezember Nr. 73-74.

Pötter, B. (2007/09: 92): In letzter Minute, in: Die Zeit, Nr. 37, 6.09.2007.

Quaschning, V. (2010): Erneuerbare Energien und Klimaschutz. Hintergründe – Techniken – Anlagenplanung – Wirtschaftlichkeit, 2. Auflage, München.

Rogall, H. (2009): Nachhaltige Ökonomie, Marburg.

Rogall, H. (2011): Grundlagen einer nachhaltigen Wirtschaftslehre, Volkswirtschaftslehre für Studierende des 21. Jahrhunderts, Marburg.

Secretariat of the Convention on Biological Diversity (2010): Global Biodiversity Outlook 3, Montréal.

Seifert, T.; Werner, K. (2006): Schwarzbuch Öl – Eine Geschichte von Gier, Krieg, Macht und Geld, Bonn.

Statistisches Bundesamt (2010): Befristete Beschäftigung: Jeder elfte Vertrag hat ein Verfallsdatum, http://www.destatis.de/jetspeed/portal/cms/Sites/destatis/Internet/DE/Navigation/Publikationen/STATmagazin/2010/Arbeitsmarkt2010__032,templateId=renderPrint.psml__nnn=true.

Statistisches Bundesamt (2010/07): Nachhaltige Entwicklung in Deutschland – Indikatorenbericht 2010, online: http://www.destatis.de/jetspeed/portal/cms/Sites/destatis/Internet/DE/Content/Publikationen/Fachveroeffentlichungen/UmweltoekonomischeGesamtrechnungen/Indikatorenbericht2010,property=file.pdf.

Stern, Sir N. (2006): Stern Review – Der wirtschaftliche Aspekt des Klimawandels, Zusammenfassung. Online: http://www.bundesregierung.de/Content/DE/Artikel/2006/11/2006-11-24-wirtschaftliche-folgen-des-klimawandels.html.

UBA (2001) Umweltbundesamt: Dauerhaft umweltgerechter Verkehr, Berlin.

UBA (2002) – Umweltbundesamt: Nachhaltige Entwicklung in Deutschland. Die Zukunft dauerhaft umweltgerecht gestalten, Berlin.

UBA (2011/04) – Umweltbundesamt (Hrsg.): Rohstoffkonflikte nachhaltig vermeiden, Konfliktrisiken bei Zugang und Nutzung von Rohstoffen, Papier in der Serie Texte Nr. 21/2011.

UBA (2011/05) – Umweltbundesamt (Hrsg.): Wie warm war das Jahr 2010?, Papier.

UNDP (2010): Human Development Report 2010. 20th Anniversary Edition. The Real Wealth of Nations: Pathways to Human Development, New York.

UNEP (2011 a): Yearbook – Emerging Issues in our Global Environment, Nairobi.

UNEP (2011 b): Annual Report – A Year in Review, Nairobi.

UN-habitat Global Report on Human Settlements (2003): The challenge of slums, online: online: http://www.unchs.org/global_report.asp.

United Nations Centre for Human Settlement (2010): 100 Million Homeless in World. Habitat Press release, online: http://www.un.org/Conferences/.../women.htm.

Vorholz, F. (2011/03): Was mit dem Benzinpreis wird, in: Die Zeit 3.3..2011.

Wachter, D. (2006): Nachhaltige Entwicklung– Das Konzept und seine Umsetzung in der Schweiz, Zürich.

Water Footprint Organization (2011): National water footprint accounts, Twente.

WBGU (1998) Wissenschaftlicher Beirat der Bundesregierung Globale Umweltveränderungen: Jahresgutachten 1997, Welt im Wandel – Wege zu einem nachhaltigen Umgang mit Süßwasser, Berlin, Heidelberg.

WBGU (2003) Wissenschaftlicher Beirat der Bundesregierung Globale Umweltveränderungen: Welt im Wandel – Energiewende zur Nachhaltigkeit, Hauptgutachten 2002, Berlin.

WBGU (2008) Wissenschaftlicher Beirat der Bundesregierung Globale Umweltveränderungen: Welt im Wandel – Sicherheitsrisiko Klimawandel, Berlin, Heidelberg, New York.

WBGU (2011/03) Wissenschaftlicher Beirat der Bundesregierung Globale Umweltveränderungen: Welt im Wandel – Gesellschaftsvertrag für eine Große Transformation, Zusammenfassung für Entscheidungsträger, Berlin.

Welzer (2008): Fact sheet No. 313: Air quality and health, online: http://www.who.int/mediacentre/factsheets/fs313/en/index.html

Welzer, H. (2008): Klimakriege – Wofür im 21. Jahrhundert getötet wird, Frankfurt a. M.

WHO (2008): Fact sheet No. 313: Air quality and health, online: http://www.who.int/mediacentre/factsheets/fs313/en/index.html.

WI (2005) – Wuppertal Institut für Klima, Umwelt und Energie: Fair future, Bonn.

WI- Wuppertal Institut (2005): Fair Futur, München.

Wilkinson, R.; Pickett, K. (2009): Gleichheit ist Glück. Warum gerechte Gesellschaften für alle besser sind, Berlin.

Worldwatch Institute Report (1998): Zur Lage der Welt 1998 – Daten für das Überleben unseres Planeten, Frankfurt a. M.

Worldwatch Institute Report (2009): Zur Lage der Welt 2009 – Auf dem Weg zur nachhaltigen Marktwirtschaft?, Münster.

D. Themenkomplexe

Teil 1: Alternativen der Nachhaltigen Ökonomie zur traditionellen Ökonomie

Eberhard Umbach, Holger Rogall

Nachhaltigkeit[1] – Konkretisierung eines kontroversen Begriffes

Abstract

Seit den 1970er Jahren wird immer deutlicher, dass die Menschheit dabei ist, durch ihre Art des Wirtschaftens die eigene Existenzgrundlage zu gefährden. Die ökologischen, ökonomischen und sozial-kulturellen Herausforderungen haben mittlerweile eine Größenordnung angenommen, dass nur noch ein nachhaltiger Umbau der globalen Volkswirtschaften die Probleme beherrrschen kann. Der vorliegende Beitrag erläutert die Entstehung und inhaltliche Füllung des Begriffes Nachhaltige Entwicklung, der jetzt aktueller ist als je zuvor.

---

[1] Der Beitrag basiert auf der Langfassung der Kernaussagen des Netzwerks Nachhaltige Ökonomie 2009/10 (www.nachhaltigeoekonomie.de), den Veröffentlichungen von Umbach, E. (2008): Freiheit, Wissen, Macht und Geld – Eine Systemanalyse der Modernen Gesellschaft mit Ziel Soziale Ökologische Marktwirtschaft, und Rogall, H. (2009): Nachhaltige Ökonomie, Marburg.

1. Von der Forstwissenschaft zur Agenda 21 der UN

Erst 1992 wurde Nachhaltigkeit, englisch „sustainability", durch den Beschluss von mehr als 170 Staats- und Regierungschefs zum weltweit verwendeten Schlüsselbegriff. Mit dem Begriff Nachhaltigkeit wird die Qualität einer Gesellschaft oder auch einer Firma oder einer einzelnen Handlung bezeichnet, die zum generationenübergreifenden Schutz der Lebensqualität aller Menschen und der Biosphäre beiträgt. In der Agenda 21 wurde von der Weltgemeinschaft anerkannt, dass Nachhaltigkeit sowohl ökologische als auch sozial-kulturelle und ökonomische Aspekte enthält. Das heißt: es gibt eine gegenseitige Abhängigkeit, eine Interdependenz scheinbar unzusammenhängender Größen: Schutz der Biosphäre, Abschaffung von Armut weltweit, Effizenz der Wirtschaftssysteme, Beteiligung aller Menschen und gesellschaftlicher Gruppen, insbesondere auch der Frauen, an den Entscheidungen (Demokratie).

Das bedeutet auch, dass das Ideengebäude der Aufklärung, bisher nur auf die Menschen bezogen (anthropozentrisch), erweitert wird zu einem Konzept für die ganze Biosphäre, der sich die Menschen zugehörig fühlen (Umbach, 2008: 95-96).

Der Begriff Nachhaltigkeit fasst die Wünsche und Hoffnungen von Milliarden von Menschen zusammen, die der Armut entkommen wollen; die erwarten, dass eine intakte Umwelt bewahrt oder wiederhergestellt wird; die eine Wirtschaftsweise anstreben, in der die Effizienz der Produktionsprozesse und für die Menschen die Qualifizierung und Entfaltung (als Gegenteil von Ausbeutung) im Vordergrund stehen. Für die Zukunft hat Nachhaltigkeit eine ähnliche Bedeutung wie Demokratie, Menschenrechte und Friedenssicherung.

Ungeachtet der später zu schildernden Kontroversen und der Enttäuschungen bei der Realisierung von nachhaltigen Strukturen und Prozessen weltweit, ist die Geltung des Begriffes seither erhalten geblieben. Das gilt auch für die Agenda 21 als Schlüsseldokument der Weltgesellschaft. Sie ist weiterhin die ideelle Basis für eine Nachhaltige Entwicklung auf globaler Ebene, in Einzelstaaten und in regionalen und kommunalen Kontexten.

Nachhaltige Entwicklung (sustainable development), Ursprung des Begriffs: Das englische Verb sustain enthält das lateinische Wort sustinere, deutsch: aufrechterhalten. Der Begriff development (deutsch: Entwicklung) beinhaltet eine Vielzahl von Zielen (hierzu wurden in der Vergangenheit von verschiedenen Fachdisziplinen Theorien entwickelt; Jüdes 1997: 27).

Bereits im 16. Jh. wurde in der Rheinpfälzer Forstordnung die Forderung niedergeschrieben, dass nur so viele Bäume gefällt werden dürfen wie nachwachsen, damit auch die Nachkommen ausreichend viel Holz zur Verfügung haben (so dass der Holzertrag dauerhaft nicht abnimmt). Aufgrund einer überregionalen Holzknappheit wurde der Begriff „nachhaltende Nutzung" von Carl von Carlowitz 1713 das erste Mal benutzt (Grober 2010: 115). Anschließend wurde der Begriff regelmäßig in der Forstwirtschaft verwendet. Seine erste lexikalische Erwähnung findet sich 1780 in „Beyträge und Verbesserung des Vollständigen Forst-, Fisch- und Jagd-Lexikon" (Luks 2002: 20).

Der Begriff Nachhaltige Entwicklung wurde in den 1980er Jahren von einer deutschen Delegation in die internationalen Verhandlungen eingebracht und mit sustainable development ins Englische übersetzt. Aus den englischen Originaldokumenten wurde er später rückübersetzt (Weizsäcker 2004/06). Die IUCN (International Union for Conservation of Nature, heute: World Conservation Union – WCU) verwendete den Begriff das erste Mal international. Die im Jahr 1983 von den Vereinten Nationen eingesetzte „Weltkommission für Umwelt und Entwicklung" nahm den Begriff auf und führte ihn in die Fachdiskussion ein. Mit dem nach der Kommissionsvorsitzenden benannten Schlussbericht („Brundtland-Bericht", Hauff 1987) wurden im Jahr 1987 die Grundlagen für die UN-Konferenz über Umwelt und Entwicklung (UNCED) in Rio de Janeiro 1992 gelegt, auf der u.a. die Agenda 21 als globale Nachhaltigkeitsstrategie verabschiedet wurde (weitere Rio-Dokumente sind u.a.: die Klimarahmenkonvention und die Rio-Deklaration, hierzu Meyer 2008: 86).

Die Agenda 21 (lateinisch: „was getan werden muss"; auch: Aufstellung der Gesprächspunkte): beschreibt die Probleme und Lösungsansätze der Menschheit im 21. Jahrhundert. Sie stellt damit ein Nachhaltigkeitsprogramm dar, auf das sich die Teilnehmerstaaten der UNCED 1992 geeinigt haben, das aber nicht direkt rechtlich verbindlich ist. Auf der nationalstaatlichen Ebene (z.B. Deutschland) haben viele Regierungen Nachhaltigkeitsstrategien beschlossen. Kommunale Nachhaltigkeitsprogramme werden häufig Lokale Agenda 21 genannt.

2. Der Rio-Folgeprozess

Die Vereinten Nationen setzten nach der Rio-Konferenz die Kommission für Nachhaltige Entwicklung (CSD) ein. Sie beobachtet die Realisierung der Agenda 21 in den UN-Mitgliedstaaten und gibt den Regierungen, Firmen und NGOs Hilfestellung (online unter: http://www.un.org/esa/dsd/csd/csd_aboucsd.shtml).

Auf einer Reihe von Rio-Folge-Fachkonferenzen von 1993 bis 1995, auf dem Millenniums-Gipfel von 2000 und dem Weltgipfel 2002 in Johannesburg (World Summit on Sustainable Development, WSSD, RIO+10) wurde das Nachhaltigkeitskonzept der Agenda 21 für unterschiedliche Aspekte konkretisiert und, soweit möglich, zu Strategien der Realisierung weiterentwickelt (vgl. Rogall 2009, Kap. 8).

Nach der ersten Rio-Folgekonferenz 2002 in Johannesburg wird 2012 eine zweite Rio-Folgekonferenz (RIO+20 – online unter: www.uncsd 2012.org), erneut in Rio de Janeiro, den Stand der Realisierung erörtern, die Strategien für das nächste Jahrzehnt diskutieren und hoffentlich möglichst bindend beschließen (dieses Thema wird voraussichtlich das Brennpunktthema des nächsten Jahrbuchs). In einem Vorbereitungspapier vom Dezember 2010 des CSD-Sekretariats über eine Befragung von Mitgliedstaaten, UN-Organisationen und wichtigen Gruppen zur Bedeutung des Nachhaltigkeitskonzeptes, den Stand der Implementation und die aktuellen Probleme wird die wachsende Bedeutung von Nachhaltigkeit im politischen Prozess in den Mitgliedstaaten und bei wichtigen Gruppen festgestellt.

Die *Europäische Union* hat sich auf der Tagung des Europäischen Rates im Jahr 1992 in Lissabon verpflichtet, die Beschlüsse der Rio-Konferenz umzusetzen und sich in ihrem fünften und sechsten Umweltaktionsprogramm ausdrücklich zu den Grundsätzen einer „dauerhaften und umweltgerechten" Entwicklung bekannt. Im Jahr *1998* wurde das Ziel der Nachhaltigen Entwicklung in die Präambel des EU-Vertrages (Vertrag von Lissabon) als Staatszielbestimmung aufgenommen. Weiterhin wurde in Art. 6 das Prinzip der Integration festgelegt, nach dem Umweltaspekte nicht mehr separat, sondern in allen Sektoren integrativ zu behandeln sind. Im gleichen Jahr beauftragte der Europäische Rat in *Cardiff* alle betroffenen Fachräte, umfassende Strategien zur Integrierung der Umweltbelange und der Nachhaltigen Entwicklung in ihren Politikbereichen zu entwickeln. Im *Juni 2001* hat der Europäische Rat in *Göteborg* die von der Kommission erarbeiteten Grundzüge einer EU-Nachhaltigkeitsstrategie beschlossen (KOM 2001). Im gleichen Jahr beauftragte der Europäische Rat alle Fachräte der Kommission, umfassende Strategien zur Integration des Umweltschutzes und der Nachhaltigen Entwicklung in ihre Politikbereiche zu entwickeln. Viele europäische Regierungen haben Staatssekretärsausschüsse eingesetzt, sog. *Green Cabinets*, und Nachhaltigkeitsräte, die Nachhaltigkeitsstrategien (-pläne) entwickeln (Grunwald, Kopfmüller 2006: 136).

In *Deutschland* wurde das Prinzip der Nachhaltigkeit im Jahr 1994 als Staatsziel im Art. 20a des Grundgesetzes verankert (BMU 1997/02: 10): „Der Staat schützt auch in Verantwortung für die künftigen Generationen die natürlichen Lebensgrundlagen." Seitdem haben sich alle Bundesregierungen ausdrücklich zu den Zielen einer Nachhaltigen Entwicklung bekannt (BMU 1994, 1998; Bundesregierung 2002 und 2008). Im Herbst 1998 wurden ein *Nachhaltigkeitsrat* und ein *Staatssekretärsausschuss* (green cabinet) eingesetzt. Im Frühjahr 2002 verabschiedete die Bundesregierung eine nationale Nachhaltigkeitsstrategie („Perspektiven für Deutschland"). In den Jahren 2004, 2005 und 2008 legte sie Fortschrittsberichte hierzu vor (Bundesregierung 2004/10, 2005 und 2008/11, www.nachhaltigkeitsrat.de). 2012 wird die Bundesregierung auf Basis eines Kabinettsbeschlusses einen neuen Fortschrittsbericht vorlegen. Dafür gab es 2010 einen ersten Bürgerdialog, dessen Ergebnisse in den Entwurf des Berichts einfließen. Dieser Entwurf steht im Juni 2011 in einem weiteren Bürgerdialog zur Diskussion.

Der Deutsche Bundestag setzte zwischen 1994 und 2002 eine Reihe von Enquete-Kommissionen ein, die wichtige Beiträge für die Nachhaltigkeitsdiskussion leisteten. In der aktuellen Legislaturperiode 2009-13 arbeitet die Enquete-Kommission an dem Themenkomplex „Wachstum, Wohlstand, Lebensqualität".

In allen Bundesländern und in mehr als 2.300 Kommunen fanden Agenda-Prozesse statt (Bundesregierung 2002/04: 54). Weiterhin haben zahlreiche zivilgesellschaftliche Organisationen eine Nachhaltige Entwicklung zu einem zentralen Bestand ihrer Arbeit erklärt oder wurden neu gegründet, z.B. die Erdcharta (www.erdcharta.de), die Stiftung für die Rechte zukünftiger Generationen – SRzG (www.srzg.de), oder der Bund für Umwelt und Naturschutz Deutschland – BUND.

Somit ist seit 1992 eine weltweite Dynamik entstanden, die die Basis für die weitreichende Berücksichtigung von sozialen und ökologischen

Zielen im politischen und wirtschaftlichen Verhalten darstellt und eine neue globale Leitidee beinhaltet.

Diese positive Entwicklung darf aber nicht darüber hinwegtäuschen, dass die ursprüngliche Hoffnung auf eine weltweite sozial-kulturelle und wirtschaftlich-technische Transformation in eine nachhaltige Gesellschaft bislang nicht stattgefunden hat, sondern Nachhaltigkeitsstrategien inkonsequent umgesetzt und als *zusätzliche, sekundäre* Aufgaben verstanden wurden. Das hat u.a. damit zu tun, dass parallel und völlig losgelöst zum Nachhaltigkeitsprozess nach der Rio-Konferenz mächtige Akteursgruppen eine Deregulierung der globalen Wirtschafts- und Finanzsysteme durchsetzten. Insbesondere wurde 1994 die Welthandelsorganisation WTO gegründet, in deren Praxis Nachhaltigkeitsziele einen völlig untergeordneten Stellenwert haben. Verschwendung von Ressourcen, Ausbeutung von Arbeitskräften und Naturzerstörung gelten als unvermeidbar oder sogar als Fortschritt, weil in wichtigen Schwellenländern das Pro-Kopf-Einkommen steigt. Deshalb könnten spätere Generationen die 1990er Jahre 1992 bis 2011 nicht als Beginn der Nachhaltigen Entwicklung, sondern als Jahrzehnt einer spekulationsgetriebenen Verschärfung der Plünderung des Planeten betrachten.

3. Der Nachhaltigkeitsbegriff zwischen Klarheit der Ziele und Beliebigkeit in Werbung und Politik

Dass sich alle Staaten dieser Erde im Jahr 1992 auf das Entwicklungsziel Nachhaltigkeit einigten, ist der Tatsache zu verdanken, dass die Agenda 21 keine konkreten Verpflichtungen enthält, die die Staaten verbindlich einlösen müssen. Vielmehr ist die Agenda eine Zielformulierung, deren Realisierung speziellen Abkommen und weiteren Aktivitäten aller Akteure überlassen wurde. Der Nachhaltigkeitsbegriff steht in einem komplexen Bedeutungsgefüge, in dem die Eindeutigkeit nicht durch irgendeine Präzisionsformel oder vertragliche Festlegung gewährleistet ist. Die im Begriff enthaltenen Werte wie Abbau von Armut, Schutz der Artenvielfalt, Generationengerechtigkeit etc. sind noch weit von der Realisierung entfernt. Deshalb enthält der Begriff auch einen sehr ausgeprägten Zukunftsbezug. *Das hat der Begriff gemeinsam mit anderen politischen und sozialen Zielbegriffen wie Gerechtigkeit, Freiheit und Demokratie.*

Diese Zielvielfalt und der Zukunftsbezug haben sehr konkrete Auswirkungen auf die Verwendung des Begriffes Nachhaltigkeit:
- Er ist nicht von vornherein eine messbare Größe.
- Er hat in der Agenda keinen territorialen Bezug. Die Ziele und vorgeschlagenen Maßnahmen sind vorwiegend auf globaler Ebene formuliert. Eine Konkretisierung für ein Land muss separat geleistet werden.
- Er ist nicht durch die Rechtsordnung geschützt, wie z.B. in gewissem Umfang „Bio" durch diverse Bio-Siegel: das heißt, er kann nach der Entscheidung eines beliebigen Sprechers auf beliebige Systeme angewendet werden. Es ist also nicht untersagt, von nachhaltiger Gewinnerzielung zu sprechen, auch wenn das in konkreten Fällen den Intentionen der Agenda 21 widersprechen könnte.

Mit anderen Worten: Zwar sind für die globale Ebene der Nachhaltigkeit die Ziele der Agenda 21 in den 40 Kapiteln hinreichend klar definiert, nicht möglich ist dagegen eine eindeutige, quasi mathematische Deduktion von konkreten Aktionen aus dem Begriff. Die globalen Ziele müssen vor Ort operationalisiert oder konkretisiert werden, d.h. kreativ angewendet auf konkrete Planungs- und Entscheidungssituationen.

Dass in solchen Situationen Konsensprobleme auftauchen, ist nicht der Fehler eines mangelhaft definierten Nachhaltigkeitsbegriffes, sondern insbesondere Konsequenz
- der Widerstände wirtschaftlicher Interessengruppen, die immer noch eine kurzfristige Gewinnmaximierung vor eine Langfristökonomie stellen und
- der Angst vieler Bürger vor zu einschneidenden Veränderungen und insbesondere Verschlechterungen dessen, was sie als materielle Lebensqualität betrachten.

Der Vorwurf der mangelnden Präzision des Nachhaltigkeitsbegriffes ist Vorwand dafür, Veränderungen zu verhindern, zumindest sie zu vertagen.

Nachhaltigkeit kann aber auch ein Werbebegriff mit allen daraus resultierenden Unschärfen sein: Seit der Rio-Konferenz 1992 ist Nachhaltigkeit bei vielen Menschen ein überaus positiv besetzter Begriff. Das führt dazu, dass auch kleine Alltagshandlungen wie die Mülltrennung, ein Lieblingsthema in Deutschland, mit Nachhaltigkeit in Verbindung gebracht werden. Das ist meistens gerechtfertigt, zumindest aus dem Selbstverständnis der Akteure heraus, und oft auch durch den objektiven Tatbestand der Rohstoffeinsparung, der dadurch ermöglicht wird.

Der Begriff Nachhaltigkeit wird aber auch da in Anspruch genommen, wo die zu bewertenden Tatbestände nur teilweise oder auch gar nicht dem Anspruch des Begriffes genügen. Auch das ist in vieler Hinsicht verständlich. Wer möchte sich nicht identifizieren mit einem Wertkonzept, das Weitsicht und soziale Verantwortung suggeriert. So legen die meisten deutschen Konzerne in regelmäßigen Abständen Nachhaltigkeitsberichte vor. Das ist grundsätzlich positiv zu bewerten; nicht zulässig wäre aber, aus dem Vorliegen eines Nachhaltigkeitsberichts zwingend zu schließen, dass die Firma insgesamt das Nachhaltigkeitsziel vordringlich anstrebt. Der Nachhaltigkeitsbegriff kann auch zur Täuschung der Verbraucher eingesetzt werden.

Neben der Inflationierung der Verwendung des Nachhaltigkeitsbegriffs gibt es andererseits laut regelmäßigen Umfragen des BMU in Deutschland eine Unkenntnis über den Begriff bei mehr als der Hälfte der Erwachsenen. In der jüngsten Umfrage des BMU von 2010 erklärten nur 43 % der Befragten, dass sie von dem Begriff schon gehört hatten (BMU 2010, S. 40). Dieser Wert hat sich allerdings seit 2000 (damals waren es 13%) mehr als verdreifacht.

4. Kontroversen um die Interpretation des Begriffs

In den unübersichtlichen Jahren seit der Rio-Konferenz 1992, mit der Vielfalt der Verwendungen des Begriffes Nachhaltigkeit in der Öffentlichkeit und mit dem Erstarken von Kräften, die der Nachhaltigkeit skeptisch gegenüberstehen und sie als Ziel auch bekämpfen, wurde in Deutschland über den Begriff kontrovers diskutiert. Die Kenntnis dieser Kontroversen ist nötig für das Verständnis der Verwendung des Begriffes und anderer Begriffe mit ähnlicher Bedeutung (Synonyme) und für seinen Stellenwert in der Öffentlichkeit.

Die *erste Kontroverse* geht um die *Definition des Begriffs*: So wird von mehreren Wissenschaftlern und Praktikern argumentiert: In den 40 Kapiteln der Agenda 21 werde zwar ein neues, dauerhaft umweltverträgliches Wohlstandsmodell gefordert. Auf eine handhabbare Definition und die Festlegung verbindlicher Reduktionsziele der Ressourcennutzung hätten sich die Konferenzteilnehmer in Rio 1992 aber nicht einigen können. Unstrittig sei lediglich die Forderung nach Entwicklung, definiert als eine Funktion verschiedener wünschenswerter Ziele (wie die Verbesserung des Gesundheitszustandes, der Ernährungssituation und des Bildungsstandards) sowie die Forderung, dass diese Entwicklung zukunftsverträglich stattfinden soll. Aus dieser Sichtweise heraus wurde der Begriff Nachhaltige Entwicklung heftig kritisiert („missverständlich und unbekannt", „unpräzise", „nichts Neues"). Viele Autoren und Institutionen forderten, die am häufigsten verwendete formale Definition der Brundtland-Kommission (nicht die Lebensbedingungen zukünftiger Generationen verschlechtern) zu präzisieren. Der SRU (Sachverständigenrat für Umweltfragen) z.B. befürchtet, dass der Begriff Nachhaltige Entwicklung inflationär und zunehmend willkürlich verwendet wird. Hiermit drohe die Auflösung der Orientierungsfunktion (Deutscher Bundestag 2002/04: 57); in diesem Fall würde der Begriff überflüssig. Verschiedene Autoren verwenden daher auch oder alternativ die Begriffe: dauerhaft aufrechterhaltbare (Rogall), zukunftsfähige (Simonis) oder zukunftstaugliche (Eppler) Entwicklung. Der SRU setzt sich dafür ein, die Übersetzung „dauerhaft umweltgerechte Entwicklung" zu verwenden, da er der Überzeugung ist, dass nur durch eine Übersetzung, die den Umweltaspekt ins Zentrum stellt, „sicherzustellen ist, was der Begriff sustainable Development (...) enthält." (BMU 1994). Wir verwenden die vorgestellten Begriffe als Synonyme.

Die *zweite Kontroverse* dreht sich um die Frage, *wie umfassend die Handlungsfelder* einer Nachhaltigkeitspolitik zu formulieren sind. Eine zu enge Fokussierung auf umweltpolitische Ziele birgt die Gefahr, dass ausschließlich umweltinteressierte Akteure das neue Entwicklungsleitbild annehmen. Eine zu umfassende Herangehensweise birgt dagegen die Gefahr, dass nachhaltige Politik zu einem Synonym für gute Politik wird und damit keine inhaltliche Aussage mehr darstellt. Heute hat die Mehrzahl der Autoren die Aussage der Agenda 21 akzeptiert, dass eine Nachhaltige Entwicklung mindestens drei Zieldimensionen beinhaltet: (1) ökologische, (2) ökonomische, (3) soziale Ziele. (Rogall spricht von sozial-kulturellen Zielen, da unter diesem Begriff die Aspekte der partizipativen Demokratie und Rechtsstaatlichkeit besser zu integrieren sind). Daraus folgt, dass der Begriff der Nachhaltigen Entwicklung nicht nur auf den ökologischen Aspekt reduziert werden darf, sondern auch andere Ziele umfasst. Im Zentrum steht hier der Umbau der globalen Gesellschaft nach den Managementregeln der Nachhaltigkeit (Rogall 2000: 100 und Rogall 2009: 42 und 316).

Die *dritte Kontroverse* dreht sich um die Wertigkeit und *Hierarchie der Zieldimensionen*. Dabei lassen sich modellhaft vier Standpunkte unterscheiden (Rogall 2009, Kap. 1.3):

1. die wirtschaftliche Zieldimension sei die wichtigste, da es bei einer Nachhaltigen Entwicklung darum ginge, die Bedürfnisbefriedigung der Menschheit dauerhaft zu sichern:

   „Nachhaltigkeit bedeutet nicht mehr, aus rein ökologischer Sicht zu fragen: Darf es das geben? Wie viel ist zumutbar, sondern es geht um weit komplexere Fragestellungen wie die Erhöhung der Effizienz, mit der Ressourcen genutzt werden, oder die Entkoppelung des Wachstums von Wertschöpfung und Beschäftigung einerseits, der Inanspruchnahme der Umwelt andererseits. Diese Fragestellungen sind auch nicht allein ökologischer Natur, sondern betreffen direkt wirtschaftliche Fragen und gesellschaftlich-soziale Belange." (BDI 2000/12: 3). „Der BDI fordert daher von der Politik, alle Maßnahmen zur Erreichung umweltpolitischer Ziele am Erhalt der Wettbewerbsfähigkeit Deutschlands zu messen" (BDI 2001: 32).

2. Die Zieldimensionen seien gleichberechtigt (sog. Drei-Säulen-Modell).

3. Die Zieldimensionen seien innerhalb festgelegter Grenzen (die die Natur vorgibt) prinzipiell gleichberechtigt. Diese Naturgrenzen seien allerdings unbedingt einzuhalten, da die natürlichen Lebensgrundlagen die Voraussetzung allen Lebens und Wirtschaftens darstellen (UBA 2002, WBGU 2009, Netzwerk Nachhaltige Ökonomie 2009).

4. Die ökologische Zieldimension habe höchste Priorität, da der Schutz der natürlichen Lebensgrundlagen – als existenzielle Voraussetzung aller anderen Ziele – im Zentrum dieser neuen Leitidee steht (Ott; Döring 2004).

Die Positionen (1) bis (4) werden im Netzwerk Nachhaltige Ökonomie plakativ mit Graden von Nachhaltigkeit bezeichnet. Die Position (1) entspricht einer sehr schwachen Nachhaltigkeit; die Position (2) einer schwachen Nachhaltigkeit; die Position (3) einer starken Nachhaltigkeit, die Position (4), einer strikten Nachhaltigkeit.

Die öffentlich-rechtlichen Institutionen, die sich unmittelbar mit den Fragen der Nachhaltigen Entwicklung beschäftigen, haben unterschiedliche Definitionen vorgeschlagen, die auf eine Definition der starken Nachhaltigkeit hinausläuft. Z.B. fordern die Enquete-Kommission des Deutschen Bundestages „Nachhaltige Energieversorgung...", das Umweltbundesamt (UBA), der Sachverständigenrat für Umweltfragen (SRU) und der Wissenschaftliche Beirat Globale Umweltveränderungen (WBGU) eine Entwicklung innerhalb einer von der Politik vorgegebenen Fahrrinne bzw. innerhalb der Naturschranken, die die menschlichen Aktivitäten prinzipiell begrenzen (UBA 2002: 3). Damit lehnen sie die Positionen einer schwachen Nachhaltigkeit ab.

Dies ist auch die Position der Vertreter der Nachhaltigen Ökonomie. Wenn sie von einer Nachhaltigen Entwicklung sprechen, meinen sie immer die Position der starken oder strikten Nachhaltigkeit. Damit findet eine Eingrenzung der Definitionen für Nachhaltigkeit im politischen Bereich statt, wie das z.B. auch mit dem Begriff der Demokratie gelungen ist (Einhaltung des Mehrheitsprinzips, der Menschenrechte und Gewaltenteilung).

5. Starke Nachhaltigkeit und darauf basierende Grundprinzipien und Managementregeln

Für die politische und wirtschaftliche Praxis konkretisieren die Vertreter der Nachhaltigen Ökonomie das Konzept der starken Nachhaltigkeit und verknüpfen es mit der Anerkennung einer Reihe von Grundprinzipien und Managementregeln.

Starke Nachhaltigkeit ist durch folgende Grundannahmen und Forderungen gekennzeichnet (detailliert Diefenbacher u.a. 1997: 25 und Rogall 2009: 238):
1. Begrenzte Substituierbarkeit der natürlichen Ressourcen
2. Grenzen der natürlichen Tragfähigkeit (Absolute Naturschranken), die nicht übertreten werden dürfen
3. Dauerhafter Erhalt der natürlichen Ressourcen statt effizienter Verbrauch.

Sie wird wie folgt definiert:

> „Eine Nachhaltige Entwicklung will für alle heute lebenden Menschen und künftigen Generationen ausreichend hohe ökologische, ökonomische und sozial-kulturelle Standards in den Grenzen der natürlichen Tragfähigkeit der Erde erreichen und so das intra- und intergenerative Gerechtigkeitsprinzip durchsetzen" (Rogall 2000: 100; Abgeordnetenhaus von Berlin 2006/06: 12; Gründungserklärung des Netzwerks Nachhaltige Ökonomie).

6. Grundprinzipien

Um die daraus resultierenden Ansprüche an nachhaltiges Handeln zu erfüllen, müssen nach Ansicht der Mitglieder des Netzwerks Nachhaltige Ökonomie vier Grundprinzipien beachtet werden.

Erstes Grundprinzip – Gerechtigkeit und Verantwortung als ethische Grundlagen für nachhaltiges Handeln: Im Gegensatz zur wirtschaftswissenschaftlichen Mehrheitsmeinung gehen die Vertreter der Nachhaltigen Ökonomie davon aus, dass jedes Handeln und damit auch wirtschaftliches Handeln ethisch zu begründen ist. Das Leitbild der Nachhaltigkeit basiert auf den ethischen Grundwerten der Gerechtigkeit und der Verantwortung (Kopfmüller 2003: 22). Diese beiden Grundwerte werden anschließend konkretisiert und damit Prämissen für Entscheidungen und Handlungen vorgegeben (Rogall 2009, Kap. 5.5). Diese ethische Fundierung bietet die Chance, das neue Leitprinzip der Nachhaltigkeit nicht auf einen wirtschaftlich-technischen Strategiepfad zu reduzieren, sondern dem Menschen Anknüpfungspunkte für einen eigenen persönlichen Entwicklungsweg mit Normen und Werten zu bieten. Aus diesen ethischen Grundlagen werden die folgenden Prinzipien abgeleitet Rogall 2011, Kap. 6):

(1) *Intergeneratives Gerechtigkeitsprinzip:* Die verwendete Definition einer Nachhaltigen Entwicklung ergibt sich aus der Anerkennung des intergenerativen Gerechtigkeitsprinzips, nach dem jede Generation darüber entscheiden können muss, welche Güter sie wie herstellt und wie sie diese gerecht verteilt („Jede Generation muss ihre Aufgaben selbst lösen und darf sie nicht den kommenden Generationen aufbürden"; Bundesregierung 2008/11: 19). Das entspricht

direkt der Grundformulierung von Nachhaltigkeit aus dem Brundtland-Bericht.

(2) *Intragenerative Gerechtigkeit:* Eine Nachhaltige Entwicklung strebt auch für die Gegenwart eine gerechte Verteilung von Einkommen und Ressourcenverbrauch an. So hat z.b. kein Kulturraum das Recht, mehr natürliche Ressourcen in Anspruch zu nehmen als ein anderer (inkl. der Senkenfunktion, vgl. Rogall 2009, Kap. 5.5, zur ungleichen Inanspruchnahme der natürlichen Ressourcen s. BUND u. a. 2008: 125, 127). An Rawls und Sen anknüpfend, definiert die Nachhaltige Ökonomie eine Gesellschaft als gerecht, in der alle Menschen die gleichen Chancen haben, ein glückliches Leben zu führen und dabei allen Mitgliedern der Gesellschaft die Menschenrechte und die Grundbedürfnisse zum Leben sichert. Daher tragen die Industriestaaten auch Verantwortung für die Chancen der Menschen in anderen Ländern und Kontinenten (Bundesregierung 2008/11: 11).

(3) *Prinzipen der Verantwortung und Solidarität* (Bereitschaft zur Handlung). Hieraus ergibt sich z.B. die Notwendigkeit zum aktiven Umbau der Industriegesellschaft.

(4) *Vorsorgeprinzip, eigene Schutzrechte für die Natur, Frieden und Harmonie mit der Mitwelt:* Die politisch-rechtlichen Rahmenbedingungen sollen im Sinn von nachhaltigen Leitplanken vorausschauend verändert werden. Hierfür wird als ethische Grundlage ein eigenes Schutzrecht der Natur ebenso gefordert wie das Vorsorgeprinzip und die treuhänderische Verantwortung. Das beinhaltet auch die Forderung nach gutnachbarschaftlichen Beziehungen, nach Frieden und Harmonie mit den Mitmenschen (Toleranz, Rücksichtnahme, Gewaltlosigkeit) und nach Erhalt und Wiederherstellung von vielfältigen Ökosystemen.

(5) *Dauerhaftigkeit:* Prüfung aller Systeme und Techniken, ob sie in letzter Konsequenz dauerhaft aufrecht erhaltbar sind.

(6) Angemessenheitsprinzip: Suche nach dem angemessenen Maß, statt Maximierungsprinzip..

Zweites Grundprinzip – Sozial-ökologische, nachhaltige Demokratie:
Eine Nachhaltige Entwicklung will ausreichend hohe ökonomische,

ökologische und sozial-kulturelle Standards sowie Freiheit und Lebensqualität für alle Menschen, die heute leben, und für künftige Generationen durchsetzen. Sie grenzt sich damit von dem vorherrschenden „ökonomistischen Gesellschaftsmodell" ab und geht deutlich über ökologische Ziele hinaus. Daraus folgt die Eingriffsverpflichtung des Staates bei wirtschaftlichem und sozial-ökologischem Marktversagen sowie die Notwendigkeit der Sicherstellung und Durchsetzung der Freiheits-, Mitentscheidungs- und Menschenrechte für alle Menschen in allen gesellschaftlichen Bereichen und Gewärleistung eines ausreichenden Standards an meritorischen Gütern.

Drittes Grundprinzip – Anerkennung absoluter Grenzen der natürlichen Tragfähigkeit: Aus dem ersten Prinzip ergibt sich zwingend, dass eine gleichgewichtige Abwägung zwischen den ökologischen, ökonomischen und sozial-kulturellen Zielen, wie sie in der sog. Drei-Säulen-Theorie verfolgt wird, nur innerhalb ökologischer Leitplanken, einer Fahrrinne bzw. der Grenzen der natürlichen Tragfähigkeit erfolgen darf (UBA 2002, WBGU, Wachter 2006, Bundesregierung 2008/11). Die Veränderung des Klimas, die Zerstörung der Ozonschicht, die Vergiftung der Böden, ausgestorbene Arten, verbrauchte Rohstoffe und Energieträger schränken diese Freiheit unzulässig ein, da die negativen Veränderungen nicht in akzeptablen Zeitspannen rückgängig gemacht werden können. Da die natürlichen Ressourcen eine notwendige Bedingung (Voraussetzung) für das menschliche Leben und Wirtschaften darstellen, ist ihr übermäßiger Verbrauch/Zerstörung inakzeptabel. Damit wird der Schutz der natürlichen Ressourcen nicht zur einzigen Aufgabe einer Nachhaltigen Entwicklung, aber zu ihrer notwendigen Bedingung und zu einer nicht zu überschreitenden Begrenzung für alle anderen Ziele. Diese Position hat das Bundesumweltministerium bereits im Jahr 1998 vertreten, als es in seinem Entwurf eines umweltpolitischen Schwerpunktprogramms formulierte:

> „Dabei kommt der ökologischen Dimension – und damit auch der Umweltpolitik – eine Schlüsselrolle zu, denn die natürlichen Lebensgrundlagen begrenzen die Umsetzungsmöglichkeiten anderer Ziele (Umwelt als limitierender Faktor). Die natürlichen Voraussetzungen des Lebens auf der Erde sind nicht verhandelbar" (BMU 1998/04: 10).

Die Verwendung des Begriffs „absolute Grenzen" schafft in der täglichen Praxis natürlich Probleme, sind doch die genauen Grenzen der Tragfähigkeit selbst den Naturwissenschaftlern nicht immer bekannt. Deshalb müssen hier Unschärfen hingenommen und nach dem Vorsorgeprinzip (s.u. Kasten) gehandelt werden. Trotz dieser Ungenauigkeit ist uns das Prinzip der unantastbaren natürlichen Grenzen deshalb so wichtig, weil es wie bei Konflikten um die verfassungsrechtlichen Grundrechte (Art. 1-20 GG) zwar immer wieder einzelne Auslegungskontroversen gibt, diese Grundrechte aber durch andere Ziele nicht „weggewogen" werden dürfen. Hiernach ist bei besonders wichtigen natürlichen Lebensgrundlagen, wie ein stabiles Klima oder die Erhaltung der Ozonschicht, eine Abwägung mit der Frage nach den Kosten schlicht unsinnig. Auch wenn weiterhin geprüft werden muss, mit welchen Maßnahmen Schutz von Klima und Ozonschicht am kostengünstigsten zu erreichen sind. In der Konsequenz führt dieses Prinzip zum Ziel, dass in spätestens 40 Jahren nur noch Produkte angeboten werden, die den anschließend folgenden Prinzipien/Managementregeln der Nachhaltigkeit entsprechen.

> Das Vorsorgeprinzip ist eines der Grundprinzipien der Umweltpolitik. Es beinhaltet das Ziel, Umweltschutzmaßnahmen präventiv und an der Quelle der Schädigungen anzusetzen, so dass sie gar nicht erst entstehen können. Insofern beinhaltet es eine Risikominimierungsstrategie (inkl. Vorsichtigkeitsansatz). Ziel ist der nachhaltige Umbau der Produkte und Produktionsprozesse, so dass künftig die Managementregeln und Kriterien der Nachhaltigkeit eingehalten werden können.
>
> Nachhaltige Produkte sind dadurch gekennzeichnet, dass sie die ökologischen, ökonomischen und sozial-kulturellen Managementregeln der Nachhaltigkeit einhalten: Sie müssen aus nachhaltig bewirtschafteten, erneuerbaren Materialien, Sekundärmaterialien oder dauerhaft nutzbaren Materialien bestehen, mit Hilfe erneuerbarer Energien produziert werden können; sie dürfen keine Treibhausgase beim Betrieb emittieren und keine Schadstoffe enthalten. Das sind Anforderungen, die in den nächsten Jahren schrittweise zu erreichen sind.

Viertes Grundprinzip – Integrativer Ansatz: Die ökologischen, ökonomischen und sozial-kulturellen Ziele lassen sich nicht immer klar voneinander abgrenzen. Einige Ziele gehören zu mehreren Kategorien. Einen hohen Bildungsstandard zu erreichen, ist sowohl ein ökonomisches als auch ein sozial-kulturelles Ziel. Eine Gesellschaft wird erst dann erfolgreich wirtschaften, wenn die Menschen gut ausgebildet sind und über das notwendige Wissen und über die notwendigen Fähigkeiten verfügen. Außerdem brauchen Menschen eine gute Ausbildung, damit sie Chancen im Leben erkennen und nutzen können. Erst die Bildung ermöglicht den Menschen, sich sozial zu integrieren. Viele Ziele ergänzen sich jedoch nicht, sondern häufig treten Zielkonflikte auf. Wenn ständig wachsende Einkommen erzielt werden sollen, dann setzt dies ein wirtschaftliches Wachstum voraus. Ein stetiges Wirtschaftswachstum zu erreichen, ist jedoch auf Dauer unmöglich, wenn der Verbrauch der natürlichen Ressourcen minimiert werden soll (Umwelt als limitierender Faktor). Dieser Position tragen integrative Nachhaltigkeitskonzepte Rechnung. Ausgangspunkt ist hierbei die Überlegung, dass die Kernprinzipien einer Nachhaltigen Entwicklung (Zukunftsverantwortung und Verteilungsgerechtigkeit) dimensionsübergreifend angelegt sind. Hieraus folgt, dass kein Ziel einer Nachhaltigen Entwicklung isoliert verfolgt werden darf, sondern alle Handlungsstrategien integrativ (auf die Auswirkungen und auf die anderen Ziele) zu untersuchen sind (Grunwald; Kopfmüller 2006: 53; Kopfmüller u. a. 2001).[2] Methodische Konsequenz des integrativen Ansatzes bei der Entwicklung von Nachhaltigkeitskonzepten ist die Nutzung interdisziplinärer und systemischer Methoden.[3]

---

[2] Die Bundesregierung hat in ihrer Nachhaltigkeitsstrategie von 2002 diese Position insofern aufgenommen, als sie ihre Handlungsfelder nicht nach den drei Zieldimensionen, sondern nach vier querschnittsorientierten Prinzipien gegliedert hat (vgl. Rogall 2008, Kap. 7.4).

[3] Die eingeführte interdisziplinäre Methodologie ist der Systemansatz, der auch Systemtheorie, Systemanalyse, Systemwissenschaft genannt wird. Ausgangskonzept ist der in der Grundstruktur einfache Systembegriff: Ein System besteht aus mehreren Elementen, die in Beziehung zueinander stehen, und hat eine Systemumwelt. So besteht die deutsche Gesellschaft aus vielen Teilsystemen, Bevölkerung, Wirtschaft, Staat, Bildungswesen, Infrastrukturen. Die Umwelt dieses Systems besteht insbesondere aus der Landfläche Deutschlands, den dortigen Ökosystemen und aus den Nachbarländern und letztlich der globalisierten Weltgesellschaft und der gesamten Biosphäre. Die Komplexität der realen Wirklichkeit wird durch die Zusammenschau von verschiedenen einander gleichrangigen, übergeordneten oder untergeordneten Systemen und ihren internen und externen Beziehungen erfasst. Diese Systemkomponenten, die jede Einzelwissenschaft überschreiten, für Erklärung und Prognose oder Strategieentwicklung zu analysieren und daraus Schlüsse zu ziehen, ist die Aufgabe des Systemansatzes.

7. Managementregeln der Nachhaltigkeit

Die vier Grundprinzipien konkretisieren wir durch Managementregeln der Nachhaltigkeit (Handlungsgrundsätze), die als Grundlagen für alle politischen und wirtschaftlichen Entscheidungen dienen sollten. Derartige Managementregeln wurden von der Enquete-Kommission des Deutschen Bundestages „Schutz des Menschen und der Umwelt" formuliert (Deutscher Bundestag 1998/06). Leider hat sich die Enquete-Kommission an einigen Stellen sehr an rein marktwirtschaftlichen Positionen orientiert, die sich aus unserer Sicht aufgrund des Marktversagens nicht mit den Prinzipien einer Nachhaltigen Ökonomie vereinbaren lassen. Wir haben die Managementregeln daher an einigen Stellen modifiziert und auch erweitert.

Die Management-Regeln werden unterschieden nach ihrem Bezug zur Ökologie, zur Wirtschaft und zum sozial-kulturellen Bereich.

Ökologische Dimension

der Managementregeln der Nachhaltigen Ökonomie (auf der Grundlage: Enquete-Kommission 1998)
(1) Klimaschutz: Die Freisetzung von Stoffen darf (...) nicht größer sein als die Tragfähigkeit bzw. Aufnahmefähigkeit der Umwelt (Treibhausgase).
(2) Naturverträglichkeit, Erhaltung der Arten und Landschaftsvielfalt: Das Zeitmaß menschlicher Eingriffe (bzw. Einträge) in die Umwelt muss der Natur ausreichend Zeit zur Selbststabilisierung lassen.
(3) Nachhaltige Nutzung erneuerbarer Ressourcen: Die Nutzung erneuerbarer Ressourcen darf die Regenerationsrate nicht überschreiten (z.B. Wald), denn das ökologische Realkapital muss erhalten werden.
(4) Nachhaltige Nutzung nicht-erneuerbarer Ressourcen: Bei der Nutzung nicht-erneuerbarer Ressourcen muss die „exponentielle Spar-Regel" (compound saving rule, Binswanger 2010: 174) angewendet werden, so dass die Ressource niemals völlig erschöpft wird. Hierbei wird zunächst festgelegt wie lange eine natürliche Ressource noch gewinnbar (abbaubar) ist (Beispiel 1.000 Jahre), Dann wird der jährliche Verbrauch im Startjahr auf den Bruchteil der Ressourcenmenge beschränkt – in unserem Beispiel auf ein Tausendstel – und künftig der Verbrauch jährlich um 0,1 bis 1 Prozent reduziert (wir schlagen 1

Prozent vor). Nach 3500 Jahren wären bei diesem Beispiel und einer Reduktionsrate von 0,3% immer noch zwei Drittel der ursprünglichen Ressourcenmenge vorhanden (Binswanger 2010: 176). Daraus folgt, dass der Verbrauch neuer Ressourcen stetig reduziert wird und darüber hinaus gehende Bedürfnisse nur aus dem Materialrecycling befriedigt werden können.

(5) Gesunde Lebensbedingungen: Risiken und Schäden für Mensch und Umwelt sind zu minimieren. Schadstoffeinträge, Strahlen und Lärm sind auf ein unschädliches Maß zu begrenzen.

Ökonomische Dimension

der Managementregeln der Nachhaltigen Ökonomie (auf der Grundlage Deutscher Bundestag 1998: 26),

(6) Berücksichtigung der volkswirtschaftlichen Folgen: Wirtschaftliche Handlungen müssen die volkswirtschaftlichen Folgen berücksichtigen (z.B. die Folgen einer Handlung für eine selbständige Existenzsicherung bei akzeptabler Arbeitsqualität).

(7) Gewährleistung der Grundbedürfnisse mit nachhaltigen Produkten: Das ökonomische System muss individuelle und gesellschaftliche Bedürfnisse im Rahmen der natürlichen Tragfähigkeit so effizient wie möglich befriedigen (...). Die Rahmenbedingungen sind so zu gestalten, dass funktionsfähige Märkte entstehen, die Innovationen in Richtung einer Nachhaltigen Entwicklung anregen und die Grenzen der natürlichen Tragfähigkeit gewahrt werden.

(8) Preise müssen angemessen sein und eine wesentliche Lenkungsfunktion wahrnehmen. Diese sollen die Knappheit der Ressourcen und Produktionsfaktoren widerspiegeln. Wenn dies die Märkte aufgrund von Externalitäten (Überwälzung von sozialen Kosten, z.B. Umweltkosten) nicht leisten können, müssen die demokratisch legitimierten Entscheidungsträger dafür sorgen, dass z.B. durch Umweltabgaben die Produkte die „ökologische Wahrheit" sagen bzw. die angestrebten Nachhaltigkeitsstandards durch andere politisch-rechtliche Instrumente erreicht werden.

(9) Außenwirtschaftliches Gleichgewicht bei hoher Selbstversorgung: Ein außenwirtschaftliches Gleichgewicht wird angestrebt. Nur die Güter sollen international getauscht werden, die nach Internalisierung der sozialen Kosten für Konsumenten und Umwelt einen Vorteil erbringen (z.B. Herstellung von Aluminium in Ländern mit 100% Deckung des Stromverbrauchs durch erneuerbare Energien), hierbei sind wirtschaftliche Abhängigkeiten zu vermeiden (...).

(10) Handlungsfähiger Staatshaushalt bei ausreichender Ausstattung mit meritorischen Gütern: Die ökonomische Leistungsfähigkeit einer Gesellschaft, insbesondere das Bildungsniveau und befriedigende, Vertrauen erhaltende Sozialbeziehungen (gelegentlich genannt: Sozial- und Humankapital), soll ständig qualitativ verbessert werden. Dabei ist eine ausreichende Ausstattung mit kollektiven bzw. meritorischen Gütern sicherzustellen. Gleichzeitig ist ein (ausgeglichener) handlungsfähiger Staatshaushalt anzustreben.

Sozial-kulturelle Dimension:

(11) Partizipative Demokratie und gesellschaftliche Verträglichkeit: Die Menschenrechte und Rechtsstaatsprinzipien sowie die Beteiligung der Gesellschaftsmitglieder an Entscheidungsprozessen sind zu gewährleisten.

(12) Soziale Sicherheit, keine Armut: (...) Jedes Mitglied der Gesellschaft erhält Leistungen von den sozialen Sicherungssystemen, entsprechend seiner geleisteten Beiträge bzw. von der Gesellschaft entsprechend seiner Bedürftigkeit. Diese Leistungen können nur im Umfang der wirtschaftlichen Leistungsfähigkeit wachsen. Hierbei muss jedes Mitglied der Gesellschaft entsprechend seiner eigenen Leistungsfähigkeit einen Beitrag für die Gesellschaft leisten. Die demografische Entwicklung muss beherrschbar bleiben.

(13) Chancengleichheit, soziale Integration und Verteilungsgerechtigkeit: Die demokratisch legitimierten Entscheidungsträger haben die Verpflichtung, dafür zu sorgen, dass im Rahmen der natürlichen Tragfähigkeit eine gerechte Verteilung der Lebenschancen und Einkommen für heutige und zukünftige Generationen sichergestellt wird.

(14) Globale Konfliktvermeidung: Alle Strukturen und Politiken, die die internationale Sicherheit destabilisieren, sind zu vermeiden.

(15) Umkehr der Fehlentwicklungen in Wirtschaft und Tecjhnik: Alle politischen und wirtschaftlichen Entscheidungen müssen ihre Strategien an den Managementregeln ausrichten und gefährliche Fehlentwicklungen rückgängig machen, hierzu gehört auch der Werteverfall.

8. Einige Hinweise zur Praxis einer nachhaltigen Gesellschaft

Wenn die Prinzipien und Managementregeln einer Nachhaltigen Ökonomie verbreitet Eingang in Wirtschaft, Politik und das Alltagshandeln der Mehrheit der Menschen finden, könnte nach einigen Jahrzehnten eine Übergangsphase in eine nachhaltig strukturierte Wirtschaft und Gesellschaft erreicht sein. Das erscheint heute sehr utopisch, angesichts der gegenwärtigen Konflikte und Widerstände. Aber wenn Nachhaltigkeit nicht in wenigen Jahrzehnten erreicht wird, ist die moderne Gesellschaft als Industriegesellschaft mit hohem Stoffdurchsatz und hoher Konfliktanfälligkeit nicht haltbar. Die arbeitsteilige Industriegesellschaft beruht auf der Verfügbarkeit von vielfältigen stofflichen Ressourcen. Und sie ist ein durch und durch kooperatives System. Jeder simple Flug von A nach B verlangt verlässliche Produkte und Dienstleistungen von hunderten und indirekt von tausenden Personen. Die Betonung von Egoismus, Konkurrenz und Spekulation durch das gegenwärtig praktizierte Wirtschaftskonzept ist dieser Kooperation und der nötigen Konzentration finanzieller Ressourcen auf den Umbau höchst abträglich.

Damit sich heutige Menschen eine Vorstellung machen können von der anzustrebenden nachhaltigen Gesellschaft, werden hier beispielhafte charakteristische Aspekte kurz skizziert (eine ausführlichere Skizze findet sich in: Umbach, 2008, 317-380, eine umfänglichere Darstellung in Bossel, 1998). Eine langfristig nachhaltige Gesellschaft kann als Mensch-Umwelt-System und als von Menschen gestaltetes Ökosystem verstanden werden (vgl. Anm. 3). Bei dieser Sichtweise ist es evident, dass wichtige Grundstrukturen in Analogie zu natürlichen Ökosystemen studiert werden können. In dieser Hinsicht besonders eindrücklich ist das Ökosystem tropischer Regenwald. Darin findet laufend ein intensiver Stoff- und Energieumsatz statt. Die für das Leben und Wachstum von Pflanzen und Tieren nötigen Grundlagen Wasser und Wärme sind im Überfluss vorhanden. Mineralstoffe und CO_2 stehen als Engpassfaktoren begrenzt zur Verfügung. Das intensive Wachstum und die Vermehrung von Pflanzen und Tieren erhöht unter ungestörten Bedingungen die Gesamtbiomasse des Systems. Die Wachstumsprozesse sind von intensiven Abbauprozessen begleitet. Endprodukte des Abbaus sind wieder Wasser, Mineralstoffe, CO_2 und Wärme. Dieses System ist nachhaltig, obwohl beeindruckende Wachstumsprozesse darin stattfinden.

Aus Sicht der Nachhaltigen Ökonomie kann auch ein Mensch-Natur-System nachhaltig sein, wenn eine Reihe von Voraussetzungen erfüllt ist. Hier werden nur einige beispielhaft genannt. Ein Mensch-Natru-System kann nachhaltig sein, wenn:

(1) der Energiebedarf vollständig aus erneuerbaren Energien gedeckt wird,

(2) nicht mehr benötigte Stoffe zu nahezu 100 % stofflich verwertet werden,

(3) Produkte so gestaltet werden, dass keine schädlichen Stoffe entlassen werden können – auch nicht bei Unfällen und absichtlichen Zerstörungen (das bedeutet, dass gefährliche Stoffe gar nicht erst eingesetzt oder produziert werden, auch nicht als eingeschlossene Zwischenprodukte oder als chemischer oder radioaktiver Sonderabfall).

Diese Voraussetzungen 1 bis 3 wären in allen Wirtschaftssektoren einzuhalten, beispielsweise für die Erzeugung und Bearbeitung von Lebensmitteln. In diesen Branchen würde das bedeuten: alle Landwirte und die Nahrungsmittelindustrie halten die Grundsätze der ökologischen Landwirtschaft ein. Dadurch würden gesunde Lebensmittel erzeugt und die Bodenfruchtbarkeit erhalten, naturnahe Ökosysteme und die Artenvielfalt könnten intensiver geschützt und evt. wieder hergestellt werden.

Ein besonders sensibles Thema ist die Zahl der Menschen und ihre Veränderungen, weltweit oder bezogen auf einzelne Länder. Eine nachhaltige Gesellschaft könnte die Bevölkerungszahl als variabel akzeptieren und in einem Bevölkerungsrückgang auch eine Entspannung in der Beziehung zur Natur sehen.

Wir beschließen unseren Beitrag mit dem *Fazit*, dass die gegenwärtige Industriegesellschaft von dem dargestellten umfassenden Ideal der Nachhaltigkeit zwar noch weit entfernt ist, die Lösungen aber prinzipiell bekannt sind, und seit Beginn der Umweltpolitik Anfang der 1970er Jahre in den Industrieländern und besonders in Deutschland wichtige Schritte in diese Richtung realisiert wurden. Der endgültige Ausstiegsbeschluss aus der Atomenergie in Deutschland nach der Atom-Katastrophe in Fukushima zeigt, wie Lernprozesse durch Tragödien zu Fortschritten in Richtung mehr Nachhaltigkeit führen können.

Literatur

Ageordneten Haus von Berlin (2006/06): Lokale Agenda 21 – Berlin zukunftsfähig gestalten, beschlossen vom Abgeordnetenhaus am 8. Juni 2006, Drs. 15/5221.

BDI (2000/12): Marktwirtschaftliche Instrumente in der Umweltpolitik, Positionspapier, Dezember 2001

BDI (2001): Jahresbericht 2001, Broschüre.

Binswanger, H. C (2010): Vorwärts zur Mäßigung, Hamburg.

BMU (1994): Umwelt 1994 – Politik für eine nachhaltige, umweltgerechte Entwicklung, Bonn.

BMU (1997/02): Auf dem Weg zu einer Nachhaltigen Entwicklung in Deutschland, Bericht der Bundesregierung anlässlich der UN-Sondergeneralversammlung über Umwelt und Entwicklung 1997 in New York, Broschüre Bonn.

BMU (1998): Umweltgutachten 1998 des SRU, Kurzfassung, Broschüre Bonn.

BMU (1998/04): Entwurf eines umweltpolitischen Schwerpunktprogramms, Broschüre.

BMU (2010): Umweltbewusstsein in Deutschland – Ergebnisse einer repräsentativen Bevölkerungsumfrage.

Bossel, H. 1998: Globale Wende – Wege zu einem gesellschaftlichen und ökologischen Strukturwandel, Droemer-Knaur, München

BUND; Brot für die Welt (2008, Hrsg.): Zukunftsfähiges Deutschland in einer globalisierten Welt. Studie des Wuppertal Institutes für Klima, Umwelt, Energie, Frankfurt a.M.

Bundesregierung (2002/04): Perspektiven für Deutschland,, Nachhaltigkeitsstrategie für Deutschland, Broschüre.

Bundesregierung (2004/10): Fortschrittsbericht 2004 – Perspektiven für Deutschland, Nachhaltigkeitsstrategie für Deutschland, Broschüre.

Bundesregierung (2005/03): Kurzfassung Forschungsbericht 2004, Perspektiven für Deutschland – Unsere Strategie für eine nachhaltige Entwicklung, Broschüre, Berlin.

Bundesregierung (2008/11): Fortschrittsbericht 2008, Broschüre, Berlin.

Bürgerdialog (2011): online unter: http://www.dialog-nachhaltigkeit.de/, vgl. auch: http://www.bundesregierung.de/Webs/Breg/nachhaltigkeit/DE/Berichte/Berichte.html.

CSD-Sekretariats (2010): online unter: http://www.un.org./esa /dsd/csd/csd_aboucsd.shtml.

Deutscher Bundestag (1998): Abschlussbericht der Enquete-Kommission „Schutz des Menschen und der Umwelt": Konzept Nachhaltigkeit, BT-Drs. 13/11200 vom 26.6.1998.

Deutscher Bundestag (2002/04):Umweltgutachten 2002, des Rates von Sachverständigen für Umweltfragen, BT-Drs. 14/8792 vom 15.04.2002.

Diefenbacher, H. u.a. (1997): Nachhaltige Wirtschaftsentwicklung im regionalen Bereich, Heidelberg.

Enquete-Kommission (1998): „Schutz des Menschen und der Umwelt" des 13. Deutschen Bundestages (Hrsg.): Mögliche Maßnahmen, Instrumente und Wirkungen einer Steuerung der Verkehrs- und Siedlungsflächennutzung, Berlin, Heidelberg.

Eppler, E. (1981): Wege aus der Gefahr, Reinbek.

Grießhammer, R.; Graulich, K.; Götz, K. (2005): EcoTopTen – rundum gute Produkte in: Simonis, U., München.

Grober, U. (2010): „Die Entdeckung der Nachhaltigkeit – Kulturgeschichte eines Begriffs", München.

Grunwald, A.; Kopfmüller, J.(2006): Nachhaltigkeit, Frankfurt.

Hauff, V. (1987, Hrsg.): Unsere gemeinsame Zukunft – Der Brundtland-Bericht der Weltkommission für Umwelt und Entwicklung, Greven.

Jüdes, U. (1997): Nachhaltige Sprachverwirrung, in: Zeitschrift: Politische Ökologie 52, Juli/August.

KOM – Kommission der Europäischen Gemeinschaften (2001): Nachhaltige Entwicklung in Europa für eine bessere Welt, Vorschlag der Kommission für den Europäischen Rat in Göteborg, Brüssel 15.5.2001.

Kopfmüller, J. (2003, Hrsg.): Den globalen Wandel gestalten – Forschung und Politik für einen nachhaltigen globalen Wandel, Berlin.

Kopfmüller, J.; u. a. (2001, Hrsg.): Nachhaltige Entwicklung integrativ betrachtet, Berlin.

Luks, F. (2002): Nachhaltigkeit, Hamburg.

Meyer, B. (2008): Wie muss die Wirtschaft umgebaut werden?, Perspektiven einer nachhaltigeren Entwicklung, Frankfurt a.M, online unter: http://www.umweltdaten.de/publikationen/fpdf-l/4045.pdf

Ott, K.; Döring, R. (2004): Theorie und Praxis starker Nachhaltigkeit, Marburg.

Rogall, H. (2000): Bausteine einer zukunftsfähigen Umwelt- und Wirtschaftspolitik, Berlin.

Rogall, H. (2008): Ökologische Ökonomie – Eine Einführung, Wiesbaden.

Rogall, H. (2009): Nachhaltige Ökonomie, Marburg.

Rogall, H. (2011): Grundlagen einer nachhaltigen Wirtschaftslehre, Volkswirtschaftslehre für Studierende des 21. Jahrhunderts, Marburg.

Scherhorn, G. (1997): Das Ganze in Güter, in: Meyer-Abich, K.M. (Hrsg.): Vom Bauen der Erkenntnis zum Baum des Lebens. München.

Schmidt-Bleek, F.; Tischner, U. (1994): Produktentwicklung, Nutzen gestalten – Natur schonen, Schriftenreihe des Wirtschaftsförderinstituts, Wien.

Simonis, U. (2001); Zukunftsfähige Entwicklung. Herausforderungen an Wissenschaft und Politik, Berlin.

UBA (2002) – Umweltbundesamt: Nachhaltige Entwicklung in Deutschland. Die Zukunft dauerhaft umweltgerecht gestalten, Berlin.

Umbach, E., 2008: Freiheit, Wissen, Macht und Geld – Eine Systemanalyse der Modernen Gesellschaft mit Ziel Soziale Ökologische Marktwirtschaft, MEDU-Verlag, Dreieich bei Frankfurt am Main.

Wachter, D. (2006): Nachhaltige Entwicklung. Das Konzept und seine Umsetzung in der Schweiz, Zürich.

WBGU (2009): Wissenschaftlicher Beirat der Bundesregierung Globale Umweltveränderungen: Welt im Wandel-Zukunftsfähige Bioenergie und nachhaltige Landnutzung, Hauptgutachten, Berlin.

Weizsäcker, E.U.v. (2004/06): Vortrag in der FHW Berlin.

Hansjörg Herr, Holger Rogall

Von der traditionellen zur Nachhaltigen Ökonomie

Abstract

Die Menschheit sieht sich im 21. Jahrhundert zentralen Herausforderungen gegenüber, ohne deren Lösung ein Wirtschaften im modernen Sinne am Ende des Jahrhunderts nicht mehr möglich sein wird. Die heute mehrheitlich gelehrten Wirtschaftsschulen haben für diese Herausforderungen meistens keine Lösungsstrategien. Daher ist es höchste Zeit die Lehrbücher umzuschreiben, damit die Studierenden des 21. Jahrhunderts das Rüstzeug für die Problembewältigung dieses Jahrhunderts erhalten. Der vorliegende Beitrag will wesentliche Aspekte der Reform der Ökonomie zu einer nachhaltigen Wirtschaftslehre bieten.

1. Einleitung

Die Menschheit steht zu Anfang des 21. Jahrhunderts einer Reihe von Risiken gegenüber, die die bisherigen Rahmenbedingungen des Wirtschaftens grundlegend verändern: Klimaerwärmung, Übernutzung der natürlichen Ressourcen, Massenmigration, währungs- und finanzpolitische Instabilitäten des neoliberalen Globalisierungsmodells, gestiegene Unsicherheit der Lebensverhältnisse für große Teile der Bevölkerung, Ungleichverteilung von Einkommen, Unterentwicklung und Armut. Trotz dieser dramatischen Herausforderungen leistet die Mehrzahl der Ökonomen keinen ausreichenden Beitrag für die Entwicklung zu einer nachhaltigen Wirtschaftslehre. Beispielsweise zeigt eine Durchsicht der Lehrbücher und Studienpläne, dass sich die aktuelle Lehre an den Wirtschaftsfakultäten nicht ausreichend mit den Problemen dieses Jahrhunderts auseinandersetzt. So werden auch dieses Jahr in Deutschland und überall in der Welt zehntausende von Absolventen ohne Wissen von den neuen Herausforderungen und Lösungsansätzen in die Berufswelt entlassen. Daher ist es aus Sicht des Netzwerks Nachhaltige Ökonomie höchste Zeit, die ökonomischen Lehrgebäude auf die neuen Herausforderungen zu fokussieren. Auch viele Vertreter der Umweltökonomie und der Ökologischen Ökonomie bleiben hier bislang zu zaghaft (Costanza u.a. 2001: 60). Binswanger (2006) hingegen fordert die Entwicklung einer neuen „Theorie der modernen Wirtschaft", die an den Erkenntnissen der Klassik anknüpft und sie weiterentwickelt. Bartmann (2001: 63) spricht sich für eine grundlegende Reform aus, bei der die ökologischen Zusammenhänge in die ökonomischen Theorien eingebettet werden müssten. Wir sehen Handlungsbedarf überall dort, wo traditionelle Annahmen und Fragestellungen keinen Realitätsbezug mehr haben, oder wo Ziele nicht mit den Prinzipien der Nachhaltigkeit überein zu bringen sind. Im Mittelpunkt der folgenden Vorschläge steht die Frage, wie volkswirtschaftliche Theorien einen Beitrag zu einer Nachhaltigen Entwicklung leisten können.[1]

2. Traditionelle Ökonomie

Die *klassische Ökonomie* mit ihren bekanntesten Vertretern Smith, Ricardo und zu großen Teilen auch Marx, konnte aufgrund ihres historischen Zeitpunkts Probleme wie Klimaerwärmung oder Reduzierung der Artenvielfalt nicht erkennen. Sie erkannten jedoch, dass die Natur eine Restriktion für Wachstum werden kann. Am deutlichsten hat dies David Ricardo (1821) herausgearbeitet. Er ging davon aus, dass langfristig mit wachsenden Ökonomien, einschließlich wachsender Bevölkerung, immer schlechtere Böden zur Reproduktion der Bevölkerung zur Verfügung stehen würden. Dies, so sein Argument, führt zu immer höheren Kosten der Reproduktion der Bevölkerung, zu fallenden Profiten und letztlich zu Stagnation. Ricardo konnte sich offensichtlich nicht vorstellen, dass die Produktivität in der Landwirtschaft massiv erhöht werden konnte. Man kann seinen Gedanken jedoch auf natürliche Ressourcen ausweiten und

---

[1] Vergleiche dazu auch Dullien/Herr/Kellermann (2009) sowie Rogall (2009 und 2011).

befindet sich sofort in einer modernen Debatte über die Grenzen des Wachstums.²

Die *neoklassische Schule* findet ihre klarste Fassung in der allgemeinen Gleichgewichtstheorie, die auf Walras zurückgeht (für eine einfache Darstellung vgl. Hahn 1984). In diesem Ansatz werden die physischen Ressourcen der einzelnen Individuen (Weizen, Pflug, Maschine, Grundstück, Arbeitspotential) wie Manna vom Himmel vorgegeben. Im einfachsten Fall kann durch Tausch der exogenen Erstausstattung das Wohlfahrtsniveau von Individuen erhöht werden. In einem komplexeren Fall kann Produktion eingeführt werden, die einen indirekten Tausch darstellt. In diesem Fall besorgt sich ein Unternehmer beispielsweise Boden, Weizen, Pflug und Arbeiter, um Weizen zu produzieren. Der private Haushalt ist das Steuerungszentrum der Ökonomie. In einem noch komplexeren Modell werden *alle* zukünftigen ökonomischen Aktivitäten über Zukunftsverträge auf universellen Zukunftsmärkten heute für alle Zukunft festgelegt, was ein quasi ewiges Leben der Menschen impliziert. Dabei klappt die Zukunft in die Gegenwart. Das Model führt unter bestimmten Bedingungen in der Regel zu mehreren Gleichgewichtslösungen, wobei jeder Gleichgewichtslösung ein intertemporales Preissystem zugeordnet ist.³ Dabei werden allen in der gegenwärtigen und in der Zukunft getauschten Mengen zwischen den einzelnen Haushalten und Unternehmen durch Tauschakte bestimmt. Die Gleichgewichtslösungen sind Pareto-optimal, es kann somit kein Haushalt besser gestellt werden, ohne einen anderen schlechter zu stellen. Ob der Marktprozess eine der vielen potentiell möglichen Pareto-optimalen Lösungen findet, ist offen.

Jede Veränderung oder Umverteilung der Erstausstattung erzeugt eine neue Pareto-optimale Lösung mit einem spezifischen intertemporalen Preissystem und einer spezifischen Verteilung des Einkommens. Geld spielt bei diesen Prozessen keine Rolle, es gibt nur Tauschprozesse. Ein

---

² Es sollte erwähnt werden, dass Adam Smith, der oftmals als marktradikaler Ökonom dargestellt wird, den Aufbau der Infrastruktur (Verkehrseinrichtungen, Bildung usw.) durch den Staat als zentrale Voraussetzung für eine wirtschaftliche Entwicklung angesehen hat. Seine neoliberalen Schüler haben diese aktive Rolle des Staates (der Politik) vernachlässigt und sehen den Staat eher als „Nachtwächterstaat".

³ Es muss von steigenden Skalenerträgen bei der Produktion, die allerdings in der Industrie typisch sind, und atypischen Nutzenfunktionen der Haushalte abgesehen werden.

Buch von Technologien liegt vor, aus dem die Unternehmen entsprechend der Preisstruktur die gewinnmaximalen Technologien auswählen. Nur unter diesen Extremannahmen kann abgeleitet werden, dass es eine oder mehrere die Wohlfahrt maximierende Lösung gibt. Fehlt schon einer der universellen Zukunftsmärkte, ist eine Pareto-optimale Lösung nicht mehr garantiert.

Dieses sehr abstrakte Modell zeigt bei der *Erfassung ökologischer Phänomene folgende Probleme:*

Bei der Existenz von *externen Effekten* führt der Markt nicht zu optimaler Allokation und einem Wohlfahrtsoptimum bzw. Pareto-Optimum. Dies liegt daran, dass das Preissystem nicht die tatsächlichen Kosten und Vorteile reflektiert. Die individuellen Kosten und Vorteile, die das Preissystem signalisiert, weichen systematisch von den gesellschaftlichen Kosten und Vorteilen ab. Solche Probleme tauchen insbesondere bei der Erfassung der Natur auf. So hat beispielsweise Luft keinen Preis; CO_2 kann kostenlos emittiert werden und das Preissystem reagiert auf die Klimaerwärmung nicht – allenfalls dann, wenn aufgrund von Ernteausfällen die Lebensmittelpreise steigen. Der Markt führt somit zu einer Konsum- und Produktionsstruktur, welche auf die Natur keine Rücksicht nimmt und die Lebensgrundlagen der Gesellschaft untergräbt.

Technologische Entwicklung fällt nicht wie im Modell der Allgemeinen Gleichgewichtstheorie als exogener Faktor vom Himmel. Sie wird vielmehr in Marktwirtschaften weitgehend durch das Profitmotiv und die Struktur der Nachfrage nach Gütern bestimmt. Gemeint ist hier nicht nur, welche der verfügbaren Technologien benutzt wird, sondern insbesondere, welche Technologien entwickelt werden und in welche Richtung die Forschung gelenkt wird. Es waren Joseph Schumpeter (1926) und Karl Marx (1867), welche die enorme Kraft von kapitalistischen Ökonomien zur Steigerung der Produktivkräfte betont haben. Das Problem ist, dass die höchst erfolgreiche kapitalistische Innovationsmaschine seit dem Beginn der Dominanz der kapitalistischen Produktionsweise im 19. Jahrhundert die Technologie systematisch in die falsche Richtung entwickelt hat, da sie externe Effekte nicht berücksichtigte und nicht berücksichtigen konnte. Es wurde ein Pfad der technologischen Entwicklung beschritten, der existenzielle ökologische Probleme erzeugt hat und ohne staatliche Steuerung weiterhin erzeugen wird.

Gibt es keine universellen *Zukunftsmärkte*, dann kommt Unsicherheit in die Ökonomie und „es passieren fürchterliche Sachen", wie es Frank

Hahn ausdrückt. Wirtschaftssubjekte müssen nun Erwartungen bilden, da die Zukunft nie sicher sein kann. Fürchterliche Sachen passieren nicht nur, weil die Investitionstätigkeit instabil wird. Sie passieren auch, weil nun zukünftige Generationen ihre Interessen an Rohstoffen oder sauberen Meeren nicht mehr signalisieren können.

Nimmt man diese Punkte zusammen, dann schafft der Marktmechanismus eine gigantische Fehlallokation und hat uns eine Welt mit einer Technologie und mit Konsumgewohnheiten beschert, die lebensbedrohlich ist. Schon Polanyi (1944) hat in seinen historischen Studien belegt, dass die Natur nicht dem Markt überlassen werden kann, ebenso wenig wie Arbeit- und Finanzmärkte.

Die *keynesianische Schule* liegt in einer Grauzone.[4] Keynes hat das fundamentale Versagen von Marktwirtschaften, insbesondere beim Ziel ökonomischer Stabilität und hoher Beschäftigung, analysiert. Er schlussfolgerte, dass nur eine umfassende staatliche Steuerung, welche die makroökonomische Steuerung der Investitions- und Konsumnachfrage sowie der staatlichen Nachfrage einschließt, zu befriedigenden Entwicklungen in einer Marktwirtschaft führt. Ökologische Problemstellungen wurden nicht abgedeckt. Damit bleibt der Keynesianismus oftmals bei einem eher traditionellen Politik- und Ökonomieverständnis.

3. Prinzipien einer Nachhaltigen Ökonomie

Wir schlagen als Diskussionsgrundlage die Aufnahme der folgenden Punkte in eine Theorie der Nachhaltigen Ökonomie vor.

3.1 Grundlegungen

Externe Effekte spielen bei einer Nachhaltigen Ökonomie eine wichtige Rolle. Damit sind neben *privaten Gütern*, öffentliche sowie meritorische und demeritorische Güter (Musgrave, Musgrave, Kullmer 1975) gleich-

---

[4] Wir beziehen uns auf einen Keynesianismus, der auf dem ursprünglichen keynesianischen Gedankengebäude beruht (vgl. Keynes 1930 und 1936; Heine, Herr 2003). Die Neoklassische Synthese sowie der Neu-Keynesianismus stellen Mischformen zwischen Neoklassik und Keynesianismus dar oder sind Varianten der neoklassischen Theorie.

berechtigt. *Öffentliche Güter* sind dadurch gekennzeichnet, dass keine Nutzenrivalität und kein Ausschlussprinzip existieren. Damit sind, bei einer konsequenten Betrachtung, lediglich Sonne, Wind und Sterne echte öffentliche Güter. Fast alle anderen Güter unterliegen kurz oder lang Knappheiten. *Demeritorische Güter* verursachen negative externe Effekte, zumindest ab einem bestimmten Nutzungsgrad, wie beispielsweise: Tabak, Alkohol oder fossile Energieträger. Meritorische Güter (Nutzenrivalität, begrenztes Ausschlussprinzip, positive externe Effekte) werden von Produzenten und Konsumenten aber in ungenügendem Umfang angeboten und/oder nachgefragt. Zur Erhöhung der Wohlfahrt muss der Staat daher mittels verschiedener Eingriffe in den Markt für ausreichend meritorische Güter sorgen (Cansier 1996:118; Bartmann 1996: 66). Bekannte Beispiele sind Infrastruktureinrichtungen (z.B. Bildungseinrichtungen), soziale Sicherungssysteme, Arbeits-, Verkehrs- und innere Sicherheit sowie die Verhinderung ökologischer Probleme (z.b. Verhinderung von schädlicher Luftverschmutzung oder Erderwärmung).

Die neoklassische Schule basiert ihre Ansätze auf dem *homo oeconomicus*, dem rational agierenden Individuum, das oftmals auch noch die Zukunft korrekt erkennen kann. So wurden in den 1970er Jahren die Theorie effizienter Finanzmärkte und die Theorie rationaler Erwartungen populär. Beide Ansätze unterstellen, dass die Zukunft zumindest im wahrscheinlichkeitstheoretischen Sinne erkannt wird und Preise immer Fundamentalfaktoren widerspiegeln. Beispielsweise sind Spekulationsgewinne bei diesen Annahmen nicht möglich, da die Preise bei jeglichen Veränderungen immer sofort auf ihren, durch Fundamentalfaktoren bestimmten, neuen Preis springen. Diese Annahmen führten die Ökonomie über Jahrzehnte in die falsche Richtung. Theoretiker verschiedener Disziplinen haben längst nachgewiesen, dass Menschen nicht immer rational handeln (Kahneman, Slovic, Trversky 1982; Shleifer 2000, Ockenfels 2005). Das Netzwerk Nachhaltige Ökonomie empfiehlt daher die Verwendung des neuen Menschenbildes *homo cooperativus*, das unterstellt, dass der Mensch nicht der Rationalität eines Computers folgt, die Zukunft nicht auf der Grundlage objektiver Wahrscheinlichkeiten erfassen kann und Raum für unterschiedliche Erwartungen von unterschiedlichen Wirtschaftssubjekten lässt. Dieses Menschenbild ist realitätsnäher, weil es von einem heterogenen Menschentyp ausgeht, mit Eigennutzstreben aber auch mit dem Potential zur Kooperation und Idealismus, manchmal gierig, aber meistens auf eine Mindest-Fairness aus. Einige Entscheidungen werden rational getroffen, wobei diese Entscheidungen oftmals von der Entscheidungssituation und der Art der Präsentation des Problems abhängen und die Entscheidungen dann gerade nicht wie von einem Computer getroffen werden. Viele Entscheidungen hängen von Erwartungen über eine unsichere Zukunft, die nicht wahrscheinlichkeitstheoretisch erfasst werden kann ab, und werden aus dem „Bauch heraus" gefällt (vgl. Keynes 1936: Kap. 12 und die Ergebnisse der Verhaltensökonomie und Spieltheorie, vgl. dazu Kahneman 1986; Heuser 2008; Rogall 2011: Kap. 5.4).

Die *technologische Entwicklung* ist von zentraler Bedeutung. Sie muss als wichtigster Bestandteil des Wettbewerbs in modernen Industriegesellschaften angesehen werden. Das Profitmotiv erzeugt permanent neue Produkte und neue Produktionsverfahren. Die kapitalistische Innovationsmaschine hat eine Technologie und eine physische Welt mit entsprechenden Konsum- und Produktionsgewohnheiten hervorgebracht, welche den Lebensstandard massiv erhöht hat, jedoch die natürlichen Grundlagen des Lebens untergräbt. Notwendig sind umfassende staatliche Eingriffe in die Entwicklungslogik der Technologie. Dazu sind staatliche Rahmensetzungen (ökologische Leitplanken[5]), Infrastrukturinvestitionen und Forschungsanstrengungen notwendig. Bei natürlichen Monopolen wie der Energieversorgung, der Wasserversorgung, dem öffentlichen Transportwesen etc. sind staatliche Unternehmen bzw. staatlich kontrollierte Unternehmen die beste Lösung. Die Privatisierungswelle der letzten Jahrzehnte in diesem Bereich hat in keiner Weise die von Privatisierungsbefürwortern gebrachten Vorteile erbracht. Mühsam werden privatisierte Bereiche derzeit wieder „kommunalisiert". Selbstverständlich muss der Schumpetersche Unternehmer eine wichtige Rolle behalten. Bei richtigen staatlichen Rahmensetzungen wird die kapitalistische Innovationsmaschine auch Technologien entwickeln, die helfen, die ökologischen Probleme zu lösen.

Eine Nachhaltige Ökonomie *arbeitet mit anderen Disziplinen zusammen* und integriert soziale, ökologische, psychologische, politische und historische Faktoren in ihre Theorien. Damit befindet sie sich in der Tra-

---

[5] Der Begriff ö.L. soll bildhaft verdeutlichen, dass die weitere wirtschaftliche Entwicklung der Volkswirtschaften nur noch in den Grenzen der natürlichen Tragfähigkeit verlaufen darf, die durch politisch-rechtliche Instrumente (Gesetze und Verordnungen) durchgesetzt werden.

dition der keynesianischen Ökonomie, denn Keynes hat die Ökonomie zurück in die Gesellschaft gebracht (Skidelsky 2010). So sind menschliche Gesellschaften von Interessengegensätzen geprägt, ein „Hort der Harmonie" existiert nur im neoklassischen Modell fern der Realität. Derartige Interessengegensätze existieren beispielsweise bei der Verteilung der Einkommen, der Vermögensverteilung, den Arbeitsbedingungen, dem Umweltqualitätsniveau, dem Demokratisierungsgrad der Wirtschaft, dem Ausmaß der Wettbewerbskontrolle etc. Eine Nachhaltige Ökonomie folgt der Position von Myrdal, der von Ökonomen die klare Benennung der von ihnen verwendeten Normen und Wertesystemen fordert: „Es gibt keine andere Methode, die soziale Wirklichkeit zu studieren, als vom Standpunkt menschlicher Ideale. Eine interessenlose Sozialwissenschaft hat es niemals gegeben und kann es aus logischen Gründen auch niemals geben. [...] Wie wir wissen, beinhaltet die Lehre vom vollkommenen Markt mehr als ein theoretisches Werkzeug für ökonomische Analysen, nämlich auch ein Werturteil darüber, wie die Gesellschaft zu organisieren sei." (Myrdal 1958: 43 und 45).[6]

Oftmals wird mit einem *Pareto-Optimum* eine für die Gesellschaft optimale Verteilung identifiziert. Aber selbst wenn Produktion und Verteilung im Pareto-Optimum wirtschaftlich sind, kann sich eine Einkommensverteilung ergeben, die einen Teil der Bevölkerung verhungern und den anderen Teil in Luxus leben lässt. Eine derartige Verteilung ist aber nach dem intragenerativen Gerechtigkeitsprinzip der Nachhaltigen Ökonomie nicht akzeptabel. Die Verteilung von Einkommen und Vermögen muss thematisiert werden, da der Markt zu keiner wie auch immer definierten gerechten Lösung führt.

---

[6] Jede historische Epoche hat ihre eigene Wirtschaftstheorie hervorgebracht. Nicht selten wurden die Theorien so formuliert, dass sie den Interessen der jeweils herrschenden Schichten dienten und zugleich der Eindruck erweckt wurde, dass dies zum Wohle der gesamten Gesellschaft sei. Insofern vertreten auch Ökonomen Interessen. Dabei kann eine Theorie zum Zeitpunkt ihrer Entstehung einen Beitrag zur Weiterentwicklung der Gesellschaft leisten, aber von ihren „Schülern" verabsolutiert, in ein neues „Reich der Unfreiheit" führen. Beispiele hierfür sind der Marxismus, der in den Zentralverwaltungswirtschaft des „real existierenden Sozialismus" als Ideologe missbraucht wurde, oder die sog. Ideologie der „reinen Marktwirtschaften" die ausgehend von Großbritannien und den USA in den 1980er Jahren einen Typus der Globalisierung geschaffen hat, der gemessen an den Potentialen für die Mehrheit der Menschen und der Umwelt ein Fiasko ist.

Wir lehnen *mathematische Modelle* nicht ab, denn die Mathematik ist nichts anderes als eine Sprache, die für bestimmte Fragestellungen sinnvoll ist. Was wir ablehnen sind ökonomische Modelle, welche die Welt so vereinfachen, dass sie in mathematische Modelle gezwängt werden kann. Dies geschieht beispielsweise, wenn in Risikomodellen eine Normalverteilung zukünftiger Ereignisse unterstellt wird, obwohl es dafür keine empirische Grundlage gibt. Nicht selten werden mathematische Modelle auch in den Vordergrund gerückt, um die ökonomische Schwäche der Modelle zu verbergen.

3.2 Wirtschaft und Demokratie

Es wird eine *nachhaltige Marktwirtschaft* angestrebt, die ausreichend hohe ökonomische, ökologische und sozial-kulturelle Standards in den Grenzen der natürlichen Tragfähigkeit sicherstellt. Vertreter der Nachhaltigen Ökonomie verweisen auf die zahlreichen Formen des Marktversagens und der Instabilitäten im Bereich der Ökonomie wie die nicht ausreichende Bereitstellung von meritorischen Gütern, die Vernachlässigung ökologisch notwendiger Technologieentwicklungen u.v.a.. Aber auch bei der Verhinderung von Arbeitslosigkeit, sozialer Unsicherheit, unakzeptabler Einkommensunterschiede, internationaler Ungleichgewichte, ökonomischer Machtkonzentration oder Armut und Unterentwicklung machen die Vertreter der Nachhaltigen Ökonomie auf ein Marktversagen und Instabilitäten der Ökonomie aufmerksam. Die genannten Probleme sind nicht als eine Ausnahmesituation zu behandeln, sondern als Regelfall in einer niedrig regulierten Marktwirtschaft. Es muss davon ausgegangen werden, dass Marktwirtschaften ohne strikte und umfassende Regulierungen zu Ergebnissen führen, welche die natürlichen Grundlagen des Lebens untergraben und die soziale Kohärenz von Gesellschaften zerstören. Die Forderung marktradikaler Ökonomen, der Staat dürfe sich nicht oder nur minimal in das Wirtschaftsgeschehen einmischen, ist eine ideologisch begründete Forderung, die schon immer falsch war, aber angesichts der ökologischen Probleme, der ökonomischen Instabilitäten und sozial unakzeptablen Ergebnisse der neoliberalen Globalisierung der letzten Jahrzehnte immer offener zu Tage getreten ist.

Ein dauerhaft menschenwürdiges Leben bedarf einer Demokratie, die für die Ökonomie einen *globalen sozial-ökologischen Ordnungsrahmen* einführt und für die ausreichende Ausstattung mit meritorischen Gütern sorgt. Darunter wird aber nicht nur die Wahl von Abgeordneten verstanden, sondern ein Entscheidungsprinzip, das in allen Bereichen der Gesellschaft gilt. Wirtschaftsliberale Ökonomen wollen die Aufgaben des Staates auf wenige Funktionen und die Partizipation der Bürger auf die Wahl von Abgeordneten beschränken. Sie glauben, dass sich der allergrößte Teil des menschlichen Zusammenlebens „durch das freie Spiel der Kräfte" ergeben sollte. Ungezügelte Märkte stellen jedoch die Verklärung vom „Recht des Stärkeren" (WI 2005: 19) dar. Demokratiegefährdende Beeinflussungspraktiken[7] der Politik müssen bekämpft werden.

Die Vorstellung, dass *Marktwirtschaft und Demokratie einander bedingen* (Friedmann), ist fragwürdig. Eine ungeregelte Marktwirtschaft kann als potentiell gefährlich für Demokratien angesehen werden, weil sie durch Marktversagen, Instabilität und Herstellung einer extremen Ungleichheit die materielle Grundlage für eine nachhaltige Demokratie zerstört. Zudem übersehen wirtschaftsliberale Ökonomen oft, dass ohne soziale Sicherungssysteme die materielle Freiheit der Bevölkerung nicht aufrechtzuerhalten ist. Soziale Sicherheit ist eine zentrale Errungenschaft der Demokratie und integrativer Bestandteil einer Nachhaltigen Ökonomie. Soziale Rechte sind kein Ballast, sondern sie stellen ein elementares Band der gesellschaftlichen Zusammengehörigkeit dar, ohne die es keinen gesellschaftlichen Zusammenhalt geben kann. Soziale Gerechtigkeit, die in entwickelten Industrieländern mehr einschließt als die Abwesenheit von Hunger und Verelendung, ist elementarer Teil von Freiheit.

Insbesondere nach den Umverteilungen des Einkommens und Vermögens während der vergangenen Jahrzehnte zum Nachteil ärmerer und mittlerer Bevölkerungsschichten und der Zunahme sozialer Unsicherheit für die Mehrheit der Bevölkerung wird die Schaffung einer gerechten Verteilung von Einkommen und Vermögen, die Teilhabe aller am gesell-

---

[7] Dazu gehören Manipulation der öffentlichen Meinung durch Verschleiern von Gefahren mittels „bestellter Gutachten", PR-Kampagnen usw.; informeller Einfluss auf Behörden und Politik; personelle Durchdringung zwischen Unternehmen und Politik durch Korruption; Umweltkriminalität; rechtswidrige Kartelle und Preisabsprachen; Bilanzfälschungen und Steuerhinterziehung; kurzfristig orientierte Unternehmensübernahmen und -zerschlagungen; Bereicherung der Vorstände; Bespitzelung von Mitarbeitern und Aufsichtsratsmitgliedern; Aufbau von „Marionetten-Gewerkschaften" etc. (zu den Beispielen siehe Dahlkamp u.a. 2008; Michel 2005: 4; Rogall 2009).

schaftlichen Wohlstand und die Reduzierung der Unsicherheit der Lebensverhältnisse, zu einem wichtigen Element einer neuen Politik.

Eine ausgeglichene Einkommensverteilung braucht mehrere Maßnahmen: Erstens die Umkehrung des langfristigen Trends einer fallenden Lohnquote, der vor allem auf den Machtzuwachs, das Ausufern und die Risiko- und Renditegier des Finanzsystems zurückzuführen ist. Zweitens ist die Lohnstruktur in der Form zu ändern, dass die unteren Löhne angehoben werden. Die Stärkung der Gewerkschaften und gesetzliche Mindestlöhne spielen hier eine wichtige Rolle. Drittens muss der Staat in die vom Markt gegebene Verteilung durch Steuern und Ausgaben einschließlich der Bereitstellung meritorischer Güter eingreifen. Den gesetzlichen Sozialsystemen kommt dabei eine wichtige, jedoch nicht die alleinige Rolle zu.

Fast alle Ökonomen sprechen sich für eine staatliche *Wettbewerbskontrolle* aus. In der Realität erweist sich die Konzentrationskontrolle aber als viel zu schwach, um den weltweit zu beobachtenden Konzentrationsprozess umzukehren. Wir empfehlen, wesentlich stärker auf die gesellschaftspolitischen und wirtschaftlichen Gefahren von Konzentrationsprozessen einzugehen. Oligopolistische und monopolistische Märkte und Unternehmenskonzentrationen sind in ihrer Bedeutung zu erfassen. Ein Teil der Machtkonzentration in multinationalen Unternehmen muss als schädlich für den Marktmechanismus und als gefährlich für die Demokratie angesehen werden. Große Finanzkonzerne und multinationale Unternehmen sind zu kontrollieren, intern zu demokratisieren (Mitbestimmung) und gegebenenfalls zu entflechten. Im Falle von natürlichen Monopolen, wie dem öffentlichen Schienenverkehr oder der Energieversorgung, bieten sich staatliche Unternehmen an, die einem gesellschaftlichen Auftrag folgen.

3.3 Integration der Nachhaltigkeitsprinzipien

Die Einhaltung von Nachhaltigkeitsprinzipien, mengenmäßige Minderungsziele des Ressourcenverbrauchs und Strategiepfade zum nachhaltigen Umbau der Industriegesellschaft werden zu Leitlinien der Wirtschaftspolitik. Insgesamt wird der Zielkatalog der Wirtschaftspolitik nach den Prinzipien einer *starken Nachhaltigkeit* ausgerichtet, d.h. das Ziel ist nicht der optimale Verbrauch, sondern der Erhalt der natürlichen Ressourcen.

Ein Teil der traditionellen Ökonomen, die sich mit der effizienten Nutzung natürlicher Ressourcen beschäftigen, begreifen die Übernutzung der natürlichen Ressourcen allein als ein ökonomisches Problem. Die Mehrzahl von ihnen geht davon aus, dass die *natürlichen Ressourcen vollständig substituierbar* seien (Radke 2001: 72; Solow 1974). Eine solche Annahme ist umstritten und wird von Vertretern der Nachhaltigen Ökonomie abgelehnt. Bei einer Reihe von natürlichen Ressourcen vertreten sie die Position, dass die Natur in ihren wesentlichen Eigenschaften nicht durch reproduzierbare Leistungen und Güter substituierbar, sondern essentiell ist (Cansier, 1996: 58). Schon aus Sicherheits- und Vorsichtserwägungen (Vorsorgeprinzip) muss aus ihrer Sicht von einer Nicht-Substituierbarkeit bestimmter Ressourcen ausgegangen werden (Ozonschicht, Klimagleichgewicht, Boden, Wasser usw.). Denn aufgrund der Komplexität natürlicher Systeme und des mangelnden Wissens der Menschen ist die Annahme der problemlosen technischen Substituierbarkeit als kurzsichtig und riskant anzusehen. Es ist jedenfalls bis heute nicht gelungen, zu zeigen, wie die natürlichen Lebenserhaltungsfunktionen technisch ersetzt werden könnten. Da der Mensch ohne die Natur nicht existieren kann, zielt ein Ansatz, der von dem Primat der Ökonomie ausgeht, zu kurz. Vielmehr muss sich die Ökonomie den Grenzen der natürlichen Lebensgrundlagen unterordnen.

Die Aufgabe der Umweltpolitik und Ökonomie ist also in erster Linie der *Erhalt der natürlichen Tragfähigkeit* und nicht allein die Erhöhung der Ressourceneffizienz. Dazu muss sie mit allen Kräften die Entwicklung von Technologien fördern, die eine möglichst weitgehende Substitution erlauben (z.B. fossile Energieträger) und gleichzeitig grundlegende Änderungen der Konsum- und Produktionsgewohnheiten bewirken, die ökologisch verträglich sind. Bei natürlichen und nicht reproduzierbaren Ressourcen, wie Rohstoffen, gibt es auf der Erde eine Endlichkeit bei deren Vorkommen. Bei anderen Problemen, wie etwa der Klimaerwärmung, kann die Erde nur eine bestimmte Menge an Treibhausgasen verarbeiten, ansonsten treten relativ kurzfristig lebensbedrohliche Entwicklungen auf. In diesem Fall ist dafür zu sorgen, dass die Emissionen nicht über das von der Natur verarbeitbare Volumen hinausgehen. Eine Steigerung der Effizienz, beispielsweise im Hinblick auf den Treibhauseffekt, ist nicht ausreichend, wenn die absolute Menge der Treibhausgase ansteigt. Bei dem Problem der Erderwärmung sind schon heute Technologien verfügbar, die, wenn sie konsequent eingesetzt würden und mit einer Veränderung der Konsum- und Produktionsgewohnheiten einhergingen, das Problem der Erderwärmung auch bei weiterem moderatem Wachstum lösbar machen. Bei der Endlichkeit nicht reproduzierbarer Ressourcen ist das Problem schwieriger. Ihr Verbrauch muss so weit wie möglich durch erneuerbare Ressourcen, die nachhaltig erzeugt wurden, oder durch Sekundärstoffe (Rezyklate) ersetzt werden. Weiter diskutiert werden muss die Frage, in welchem Umfang nicht reproduzierbare und endliche Ressourcen genutzt werden dürfen. Ist eine Zeitperiode von 100 oder 1000 Jahren oder noch länger angemessen? Einige Umweltprobleme entziehen sich aus moralisch-ethischen Gründen einer Austauschbarkeit. So ist z.B. der Untergang der Inselstaaten und vieler Küstenregionen der Welt auch dann ethisch nicht hinnehmbar, wenn die Bevölkerungen in diesen Gebieten in andere Gebiete umgesiedelt werden können.

Die Natur erhält nach neoklassischer Sicht ihren Wert ausschließlich aus den subjektiven Nutzungsbewertungen der Individuen (Koslowski 2001: 96). Hiernach muss die „gesellschaftliche Bewertung letztlich auf die Präferenzen der Individuen zurückgeführt werden" (Siebert 1978: 80). Sie folgt damit einem strengen anthropozentrischen Ansatz, d.h. der Mensch und nicht die Natur wird in den Mittelpunkt gestellt, und einer Position der *schwachen Nachhaltigkeit*, die u.a. durch folgende Positionen gekennzeichnet ist: (a) Die Natur wird als eigenes System betrachtet, das durch Internalisierungsstrategien quasi nebenher wieder „in Ordnung gebracht wird" (Costanza u.a. 2001: 58). (b) Natürliche Ressourcen werden als vollständig substituierbar angesehen. Ihr vollständiger Verbrauch wird akzeptiert, wenn dafür ein ausreichend hoher Preis erzielt werden kann.

Die Neoklassische Umweltökonomie geht korrekt davon aus, dass die bei der Produktion und Konsumtion entstehenden *Umweltschadenskosten heute externalisiert* werden (auf andere abgewälzt werden). Dieses Marktversagen soll durch die Internalisierung der Kosten ausgeglichen werden. Um die zu internalisierenden Kosten zu errechnen, verwendet die Umweltökonomie eine Reihe von *Methoden*, die zu fraglichen Konsequenzen führen. Folgende Beispiele sollen genannt sein:

(a) *Grenzen der Monetarisierung der Umwelt:* Die neoklassische Umweltökonomie verfolgt das Ziel eines (ökonomisch) optimalen Umweltschutzes, indem sie so viel Umweltschutzmaßnahmen durchführen will, wie hierdurch Umweltschadenskosten eingespart werden können. Endres (2007: 14) beispielsweise spricht von der Pareto-Optimalität als Ziel. Um dies zu erreichen, müssen die Umweltschutzkosten und die Umweltschadenskosten monetarisiert werden. Endres (2007: 11) glaubt, den optimalen Umweltschutz durch eine Zahlungsbereitschaft des Individuums errechnen zu können. Hierbei treten u.a. folgende Probleme auf (Bartmann 2001: 64): Die exakte Internalisierung der externen Kosten setzt eine vollständige Information der Schadenshöhe und der Schadensvermeidungskosten voraus, was aber nicht gegeben ist. Die externen Effekte dürfen keine Akkumulationswirkungen, Irreversibilitäten oder gar globalen Vernichtungsrisiken enthalten, weil die möglichen Wirkungen dann weit in die Zukunft reichen. In diesem Fall muss der statische Allokationsansatz versagen. Hieraus ziehen wir nicht den Schluss, dass der Erklärungsansatz der Externalisierung unbrauchbar wäre, sondern die Konsequenz, dass eine Internalisierung der externen Kosten nicht annähernd mittels einer Berechnung der Umweltkosten erfolgen kann. Menschen können aufgrund verschiedenster Ursachen (sozial-ökonomische Faktoren, beschränkte Lebenszeit, Probleme der Diskontierung, begrenzte Rationalität) den Umweltschutzkosten und den Umweltschadenskosten nicht den richtigen Wert beimessen, weil noch nicht einmal Experten diesen Wert kennen können. Zudem lassen sich die Nutzenerwägungen zwischen Menschen nicht vergleichen. Person A misst der Existenz einer spezifischen Reissorte einen Preis von unendlich zu, Person B ist die Reissorte gleichgültig. Soll der Nutzen zukünftiger Generationen bewertet werden, dann begibt man sich in das Reich der Scharlatanerie. Letztlich lassen sich umfassende ökologische Weichenstellungen nur politisch entscheiden und nicht über „objektive" Berechnungen von Umweltökonomen (zu den Bewertungsproblemen s. Rogall 2009: 75). Auch kann es im Umweltschutz nicht um ein – auch gar nicht messbares – Optimum zwischen Sicherung der natürlichen Lebensgrundlagen und Nutzenmaximierung gehen, weil die Lebensgrundlagen nun mal die existenziellen Grundlagen für alles Leben sind.

(b) *Intergenerative Gerechtigkeit statt Diskontierung:* Als sehr problematische Methode erweist sich der Versuch, die Erfassung der Zukunft mit Hilfe des Diskontierungsansatzes zu lösen. Eine Diskontierung führt zwangsläufig zu einer perspektivischen Verkleinerung langfristiger Effekte. Selbst dramatische Folgen einer Klimaveränderung in hundert Jahren würden infolge einer hohen Diskontierungsrate heutige Maßnahmen zum Klimaschutz als unwirtschaftlich erscheinen lassen (Cansier 1996: 57). Wird dem Leben künftiger Generationen der gleiche Wert zugemessen wie den heutigen (Prinzip der intergenerativen Gerechtigkeit), muss eine Abdiskontierung von gesellschaftlichen Nutzen- und Kostenströmen unterbleiben. Ohne Abdiskontierung verfügt die neoklassische Umweltökonomie aber über keine Methode, wie Umweltkosten der Zukunft bewertet werden sollen bzw. wie die künftigen Kosten in vollem Umfang in die heutige Entscheidungsfindung eingehen könnten (Bartmann 1996: 67). Zu fordern wäre ein Diskontsatz von Null Prozent, hierzu sind aber die meisten neoklassischen Ökonomen nicht bereit. Wir lehnen die Diskontierung der künftigen Umweltschadenskosten als sachlich verfehlt und unethisch ab.

Bislang sind sich die Vulgärvertreter der beiden führenden Wirtschaftsschulen (die eher angebotsorientierten Neoklassiker, wie die eher nachfrageorientierten Keynesianer) darüber einig, dass das wesentlichste Mittel einer gesellschaftlichen Wohlfahrtssteigerung in dem größtmöglichen *wirtschaftlichen Wachstum* besteht. Vertreter der Nachhaltigen Ökonomie sehen das bedeutend differenzierter. Zunächst betonen sie, dass eine Erhöhung des Bruttoinlandsproduktes (BIP) pro Kopf ein sehr unbefriedigender Indikator für die Wohlfahrtsentwicklung ist. Wird z.B. die Natur durch Produktion und Konsumtion zerstört und wird dann der Schaden repariert, dann erhöht die Reparatur das BIP, ohne dadurch die Wohlfahrt zu erhöhen. Auch kann ein Anstieg des BIPs nur einen kleinen Teil der Bevölkerung besser stellen und die Mehrheit schlechter. Aber auch wenn das BIP als Wohlfahrtsindikator akzeptiert und positiv angesehen würde, wäre ein quantitatives Wachstum mit der derzeit gegebenen Struktur von Produktion und Konsumtion dauerhaft nicht möglich (noch nicht einmal während der kommenden Jahrzehnte, geschweige über die kommenden Jahrhunderte und Jahrtausende). Eine der zentralen Aufgaben der Nachhaltigen Ökonomie ist es daher, Lösungsstrategien zu entwickeln, die globale Armut und ungerechte Verteilung beseitigt und die Lebensqualität aller Menschen gesteigert werden kann, ohne die Grenzen der natürlichen Tragfähigkeit zu überschreiten (vgl. Beitrag Rogall zum Wachstum).

Als essentiell hierzu wird die globale Einführung des *Nachhaltigkeitsparadigmas* angesehen, das in den Mittelpunkt der Wirtschaftspolitik gestellt wird. Bei Ressourcen wie Holz, die reproduziert werden können, muss der Verbrauch auf die Höhe der Reproduktion reduziert werden. Bei einer begrenzten Belastbarkeit der Umwelt, etwa beim CO_2-Ausstoss, muss die Ökonomie so umgestellt werden, dass die Belastungsgrenze nicht überschritten wird. Rohstoffe, etwa edle Metalle, die wieder verwendet werden können, müssen möglichst umfassend einer Wiederverwendung zugeführt und ein geschlossener Kreislauf geschaffen werden. Bei endlichen Ressourcen, die nicht wiederverwendet werden können, ist der Verbrauch zu minimieren und jährlich zu reduzieren. Bislang führte wirtschaftliches Wachstum von über einem oder zwei Prozent immer auch zu einem höheren absoluten Verbrauch natürlicher Ressourcen. Ein dauerhaftes Wachstum des Verbrauchs von Rohstoffen und Energie, Flächen und Wasser sowie die Steigerung der Schadstoffemissionen kann es aber auf einer begrenzten Welt nicht geben. Daher muss sich die wirtschaftliche Entwicklung – im Sinne eines selektiven Wachstums, mit Zunahme in einigen Sektoren und Abnahme in anderen – künftig den natürlichen Grenzen anpassen. Über die konkrete Ausgestaltung eines solchen Nachhaltigkeitsparadigmas herrscht keine Einigkeit. Insbesondere bleibt strittig, ob es möglich ist z.B. bis 2050 das globale Einkommen zu steigern und dabei gleichzeitig den Ressourcenverbrauch zu reduzieren und die Nachhaltigkeitskriterien einzuhalten. Bei der Erderwärmung, beispielsweise, darf der weltweite Ausstoß von CO_2 die Abbaumöglichkeit der Erde nicht übersteigen (aufgrund der Jahrhunderte dauernden Verweilzeiten von CO_2 kann das Abbaupotential sehr gering sein). Hier sind sehr schnelle Schritte unvermeidlich. Beim Verbrauch von Ressourcen, wie seltenen Erden oder Erdöl, muss der Verbrauch kontinuierlich reduziert werden. Der Übergang zu einer hundertprozentigen Energiegewinnung aus erneuerbaren Energien wäre ein wichtiger Schritt in Richtung eines solchen Nachhaltigkeitskriteriums.

Wir gehen davon aus, dass in absehbarer Zeit ein selektives Wachstum notwendig und möglich ist, auch wenn es nicht sofort den starken Nachhaltigkeitskriterien beim Verbrauch von Rohstoffen entspricht. Insbesondere in den Ländern des Südens ist qualitatives Wachstum notwendig, um Armut abzubauen und die Entwicklung anzustoßen. Auch in den

Industrieländern gibt es noch Armut. Umverteilung allein wird nach unserer Meinung das Problem alleine nicht lösen. Das Wachstum beim Verbrauch der Rohstoffe muss so nachhaltig wie irgendwie möglich gestaltet werden und langfristig ist eine starke Nachhaltigkeit unumgänglich. Über eine mögliche langfristige Wachstumsschranke aufgrund von Rohstoffen, die nicht substituiert werden können, müssen zukünftige Generationen entscheiden, da heute nicht entschieden werden kann, ob und in welcher Form eine Wachstumsschranke existiert. Unausweichlich ist, dass die Bevölkerung der Menschen auf der Erde eine Maximalgrenze hat.

Bei der Klimaerwärmung, um diesen Punkt nochmals zu betonen, gibt es jedoch keinen zeitlichen Spielraum, hier muss faktisch sofort eine starke Nachhaltigkeit realisiert werden. Für ein entwickeltes Industrieland wie Deutschland ist es möglich, die Treibhausgasemissionen trotz eines mäßigen wirtschaftlichen Wachstums bis 2050 um 90% zu reduzieren oder vollständig aus der atomaren und fossilen Energiewirtschaft auszusteigen.

3.4 Makroökonomische Steuerung

Die Vorstellung des Kapitalismus als ein sich selbst regelndes System, das zu Stabilität und Wohlfahrt für alle führt, war falsch und wird auch immer falsch bleiben. Märkte schaffen nicht nur ökologische Probleme, sondern führen auch zu Instabilitäten auf Vermögensmärkten, unfreiwilliger Arbeitslosigkeit, unakzeptabler Einkommensverteilung etc. Märkte müssen in Institutionen und Regulierungen eingebunden werden, anderenfalls entfalten sie destruktive Kräfte. Dabei spielt Ordnungspolitik in der Form der institutionellen Rahmensetzung eine wichtige Rolle, indem sie nachhaltige Leitplanken für das Wirtschaften zieht. Aber auch Prozesspolitik in der Form der Steuerung des Aktivitätsniveaus der Ökonomie ist von essentieller Bedeutung (Herr, Kazandziska 2011). Ohne radikale Veränderungen würden sich die zukünftigen Jahrzehnte zu einer unheilvollen Mixtur vereinen, welche die Instabilitäten aufgrund der Erderwärmung (z.B. hohe Kosten von Desastern) und der Knappheit von Ressourcen (hohe und volatile Rohstoffpreise) mit den hergebrachten Krisenphänomenen der Vergangenheit verbindet.

Eines der Ziele der Nachhaltigen Ökonomie ist *Vollbeschäftigung*. Erwerbsarbeit, wie auch selbständige Arbeit, sollen bei akzeptablem Einkommen, Arbeitsbedingungen und Arbeitszeiten eine lebenslange Existenzsicherung erlauben. Nur wenn ein hoher Beschäftigungsstand erreicht ist, ist letztlich soziale Sicherheit für alle erreichbar und es lässt sich ein Kräfteverhältnis in Unternehmen verhindern, das Lohnabhängige der Willkür von Unternehmensleitungen aussetzt. Bei einem gewünschten geringeren Wachstum muss berücksichtigt werden, dass die Veränderung der Beschäftigung der Veränderung des BIPs minus der Steigerung der Produktivität entspricht. Steigt die Produktivität weiter, dann muss zur Verhinderung von Arbeitslosigkeit bei keinem oder geringem Wachstum die Arbeitszeit entsprechend reduziert werden. Dies war schon die Vision, die Keynes (1930a) von der Zukunft hatte. Hierzu benötigen wir eine Reihe von Eingriffen, die wir im Folgenden skizzieren:

Nachfragesteuerung: Investitionsnachfrage, Konsumnachfrage, Staatsnachfrage und Exporte minus Importe ergeben die volkswirtschaftliche Nachfrage, die Produktionsvolumen und Einkommen bestimmt. Nach keynesianischer Sicht sind alle Nachfragekomponenten einer makroökonomischen Steuerung zu unterwerfen. Es ist somit zur Stabilisierung einer Volkswirtschaft nicht ausreichend, ausschließlich Fiskalpolitik zu betreiben (Keynes 1936). Die Investitionsnachfrage spielt eine mehrfache Rolle. Sie ist nicht nur eine Nachfragequelle, sondern sie verändert die volkswirtschaftlichen Kapazitäten und verkörpert neue Technologien. Sie ist für die Umgestaltung zu einer Nachhaltigen Ökonomie von zentraler Bedeutung. Staatliche Einflüsse müssen die Qualität und die Quantität der Investitionstätigkeit beeinflussen. Ein großer öffentlicher oder halböffentlicher Unternehmenssektor kann hier eine wichtige Rolle spielen. Die Konsumnachfrage ist in allen Volkswirtschaften die dominierende Nachfragequelle. Sie sollte auf einer relativ ausgeglichenen Einkommensverteilung beruhen und nicht auf einer Expansion von Konsumkrediten wie beispielsweise in den USA vor dem Ausbruch der Subprime-Krise im Jahre 2007. Selbstverständlich wird sich die Struktur der Konsumnachfrage massiv verändern müssen. Die Staatsnachfrage spielt für eine Nachhaltige Ökonomie ebenfalls eine große Rolle, insbesondere im Bereich der Bereitstellung meritorischer Güter inkl. Infrastrukturmaßnahmen. Gerade durch eine umfassende Bereitstellung meritorischer Güter kann der Staat sowohl ökologischen wie auch sozialen Erfordernissen dienen. Bei den Exporten und Importen plädieren wir dafür, dass Leistungsbilanzungleichgewichte begrenzt bleiben sollten.

Finanzsystem: Das Finanzsystem ist so zu reformieren, dass es die Finanzierung von Investitionen in der Realökonomie übernehmen kann und gleichzeitig seiner Instabilitätspotentiale beraubt ist. Das Finanzsystem sollte also für den Unternehmenssektor ausreichend Kredite zur Verfügung stellen und innovative „grüne" Unternehmen und Investitionen, auch teilweise mit höheren Risiken, fördern. Für diesen Zweck ist ein bankenbasiertes System mit einer untergeordneten Rolle von Nicht-Bank-Finanzintermediären wie Investmentbanken, Hedge-Fonds oder Private-Equity-Fonds die beste Lösung. Das Sparkassensystem und die Genossenschaftsbanken, die deutschen Varianten der sonst so gelobten „Microfinance", haben sich bewährt und sind zu stärken. Notwendig ist eine Trennung zwischen dem Geschäftsbankensystem und Nicht-Bank-Finanzintermediären in der Form, dass Geschäftsbanken keine Beteiligungen an Nicht-Bank-Finanzintermediären halten, keine Kredite an diese geben und keinen Eigenhandel (keine Spekulation) betreiben dürfen. Die Immobilienfinanzierung sollte wieder wie in den Jahrzehnten nach dem Zweiten Weltkrieg zu einem spezifischen und relativ abgetrennten Segment des Finanzsystems gemacht werden (Herr, Stachuletz 2010). Zudem sind alle Finanzinstitutionen zu regulieren und zu überwachen. Offshore-Märkte, die Zentren der Steuerhinterziehung und Geldwäsche sind, müssen aufgelöst und Transaktionen mit diesen sollten gegebenenfalls unterbunden werden. Finanzprodukte müssen wie Arzneimittel einer Zulassungskontrolle unterworfen und sollten nur auf geordneten Börsen gehandelt werden. Bei Verbriefungen muss der Verkäufer einer Forderung einen hohen Anteil der Risiken bei sich behalten, prozyklische Regulierungen wie Basel II oder die ab den 1990er Jahren international eingeführten Buchführungsregeln (Fair-Value-Accounting) müssen verändert werden und das Finanzsystem muss insgesamt seine Eigenkapitalhaltung erhöhen. Systemrelevante Finanzkonzerne sind aufzuspalten. Zudem wäre es eine Aufgabe des Staates, „grüne" Investitionen durch Garantien und billige Kredite zu fördern (z.B. durch Banken wie die KfW) oder zu subventionieren.

Das Ende des Shareholder-Value-Prinzips: Durch die Veränderungen auf den Finanzmärkten hat sich eine Shareholder-Value-Orientierung durchgesetzt, die das Ziel hat, das Management ausschließlich den Interessen der Aktionäre zu unterwerfen. Zu diesem Zweck wird das Management nach der Entwicklung des Aktienkurses des eigenen Unternehmens entlohnt. Die Folge dieses Philosophiewechsels in der Unternehmensführung war, dass neben dem Finanzsektor auch der Unternehmenssektor kurzfristigen Zielen unterworfen wurde. Aktienrückkäufe, hohe Dividendenausschüttungen und ein hoher Kredithebel wurden zu Instrumenten der Erhöhung der Eigenkapitalrendite. Selbst Rappaport (2005), der das Shareholder-Value-Prinzip in den 1980er Jahren populär gemacht hat, geißelt die für die realökonomische Entwicklung schädliche Kurzfristorientierung des modernen Managements. Notwendig ist die Rückkehr zu einem Stakeholder-Kapitalismus, bei dem alle am Unternehmen beteiligten Gruppen partizipieren. Deutschland hat mit seinem Mitbestimmungsmodell gute Voraussetzungen für die Stärkung des Stakeholder-Modells. Bonuszahlungen sind radikal zu begrenzen und zu besteuern (Herr 2010).

Löhne und der Arbeitsmarkt: In den meisten Ländern führte die Entwicklung im Rahmen der neoliberalen Globalisierung zu einer Schwächung der Gewerkschaften, die durch die feindliche Haltung von Regierungen gegenüber Gewerkschaften verstärkt wurde. Zusammen mit der Lockerung der Arbeitsgesetzgebung führte dies zur Zunahme eines Niedriglohnsektors, der Spreizung der Lohnstruktur und eines Sektors prekärer Arbeitsverhältnisse, beispielsweise in der Form von Leiharbeit oder befristeten Arbeitsverhältnissen (ILO 2008). In Deutschland begann die Deregulierung in den 1980er Jahren, setzte sich verstärkt in den 1990er Jahren fort und gewann um die Jahrtausendwende im Rahmen der Agenda 2010 und den Vorschlägen der Hartz-Kommission an Dynamik. Es bildete sich in Deutschland ein dualer Arbeitsmarkt heraus. In einem Teil (der Metallindustrie, der chemischen Industrie und dem öffentlichen Sektor) funktioniert der hergebrachte koordinierte Lohnbildungsmechanismus noch, obwohl auch in diesem Bereich Flexibilisierungen die Regel sind. Im anderen Teil herrscht ein Manchesterkapitalismus, da Arbeitnehmer weder durch Arbeits- und Tarifverträge, noch durch einen allgemeinen gesetzlichen Mindestlohn abgesichert sind (Herr 2009).

Das Preisniveau wird mittelfristig durch die nominellen Lohnstückkosten determiniert. Letztere steigen mit nominellen Lohnerhöhungen und sinken mit Produktivitätssteigerungen (Keynes 1930). Dies führt dazu, dass die Nominallöhne entsprechend der trendmäßigen Produktivitätserhöhung plus der Zielinflationsrate der Zentralbank ansteigen sollten, um das Inflationsziel der Zentralbank zu realisieren. In Deutschland waren die Lohnerhöhungen verglichen mit dieser Norm ab Mitte der 1990er Jahre zu gering und haben zu den Verwerfungen innerhalb der Europäischen Währungsunion beigetragen (Heine, Herr 2008). Auf dem Arbeitsmarkt, insbesondere in Deutschland, muss der erodierte Lohnbildungsmechanismus neu geordnet werden, erstens um zu einer funktionalen makroökonomischen Lohnentwicklung (Trendproduktivitätsveränderung plus Zielinflationsrate) zurückzukommen und zweitens um die Lohnstruktur zu ändern. So müssen Flächentarifverträge wieder in allen Branchen und Regionen eingeführt werden. Dies kann durch umfassende Allgemeinverbindlichkeitserklärungen von Tarifverträgen erreicht werden. Vorzuziehen wäre eine Zwangsmitgliedschaft aller Unternehmen in Arbeitgeberverbänden, wie es in Österreich der Fall ist. Da Gewerkschaften teilweise nur sehr niedrige Tarifabschlüsse durchsetzen konnten und Teile der Beschäftigten nicht tariflich abgesichert sind, ist zweitens die Einführung eines allgemeinen gesetzlichen Mindestlohns überfällig. Zudem sind prekäre Arbeitsplätze systematisch auszutrocknen. Empfehlenswert sind Sozialversicherungssysteme mit Zwangsmitgliedschaften aller Einkommensempfänger, also auch Selbständiger oder Beamter.

Die öffentlichen Haushalte: Eine stärkere Rolle des Staates ist in einem Modell einer Nachhaltigen Ökonomie nicht ohne eine gerechte und solide finanzierte Einnahmenbasis sicherzustellen, die einen mittelfristigen Anstieg der Staatsverschuldung am BIP verhindert. Die Steuerpolitik korrigiert zudem die Einkommensverteilung und dient dazu, insbesondere im Bereich der Bildung, Forschung, sozialen Sicherheit, etc. ausreichend öffentliche bzw. meritorische Güter zur Verfügung zu stellen. Die solide Finanzierung des Staates ist die Voraussetzung für eine antizyklische Stabilisierung der Wirtschaft durch automatische Stabilisatoren und gegebenenfalls aktive Fiskalpolitik und für eine Bereitstellung möglichst guter öffentlicher Dienstleistungen. Der Einführung einer Umsatzsteuer auf Finanzgeschäfte wird aus fiskalischen Gründen ebenso zugestimmt wie einem erhöhten Spitzensteuersatz bei der Einkommensteuer, einer Vermögenssteuer und einer hohen Erbschaftssteuer. Von besonderer Bedeutung ist die staatliche Unterstützung von Forschung und Infrastrukturinvestitionen zur Umgestaltung des Energie- und Verkehrssektors sowie der gesamten öffentlichen Dienstleistungen von Wasserversorgung bis zur Müllabfuhr. Öffentliche Haushalte können zur Umsetzung ökologischer und sozialer Normen öffentliche Aufträge an die Erfüllung von Mindeststandards binden (Rogall 2011).

Ein grüner New Deal: Für die nächsten Jahrzehnte ist ein grüner New Deal von herausragender Bedeutung, der die Technologie, die Produktions- sowie die Konsumstrukturen radikal in Richtung einer Nachhaltigen Ökonomie umbaut (Müller, Niebert 2009; Stern 2009; Pollin u.a. 2008; Green New Deal Group 2008; Rogall 2009). Notwendig ist eine Transformation der Volkswirtschaften, die einer technologischen Revolution und einem gleichzeitigen Aufbau nach einer kriegsähnlichen Zerstörung entspricht. Das Zentrum eines grünen New Deal ist die staatliche und private Investitionstätigkeit. Er integriert jedoch auch soziale Dimensionen einschließlich einer fairen Einkommensverteilung und Partizipation aller an der Entwicklung.

3.5 Global Governance

Die drängenden ökologischen Probleme sind global und können letztlich nur durch weltweite Kooperation gelöst werden. Von zentraler Bedeutung ist eine Festlegung von Maximalemissionen auf globaler Ebene und die Festschreibung von Höchstverbrauchsmengen für alle Ressourcen, die Jahr für Jahr gesenkt werden. Nur so lässt sich das 2°C Ziel der Erderwärmung einhalten (WBGU 2009; Rogall 2009). Welche Instrumente dazu genutzt werden, hängt von konkreten Umständen ab und ist zweitrangig. So ist beispielsweise umstritten, ob ein globales Emissionshandelssystem eingeführt werden muss. Andere Beispiele für Regulierungen auf globaler Ebene sind: Einführung eines sozial-ökologischen Standardsystems zur Erhaltung der Arten- u. Landschaftsvielfalt, welches von einer neuen UN-Organisation oder einer reformierten WTO überwacht wird; Einführung von Sanktionen und Handelshemmnissen bei sozialökologischem Dumping; Einführung eines umfassenden Systems von Naturnutzungszertifikaten; Verringerung der Energie- und Ressourcenströme durch die Einführung von Abgaben auf die Nutzung aller heute „freien" Umweltgüter (z.B. Nutzung der Weltmeere und des Luftraumes, vgl. die Vorschläge des WBGU in verschiedenen Gutachten); Festlegung von internationalen ökologischen Mindeststandards mit Einsatzverboten von Schadstoffen, kombiniert mit einer Art Meistbegünstigungsklausel, nach der nur die Unternehmen „Öko-Zoll-Steuerfrei" in andere Länder importieren dürfen, die diese Mindeststandards und die Umweltstandards ihrer „Mutterländer" einhalten.

Vertreter einer Nachhaltigen Ökonomie sehen die heutigen internationalen Organisationen als wenig geeignet an, um eine Nachhaltige Entwicklung einzuleiten und gegen die starken partikularen Interessen durchzusetzen (WBGU 2003; BUND u.a. 2008). Sie fordern daher eine grundlegende Reform der vorhandenen Institutionen. Hierzu gehören die deutliche Straffung des UN-Systems mit der Zusammenlegung vieler Unterorganisationen und die Schaffung einer Nachhaltigkeitsorganisation, die die Überwachung der einzuführenden sozial-ökologischen Standards und die Verwaltung der Strafgelder und Abgaben für die Nutzung globaler Güter übernimmt. Zu den Reformen gehört auch die Änderung der Stimmrechtsverteilung beim Internationalen Währungsfonds (IWF) und der Weltbank, um den Entwicklungsländern ein gerechteres Mitspracherecht zu geben. Zur Ökologisierung und Stärkung des UN-Systems ist die Schaffung einer starken UN-Umweltorganisation (Earth Organization), die Gründung eines Rates für Globale Entwicklung und Umwelt (Council on Global Development and Environment), der die Arbeit einer Reihe von Organisationen (inkl. IWF und Weltbank) koordiniert, zweckmäßig. Bei diesem Gremium ist die Einrichtung einer wissenschaftlichen Beratungsorganisation (Earth Assessment) und mehreren wissenschaftlichen Ausschüssen empfehlenswert (WBGU 2001, 2002, 2004/10).

Auch jenseits ökologischer Koordination sind neue internationale Institutionen zur Stabilisierung der Weltwirtschaft wichtig. Notwendig ist ein neues Weltwährungssystem mit enger Kooperation der Zentralbanken (Bretton-Woods II), das an seinen Ideen um die Diskussion des Bretton-Woods-Systems anknüpfen kann (Keynes 1969, Herr, Hübner 2005). Die Wechselkurse sind in einem solchen System stabil (nicht absolut fest), Leistungsbilanzungleichgewichte werden durch symmetrischen Druck auf Überschuss- und Defizitländer klein gehalten, der internationale Kapitalverkehr ist partiell reguliert und eine internationale Institution schafft ein Weltreservemedium für Zentralbanken, wie die Sonderziehungsrechte beim IWF. Dazu ist die Einführung einer neuen Welthandels- und internationalen Wettbewerbsordnung mit Regeln für transnationale Unternehmen notwendig, die z.B. Unternehmenspraktiken in Entwicklungsländern verbietet, die den transnationalen Unternehmen in den Mutterländern untersagt sind. Ebenfalls notwendig ist ein internationales Insolvenzrecht für Staaten. Stiglitz (2006) spricht von einem globalen Gesellschaftsvertrag und fordert die vollständige Abschaffung der Agrarsubventionen und Öffnung der Märkte der Industrieländer für alle Produkte der Entwicklungsländer. Gleichzeitig sollten zeitlich befristete Zölle der Entwicklungsländer gegenüber den Produkten von Industriestaaten zugelassen werden. Internationaler Handel macht nur Sinn, wenn die Umweltschäden des Transports als Kosten erfasst werden. Hohe Preise für Transport drängen den ökologisch schädlichen Handel zurück.

4. Notwendigkeit einer offenen Zukunftsdebatte

Ein Teil der traditionellen ökonomischen Modelle ist nicht in der Lage, ökologische Probleme hinreichend zu erfassen, und/oder ökologische Fragestellungen stehen nicht im Zentrum der theoretischen und wirtschaftspolitischen Debatte von ökonomischen Paradigmen. Dies muss sich ändern, denn die Menschheit steht vor gravierenden Herausforderungen, die ökologische, ökonomische und soziale Dimensionen beinhalten und sowohl den Süden als auch den Norden betreffen. Ohne Einbeziehung des Südens wird es auch für den Norden keine Lösung geben können.

Theoretische Überlegungen wie auch wirtschaftspolitische Strategien für die nächsten Jahrzehnte müssen ökologische, ökonomische und sozial-kulturelle Aspekte einschließen, um erfolgreich sein zu können. Je länger mit einer radikalen ökologischen Wende gewartet wird, desto unbeherrschbarer, teurer und brutaler werden die Anpassungsprozesse. Schon jetzt wurden die vergangenen Jahrzehnte für eine graduelle Lösung der globalen Probleme vertan.

Wir haben eine Reihe von Reformvorschlägen vorgestellt, die der weiteren Diskussion bedürfen. Das Ziel ist es, die Diskussion über die Entwicklung der Ökonomie aus ideologischen Käfigen zu befreien und eine offene Debatte anzustoßen. Zu lange hat das dominierende neoklassische Paradigma jeden aus dem Tempel der Wissenschaft vertrieben, der nicht an die Grundlagen und wirtschaftspolitischen Dogmen der herrschenden Lehre glaubte. Die ökologische, ökonomische und soziale Krise wird jedoch ein Umdenken erzwingen. Es wäre fatal, wenn sich die Ökonomie als Wissenschaft noch weiter und wie bisher ins Abseits manövrieren würde.

Literatur

Bartmann, H. (1996): Umweltökonomie − ökologische Ökonomie, Stuttgart.

Bartmann, H. (2001): Substituierbarkeit von Naturkapital. In : Held, M., Nutzinger, H., Nachhaltiges Naturkapital, Frankfurt a.M., S. 50-68.

Binswanger, H. C. (2006): Die Wachstumsspirale, Marburg.

BUND, Brot für die Welt (2008, Hrsg.): Zukunftsfähiges Deutschland in einer globalisierten Welt. Studie des Wuppertal Institutes für Klima, Umwelt, Energie, Frankfurt a.m.

Cansier, D. (1996): Ökonomische Indikatoren für eine nachhaltige Umweltnutzung. In: Kastenholz, H.G., Erdmann, K.-H., Wolff, M. (Hrsg.), Nachhaltige Entwicklung. Zukunftschancen für Mensch und Umwelt, Heidelberg, S. 61-78.

Costanza, R., Cumberland, J., Daly, H., Goodland, R., Norgaard, R. (2001): Einführung in die Ökologische Ökonomik, Stuttgart.

Dahlkamp, J., Latsch, D.D.G., Schmitt, J., Tietz, J. (2008): Geheimagent der Deutschland AG. in: Der Spiegel, Ausgabe 39/2008, S. 96-102

Endres, A. (2007): Umweltökonomie. 3. vollständig überarbeitete und wesentlich erweiterte Auflage, Stuttgart.

Green New Deal Group (2008): A Green New Deal. Joined-up policies to solve the triple crunch of the credit crisis, climate change and high oil prices, http://www.neweconomics.org/publications/green-new-deal

Hahn, F. (1984): Die allgemeine Gleichgewichtstheorie. In: Bell, D., Kristol. I. (Hrsg.), Die Krise der Wirtschaftstheorie, Berlin u.a., S. 154-174

Heine, M., Herr, H. (2003): Volkswirtschaftslehre. Paradigmenorientierte Einführung in die Mikro und Makroökonomie, 3. grundlegend überarbeitete Auflage, München.

Heine, M., Herr, H. (2008): Die Europäische Zentralbank. Eine kritische Einführung in die Strategie und Politik der EZB und die Probleme der EWU, 3. Auflage, Marburg.

Herr, H. (2009): Vom regulierten Kapitalismus zur Instabilität. In: WSI Mitteilungen, Vol. 62, S. 635-642.

Herr, H. (2010): Shareholder-Value als Leitbild unternehmerischer Verantwortung, in Mayer. S.; Pfeifer, B. (Hersg.), Di gute Hochschule. Ideen, Konzepte und Perspektiven. Festscrift für Franz Herbert Rieger, Berlin.

Herr, H. J., Hübner, K. (2005): Währung und Unsicherheit in der globalen Ökonomie, Berlin.

Herr, H. Kazandziska, M. (2011): Macroeconomic Policy Regimes in Western Industrial Countries, London.

Herr, H., Stachuletz, R. (2010): Die Immobilien-Bubble – Makro- und mikroökonomische Entstehungsmuster nachhaltiger Instabilitäten und Wege aus der Krise. In: Kühnbergber, M., H. Wilke, H. (Hrsg.), Immobilienbewergung. Methoden und Probleme in Rechnungswesen, Besteuerung und Finanzwirtschaft, Schäffer-Poeschel Verlag, Stuttgart, S. 365-394.

Heuser, U.J. (2008): Humanomics. Die Entdeckung des Menschen in der Wirtschaft, Frankfurt, New York.

ILO (International Labour Organisation) (2008): Global Wage Report 2008/09, International Labour Office, Geneva.

Kahneman, D. u.a. (1986): Fairness as a constraint to Profit Seeking: entitlements in the Market, in America Economic Review 76, S. 728-741.

Kahneman, D., Slovic, P., Trversky, A. (1982): Judgment under Uncertainty: Heuristics and Biases, Cambridge: Cambridge University Press.

Keynes, J. M. (1930): Vom Gelde, Frankfurt a.M.

Keynes, J. M. (1936): Allgemeine Theorie der Beschäftigung, des Zinses und des Geldes, Berlin.

Keynes, J.M. (1930a): Economic Possibilities for our Grandchildren, wiederabgedruckt in: Keynes, J.M. (1963): Essays in Persuasion, New York, S. 358-373.

Keynes, J.M. (1969): Proposals for an International Clearing Union. In: Horsfield, J.K. (Hg.): The International Monetary Fund 1946-1965, Vol. III, Documents, Washington DC.

Koslowski, P. (2001): Prinzipien einer ökologisch nachhaltigen Ökonomie. In: Blasi, L., Goebel, B.v. (Hrsg.), Nachhaltigkeit in der Ökologie, München.

Marx, K. (1867), Das Kapital, Bd. 1, nach der 4. Auflage 1890, MEW, Bd. 23, Berlin 1973.

Michel, J. (2005): Generalangriff auf den Klimaschutz, in: Berliner Zeitung 08.09.2005.

Müller, M., Niebert, K. (2009): Epochenwechsel. Plädoyer für einen grünen New Deal, München.

Musgrave, R., Musgrave, P., Kullmer, L. (1975): Die öffentlichen Finanzen in Theorie und Praxis. Tübingen.

Myrdal, G. (1958): Das Wertproblem in der Sozialwissenschaft, Hannover.

Ockenfels, A. (2005): Zitiert in: Fischer, M.: Wirtschaftswoche 31.3.2005: 19.

Polanyi, K. (1944) [2001]: The Great Transformation: The political and economic origins of our time. Boston.

Pollin, R., Garret-Peltier, H., Heintz, J., Scharber, H. (2008): Green Recovery: A Program to Create Good Jobs and Start Building a Low-Carbon Economy, Washington DC. CAP.

Radke, V. (2001): Indikatoren der Nachhaltigkeit – Bedingungen der empirischen Messung des Konzepts, In: Held, M.; Nutzinger, H. (2001, Hrsg.): Nachhaltiges Naturkapital, Ökonomik und zukunftsfähige Entwicklung, Frankfurt a. M., S. 69-112.

Rappaport, A. (2005): The Economics of Short-Term Performance Obsession. In: Finanical Analysis Journal, Vol. 61, S. 65-79.

Ricardo, David (1821), Grundsätze der Politischen Ökonomie und Besteuerung, deutsche Ausgabe Frankfurt am Main 1980.

Rogall, H. (2009) Nachhaltige Ökonomie, Marburg.

Rogall, H. (2011): Grundlagen einer nachhaltigen Wirtschaftslehre, Volkswirtschaftslehre für Studierende des 21. Jahrhunderts, Marburg.

Rudzio, K. (2004): Wer hat Angst vor Arbeitnehmern? In: Die Zeit, Nr. 45, vom 28.10.2005.

Schumpeter, J. (1926): Theorie der wirtschaftlichen Entwicklung, 2. Auflage, München u.a.

Shleifer, A. (2000): Inefficient Markets. An Introduction to Behavioural Finance, Oxford.

Siebert, H. (1978): Ökonomische Theorie der Umwelt, Tübingen.

Skidelsky, R. (2010): Die Rückkehr des Meisters, München.

Solow, R. M. (1974): Intergenerational Equity and Exhaustible Resources. In: Review of Economic Studies, Vol. 41, S. 29-45.

Stern, N. (2009): The Global Deal. Climate Change and the Creation of a New Era of Progressive Prosperity, New York.

Stiglitz, J. (2006): Making Globalisation Work, London.

WBGU – Wissenschaftlicher Beirat der Bundesregierung Globale Umweltveränderungen (2009, 2004, 2002, 2001): Gutachten. Berlin.

WI – Wuppertal Institut für Klima, Umwelt und Energie (2005): Fair future, Bonn.

Teil 2: Wachstumsdiskussion

Hans Christoph Binswanger

Die Wachstumsspirale: Geld, Energie, Imagination in der Dynamik des Marktprozesses

Abstract

Die Wirtschaft wächst. Doch muss sie, kann sie oder soll sie immer weiter wachsen? Gibt es einen Wachstumszwang? Wenn ja, kann das Wachstum wenigstens so gemäßigt werden, dass durch zusätzliche Maßnahmen eine nachhaltige Entwicklung möglich wird? Zur Beantwortung dieser Fragen bietet die Theorie der „Wachstumsspirale" einen neuen Zugang. In die Betrachtung wird die Dynamik des Geldes, die Leistung der Natur und der Imagination einbezogen. Dies eröffnet die Möglichkeit, wirtschaftliches Wachstum differenzierter zu analysieren und zu bewerten als es in der konventionellen bzw. neoklassischen Theorie möglich ist.

Unsere moderne Wirtschaft ist auf Wachstum angelegt. Sie muss wachsen, wenn sie funktionieren soll. Der wirtschaftliche Kreislauf erweitert sich im Lauf der Zeit zu einer nach oben offenen Wachstumsspirale. Dies geschieht unter Mitwirkung der menschlichen Imagination durch den Zufluss von Energie und anderen Leistungen der Natur, auf der Basis einer ständigen Vermehrung des Geldes durch die Geldschöpfung im Bankensystem.

Die Wachstumsspirale ist allerdings in den letzten Jahren sowohl in eine ökonomische wie in eine ökologische Krise geraten, die sich beide weiter zuzuspitzen drohen. Die ökonomische Theorie sollte mithelfen, diese Krisen zu überwinden. Dies ist aber ohne eine Neuorientierung der Theorie nicht möglich. Warum? Weil die Krisen wesentlich durch die Überbeanspruchung der Natur und den Fehlorientierungen der Geldschöpfung und der Imagination bedingt sind, die konventionelle ökonomische Theorie aber sowohl die Mitwirkung der Natur wie die Mitwirkung des Geldes und der Imagination am wirtschaftlichen Prozess ignoriert und daher auch die damit verbundenen Krisen nicht erfassen kann. Sie ist somit auch nicht in der Lage, Wege zur Überwindung dieser Krisen aufzuzeigen.

Das Problem ist: Die konventionelle Ökonomie orientiert sich (immer noch) am neoklassischen Modell. Dieses besticht durch seine Eleganz und den ihm zugrundeliegenden Harmonie-Gedanken. Es wurde in der zweiten Hälfte des 19. Jahrhunderts von Léon Walras (1834-1910) in die ökonomische Theorie eingeführt. Es will zeigen, dass der Markt zu einem allgemeinen Gleichgewicht führt, in dem die optimale Allokation knapper, d.h. wirtschaftlicher Güter gewährleistet ist. Der gleichgewichtige Wirtschaftsprozess ist gemäß Modell eine Bewegung im Kreislauf, der sich, wenn er einmal eingespielt ist und er nicht von außen gestört wird, ständig wiederholt. Er ist in diesem Sinne ein stationärer Prozess. Damit das Modell in sich schlüssig ist, soll es nicht durch die Dynamik gestört werden, die durch die Mitwirkung der Natur, des Geldes und der Imagination verursacht wird, sei es im Sinne eines Wachstums der Wirtschaft, sei es im Sinne der Krisen, die das Wachstum in Frage stellen. Natur, Geld und Imagination müssen daher sozusagen vor den Türen des Modells stehen bleiben. Damit bleibt aber auch die Dynamik ihrer Mitwirkung vom Modell ausgeschlossen und mit ihr die Wirklichkeit, die wesentlich durch sie bestimmt wird.

Die Realitätsferne des neoklassischen Modells wird noch deutlicher, wenn man sich das Marktkonzept einerseits, die makroökonomische Produktionsfunktion anderseits vor Augen führt, die dem Modell und damit der konventionellen Lehrbuch-Literatur zugrundeliegen.

Die Akteure des neoklassischen Marktes sind Einzelwirtschaften, die, wie traditionelle Bauernbetriebe, sich im Prinzip selbstversorgen, also gleichzeitig Produzenten und Konsumenten sind. Sie tauschen nur allfällige Überschüsse aus, also z.B. Äpfel gegen Birnen, wenn der eine zu viele Äpfel und zu wenig Birnen, und der andere zu viele Birnen und zu wenig Äpfel hat. Der „Markt" – man muss von einem „sog. Markt" sprechen – entsteht im Modell einfach durch die Multilateralisierung des Tauschs, an dem anstelle von zwei Tauschpartnern und zwei Gütern viele Tauschpartner und viele Güter beteiligt sind. Das allgemeine Gleichgewicht ist das Resultat der Tauschverhandlungen. Im Tausch braucht man kein Geld. Im Gleichgewicht gibt es weder Gewinne noch Verluste, also auch kein Anlass für irgendwelche Veränderungen, die sich aus Gewinnen oder Verlusten ergeben würden.

Ursprünglich war in diesem Modell noch die Natur einbezogen gewesen, weil man unter Produzieren die Bearbeitung des Bodens – Ackern, Säen, Ernten – verstand. Der Boden und damit die Natur wirken also bei der Produktion mit. Dabei wurde allerdings angenommen, dass alle Böden, die bewirtschaftet werden können, schon bewirtschaftet sind, sodass sich die Produktion nicht durch Einbezug von noch nicht bewirtschaftetem Boden erweitern läßt. Gleichzeitig wurde aber auch unterstellt, dass die Böden nachhaltig bewirtschaftet werden, also ihre Leistungsfähigkeit nicht durch eine Überbeanspruchung schrumpfen kann. Somit ging das Modell davon aus, dass der Produktionsbeitrag des Bodens und damit der Natur immer der gleich bleibt, also weder zu- noch abnimmt. Die Produktion ließ sich daher im Modell nur durch vermehrten Einsatz von Arbeit steigern. Diese Steigerung war aber gemäß dem in der Landwirtschaft gültigen Ertragsgesetz beschränkt. Dieses besagt, dass die Produktion mit dem vermehrten Einsatz des Produktionsfaktors Arbeit nur unterproportional zunimmt, wenn und weil der Einsatz des Bodens konstant bleibt. Schließlich wird das Ergebnis eines vermehrten Arbeitseinsatzes, d.h. das Grenzprodukt der Arbeit, null. Dann kann die Wirtschaft auch nicht mehr weiter wachsen. Sie wird aber gemäß Modell auch nicht schrumpfen.

In der Weiterentwicklung der neoklassischen Theorie – sie erfolgte vor allem durch John Bates Clark (1847-1938) – wurde jedoch der Boden und damit die Natur durch Maschinen, Apparate usw., die bei der Produktion mithelfen, substituiert. Sie wurden unter dem Begriff „Kapital" zusammengefasst. Damit sollte der fortschreitenden Industrialisierung der Wirtschaft Rechnung getragen und das Modell modernisiert werden. Weil man aber alle anderen Bedingungen des Modells weiter gelten ließ, hat man es gerade mit dieser „Modernisierung" völlig aus der Wirklichkeit herauskatapultiert. Dies erweist sich, wenn man die „modernisierte" Produktionsfunktion genauer unter die Lupe nimmt. Sie lautet.

$$P = f(A,K) \rightarrow P = f(A,K,F)$$

Diese Gleichung liest sich wie folgt: Das Sozialprodukt (P) ist ein Ergebnis des Einsatzes des Produktionsfaktors Arbeit (A) und des Produktionsfaktors Kapital (K). In der weiteren Entwicklung wurde diese Produktionsfunktion zwar ergänzt durch andere Faktoren, wie insbesondere den technischen Fortschritt (F). Aber die Natur blieb und bleibt ausgeklammert. Das ist ungefähr so, als würde man einer Hausfrau oder einem Hausmann ein Rezept in die Hand drücken, in dem es heißt: Man nehme einen Kochtopf – das ist das „Kapital" – und rühre so und so lange darin herum – das ist die Arbeit –, dann entstehe daraus eine Suppe. Was wird aber entstehen? Nichts! Ohne Wasser, Kartoffeln, Nudeln oder Reis, Gemüse und Zutaten, also ohne Material, das der Natur entnommen wird, und ohne Hitze, die das Material in essbare Form verwandelt, d.h. ohne Energie, die ebenfalls aus der Natur gewonnen wird, gibt es keine Suppe. Das gilt analog für das gesamte Sozialprodukt: Was wir „Produktion" nennen, ist in Wirklichkeit nur eine Umformung von etwas, das schon da ist, also von der Natur angeboten wird und auch mit Hilfe der Natur umgeformt wird. Ohne Einbezug der Natur ist die Herstellung des Sozialprodukts nicht erklärbar!

Zusätzlich zeichnet sich die „modernisierte" Produktionsfunktion durch ein zweifaches Manko aus:

Das erste Manko ist die Vorstellung, man könne die Maschinen, Apparate usw. aufgrund eines einheitlich physischen Maßstabs zu einer Gesamtgröße, genannt „Kapital", aufaddieren, so wie die Arbeit in Arbeitsstunden und der Boden in m^2 gemessen und aufaddiert werden kann. Für die Maschinen, Apparate usw. fehlt ein solcher Maßstab. Weder ihr Gewicht noch ihre Leistungsfähigkeit eignet sich dafür. Das „Kapital", das in der makroökonomischen Produktionsfunktion erscheint, ist daher nichts anderes als eine leere Hülse und der „Zins", den man im Modell dem „Kapital" als Preis zuschreibt, eine Fiktion. Der Preis der Maschinen, Apparate usw. ist nichts anderes als der Preis, zu dem man sie auf dem Markt kauft. Es sind produzierte Produktionsmittel. D.h. es sind Zwischenprodukte, deren Preise wie die der anderen Produkte als Ergebnis des Marktprozesses erklärt werden müssen. Es gibt für sie keinen Gesamtpreis, genannt „Zins"!

Das zweite Manko ist die Vorstellung, die Maschinen, Apparate usw. seien nichts anderes als Werkzeuge. Werkzeuge werden von Hand, also durch Arbeit betrieben. Maschinen, Apparate usw. werden aber durch Energie in Gang gesetzt. Für das Zusammenwirken von Maschinen, Apparaten usw. und Energie gilt das Ertragsgesetz nicht, das für das Zusammenwirken von Arbeit und Boden maßgebend ist. Vielmehr ist jeder Maschine und jedem Apparat ein bestimmter Energieeinsatz zugeordnet. Mit mehr Energie können proportional dazu immer mehr Maschinen und Apparate betrieben werden. Beide sind vermehrbar, die Maschinen und Apparate durch Investitionen und die Energie durch Exploration und Exploitation immer neuer Vorräte von Energieträgern, die die Natur bereithält. Anstelle der optimalen Allokation knapper Ressourcen, wie es in der Landwirtschaft der Fall ist und wie es im neoklassischen Modell unterstellt wird, geht es daher in der modernen Wirtschaft um die Steigerung des Sozialprodukt im historischen Zeitverlauf mittels fortgesetzter Investitionen und fortgesetzter Ausbeutung der natürlichen Ressourcen.

In diesem Prozess spielt die Imagination, d.h. die Findung und Erfindung neuer Produktionsverfahren und neuer Produkte eine wesentliche Rolle. Dabei handelt es sich sowohl um Erfindungen zur Substitution von Arbeit durch Energie bei der Herstellung der Produkte als auch um die Bereitstellung neuer Produkte, die im Gebrauch zusätzliche Energie benötigen. Die moderne Wirtschaft ist somit gekennzeichnet sowohl durch den fortlaufenden Ersatz als auch die fortlaufende Ergänzung von Arbeit durch Energie.

Die Realitätsferne der neoklassischen Theorie ergibt sich aber vor allem auch aus der Ausklammerung des Geldes. Ohne Geld gibt es keinen Markt! Die Multilateralisierung des Tauschs genügt nicht, um das Marktgeschehen zu erklären. Im Markt begegnen sich nicht wie im neoklassischem Modell Einzelwirtschaften, die nur Überschüsse austauschen, sondern Unternehmen und Haushalte – Unternehmen, die alle Güter, die sie produzieren, gegen Geld verkaufen, und Haushalte, die alle Güter, die sie konsumieren, kaufen, also mit Geld bezahlen. Die Haushalte erhalten das Geld, mit dem sie die Güter bezahlen, für die Arbeits- und übrigen Produktionsleistungen, die sie den Unternehmen gegen Geld verkaufen.

Es wird aber auch – das ist nun entscheidend – zusätzlich Geld für die Gründung und Erweiterung der Unternehmen benötigt, denn die Unternehmen sind künstliche Gebilde. Sie können nur gegründet und erweitert werden, wenn sie über Geld verfügen, das sie noch nicht verdient haben, denn sie müssen die Arbeits- und übrigen Produktionsleistungen der Haushalte und auch die Maschinen und Apparate von anderen Unternehmen kaufen und bezahlen, bevor sie die Güter, die sie mit deren Hilfe produzieren, verkaufen, denn sie können sie erst verkaufen, wenn sie produziert worden sind. Die Produktion braucht Zeit. *Das heisst: sie benötigen Geld als Vorschuss. Dieser Vorschuss ist das Kapital der Unternehmen.* Unter Kapital ist daher nicht eine Summe von Maschinen, Apparaten usw. zu verstehen, sondern eine Summe von Geld. Es wird den Unternehmen entweder als Fremdkapital – vorzugsweise in Form von Krediten von den Banken, oder als Eigenkapital – vorzugsweise in Form von Aktien – von den Haushalten zur Verfügung gestellt. Das Kapital ist kein Produktionsfaktor – Geld kann physisch nichts produzieren –, aber ein Promotionsfaktor, der die Arbeitsteilung fördert bzw. promoviert, indem es die Gründung der Unternehmen möglich macht, die sich auf die Herstellung bestimmter Güter spezialisieren, und die so die Vorteile der Massenproduktion mit Hilfe der energiebetriebenen Maschinen und Apparate nutzen können. Auf diese Weise konnte und kann die Produktivität und die Produktion, im Vergleich zur nicht spezialisierten Produktion in den sich selbstversorgenden Einzelwirtschaften, enorm gesteigert werden. Sie ist die Grundlage unseres Wohlstands, aber auch – das müssen wir hinzufügen – unserer Krisen.

Das Fazit unserer Überlegungen ist: Das neoklassische Modell des allgemeinen Gleichgewichts, das als Resultat eines multilateralen Tauschs erscheint, sowie die ihr zugrundeliegende Produktionsfunktion muss aus der ökonomischen Theorie eliminiert werden, um der Energie und allgemeiner der Natur, dem Geld und der Imagination Platz zu machen und so die Dynamik, die sich aus deren Mitwirkung im Wirtschaftsprozess ergibt, erklären zu können.

Die neoklassische Theorie – wir kommen um diese Feststellung nicht herum – hat die konventionelle Lehrbuchtheorie in eine Sackgasse geführt. Um aus einer Sackgasse herauszukommen, muss man dorthin zurückkehren, von wo aus man den Weg in die Sackgasse eingeschlagen hat. Dieser Ort ist die klassische Theorie von Adam Smith (1723-1790) u.a. Diese hat vor allem den Verdienst, die Bedeutung des Kapitals als Vorschuss, der für die Gründung von Unternehmen nötig ist, erkannt zu haben. Allerdings muss man auch noch weiter zurückgehen, vor allem zurück zur physiokratischen Theorie des 18. Jahrhunderts, die bereits die

Rolle der Natur, und zurück zur merkantilistischen Theorie des 17. Und 18. Jahrhunderts, die die Rolle des Geldes hervorgehoben hat. Zusätzlich gilt es, die Erkenntnisse ökonomischer Theorien, die später neben der neoklassischen Theorie entwickelt worden sind, einzubeziehen, so insbesondere die Lehren von John Maynard Keynes (1884-1946) und der darauf aufbauenden sog. keynesianischen Theorie, die einen neuen Zugang zum Geld gefunden hat, und die Erkenntnisse der ökologischen Ökonomie, deren Hauptvertreter Herman Daly ein Zeitgenosse ist; sie hat einen neuen Weg zum Einbezug der Natur geöffnet.

Meine Theorie der „Wachstumsspirale" ist der Versuch, auf der Basis dieser Erkenntnisse die Basis für eine ökonomische Theorie zu liefern, die die Leistungen der Natur, des Geldes und der Imagination systematisch einbezieht und daher eine Alternative zur neoklassischen und damit zur konventionellen Theorie darstellt.

Im Folgenden möchte ich die wesentlichen Punkte dieser Theorie kurz andeuten. Sie geht von folgender Feststellung aus: Im Zentrum der Marktwirtschaft und seiner Dynamik steht das Kapital, d.h. der Geldvorschuss, der – wie schon gesagt – die Bildung von Unternehmungen in einer arbeitsteiligen Wirtschaft und damit eines echten Marktes ermöglicht, auf dem sich Unternehmen und Haushalte, aber natürlich auch Unternehmen und Unternehmen begegnen. Der Preis des Fremdkapitals ist der Zins, der „Preis" des Eigenkapitals der Reingewinn, der nach Abzug der Zinsen vom Unternehmungsgewinn übrig bleibt.

Die Unternehmensbildung war ursprünglich dadurch begrenzt gewesen, dass nur wenig Geld zur Bildung von Kapital zur Verfügung stand. Dies änderte sich im 18. Jahrhundert durch die Schaffung des Bankensystems, das aus der Zentralbank und den Geschäftsbanken besteht, und der Möglichkeit zur Geldschöpfung im Rahmen des Bankensystems. Es geht um die Schaffung von Papiergeld – das sind die Banknoten der Zentralbank – und von Bank- bzw. Buchgeld – das sind die Sichteinlagen, d.h. die Guthaben auf Girokonten bei den Geschäftsbanken. Die Geldschöpfung geschieht durch Kreditgewährung, d.h. durch die Schaffung von Fremdkapital. Man spricht daher gleichzeitig von Kredit- und Geldschöpfung.

Das Papier- und Bankgeld kann, da es stoffwertlos ist und nicht mehr in Gold eingelöst werden muss, grundsätzlich in beliebiger Menge „produziert" und gegen die Entrichtung eines relativ niedrigen Zinses auf dem Kreditweg „verkauft" werden. Die Bedingung ist, dass die Zinseinnahmen neben anderen Einnahmen der Banken auf jeden Fall genügen müssen, um einerseits die Kosten der Geldproduktion zu decken, die sich aus den Betriebskosten und den Zinsen ergeben, die die Banken der Zentralbank für die Nachlieferung von Zentralbankgeld sowie den Nicht-Banken für die Zurverfügungstellung von Spareinlagen bezahlen müssen, sowie um das Delkredere-Risiko auszugleichen, das aus der möglichen Zahlungsunfähigkeit von Kreditnehmern resultiert. Ist diese Bedingung erfüllt, kann die Kredit- und Geldschöpfung im Lauf der Zeit unendlich fortgesetzt werden.

Allerdings schränken die Banken die Kreditgewährung insofern ein, als die Banken nur bereit sind, Kredite zu gewähren und damit den Unternehmungen Fremdkapital zur Verfügung zu stellen, wenn parallel dazu das Eigenkapital der Unternehmungen erhöht wird, das das Hauptrisiko trägt. So können die Banken das Delkredere-Risiko, das auf den Krediten lastet, in Grenzen halten. Um das durch die Schaffung des Bankensystems gegebene Potential der Geld- und Kreditschöpfung ausnutzen zu können, war es daher notwendig, parallel zur Einführung des Papier- und Buchgeldes die Bereitschaft der Nicht-Banken zur Verfügungstellung von Eigenkapital zu steigern. Dies wurde im 19. Jahrhundert ermöglicht durch die Schaffung der Kapitalgesellschaft und insbesondere der Aktiengesellschaft als neue Unternehmungsform. Mit ihr wird die Haftung des Aktionärs auf den Kapitalbetrag beschränkt, den er zur Verfügung stellt. Damit wird die Bereitschaft zum Eingehen eines solchen Risikos wesentlich erhöht. Dies gilt jedenfalls dann, wenn der Aktionär einen Reingewinn – es handelt sich um den Gewinn der Unternehmung, der nach Abzug der Zinsen übrig bleibt – erwarten darf, der höher ist als der Zins, und der daher das größere Risiko des Eigenkapitals gegenüber dem Risiko des Fremdkapitals kompensiert.

Soll sich der Kapitalbildungsprozess fortsetzen und damit die Wirtschaft wachsen, kommt daher alles darauf an, dass ständig und ununterbrochen ein Unternehmungsgewinn erwartet werden darf, aus dem sowohl der Zins bezahlt werden kann, als auch ein Reingewinn resultiert, der dem Aktionär als Ausgleich für das von ihm übernommene Risiko genügt.

Der Gewinn dient primär als Kompensation für das Risiko, das die Unternehmung und damit das Unternehmungskapital auf sich nimmt. Das Risiko ergibt sich aus dem Vorschuss-Charakter des Kapitals und der grundsätzlichen Unsicherheit der Zukunft. Das vorgeschossene Geld wird von den Unternehmen ausgegeben zum Kauf der Produktionsleistungen, mit denen sie heute Produkte herstellen, welche sie *morgen* verkaufen. Über den Verkauf soll das Geld, das als Vorschuss bereitgestellt wurde, zurückfließen. Ob aber die Produkte morgen zu (mindestens) kostendeckenden Preisen verkauft werden können, ist unsicher. Es droht immer ein Verlust, der, wenn er andauert, zum Bankrott der Unternehmung führt. Ohne Aussicht auf einen Gewinn, der mindestens dieses Risiko abdeckt, wird daher kein Kapital für die Gründung und Weiterführung von den Unternehmung zur Verfügung gestellt und damit auch nicht die Promotionsleistung erbracht, die mit dem Kapital verbunden ist.

Wie kann aber überhaupt die Summe aller Gewinne und Verluste positiv sein? Das ist nun die entscheidende Frage. Die Antwort lautet: durch Ausweitung des Wirtschaftskreislaufs zu einem Spirallauf. Im Kreislauf würde das Geld, das die Unternehmungen für die Bezahlung der Produktionsleistungen der Haushalte ausgeben, nur gerade wieder durch die Bezahlung der Produkte, die die Haushalte von den Unternehmungen kaufen, zurückfließen. Die Einnahmen der Unternehmungen könnten dann nur gerade ihre Ausgaben decken. Damit Gewinne entstehen, müssen die Einnahmen durch Geldzufuhr steigen. Zusätzlich gilt die Bedingung, dass sie steigen müssen, bevor sich die Ausgaben erhöhen, die nötig sind, um die Einnahmen zu erzielen. Diese Bedingung wird durch die Art und Weise erfüllt, in der die Geldzufuhr erfolgt, nämlich durch die Geldschöpfung, die – wie bereits dargestellt – auf dem Weg der Kredite erfolgt, den die Banken den Nicht-Banken, vor allem den Unternehmen, in immer größeren Mengen kontinuierlich zur Verfügung stellen. Die Unternehmen benutzen die Kredite, d.h. den Zuwachs des Fremdkapitals – zusammen mit dem Zuwachs des Eigenkapitals – dazu, zusätzliche Produktionsleistungen von den Haushalten und anderen Unternehmen, vor allem auch von den Besitzern natürlicher Ressourcen, zu kaufen. Entsprechend steigen die Einkommen der Haushalte mit der Kapitalerhöhung und die Gewinne der Unternehmen mit dem Wachstum der Einkommen der Haushalte. Warum? Die Haushalte geben ihr Einkommen für den Kauf der Produkte, die die Unternehmen produziert haben, sofort aus – die Haushalte müssen ja überleben – und werden daher sofort zu Einnahmen der Unternehmen, während die Unternehmen immer nur die Produkte anbieten können, die schon produziert worden sind, für die sie also im Betrag der neuen Kredite, d.h. der neuen Kapitalerhöhung weniger Geld ausgegeben haben. Dies bedeutet, dass die Einnahmen der Unternehmen vor den Ausgaben für die Produkte, die sie verkaufen, steigen. Da der Gewinn die Differenz ist zwischen den Einnahmen und den Ausgaben für die Produkte, durch deren Verkauf die Einnahmen erzielt werden, resultiert auf diese Weise im wirtschaftlichen Wachstum gesamtwirtschaftlich stets ein zusätzlicher Gewinn aus dem Zuwachs der Kredite bzw. des Kapitals.

Aus dem zusätzlichen Gewinn können die Unternehmungen die zusätzlichen Zinsen den Banken für die zusätzlichen Kredite bezahlen wie einen genügend hohen zusätzlichen Reingewinn den Aktionären zur Verfügung stellen. Damit ist die Voraussetzung gegeben, dass die Banken weitere Kredite geben. So kann sich der Wachstumsprozess ständig fortsetzen. Er wird auf diese Weise zu einem perpetuum mobile, der sich aus sich selbst heraus ständig weiterentwickelt. *Der Zuwachs des Kapitals durch die Kreditgewährung der Banken und die Reinvestition eines Teils der Reingewinne rechtfertigt sich auf diese Weise durch sich selbst, d.h. durch die Gewinne, die in Zusammenhang mit der Kredit- und Geldschöpfung entstehen (vgl. Abbildung 1).*

Abbildung 1: „Wachstumsspirale"

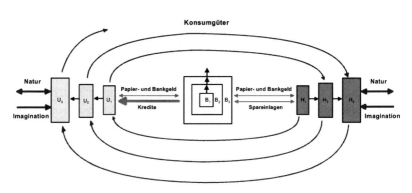

Quelle: Eigene Erstellung

Erklärung zur „Wachstumsspirale"

Der wirtschaftliche Kreislauf zwischen Haushalten und Unternehmungen – Kauf der Produktionsleistungen der Haushalte von den Unternehmungen und Kauf der Produkte der Unternehmungen von den Haushalten – weitet sich bei jeder „Umdrehung" aus a) durch die Investitionen der Unternehmungen und b) durch die Einkommenssteigerung der Haushalte. So entsteht eine Wachstumsspirale.

Die Zahlungen der Unternehmungen an die Haushalte und der Haushalte an die Unternehmungen erfolgt über das Bankensystem. Das Bankensystem weitet sich aus durch das Wachstum der Bankbilanzen.

Die Erweiterung der Kreisläufe zur Wachstumsspirale erfolgt a) durch die Geldschöpfung auf dem Kreditweg, b) durch die Entnahme von Ressourcen aus der Natur (bei gleichzeitiger Abgabe von Abfällen und Emissionen an die Natur) und c) durch die Imagination des Menschen, der neue Produkte und Verfahren erfindet (fette Pfeile).

Der Wachstumsprozess kann sich aber nicht nur fortsetzen, sondern muss sich fortsetzen, denn der Zuwachs des Produktangebots, der sich aus dem Zuwachs des Kapitals von heute ergibt, kann nur dann mit Gewinn verkauft werden, wenn die Unternehmungen morgen das Kapital wiederum erhöhen, um auch morgen wieder mehr Produktionsleistungen der Haushalte nachzufragen und so mit deren Hilfe die Produktion zu steigern. Dabei muss der Zuwachs des Kapitals und die damit verbundene Geldschöpfung auf jeden Fall so hoch sein, dass der damit verbundene Einkommenszuwachs der Haushalte inkl. der Dividenden der Aktionäre, groß genug ist, damit sich die Nachfrage nach den Produkten der Unternehmungen proportional zum Produktangebot erhöht. Dann und nur dann können die Gewinne entsprechend dem Kapitaleinsatz steigen, d.h. dann und nur dann kann die Gewinnrate mindestens gleich bleiben. Das heißt, durch den Geld- und Kapitalzuwachs von heute muss sich der Geld- und Kapitalzuwachs von gestern rechtfertigen. Wenn dies nicht der Fall ist, sinkt die Gewinnrate und damit die Bereitschaft der Aktionäre und damit auch der Banken, zusätzliches Geld als Kapital zur Verfügung zu stellen, was wiederum zu einer weiteren Senkung der Gewinnrate führt, bis schließlich die minimale Gewinnrate unterschritten wird, die genügt, damit das Risiko, das mit dem Kapitaleinsatz verbunden ist, gedeckt wird. Wird sie unterschritten, werden die Aktionäre ihren Kapitaleinsatz zurückziehen, d.h. keine Ersatzinvestitionen zulassen. Entsprechend werden die Banken ebenfalls den Kapitaleinsatz reduzieren und ihre Kredite kündigen. Aus der Unterschreitung der minimalen Gewinnrate würde so nicht nur eine Minderung des Kapitalzuwachses und damit des Wachstums resultieren, sondern eine effektive Schrumpfung der Wirtschaft (vgl. Abbildung 2).

Abbildung 2: „Der Wachstumszwang"

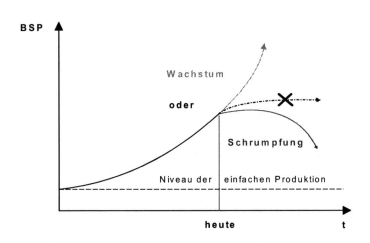

Quelle: Eigene Erstellung

Immerhin geht es nicht um ein beliebig hohes Wachstum, sondern nur um ein Wachstum, das genügt, um das Risiko zu decken, dass die Unternehmen bzw. der Eigenkapitalgeber eingehen, wenn sie Geld investieren, d.h. Geld als Kapital zur Verfügung stellen.

Aufgrund meiner Modelluntersuchung – ich habe verschiedene Vereinfachungen vorgenommen – und von plausiblen Annahmen über die langfristigen Zinsen, das Verhältnis von Fremd- und Eigenkapital und die Höhe der Gewinne, die im Minimum als Ausgleich für das Risiko erforderlich sind, sowie über das Verhältnis der Sichteinlagen bei den Banken (Bank- oder Buchgeld) und dem Eigenkapital der Banken, läßt sich abschätzen wie groß die minimale reale globale Wachstumsrate (w_{min}) ist. Sie beträgt ca.

$$w_{min} \approx 1,8\%$$

Diese Schätzung gilt – es sei nochmals betont – für die Weltwirtschaft insgesamt, also ohne Berücksichtung regionaler Differenzierungen.

Grundsätzlich stellt sich allerdings die Frage, ob das globale Wachstum auch mit einer nur minimalen Wachstumsrate bis ins Unendliche ausgedehnten werden kann bzw. ausgedehnt werden darf.

Zuerst sind die monetären Schranken zu nennen. Diese können sich aus der Zunahme der Verschuldung zwischen den Staaten und innerhalb der Staaten ergeben. Diese Gefährdung verstärkt sich, wenn die Finanzmärkte von Kapitalbewegungen beherrscht werden, die durch ein Überschießen der Aktienkurse und andere Vermögenswerte verursacht werden. Die Bildung spekulativer Blasen auf den Finanzmärkten und den notwendigerweise darauf folgenden Zusammenbrüchen derselben muss das wirtschaftliche Wachstum in gewissem Sinne immer wieder „aus dem Konzept" bringen. Dies gilt umso mehr, als mit der Erhöhung der Geldmenge, die die Voraussetzung des wirtschaftlichen Wachstums ist, auch immer mehr fluktuierendes Geld geschaffen wird. Dies wird notgedrungen zu einer beschleunigten Wiederholung und Ausweitung solcher Blasen führen. Dadurch wird der Wachstumsprozess zunehmend labiler.

Von noch größerer Tragweite können allerdings die Schranken des Wachstums werden, die sich aus der steigenden Beanspruchung der natürlichen Ressourcen und der Absorptionsfähigkeit der Umweltmedien von Emissionen und Abfällen ergeben. Heute sind bereits gewisse Verknappungserscheinungen sichtbar, insbesondere im Bereich der des Wassers, z.T. auch des Bodens und der Energie sowie im Bereich der Treibhausgas-Emissionen. Sie werden entweder zu einer Verteuerung oder einer Rationierung des Ressourcenverbrauchs, wenn nicht sogar zu Verteilungskonflikten, führen. Es droht eine Inflation der Nahrungsmittelpreise. Dies macht das Wachstum der Wirtschaft jedenfalls anspruchsvoller, weil die Suche nach Möglichkeiten zur Umgehung solcher Verknappungserscheinungen immer schwieriger wird. Aber es sind auch unmittelbare ökologische Gefahren mit dem Wachstum verbunden. Dazu gehört, dass die Natur überbeansprucht wird und dann „zurückschlägt", was ihr umso leichter gelingt, als im Zusammenhang mit dem wirtschaftlichen Wachstum immer mehr den Naturgefahren ausgesetzte Gebiete zur Nutzung freigegeben werden. Außerdem nehmen die Luft-, Wasser- und Bodenschäden trotz vielfältiger Umweltschutzbemühungen zu, während die Artenvielfalt abnimmt, die Landschaft verarmt und mit neuen Techniken neue Risiken – es handelt sich vor allem um die Atom-, Gen- und Nanotechnologie – entstehen, die das Leben und die Gesundheit der Menschen gefährden.

Wir stehen damit vor einem Dilemma. Einerseits sind wir einem Wachstumszwang ausgesetzt, vor dem wir durch die Zunahme des Reichtums und der wirtschaftlichen Wohlfahrt, die sich aus dem Wachstum ergeben hat, profitiert haben und immer noch profitieren – wir haben es daher auch bisher kaum als Zwang empfunden. Andererseits werden wir immer stärker unter den Krisen, die damit verbunden sind, leiden.

Grundsätzlich geht es um eine Senkung der Wachstumsrate des Sozialprodukts vor allem durch Reformen im Geldsystem, zwar nicht auf null – das ist in der modernen Wirtschaft nicht möglich –, aber auf ein Niveau, welches die Krisenanfälligkeit der Wirtschaft vermindert und eine echte Qualifizierung des Wachstums möglich macht. Zusätzlich muss die Qualifizierung des Wachstums durch Reformen im Steuersystem und spezifische, auf einzelne Krisenherde bezogene Maßnahmen an die Hand genommen werden. Beides gehört zu den wichtigsten Aufgaben der Zukunft.

Weiterführende Literatur

Binswanger, H. Ch. (2009): Die Wachstumsspirale, 3. Auflage, Marburg.
Binswanger, H. Ch. (2010): Vorwärts zur Mäßigung, 2. Auflage, Hamburg.
Binswanger, H. Ch. (2011): Die Glaubensgemeinschaft der Ökonomen, München.

Martin Jänicke

„Green Growth" – Vom Wachstum der Öko-Industrie zum nachhaltigen Wirtschaften[1]

Abstract

In der Wachstumsfrage sind vielfach Illusionen zu überwinden. Die Vorstellung, dass Wachstum mit den Mitteln des Staates langfristig signifikant erhöht werden könne, gehört dazu ebenso wie die Annahme, zur Lösung drängender Finanz- und Sozialprobleme bedürfe es höherer Wachstumsraten. Eine Illusion ist aber auch die Vorstellung, ein Wachstumsverzicht sei die Alternative. Tatsächlich geht es um radikales Wachstum bei den Umwelt und Ressourcen schonenden Technologien. Und um radikales „De-Growth" bei Produkten und Verfahren, die die langfristigen Lebens- und Produktionsbedingungen untergraben. Gehört auch das „Green Growth" der OECD und anderer etablierter Institutionen in Europa und Asien zu den Wachstumsillusionen? Der Beitrag, der den Wandel des Begriffs „Green Growth" nachzeichnet und die gemeinte Strategie bewertet, versucht eine differenzierte Antwort zu geben.

Einleitung

Die Wachstumsdiskussion hat es mit allerlei Illusionen zu tun. Dazu gehört vor allem die Auffassung, dass man das ressourcenintensive Wachstumsmodell früherer Zeiten mit geringen Modifikationen beibehalten könne. Diesem Erfolgsmodell des 20. Jahrhunderts gehen nicht nur die billigen Rohstoffe aus. Es scheitert auch an der begrenzten Aufnahmefähigkeit der Erde für Emissionen und Abfälle. Eine andere Illusion ist die Vorstellung, dass der Staat mit seinen Mitteln signifikant höheres langfristiges Wachstum hervorrufen könne. Die EU hatte diese Vorstel-

---

[1] Ursprünglich eine Vorlage für die Bundestags-Enquetekommission („Wachstum, Wohlstand, Lebensqualität", 9. Mai 2011)

lung in ihrer Lissabon-Strategie (2000), die eine jährliche Wachstumsrate von drei Prozent anstrebte. Erreicht wurde eine Wachstumsrate von weniger als zwei Prozent. Das quantitative Ziel wurde aufgegeben. Ebenso wie das neo-liberale Wachstumsmodell einer „Entfesselung der Wachstumskräfte" durch Deregulierung, Entstaatlichung, Privatisierung und Lohnverzicht. Noch nicht aufgegeben wurde die Illusion, dass mit höheren Wachstumsraten die drängenden Sozial-, Finanz- und Beschäftigungsprobleme gelöst werden könnten. Es wird Zeit, dass diese Probleme endlich kausal in ihrer eigenen Logik angegangen werden. Eine Illusion ist nun aber auch die Vorstellung, man könne mit Wachstumsverzicht und Nullwachstum wenigstens die ökologischen Probleme lösen. Eine stagnierende Volkswirtschaft, aus der das Kapital abwandert, wird die Akzeptanz für den nötigen Wandel nicht aufbringen. Und ökologisch bedeutet ein Nullwachstum nur die Umwandlung von Rohstoffen in Produkte, Abfälle und Schadstoffe auf dem zu hohen Niveau des Vorjahres. Worum es geht sind radikale Schrumpfungen – „De-Growth" – bei den ressourcenintensiven Verfahren und Produkten. Und ein radikales Wachstum bei den Umwelt und Ressourcen schonenden Technologien und Dienstleistungen.

Gehört auch „Green Growth" zu den Illusionen der Wachstumsdiskussion? Die ausufernde Literatur zu diesem Thema gibt dieser Frage Bedeutung. Man sollte sich nicht mit der Feststellung begnügen, dass die Umweltthematik nunmehr das Zentrum der globalen Wirtschaftseliten erreicht hat. Dass dies so ist, sei allerdings zunächst einmal unterstrichen. Schließlich haben Umweltwissenschaftler wie Umweltschützer eine Ökologisierung des Produzierens seit Jahrzehnten gefordert.

Der Begriff des „Green Growth" hat in den letzten Jahren eine bemerkenswerte Entwicklung genommen. Lange Zeit betraf er nur das Wachstum der „Öko-Industrie" (Ernst & Young 2006, EU Commission 2009). In neueren Veröffentlichungen hat der Begriff „Green Growth" eine Erweiterung erfahren. Nunmehr wird das Wachstum der gesamten Volkswirtschaft unter diesen Begriff gestellt. Green Growth betrifft nun die Qualität nicht nur des Zuwachses, sondern des Produzierens insgesamt. Wachstum ergibt sich hierbei aus Investitionen in die Umrüstung des gesamten Produktionsapparates auf Umwelt und Ressourcen schonende Verfahren und Produkte. Prototyp ist die klimafreundliche „low-carbon economy". In diesem erweiterten Sinne ist auch von einer nachhaltigen „Green Economy" die Rede. Es geht um einen umfassenden wirtschaftlichen Innovationsprozess. Neu ist, dass von diesem ein höheres (freilich immer noch moderates) gesamtwirtschaftliches Wachstum erwartet wird. Im Folgenden sollen fünf wichtige Studien zu diesem Thema behandelt werden. Es handelt sich um die „*Green Growth Strategy*" der OECD (2009, 2011), den „*Green Economy Report*" von UNEP (2011), die EU-Strategie „*Europa 2020*" (EU Commission 2010) in Verbindung mit der Wachstums-Studie fünf europäischer Forschungsinstitute (Jaeger et al. 2011) und schließlich das „grüne" Entwicklungskonzept „*Towards a Sustainable Asia*" von 26 asiatischen Akademien der Wissenschaften (AASA 2011). Untersucht werden soll das jeweilige Wachstumskonzept, die Rolle von „Umweltinnovationen" ebenso wie die Bedeutung und der Wandel des Umweltsektors. Als Schlussfolgerung sollen Triebfaktoren von „grünem" Wirtschaftswachstum benannt werden, die dazu beigetragen haben, dass die Umweltfrage dabei ist, von der „Wachstumsbremse" zu einem „Wachstumsmotor" zu avancieren. Die Bedeutung dieser Diskussion liegt auch darin, das Deutschland im internationalen Vergleich beim Thema „Green Growth" häufig als einer der Musterfälle figuriert.

1. Green Growth als Wachstum des Umweltsektors

Dass Umfang und Dynamik des Umweltsektors lange unterschätzt wurden, liegt ebenso an der unzulänglichen Datenlage wie an Abgrenzungsproblemen. Als „Umweltindustrie" wurden lange Zeit nur die Wirtschaftstätigkeiten erfasst, die technische Lösungen für den (nachgeschalteten) Umweltschutz im engeren Sinne anbieten, von den Filteranlagen der Luftreinhaltung bis zum Naturschutz. Hier ist die Datenlage zufrieden stellend. Später traten die ebenfalls gut abzugrenzenden und erfassbaren erneuerbaren Energien hinzu. Im nächsten Schritt wurden nun aber auch energieeffiziente Technologien und schließlich auch Material sparende Verfahren und Produkte bis hin zu weißen Biotechnik einbezogen. Vor allem hier ergeben sich Abgrenzungs- und Datenprobleme. Der deutsche Umweltsektor wird von Roland Berger auf 8 Prozent des BIP (2007) geschätzt. Für 2020 wird sogar ein BIP-Anteil von 14 % prognostiziert (BMU 2009: 3), was im Hinblick auf die zu schaffenden Voraussetzungen an Humankapital durchaus gewagt ist. Der heutige Weltmarkt der „low-carbon and environmental goods and services" wird in neueren Studien auf bis zu 5 Billionen Dollar taxiert (Innovas 2010).

Abbildung 1: Der globale Markt für Klima- und umweltfreundliche Güter und Dienstleistungen

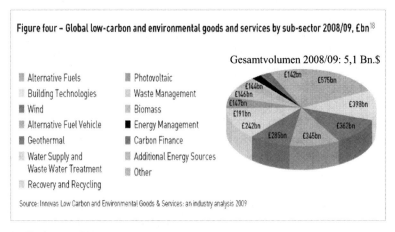

Quelle: Innovas 2010

Für Deutschland ergeben Struktur und Dynamik dieses Sektors nach Roland Berger folgendes Bild: Die Wachstumsraten sind durchgängig zweistellig, besonders hoch im Bereich klimafreundlicher Technologien. Zugleich weist sich dieser Sektor durch eine hohe Wettbewerbsfähigkeit aus (s. Tabelle).

Neben dem Umfang des Umweltsektors wurde also auch dessen Wachstum unterschätzt. Ein anderes Bild der Wachstumsdynamik der Umweltindustrie im Vergleich zu früheren EU-Studien (s. o.) ergibt sich, wenn der „unproduktive" und nur langsam wachsende Bereich der nachgeschalteten End-of-pipe-Technik von den eigentlich öko-effizienten Produkten und Verfahren abgegrenzt wird. Ernst & Young unterscheiden hier den eigentlichen Umweltschutz (pollution control) vom Bereich der Ressourceneffizienz (resource management). Es ist sinnvoll, diese „zwei Gesichter" der Umweltindustrie zu unterscheiden (Jänicke, Zieschank 2011): Während der nachgeschaltete Umweltschutz – klassisch bei den Reinigungstechnologien – Zusatzkosten verursacht, können Ressourcen schonende Technologien Kosten senken, mithin auch die Produktivität erhöhen. Das ist ein essentieller Unterschied, der bei der Bewertung anspruchsvoller Umweltschutzmaßnahmen leicht übersehen wird. Zu den Unterschieden der beiden Varianten der Umweltindustrie gehört aber

Vom Wachstum der Öko-Industrie zum nachhaltigen Wirtschaften 127

auch dies: In entwickelten Volkswirtschaften wie der deutschen sinkt die Bedeutung nachgeschalteter Umweltschutztechniken, während die Bedeutung der Ressourcen schonenden Technologien – erneuerbare Energien, Energieeffizienz, Recycling etc. – dynamisch wächst. Das gilt auch für die weltweite Nachfrage.

Tabelle 1: Struktur und Wachstum der deutschen „GreenTech" Industrie

	Weltmarktanteil der GreenTech	Jährl. Umsatzwachstum 2005-2007	Erwartetes Jährl. Umsatzwachstum 2008-10
Umweltfreundliche Energieversorgung	30 %	29 %	35 %
Energieeffizienz	12 %	20 %	22 %
Materialeffizienz	6 %	21 %	24 %
Recycling	24 %	18 %	16 %
Nachhaltige Wasserversorgung	10 %	15 %	14 %
Nachhaltige Mobilität	18 %	15 %	17 %

Quelle: BMU 2009 (Roland Berger)

Die Investitionen in Anlagen der erneuerbaren Energien wuchsen von 2006 bis 2009 im globalen Jahresdurchschnitt um rund 34%. Die Kapazität von PV-Anlagen stieg in dieser Zeit weltweit um 60%, die von Windkraftanlagen um 27% (REN21 2010). Hohe Wachstumsraten werden von Roland Berger auch anderen Technologien bis 2020 vorhergesagt: von Anlagen zur Abfalltrennung (15%), über energieeffiziente Fahrzeuge (29%) bis zu Biokunststoffen 35% (BMU 2009).

Die obige Tabelle zeigt für Deutschland, dass der Umweltsektor nicht nur dynamisch wächst. Er weist zugleich hohe Wettbewerbsfähigkeit auf. Ähnliches gilt für sein Innovationstempo. Eine wachsende Zahl von Industrie- und Schwellenländern tritt inzwischen auf diesem Weltmarkt auf. Dadurch hat sich ein intensiver Innovationswettbewerb entwickelt.

Am Beispiel der klimafreundlichen Techniken lässt sich dessen Dynamik in folgenden Phasen beschreiben: Zu Beginn der 1990er Jahre wurde vereinzelt (u. a. vom IPCC) auf Win-win-Effekte der Klimapolitik verwiesen. In der Folge entwickelte sich in Vorreiterländern ein „grüner" Wachstumssektor. Seit 2004 gibt es in Deutschland, Dänemark und einigen anderen Ländern Exportstrategien für erneuerbare Energien. Die 2009 in Bonn gegründete International Renewable Energy Agency (IRENA) ist ein Nebenprodukt dieser Entwicklung. In den letzten fünf Jahren proklamierten immer mehr Länder das Ziel, auf dem Weltmarkt klimafreundlicher Technologien eine Führungsrolle einzunehmen. Spätestens seit 2009 sind vereinzelt auch Bestrebungen erkennbar, den Export umwelt- und klimafreundlicher Technologien sogar mit Subventionen zu fördern. Südkorea beispielsweise fördert inzwischen mit Milliarden an Subventionen den Export „grüner Technik" (JoongAng Daily Oct. 14: 2010). Dieses Land hat 2009 auch eine „Green Growth"-Komission beim Präsidenten eingerichtet, eine Behörde die eine „low carbon, green growth"-Vision der Regierung implementieren soll.

2. „Green Growth" – Thema internationaler Institutionen

2.1 Die „Green-Growth"-Strategie der OECD

Wie diese Aktivität Süd-Koreas sind „grüne" Wachstumsstrategien von der „Green Growth Declaration" beeinflusst, die die OECD auf ihrer Ministerratssitzung im Juni 2009 beschloss (OECD 2009). Sie betraf zunächst die globale Finanzkrise und die Investitionsprogramme zu ihrer Überwindung. „Green Growth" meinte hier die ökologische Komponente eines erstmals globalen Investitionsprogramms. Tatsächlich betrafen im Durchschnitt der wichtigsten Länder etwa 16 % der Programme zur Überwindung der Finanzkrise erstmals den Umweltsektor. OECD und UNEP sprachen hier auch in Anlehnung an das Rooseveltsche Wirtschaftsprogramm und entsprechende Verweise von Präsident Obama von einem „Green New Deal" (UNEP 2009). „Green Innovation" war eine andere Begleitformel, die zugleich als Markenzeichen der OECD in dieser Debatte fungierte.

Inzwischen gibt es eine „Green-Growth"-Strategie der OECD, zu der 2010 ein Interimsbericht vorgelegt wurde (OECD 2010). Beim 50jährigen Jubiläum der OECD im Mai 2011 wurde dazu ein grundlegender Text mit dem Titel „Towards Green Growth" veröffentlicht. Verantwortlich zeichnet Sekretariat der OECD. Trotz einiger Abschwächungen gegenüber dem Entwurf ist dies ein bemerkenswerter Beitrag zum Thema „Green Growth". Zur Definition heißt es dort:

> „Green growth means fostering economic growth and development while ensuring that natural assets continue to provide the resources and environmental services on which our well-being relies". Ein „business as usual" berge dem „risks that could impose human costs and constraints on economic growth and development. It could result in increased water scarcity, resource bottlenecks, air and water pollution, climate change and biodiversity loss which world be irreversible" (OECD 2011: 9).

Im Gegensatz zu früheren Texten der OECD wird „green growth" nunmehr als integraler gesamtwirtschaftlicher Mechanismus angesehen. Ausdrücklich wird betont, dass es um mehr als um sektorales Wachstum der Umweltindustrie gehe. Gefordert wird vielmehr ein „Mainstreaming" und ein „integrating of green growth into core economic strategies and government policies" (OECD 2011: 13). Neu ist eine Art Doppelstrategie von Innovation und Krisenvermeidung. Positiv geht es (a) um die Nutzung „grüner" Wachstumshebel: der gesteigerten Ressourcenproduktivität, der Öko-Innovationen, der Potenziale „grüner Märkte" oder auch einer umweltfreundlichen Haushaltskonsolidierung. Negativ geht es nun um (b) die Vermeidung wachstumsschädlicher Störungen bei Naturkapital und Ressourcen, insbesondere gemeint sind „Imbalances in natural systems which raise the risk of more profound, abrupt, highly damaging, and potentially irreversible, effects". Operiert wird hier mit dem Begriff der „Planetarischen Grenzen" (Rockström u.a. 2009), in denen sich Wachstum vollziehen muss. Im Falle des Klimawandels ist der genannte Schwellenwert von 350 ppm CO_2 bereits überschritten. Auch für den des globalen Stickstoffkreislaufs und dem Verlust biologischer Vielfalt wird von der OECD eine Überschreitung der „Planetarischen Grenze" festgestellt (OECD 2011: 9).

Die OECD-Strategie enthält auch einen Satz von 24 Indikatoren, mit den übergeordneten fünf Hauptindikatoren:

1. Sozio-ökonomischer Kontext und Wachstumskennzeichen

2. Umwelt- und Ressourcenproduktivität

3. Naturvermögen

4. Umwelt- und Lebensqualität

5. Wirtschaftliche Chancen und politische Maßnahmen für Green Growth (ibid. 90)

Die grüne Wachstumsstrategie der OECD bezieht sich ausdrücklich auf den Rio+20-Prozess. Betont wird, dass die Strategie nur die gemeinsamen Schnittmengen von Ökologie und Ökonomie – also nur zwei der drei Dimensionen der Nachhaltigkeit – betrifft.

2.2 Der „Green-Economy Report" von UNEP

Auch in dem umfangreichen „Green Economy Report", den UNEP im Kontext des Rio+20-Prozesses kürzlich vorgelegt hat, wird „grünes" Wachstum nunmehr als integraler Faktor der wirtschaftlichen Entwicklung angesehen (UNEP 2011, s. auch BMZ 2011). In einer umfassenden Modellrechnung zur langfristigen globalen Wirtschaftsentwicklung, die erstmals auch den Verbrauch natürlicher Ressourcen bilanziert, werden die Effekte einer Umwelt und Ressourcen schonenden Investitionsstrategie errechnet. Es geht dabei allerdings um den globalen Durchschnitt, regionale Unterschiede werden ausgeklammert (zur Kritik: Jackson 2010). Den Autoren geht es um die differenten Effekte umweltbezogener Investitionen, nicht um die Umsetzung angemessener Zielvorgaben (die im Falle des Klimaschutzes deutlich anspruchsvoller ausfallen müssten). Für zehn Sektoren werden die Effekte einer Investition in nachhaltige Produktionsweisen ermittelt. Das entsprechende „grüne" Szenario des Reports ergibt neben den intendierten Umweltverbesserungen ein höheres Wachstum und eine deutlich verbesserte Beschäftigung (s. Abbildung 2, UNEP 2011). Wie im Falle der zitierten OECD-Strategie ergibt sich der Wachstumseffekt nicht nur positiv aus den dargestellten Zukunftsinvestitionen. Vielmehr kommt hier auch – negativ – die Vermeidung nicht nachhaltiger, wachstumsschädlicher Entwicklungen zur Geltung. Das moderat höhere Wachstum ist also letztlich auch vermiedenes Negativwachstum, wie es etwa durch Grundwasserabsenkung, sinkende Bodenfruchtbarkeit oder Überfischung der Meere entsteht.

Abbildung 2: Globaler Wachstumstrend 2010-2050 und „Green Investment Szenario"

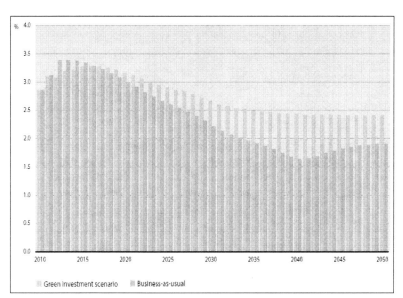

Quelle: UNEP 2011

Ähnlich kommt eine Untersuchung von fünf europäischen Forschungsinstituten zu einer positiven Wachstumsdifferenz des BIP von 0,6 % für den Fall einer unkonditionierten 30%-Reduzierung der Treibhausgase bis 2020, im Gegensatz zum bisherigen 20%-Ziel (Jaeger u.a. 2011). In beiden Studien ergibt sich eine signifikant höhere Beschäftigung. Die EU-Untersuchung kommt sogar auf einen Beschäftigungseffekt von 6 Mio. Für Deutschland ergibt sich für 2020 eine Wachstumsrate von 2,4% gegenüber 1,8% im Referenzszenario und eine Arbeitslosenquote von 5,6% gegenüber 8,5% (Jaeger u.a. 2011).

Wie im der Green-Growth-Strategie der OECD wird auf eine Forcierung des technischen Fortschritts und eine ökologische Modernisierung der Produktion gesetzt. Mehr als dies: es wird auf positive Rückkopplungsmechanismen der induzierten Innovationsprozesse gesetzt, wie sie im Bereich klimafreundlicher Technologien vielfach beobachtet worden sind (Watanabe et al. 2000, Jänicke 2011, IPCC 2011).

2.3. „Green Transition and Innovation":
Ein Nachhaltigkeitskonzept für Asien

Anfang 2011 haben 26 asiatische Akademien der Wissenschaften unter dem Titel „Towards a Sustainable Asia: Green Transition and Innovation" ein Programm nachhaltigen Wirtschaftens vorgelegt. Es ist den beiden Publikationen von OECD und UNEP, aber auch der EU-Strategie „Europa 2020" ähnlich. Wie diese Texte basiert es auf der Annahme, dass die herkömmliche ressourcenintensive Produktionsweise an ökologische und ökonomische Wachstumsgrenzen stößt, ihre Überwindung hingegen neue wirtschaftliche Chancen eröffne. Asien steht nach dieser Studie vor allem vor folgenden Herausforderungen: Die Bedingungen für den bisherigen Exportboom haben sich seit der globalen Finanzkrise verschlechtert. Die komparativen Kostenvorteile einiger asiatischer Ländern – etwa das niedrige Lohnniveau – sind im Schwinden. Dazu tragen auch steigende Kosten der Umwelt- und Ressourcennutzung bei. Und die begrenzte „Tragekapazität" (carrying capacity) der Länder im Hinblick auf Umwelt und Ressourcen habe eine große Zahl von Problemen geschaffen. Die 26 Akademien postulieren daher: „Asia must seek new drivers...and change its development model to achieve sustainable development....a new model...that...needs to be created through system innovation". Es geht also um mehr als um eine ökologische Innovationsstrategie. „Green transition" ist der Übergang zu einem „green development model". Wie bei der Green Growth-Strategie der OECD wird nicht ausschließlich auf das Wachstum des Umweltsektors gesetzt. Angestrebt wird vielmehr ein breites „mainstreaming green development" (AASA 2011).

Das bis in das Instrumentarium hinein detaillierte Programm verdient nicht nur wegen seiner Anlehnung an die genannten Texte besonderes Interesse. Seine Besonderheit liegt darin, dass hier erstmals ein asiatischer Sonderweg nachhaltiger Entwicklung beschrieben wird, der eine gewisse Überlegenheit der eigenen Region beansprucht: Asien habe nach dem Ende des „East Asian Miracle" die Chance des Spätstarters (latecomer), der für eine Aufholstrategie „günstige Voraussetzungen" wie diese habe:

– eine „hoch effiziente, starke Regierung",
– große Märkte,

- eine wachsende Innovationsfähigkeit,
- eine kulturelle Tradition, die nicht nur den Wert des Sparens und der Arbeit, sondern auch die „Harmonie von Mensch und Natur" betont und
- reiche Potenziale für Wasserkraft, Solarenergie, Windenergie oder Bioenergien (AASA 2001).

Zudem habe Asien bereits viele Fälle von best practice, die das gegenseitige Lernen lohnend machten. Das in Peking erschienene Werk legt dabei auch den Blick etwa auf das stürmische Wachstum der chinesischen Wind und Solarenergien nahe (AASA 2011).

3. Triebfaktoren „grünen" Wachstums

Die Vorstellung einer Fortsetzung des herkömmlichen Wachstumskonzepts mit ökologischen Mitteln wird häufig kritisch gesehen (Jackson 2011). Dennoch ist die Frage berechtigt, welchen Beitrag die Lösung von Umweltproblemen durch innovative Technologien zur wirtschaftlichen Entwicklung beizutragen vermag. Die Legitimität anspruchsvoller Umweltpolitiken hängt auch an dem Nachweis, dass sie ökonomische Vorteile biete und nicht die oft beschworenen ökonomischen Nachteile nach sich ziehe.

Was also sind die Triebkräfte dessen, was in den referierten und anderen Studien als „grünes Wachstum" verstanden wird? Die folgende Darstellung ist zugleich eine Interpretation zum Potenzial dieses Ansatzes, sie geht also tendenziell über ihn hinaus:

Erstens: In allen Studien zum Green Growth steht die *Steigerung der Ressourcenproduktivität* im Mittelpunkt der Chancenstruktur dieses Ansatzes. Diese hat erst bei der Energieeffizienz ihr Potenzial erkennbar werden lassen. Aber das Jahrhundert der billigen Rohstoffe ist vermutlich unwiederbringlich vorbei. Die absehbare Verdreifachung des Rohstoffverbrauchs bis 2030 (UNEP 2011a) und die Tatsache, dass fast 95% der benötigten Rohstoffe eines Produkts bereits verbraucht sind, ehe es den Markt erreicht, lassen hier ein gewaltiges Innovationspotenzial vermuten. Ressourcenproduktivität ist zudem hoch relevant für die Wettbewerbsfähigkeit. Vor allem aber kann der Faktor Arbeit entlastet werden, wenn die Produktivität nicht vorrangig über die Einsparung von Arbeit erhöht wird. Unübersehbar ist der ökologische Vorteil. Ressourcenverbrauch findet nicht nur auf jeder Produktionsstufe statt, er ist jeweils auch mit Energie-, Wasser-, und Flächenverbräuchen oder mit Transporten verbunden. Ressourceneinsparungen erbringen hier nicht nur kostengünstige Umweltverbesserungen, sie erfassen auch diffuse Belastungen, die der Umweltschutz nur schwer handhaben kann.

Abb. 1: Ein nachhaltiges Produktionsverständnis

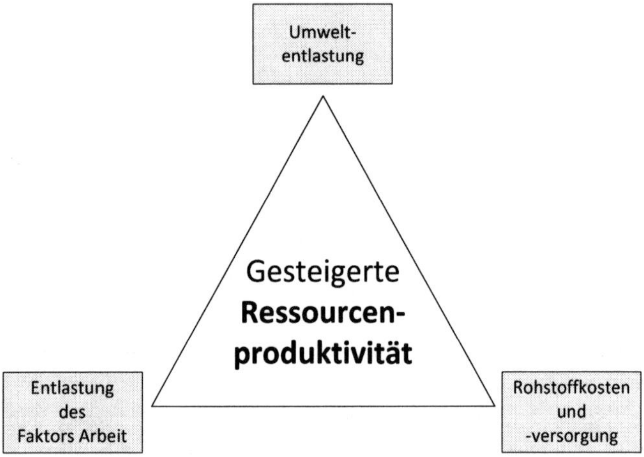

```
                    ┌──────────────┐
                    │   Umwelt-    │
                    │  entlastung  │
                    └──────────────┘
                          /\
                         /  \
                        /    \
                       / Gesteigerte \
                      / Ressourcen-  \
                     /  produktivität \
                    /_____\
   ┌──────────┐                         ┌──────────────┐
   │Entlastung│                         │Rohstoffkosten│
   │   des    │                         │     und      │
   │Faktors   │                         │ -versorgung  │
   │ Arbeit   │                         │              │
   └──────────┘                         └──────────────┘
```

Quelle: Eigene Erstellung

Zweitens: Staatlich induzierte Investitionen mit potenzieller Refinanzierung über Effizienzgewinne. Die UNEP-Studie nimmt eine um 2 % erhöhte Investitionsrate an. In der EU-Studie steigt die Investitionsquote des BIP von 18 auf 22%. Die Mittel fließen in die ökologische Modernisierung, aber auch in die Entwicklung und Erhaltung von Naturkapital. Die UNEP behandelt dabei zehn Schlüsselsektoren: Energie-, Industrie, Verkehr, Bau, Abfall und Wasser, aber auch Landwirtschaft, Forstwirtschaft, Fischwirtschaft und Tourismus. Die Refinanzierung der Investitionen über Effizienzgewinne ist im Zeichen steigender Energie- und

Rohstoffkosten ein wichtiger Vorteil. Langfristig negative Differenzkosten sind für entsprechende Szenarien kennzeichnend. Das gilt für kohlenstoffarme Technologien und speziell für die langfristig negativen Differenzkosten erneuerbarer Energien (Fraunhofer IBP et al. 2010). Es gilt ebenso für Rohstoffeinsparungen durch Recycling oder Öko-Design. Zu den Effizienzgewinnen gehören auch vermiedene Schadenskosten (auch wenn diese meist nicht erfasst werden).

Drittens: Ein forciertes Innovationstempo in Pionierländern bei Umwelt und Ressourcen schonenden Verfahren und Produkten. Die EU-Studie grenzt sich ausdrücklich von makroökonomischen Modellrechnungen ab, die Innovationseffekte ausklammern (Jaeger u.a. 2011). Tatsächlich wird in wenigen Bereichen die Bedeutung von Innovationen so betont wie im Umwelt- und Klimaschutz. Dies ist vor allem dem hohen Innovationsdruck geschuldet, der aus Umwelt- und Ressourcenschutzerfordernissen für die Volkswirtschaft entsteht, der aber zugleich ein globales Nachfragepotenzial schafft (Jänicke 2008). Innovative Reaktionen auf Maßnahmen der staatlichen Umweltpolitik sind der Hauptgrund dafür, dass die tatsächlichen Kosten dieser Maßnahmen immer wieder niedriger ausfallen als ex ante vorgenommene Modellrechnungen vermuten ließen. Der Sachverständigenrat für Umweltfragen hat auf diesen wichtigen Umstand frühzeitig hingewiesen (SRU 1978, 2008). Inzwischen haben aber auch Studien für die USA, für die EU und Deutschland diese Differenz zwischen erwarteten und tatsächlichen Umweltschutzkosten deutlich gemacht (Oosterhuis 2006, Zeddies 2006, Environmental Defense Fund 2009). Ein hohes Innovationstempo entspricht auch generell der Kreativität von Wissensgesellschaften mit einer entwickelten Infrastruktur an Human- und Sozialkapital (World Bank 2011). Die tendenzielle Substitution von Ressourceninputs in die Produktion durch (innovative) Wissensinputs ist wesentlich für diesen Wandel.

Viertens: Die Dynamik grüner Zukunftsmärkte. Da die Umwelt- und Ressourcenprobleme der traditionellen, ressourcenintensiven Industrieproduktion global sind, sind es auch die Märkte für innovative Lösungen dieser Probleme. Das dynamische Wachstum der Märkte für „grüne Technologien" entspricht diesem globalen Problemdruck. Diese Nachfrage im Sinne von „global environmental needs" wird auch durch entsprechende Präferenzen der rasch wachsenden der globalen Mittelklasse verstärkt. Hinzu kommt ein regulativer Wettbewerb zwischen Pionierländern, der die Märkte für Umwelt und Ressourcen schonende Technologien fördert. Nicht der oft beschworene Wettbewerb zu Lasten der Umwelt („race to the botttom") bestimmt diese technologische Entwicklung, sondern der Innovationswettbewerb. Die Dynamik der Märkte Umwelt und Ressourcen schonender Technologien – besonders hervorstechend im Bereich klimafreundlicher Technologien – ist ein wesentlicher Triebfaktor von Green Growth.

Fünftens: Die Vermeidung von wachstumsschädlichen Entwicklungen: Der Wachstumseffekt, der über „grüne", Ressourcen schonende Technologien erzielbar ist, wird auch durch Abwehr von Wachstumseinbußen erzielt, die sich durch steigende Ressourcenkosten, aber auch durch steigende Schadenskosten im Umweltbereich ergeben (ein Beispiel sind die Kosten der Übernutzung der Grundwasserressourcen im Raum Peking). Wesentliche Prämisse der hier referierten Studien sind ja ökologische und ökonomische Grenzen des herkömmlichen Wirtschaftswachstums. Ohne die technologische Veränderung der Wirtschaftsweise wird letztlich ein tendenziell negatives Wachstum angenommen.

Es lässt sich vermutlich als Konsens der Wachstumsdiskussion formulieren: eine gesamtwirtschaftliche Stagnation oder gar Schrumpfung ist nicht erwünscht. Umgekehrt lässt sich aus den Studien zu Green Growth aber auch keine Rückkehr zur traditionellen Wachstumsökonomie und ihren hohen Zuwachsraten ableiten.

4. Green Economy als nachhaltiges Wirtschaften

Primäres Ziel der „Green Growth Strategy", des „Green Economy Reports", des Programms „Europa 2020", aber auch des Nachhaltigkeitskonzepts für Asien ist nicht mehr der Zuwachs sondern die nachhaltige Produktionsweise insgesamt. Bezeichnend ist der sprachliche Übergang von „green growth" zu „green development" (AASA 2011) oder „green economy", wie dies in der globalen Modellrechnung von UNEP geschieht. Dabei werden Elemente nachhaltiger Entwicklung in das Wachstumskonzept integriert: Nunmehr werden auch die Merkmale „improved human well-being and reduced inequalities" zur Green Economy gerechnet (UNEP 2010). Anstelle von Wachstumsraten wird mithin nicht nur die ökologische Qualität, sondern auch die soziale Dimension des Wirtschaftens betont.

Ähnlich weit gefasst wird der Wachstumsbegriff auch in der EU-Strategie „Europe 2020" (2010), die an die Stelle der alten Wachstumsstrategie (Lissabon-Strategie) getreten ist. Die EU-Kommission nennt hier drei Prioritäten (EU Commission 2010):

1. *Smart growth:* developing an economy based on knowledge and innovation

2. *Sustainable growth:* promoting a more resource efficient, greener and more competitive economy

3. *Inclusive growth:* fostering a high-employment economy delivering social and territorial cohesion".

Die ersten beiden Punkte verweisen auf die genannten Triebfaktoren von „grünem Wachstum": Innovationen, Wissensintensität, Ressourcenproduktivität und Investitionen in umweltverträgliche Verfahren und Produkte. Die hinzugefügte soziale Dimension ergibt einen neuen Begriff von nachhaltigem Wirtschaften. Es verdient Interesse, dass das Nachhaltigkeitskonzept der asiatischen Akademien der Wissenschaften eine fast identische Wortwahl benutzt. Dort geht um ein neues Wirtschaftsmodell „that is green, low-carbon, smart, innovative, cooperative, and inclusive" (AASA 2011).

5. Schlussfolgerungen

Kommen wir zur zurück zur Ausgangsfrage: Gehört auch „Green Growth" zu den Wachstumsillusionen? Kann die Umweltfrage zum Wachstum beitragen? Und wenn ja, geht das nicht zu Lasten der Umwelt? Hier einige thesenartige Schlussfolgerungen.

1. Zunächst ist zu betonen: „Green Growth", die „Green Economy" und die asiatische Konzeption des „Green Transition" sind ganz wesentliche Strategien der Krisenvermeidung. Vermieden werden sollen Rohstoffengpässe, hohe Energiekosten, Wassermangel, sinkende Bodenerträge, Klimawandel oder Umweltschäden und ihre Kosten. Green Growth ist nicht zuletzt das Wachstum, das sich aus Investitionen in die Vermeidung von Schäden und Knappheiten ergibt, die die langfristigen Lebens- und Produktionsgrundlagen untergraben. Positiv ist es die wissens-intensive Produktionsweise, die einer kreativen Ge-

sellschaft mit hoch entwickeltem Human- und Sozialkapital entspricht (vgl. World Bank 2011). Aber nachhaltiges Wirtschaften ist nun auch für die OECD ein Produzieren innerhalb „planetarischer Grenzen".

2. Aus ökologischer Sicht ist es nicht akzeptabel, dass Umweltfragen zu einem Wachstumsvehikel verkürzt und nicht in eigener Sachlogik angegangen werden. Umweltpolitik wird durch Green Growth nicht überflüssig. Die zehn kritischen ökologischen Schwellenwerte, die die OECD offiziell übernimmt, bergen gravierende Gefahren. Sie können nicht nur in Kategorien der Wachstumslogik bewertet werden. Auch dann nicht, wenn es in einer erheblichen politischen Anstrengung gelingt, den Verbrauch nicht erneuerbarer Ressourcen im erforderlichen Maße absolut zu reduzieren.

3. Aus ökologischer Sicht kann ein hohes BIP-Wachstum kein „grünes" Wachstum sein. Mit ihren negativen ökologischen Begleiteffekten ist eine hohe Wachstumsdynamik durch einen Umwelt entlastenden technischen Fortschritt kaum zu kompensieren. Die notwendige absolute Entkopplung des Umweltverbrauchs vom Zuwachs der Wirtschaftsleistung ist in diesem Fall nicht zu erwarten. Green Growth kann daher nur ein moderates Wachstum sein. Die Differenz von Wachstumsraten ist ökologisch durchaus von Belang. Ein BIP-Wachstum von einem Prozent führt in 70 Jahren zu einer Verdopplung. Da kann der technische Fortschritt noch mithalten und – bei entsprechender Politik –, auch die nötige Absolute Entkopplung der Umwelteffekte vom Wirtschaftswachstum bewirken. Bei 5 Prozent hätte man im gleichen Zeitraum mehr als das Dreißigfache. Das ist das Todesurteil jeder Umweltstrategie.

4. Reiche Länder können durchaus mit niedrigen Wachstumsraten auskommen. Von 1988 bis 1998 wuchs das BIP der Schweiz nur um 1,1 Prozent im Jahrsdurchschnitt. Dies bei relativ niedriger Arbeitslosigkeit. Schweden hatte von 1997 bis 2007 ein durchschnittliches Wirtschaftswachstum von 1,2 Prozent. Ein Prozent BIP-Zuwachs sind in Deutschland 24 Mrd. mehr. Ist das zu wenig? Es ist ein gutes Polster der Wohlstandsentwicklung jedenfalls dann, wenn die sozialen und fiskalischen Probleme des Landes durch strukturelle Reformen und nicht mit Wachstumshoffnungen angegangen werden. Strukturelle Reformen würden bedeuten, dass die Produktivität der Ressourcennutzung höher rangiert als die Arbeitsproduktivität, dass die Armuts-

probleme durch Um kehr der Umverteilung der letzten 30 Jahre behandelt werden und Haushaltsprobleme nicht auf Kosten künftiger Generationen vertagt werden.

5. Eine Green-Growth-Strategie, wie sie die behandelten Studien entwickelt haben, ist weit davon entfernt, die Wachstumsraten signifikant zu erhöhen. Die Green Economy von UNEP ergibt leicht höhere, insgesamt aber auch nur moderate Wachstumsraten. Wie aus der obigen Abbildung ersichtlich, trägt sie im Effekt dazu bei, den langfristigen Rückgang der Wachstumsraten etwas abzumildern. Was eine solche Strategie aber erreichen kann, ist eine stabilere Wirtschaftsentwicklung mit höheren Wohlfahrtseffekten (Jackson 2009). Das ist nicht wenig und etwas anderes als eine euphorische Strategie der Steigerung von Wachstumsraten.

6. Worum es geht, ist ein moderates BIP-Wachstum, verbunden mit einer massiven Steigerung der Öko-Innovationen und einem physischen De-Growth-Prozess (Spangenberg 2010). Zu den Grenzen des Wachstums gehören aber auch die Grenzen marktfähiger technischer Lösungen. Die notwendige Erhaltung, Vitalisierung und Erweiterung der natürlichen Grundlagen des Lebens und Produzierens – der Ausbau des Naturkapitals – geht über das Potenzial marktgängiger ökologischer Modernität deutlich hinaus.

Literatur

AASA (The Association of Academies of Sciences in Asia) (2011): Towards a Sustainable Asia – Green Transition and Innovation, Beijing.

BMU (Bundesministerium für Umwelt, Naturschutz und Reaktorsicherheit) (2009): GreenTech made in Germany 2.0, München.

BMZ (Bundesministerium f. wirtschaftliche Zusammenarbeit u. Entwicklung) (2011): Ökologisches Wirtschaften – Green Economy, BMZ Informationsbroschüre 2/2011.

Environmental Defense Fund (2009): Air quality measures consistently cost less than predicted, Washington.

Ernst & Young /European Commission DG Environment (2006): Eco-Industry, its size, employment, perspectives and barriers to growth in an enlarged EU, final report, Brussels.

EU Commission (2010): Europe 2020 – A European strategy for smart, sustainable and inclusive growth.

Fraunhofer IBP et al. (2010): Energiekonzept 2050 – Eine Vision für ein nachhaltiges Energiekonzept auf Basis von Energieeffizienz und 100% erneuerbaren Energien.

Innovas (2010): Low Carbon and Environmental Goods and Services: an Industry Analysis. Update for 2008/09.

IPCC (2011): Special Report on Renewable Energy Sources and Climate Change Mitigation (SRREN).

Jackson, T. (2009): Prosperity without Growth. Sustainable Development Commission.

Jackson, T. (2011): Doing the maths on the green economy, Nature Vol. 472, April 2011, 295.

Jaeger, C. C. u.a. (2011): A New Growth Path for Europe. Generating Prosperity and Jobs in the Low-Carbon Economy, Potsdam.

Jänicke, M. (2008): Megatrend Umweltinnovation, München: Oekom.

Jänicke, M. ; Zieschank, R. (2011): Environmental Tax Reform and the Environmental Industry, in: Ekins, P. /Speck, St. (eds.): Environmental Tax Reform (ETR) – A Policy for Green Growth, Oxford.

OECD (2009): Declaration on Green Growth. Adopted at the Meeting of the Council at Ministerial Level on 25 June 2009 (OECD C/MIN(2009)5 ADD1/FINAL).

OECD (2010): Green Growth Strategy Interim Report: Implementing our Commitment for a Sustainable Future, OECD Paris 27-28 May 2010 (C/MIN(2010)5.

OECD (2011): Towards Green Growth, Paris.

Oosterhuis, E. (2006): Ex-post estimates of costs to business of EU environmental legislation. Final report, Amsterdam.REN21 (2010): Renewables 2010 – Global Status Report: Renewable Energy Policy Network for the 21st. Century, Paris.

Rockström, J. u.a. (2009): A Safe Operating Space for Humanity, Nature, Vol. 461, 24.

Sachverständigenrat für Umweltfragen (1978): Umweltgutachten 1978, Stuttgart-Mainz.

Sachverständigenrat für Umweltfragen (2008): Umweltgutachten 2008 – Umweltschutz im Zeichen des Klimawandels,Berlin.

Spangenberg, J. H. (2010): The growth discourse, growth policy and sustainable development. Two thought experiments, Journal of Cleaner Production, 18: 561-566.

UNEP (2010): Green Economy Report: A Preview, New York

UNEP (2011): Towards a Green economy – Pathways to Sustainable Development and Poverty Eradication.

UNEP (2011a): Decoupling National Resource Use and Environmental Impacts from Economic Growth.

World Bank (2011): The Changing Wealth of Nations – Measuring Sustainable Development in the New Millennium, Washington.

Zeddies, G. (2006): Gesamtwirtschaftliche Effekte der Förderung regenerativer Energien, insbesondere der Biomasse – Eine kritische Beurteilung vor dem Hintergrund modelltheoretischer Konzeptionen, Zeitschrift für Umweltpolitik und Umweltrecht 29 (2), 183-205.

Holger Rogall

Nachhaltigkeitsparadigma – wirtschaftliches Wachstum[1]

Abstract

Die Menschheit befindet sich in einem Dilemma. Aufgrund ihrer Art der Produkte und Produktion sowie deren Verteilung überschreitet sie seit Jahrzehnten die Grenzen der natürlichen Tragfähigkeit. Will sie ihren Kindern und Enkeln menschenwürdige Lebensgrundlagen hinterlassen, muss der Ressourcenverbrauch bis zur Mitte des Jahrhunderts global etwa um 50% reduziert werden (intergenerative Gerechtigkeit), d.h. die Produktion müsste schrumpfen. Gleichzeitig muss nach dem Nachhaltigkeitsprinzip der intragenerativen Gerechtigkeit das Elend der heute absolut Armen dieser Welt beseitigt werden, d.h. die globale Produktion müsste stark gesteigert werden. Zusätzlich muss nach dem Demokratieprinzip die Mehrheit der Bevölkerung auf diesen Weg mitgenommen werden. Der vorliegende Beitrag will erläutern, wie die offensichtlichen Zielkonflikte mit Hilfe des Nachhaltigkeitsparadigmas gelöst werden könnten.

1. Ziel des stetigen Wachstums

Nicht nur das deutsche Stabilitäts- und Wachstumsgesetz von 1967 strebt ein *stetiges, angemessenes wirtschaftliches Wachstum* an, sondern alle traditionellen Ökonomen, unabhängig davon, welche inhaltlichen Kontroversen sie ansonsten ausfechten. Dieses *Wachstumsparadigma* kann als wichtigstes wirtschaftspolitisches Ziel fast aller Wirtschaftspolitiker weltweit angesehen werden. Natürlich drängen sich hierbei die Fragen auf, welche Wachstumsraten dauerhaft als „angemessen" und mit der

---

[1] Der Beitrag basiert auf der Langfassung der Kernaussagen des Netzwerks Nachhaltige Ökonomie 2011/04 (www.nachhaltige-oekonomie.de) und Rogall, H. (2009): Nachhaltige Ökonomie, Marburg.

natürlichen Tragfähigkeit der Erde vereinbar sind. Traditionelle Ökonomen (z.B. Grossekettler u.a. 2008: 312) stellen sich diese Fragen nicht und sprechen auch heute noch von einer „Wunschwachstumsrate" für Deutschland von 4%. Andere Autoren und Institutionen fordern immerhin stetige Wachstumsraten von 3% (z.b. Europäischer Rat in der Lissabon-Strategie), was eine Verdoppelung der Gütermenge alle 23 Jahre bedeutet.

Tabelle 1: Wachstumsraten in ausgewählten OECD-Staaten

	1960-69	1970-79	1980-89	1990-99	2000-08
Frankreich	5,7	4,2	2,3	1,9	1,9
Großbritannien	2,9	2,4	2,5	2,2	2,5
Italien	5,8	4,0	2,6	1,4	1,2
Japan	10,1	5,2	3,7	1,5	1,5
USA	4,7	2,4	3,1	3,1	2,3
OECD	5,2	3,8	3,0	2,5	2,4

Quelle: Ameco in Dullien, Herr, Kellermann 2009: 24.

1.1 Wunsch und Wirklichkeit

In der Realität sinken die Wachstumsraten in den letzten Jahrzehnten tendenziell, so dass in der Mehrzahl der OECD-Länder ein lineares, statt ein exponentielles Wachstum zu verfolgen ist (Deutschland 1950 bis 2008 etwa 20 Mrd. € pro Jahr, mit leicht sinkender Tendenz; BMAS 1992 und 2009: 1.2).

Die mit 3,6% überdurchschnittlich hohe Wachstumsrate von 2010 ist nachkrisenbedingt und kein neuer Trend (Statistisches Bundesamt 2011/01). Dort wo Staaten in den 1990er und 2000er Jahren, wie die USA, noch Wachstumsraten über 2% erzielten, geschah das i.d.R. auf Kosten einer enormen Verschuldung, die, wie die globale Finanz- und Wirtschaftskrise zeigte, nicht zukunftsfähig ist.

Abbildung 1: Durchschnittliche Wachstumsraten des realen BIP in Deutschland

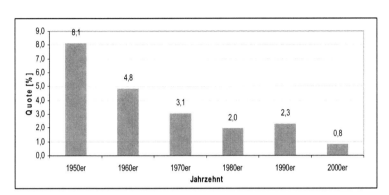

Quelle: Eigene Erstellung Rogall, Oebels, aus BMAS 1992 und 2010: 1.2.

Somit ist es aus Sicht von Vertretern der Nachhaltigen Ökonomie – unabhängig von der Frage, wie wünschbar ein stetiges Wachstum ist – sehr unwahrscheinlich, dass die Industriestaaten ein stetiges exponentielles Wirtschaftswachstum dauerhaft aufrechterhalten können. Diese Wachstumsschwäche hat unterschiedliche Ursachen, u.a.: Sättigungstendenzen bei den Wohlhabenden und geringe Einkommenssteigerungen bei den Niedrigverdienenden, Steuersenkungswettläufe und Verschuldung der Staaten, sinkende oder stagnierende Bevölkerung in den Industriestaaten, und steigende Kosten für die natürlichen Ressourcen (detailliert Rogall 2011: 325).

1.2 Gefahren einer auf Wachstum fixierten Gesellschaft

Wachstumskritiker verweisen auf die ökologischen und sozial-kulturellen Gefahren einer auf wirtschaftliches Wachstum fixierten Gesellschaft. U.a. werden die folgenden Gefahren genannt (Seidel, Zahrnt 2010):

– *Ökologische Gefahren* (Kosten): (1) Zunehmende Freisetzung von THG, mit einer Klimaerwärmung von 2-6°C in diesem Jahrhundert (zu den Folgen siehe Stern 2006, IPPC 2007). (2) Zerstörung von Naturräumen und Artensterben. (3) Zunehmende Nutzung nicht-erneuerbarer Ressourcen bis zu ihrem vollständigen Verbrauch, z.B. fossile Energieträger oder Flächeninanspruchnahme. (4) Übernutzung erneuerbarer Ressourcen mit der Folge, dass das Naturkapital zerstört wird: z.B. Zerstörung der Fischbestände, Wälder, Süßwasserreserven usw., mit der Folge von dramatischen Hungersnöten. (5) Zunehmende Freisetzung von Schadstoffen und Lärm mit der möglichen Folge, dass die Biosphäre irreversibel geschädigt wird. Diese Entwicklungen bringen so hohe soziale Kosten und menschliches Elend mit sich, dass sie weder ethisch noch ökonomisch akzeptabel sind. Daher erhält die Verhinderung dieser Entwicklungen die höchste gesellschaftspolitische Priorität (Rogall 2009).

- *Ökonomische Risiken*: Die in den ökologischen Gefahren dargestellten Entwicklungen führen auch zu schwerwiegenden ökonomischen Problemen. Mit der Übernutzung der natürlichen Ressourcen werden in der Folge auch fast alle ökonomischen Ziele einer Nachhaltigen Entwicklung tangiert: (1) Selbstständige Existenzsicherung (z.B. verlieren Bauern und Fischer ihre Arbeitsplätze); (2) die Grundbedürfnisse können für immer mehr Menschen nicht mehr befriedigt werden, da die Nahrungsmittelproduktion zurückgeht. (3) Der immer schnellere Verbrauch und die Übernutzung der natürlichen Ressourcen führen seit der Jahrtausendwende zu drastischen Preissteigerungen, die sich nach Überwindung der globalen Finanz- und Wirtschaftskrise verstärkt fortsetzen werden (zwischen 2002 und 2006 stieg der Preis für Kupfer, Zink und Wolfram um 400%, der Preis für Nickel, Blei, Eisenerz, Zinn und Aluminium um 100 bis 200%, Miegel 2010: 117). Die bislang aufgebauten Recyclingkapazitäten können diese Entwicklung nicht ausreichend kompensieren.

- *Sozial-kulturelle Gefahren* (Probleme der Konsumgesellschaft): (1) Eine wachstumsfixierte Gesellschaft kann zu einem Wachstumszwang für alle Gesellschaftsmitglieder führen, der eine Stigmatisierung der „Aussteiger" und wirtschaftlich Schwachen zur Folge hat. „Alternative" und „einfache" Lebensentwürfe werden verhindert. Weiterhin kann dieser Wachstumszwang zu (2) einem extremen Flexibilisierungszwang führen, der eine Bindungslosigkeit aller Gesellschaftsmitglieder nach sich zöge. Auch fördert er (3) Tendenzen zu einer Konsum- und Spaßgesellschaft, die eine demokratiegefährdende Entpolitisierung und Verflachung der Gesellschaft zur Folge haben kann. (4) Der

Wachstumszwang kann so dominant werden, dass die gesamte Politik unter dieses Ziel gestellt wird. So wird in jüngster Zeit immer intensiver die Einschränkung von sog. wachstumshemmenden Gesetzen (z.b. Schutzrechte für Umwelt und Arbeitnehmer) gefordert. Die knapper werdenden Ressourcen führen zu Rohstoffsicherungspolitiken, die zu gewaltsamen Konflikten führen können (Ressourcenkriege). Das kann auch dazu führen, dass viele Länder glauben nicht auf die Nutzung der Atomenergie verzichten zu können und damit Gefahren eingehen, die sie nicht beherrschen können. (5) Ein gesellschaftlicher Wachstumszwang kann zu einem Innovationszwang führen, indem nicht mehr gefragt wird, was die Gesellschaft benötigt und wohin sich Technologien entwickeln sollen, sondern wo es um Neues nur um der Neuartigkeit Willen geht. So werden in Deutschland seit Jahren Innovationen um ihrer selbst Willen gefördert und nicht mehr gefragt, welcher Bedarf gedeckt oder welche menschlichen Probleme mit diesen Innovationen gelöst werden sollen. Bei diesem Innovationszwang kann es leicht zu Technikentwicklungen kommen, bei denen die Gefahren den Nutzen übersteigen könnten (z.B. Kernkraft-, Fusions- oder Gentechnik). (6) Dort, wo der Wachstumszwang aus dem Wunsch nach Ausstattung mit Statussymbolen (-gütern) stammt (zum Abheben gegenüber anderen), kann dies nur zu einem nicht gewinnbaren „Wettlauf von Hase und Igel" führen. Das dahinter liegende Bedürfnis kann für die Mehrheit nie wirklich gestillt werden (denn beliebig vermehrbare Güter taugen gerade nicht als Statussymbol; Hirsch 1980: 43; Lehmann-Waffenschmidt 2006: 43, BUND u.a. 2008: 281). So führt dieser Wettlauf nach „mehr als die anderen" zu immer größerem Ressourcenverbrauch ohne mehr Zufriedenheit. (7) Weiterhin führt der Wachstumsglaube zum Verzicht auf das Ziel einer egalitären Gesellschaft:

> „Wachstum ist eine Ersatzdroge für Einkommensgleichheit. Solange es Wachstum gibt, gibt es auch (...) Hoffnung (für die weniger Wohlhabenden, auch einmal soviel zu besitzen wie die Wohlhabenden), nur das macht große Einkommensunterschiede (für sie) erträglich."
> (Wallich 1972 in Wilkinson, Pickett 2009: 253).

Was ein hohes stetiges *Wachstum für Folgen haben kann*, zeigen auch die ökologischen Gefahren in den Entwicklungs- und Schwellenländern, die seit Anfang der 1990er Jahre hohe, teilweise zweistellige Wachstumsraten haben (besonders eklatant in China zu beobachten, Rogall 2011: 327). Pan Yue, stellvertretenden Ministers für Umwelt in China, kommt zu folgendem Fazit:

„(...) die ökologisch belasteten Gebiete können schon jetzt ihre Bewohner nicht mehr verkraften. Deshalb müssen wir in Zukunft (...) rund 186 Millionen Bürger umsiedeln. Die anderen (chinesischen) Provinzen können aber nur 33 Millionen aufnehmen. China wird also über 150 Millionen ökologische Migranten, ja womöglich sogar ökologische Flüchtlinge haben." (Yue 2005: 149).

So kann man in China heute nicht mehr von *Umweltrisiken* sprechen, sondern von einer ernsten Bedrohung, die schon heute jährlich Abertausenden den Tod bringt und die Früchte der wirtschaftlichen Entwicklung aufzehrt. So sterben nach Angaben der Weltgesundheitsorganisation jährlich 650.000 Chinesen an den Folgen der Luftverschmutzung und 950.000 an verunreinigtem Trinkwasser (Blume 2007/10: 20).

1.3 Verhältnis von Einkommen zu Glück und Lebenserwartung

Früher gingen Ökonomen davon aus, dass wirtschaftliches Wachstum (die Steigerung der Einkommen) die Menschen immer glücklicher macht und die Lebenserwartung steigert. Schon aus diesen Gründen sei Wachstum als eines der wichtigsten ökonomischen Ziele anzusehen. Diese Aussagen müssen heute differenzierter erfolgen. Seit den 1970er Jahren liegen zahlreiche empirische Untersuchungen vor, nach denen wir den Zusammenhang von Einkommen zu Lebenserwartung und Zufriedenheit wie folgt beschreiben können:

Erstens: Es lässt sich ein signifikanter Zusammenhang zwischen sehr geringem durchschnittlichen Pro-Kopf-Einkommen zur Lebenserwartung und Zufriedenheit der Bevölkerung nachweisen. Während Länder mit einem Pro-Kopf-Einkommen von weniger als 5.000 US-Dollar pro Jahr eine Lebenserwartung von 38 bis 75 Jahren aufweisen, erreichen Länder mit einem Pro-Kopf-Einkommen über 20.000 US-Dollar eine Lebenserwartung von 75 bis 84 Jahren (Wilkinson, Pickett 2009: 20). Ein ähnlicher Zusammenhang lässt sich bis zu einem gewissen Mindesteinkommen auch zwischen Einkommen und Glücksgefühl nachweisen. Auch wenn hier schon viele Länder existieren, in denen bereits bei sehr niedrigen Durchschnittseinkommen sehr viele Menschen existieren, die ihr Leben als glücklich bezeichnen (z.B. Indonesien, Vietnam, Tansania), steigt zumindest bei den meisten Ländern mit dem Einkommen zunächst auch das Glücksgefühl (Wilkinson, Pickett 2009: 22).

Vertreter der Nachhaltigen Ökonomie schließen daraus, dass es keine global Nachhaltige Entwicklung ohne wirtschaftliche Entwicklung in den armen Ländern der Welt geben wird. Das schließt für die Entwicklungsländer eine deutliche Erhöhung der materiellen Produktion mit ein. Eine Sicherstellung der Grundbedürfnisse für eine bis 2050 auf 9 bis 11 Mrd. Menschen angewachsene Welt (DSW 2005/03: 4) nur durch Umverteilung ist eine Illusion. Hierfür gibt es in den Industrieländern keinerlei Akzeptanz (zu den Forderung der Dämpfung des Bevölkerungswachstums s. Rogall 2008: 325).

Zweitens: Sind die Grundbedürfnisse erfüllt, steigt die Lebenserwartung nur noch langsam (s. oben). Dieser Zusammenhang ist zwischen Glücksgefühl und höherem Pro-Kopf-Einkommen ebenso deutlich ausgeprägt. Mit steigendem Einkommen steigt in einigen Ländern auch die Lebenszufriedenheit, in vielen anderen Ländern ist dieser Zusammenhang aber nicht mehr gegeben (insbes. den osteuropäischen Transformationsstaaten, Italien, Israel, Deutschland und den USA; Wilkinson, Pickett 2009: 23). Als entscheidende Faktoren der Zufriedenheit werden dann angesehen: Stand der Verteilungsgerechtigkeit (Gesellschaften mit wenig Ungleichheit sind glücklicher als jene mit hoher Ungleichheit), Sicherheit und Art der Erwerbstätigkeit, soziale Kontakte und Anerkennung. Dass materielle Dinge (über den Grundbedürfnissen) nur wenig Einfluss auf das Zufriedenheitsgefühl haben, liegt u. a. daran, dass Menschen sich nur kurzfristig über neue materielle Güter freuen können, sie gewöhnen sich schlicht daran, während Freunde und ein erfüllter Beruf ständig neue Impulse bieten (BUND u.a. 2008: 234).

Weiterhin spielt in den wohlhabenden Industriestaaten weniger die absolute Höhe der Konsumgüterausstattung als vielmehr die relative Höhe die entscheidende Rolle für die Zufriedenheit. Hier kommt es auf die Befriedigung an, die sich aus der Knappheit als solcher ergibt (bzw. dem Status, den der Konsument aus diesem knappen Gut bezieht, Hirsch 1980: 43). Wenn man z.B. Bürger fragt, wie viel Geld ihnen noch zur Zufriedenheit fehlt, nennt der Durchschnitt ein gutes Drittel mehr, als er gerade hat – unabhängig davon, ob das derzeitige Einkommen sehr niedrig oder hoch ist. Ein allgemeiner Anstieg der Einkommen würde an der Zufriedenheit wenig ändern (Heuser 2010: 32), da das Zufriedenheitsgefühl in den Industriestaaten stark von der relativen Position abhängt. Ähnliche empirische Ergebnisse liegen für die USA vor (Hirsch 1980: 164; WI 2005: 163). So führt dieser Wettlauf nach „mehr als die anderen" zu immer größerem Ressourcenverbrauch ohne mehr Zufriedenheit.

Ein weiterer wichtiger Faktor für die Zufriedenheit ist das Gefühl der Befragten, dass ihr Einkommen im Vergleich zu anderen gerecht ist. Nach den neusten Untersuchungen scheint dieses Gefühl einer relativ egalitären Gesellschaft sogar zu den wichtigsten Faktoren der Zufriedenheit zu gehören (Wilkinson, Pickett 2009: 44). So fühlen sich z.B. die Dänen unter den Industrieländern am zufriedensten und haben gleichzeitig eine relativ egalitäre Einkommensverteilung mit einem starken Staat, der hohe Steuern erhebt und damit einen hohen Standard an meritorischen Gütern finanziert (Heuser 2010: 33).

Diese Erkenntnisse müssten eigentlich die Gedankengebäude der Ökonomie revolutionieren, bislang werden aber die überholten Theorien weiter gelehrt (Heuser, Jungbluth 2007/07: 34; Scherhorn 2004: 4).

2. Wachstumskritik: Vier Positionen – Kurzbewertung

Als Zwischenfazit wollen wir festhalten, dass ein dauerhaftes Wachstum der materiellen Güterproduktion, verbunden mit einem steigenden Ressourcenverbrauch (über viele Jahrhunderte), weder ökologisch vertretbar noch wirtschaftlich wahrscheinlich ist. Ökonomen, die diese Position vertreten, können als Wachstumskritiker im weitesten Sinne bezeichnet werden. In der wachstumskritischen Diskussion existieren die unterschiedlichsten Positionen und Schulen, mehr als wir hier erläutern können, daher wollen wir die Positionen modellhaft in vier Richtungen gliedern, die Realität ist von diversen Mischpositionen geprägt.

Übersicht 1: Wachstumskritische Positionen

1. Technikstrategie	Konsequente Effizienzstrategie u. Teile der Konsistenzstrategie können Probleme lösen. Zielkonflikte sind beherrschbar
2. Verzicht auf Wachstum und Verteilung	Wachstumsziele unrealistisch. Lohn- und Verteilungspolitik nicht mehr zeitgemäß. Für die Ausweitung des Niedriglohnsektors und den Abbau des Sozialstaates
3. Steady-State-Economy	Das globale Wirtschaftssystem soll zu einer Gleichgewichtsökonomie mit konstantem o. schrumpfendem BIP umgebaut werden
4. Nachhaltigkeitsparadigma	Bis 2050 soll der globale u. nationale Ressourcenverbrauch mit Hilfe eines „Selektiven Wachstums" (Ausbau u. Abbau) u. den drei Strategiepfaden der Nachhaltigen Ökonomie (Effizienz, Konsistenz, Suffizienz) absolut gesenkt werden (Entwicklung des BIP zweitrangig).

Quelle: Eigene Zusammenstellung 2011.

(1) *Technikstrategie:* Die Vertreter der Technikstrategie gehen davon aus, dass die globalen Probleme des 21. Jh. durch eine konsequente Effizienzstrategie und Teile der Konsistenzstrategie zu lösen sind. Sie gehen weiterhin davon aus, dass Zielkonflikte zwischen Umweltbelastungen und der bisherigen wirtschaftlichen Entwicklung lösbar und beherrschbar sind (Paech 2009/04: 28).

Die Mehrzahl der Vertreter der Nachhaltigen Ökonomie geht davon aus, dass diese Strategie nicht weit genug geht, weil die zu erwartenden Reboundeffekte die notwendige globale Ressourcenminderung (–50% bis 2050) nicht möglich machen würden. Zu dieser kritischen Position ist in den letzten Monaten eine Vielzahl von Veröffentlichungen erschienen, wir wollen besonders die Postwachstumsgesellschaft hervorheben, herausgegeben von Irmi Seidel und Angelika Zahrnt (2010).

(2) *Verzicht auf Wachstum und Verteilung*: In jüngster Zeit ist eine neue wachstumskritische Position entstanden, die die Aufrechterhaltung des Wachstumsziels als unrealistisch ansieht und in diesem Zusammenhang Lohn- und Verteilungspolitik als nicht mehr zeitgemäß abtut. Darüber hinaus sprechen sie sich für die Ausweitung des

Niedriglohnsektors und den Abbau des Sozialstaates aus (Miegel 2010: 179, 190, 193).

Dieser Position von *Miegel* folgen die Vertreter der Nachhaltigen Ökonomie *nicht*. Sie bezeichnen sie als „*Wachstumskritik von rechts*", die bekannte wirtschaftsliberale Positionen aus den 1990er Jahren unter einer neuen Überschrift vertritt:

„In wenigen Jahrzehnten dürfte die Frage, was (...) mit dem Typ von Sozialstaat geschieht, der sich im Laufe des 20. Jahrhunderts (...) herausgebildet hat, nur noch von akademischem Interesse sein. Wie wenig andere ist er (der Sozialstaat) ein Produkt jener Zeit, mit der er erblühte und mit der er jetzt welkt." (Miegel 2010: 200).

In diesem Zusammenhang schreibt *Miegel*:

„Der Sozialstaat ist nicht nur hilfreicher Vater und gütige Mutter. Er ist auch strenger Vormund und mitunter selbst Tyrann, der seine Mündel nicht mündig werden lässt. Diese Chance haben sie jetzt. Der Vormund schwächelt, und Individuen und Gesellschaft werden bald spüren, dass auch dies kein Verlust sein muss, sondern ein Gewinn sein kann. (...) die Menschen können Fähigkeiten und Kräfte nutzen, die bisher weitgehend brachliegen. (...) wahrscheinlich ist, dass sich dann viele Menschen besser fühlen werden als bisher." (Miegel 2010: 205).

Die im Zitat gepriesene Verschärfung der Armut als Chance zur Erhöhung der gesellschaftlichen Kohäsion und Zufriedenheit wird nicht von allen Ökonomen geteilt. Das Ziel der Nachhaltigen Ökonomie bleibt es vielmehr, ausreichend hohe ökologische, ökonomische und sozial-kulturelle Standards in den Grenzen der natürlichen Tragfähigkeit zu schaffen, um so das intra- und intergenerative Gerechtigkeitsprinzip durchzusetzen (Definition einer Nachhaltigen Entwicklung). Gesellschaftliche Solidarität und eine gerechtere Verteilung der Einkommen und Vermögen bleiben vielmehr unverzichtbar (s.a. Möhring-Hesse 2010: 123). Das gilt besonders für Menschen, die kein ausreichendes Erwerbseinkommen beziehen, sondern auf Transfereinkommen angewiesen sind sowie für die Mehrheit der Menschheit, die heute unter erbärmlichen Bedingungen lebt. Wie alle Untersuchungen zeigen, ist der Abbau von Ungleichheit der sicherste Weg zur Verbesserung der Lebensqualität aller Gesellschaftsmitglieder, denn das Ausmaß der Ungleichheit in einer Gesellschaft hat einen entscheidenden Einfluss auf die physische und psychische Gesundheit, die Lebenserwartung, die Zufriedenheit, das soziale Sicherheitsgefühl, und den Bildungsstandard. So ist heute folgender Zusammenhang empirisch erwiesen, je ungleicher eine Gesellschaft ist, umso schlechter ist es tendenziell um die sozialkulturellen Indikatoren der Nachhaltigkeit bestellt (Wilkinson, Pickett 2009: 20, 44).

(3) *Steady-State-Economy:* Hier ist das Ziel, das globale Wirtschaftssystem so schnell wie möglich zu einer *Gleichgewichtsökonomie* mit konstantem oder *schrumpfendem* BIP umzubauen. Ein Teil der wachstumskritischen Autoren fordert eine Gleichgewichts-Ökonomie (Steady-State-Economy), d.h. ein Wirtschaftssystem, das darauf ausgerichtet ist, eine konstante Ausstattung mit materiellen Gütern zu gewährleisten, die für ein „gutes Leben" ausreicht. Dabei sollte die Bevölkerungshöhe möglichst konstant bleiben (Daly 1999). Eine Reihe von Autoren folgt dieser Position, indem sie davon ausgeht, dass eine „nachhaltige Weltwirtschaftsordnung (...) die Abkehr von einer Fortschritts- und Entwicklungsidee voraus(setzt), die auf Wirtschaftswachstum basiert." (attac 2004/10: 17).

Eine Art Brückenposition nimmt die vierte Position ein:

(4) *Wirtschaftliche Entwicklung in den Grenzen der natürlichen Tragfähigkeit:* (von einigen Autoren „*selektives Wachstum*" genannt, ursprünglich Eppler 1981). Sie verfolgt das Ziel innerhalb der kommenden 40 Jahre ausreichend hohe ökologische, ökonomische und sozial-kulturelle Standards für alle Menschen auf der Erde zu erreichen und trotz moderater Wachstumsraten durch einen nachhaltigen Umbau der globalen Volkswirtschaften (Transformation) den globalen und nationalen Ressourcenverbrauch mit Hilfe der drei Strategiepfade der Nachhaltigen Ökonomie (Effizienz, Konsistenz, Suffizienz) global absolut um 50% (national um 80-95%) zu senken und damit die wirtschaftliche Entwicklung der natürlichen Tragfähigkeit unterzuordnen. Eine derartige Entwicklung soll erreicht werden, indem die Rahmenbedingungen mittels politisch-rechtlicher Instrumente geändert werden (Schaffung ökologischer Leitplanken).

Die Vertreter der *Steady-State-Economy* und der *wirtschaftlichen Entwicklung in den Grenzen der natürlichen Tragfähigkeit* vertreten auf lange Sicht die gleichen Ziele, allerdings mit divergierenden Zeitperspektiven. *Unstrittig* ist die Auffassung, dass eine weitere wirtschaftliche Entwicklung nur in den Grenzen der natürlichen Tragfähigkeit erfolgen darf (von anderen auch als ökologische Leitplanken bezeichnet, Hinterberger u.a. 1996: 246).

3. Position der Bevölkerung

Die Menschen in den wohlhabenden Industrieländern vertreten zum Wachstum der Güterausstattung eine *widersprüchliche Haltung*. In einer Befragung durch das Emnid-Institut 2010 erklärten

- 61% der befragten Deutschen, sie glaubten nicht an eine Steigerung der eigenen Lebensqualität infolge eines höheren Wirtschaftswachstums (Bertelsmann-Stiftung 2010/08/19).

- 77% erklärten, dass für sie ein Zuwachs an materiellem Wohlstand weniger wichtig ist als der Schutz der Umwelt für künftige Generationen und der Abbau der öffentlichen Schulden. Werden die Menschen gefragt, was ihnen am wichtigsten für die Lebensqualität ist, stehen Gesundheit, intakte Familie und Partnerschaft an den ersten Stellen, „Geld und Besitz mehren" sind hingegen am unwichtigsten (nur 12% messen ihm eine sehr hohe Wichtigkeit bei; Bertelsmann-Stiftung 2010/08/19).

Gleichzeitig erklärten aber:

- 93% wirtschaftliches Wachstum für „sehr wichtig" bzw. „wichtig" (Bertelsmann-Stiftung 2010/08/19). Diese Untersuchungen werden von anderen unterstrichen. So unterstützten 2007:

- 81% der deutschen Bevölkerung die Forderung nach weiterem wirtschaftlichem Wachstum.

- 73% bejahen die Aussage „Ohne wirtschaftliches Wachstum kann Deutschland nicht überleben" (Miegel 2010: 28).

– Weitere 74% der Befragten vertreten den Standpunkt, „dass wir vor allem ein hohes Wirtschaftswachstum brauchen, um Umwelt- und Klimaschutzfinanzieren zu können" (BMU 2010/11: 20).

4. Mögliche Folgen eines konstanten oder sinkenden BIP

Hintergrund der Forderung nach stetigem wirtschaftlichem Wachstum ist eine Reihe von ökonomischen Problemen, die auftreten können, wenn das gesamtwirtschaftliche Einkommen (das BIP) dauerhaft konstant bleibt oder gar sinkt:

(1) *Stagnation der Einkommen, Erwartungshaltung und Deflation:* Die Einkommen werden nicht mehr gesteigert, was eine allgemeine negative Erwartungshaltung der Gesellschaft zur Folge haben könnte und in der Folge eine Deflation mit sinkenden Preisen und steigender Arbeitslosigkeit. Binswanger spricht vom Wachstumszwang mit einem globalen Mindestwachstum von 1,8%, ohne das die die wirtschaftliche Entwicklung zwingend zu einer „Schrumpfungsspirale" führt (Binswanger 2006: 371) und formuliert: „Stabilität und Nullwachstum sind im heute gegebenen Geldsystem nicht möglich." (2010: 21). Dieser Zusammenhang ist nur über eine Systemtransformation und einen Jahrzehnte dauernden gesellschaftlichen Diskussionsprozess über gesellschaftliche Ziele und Güterkonsum versus Lebensqualität zu lösen, der bereits Heute beginnen muss.

(2) *Steigende Arbeitslosigkeit:* Wird die Produktivität weiter gesteigert, erhöht sich die Arbeitslosigkeit, da die Güter mit weniger Arbeit hergestellt werden. In der wachstumskritischen Diskussion werden als Hauptstrategiepfad für das Arbeitslosenproblem (a) die Senkung der Arbeitszeit und (b) die Einführung eines „Bürgergeldes" („bedingungsloses Grundeinkommen") genannt. Vertreter der Nachhaltigen Ökonomie unterstützen mehrheitlich die Forderung nach Arbeitszeitverkürzung, weisen aber darauf hin, dass ihre Umsetzung bei den Niedriglohnempfängern kaum möglich und bei höher Verdienenden aufgrund des demografisch bedingten Fachkräftemangels begrenzt ist. Reuter führt daher aus unserer Sicht zu Recht in der Postwachstumsgesellschaft aus, dass wir „kurz- und mittelfristig kaum um eine Kombination (…) der beiden Strategien (Arbeitszeit-

verkürzung und Wachstum) herum kommen" (Reuter 2010: 93). Das „bedingungslose Grundeinkommen" beurteilen wir hingegen kritisch (s.a. Ott, Döring 2007: 63, Reuter 2010: 93; Kreutz 2010, s.a. Rogall 2011, Kap. 28.4).

(3) *Standard der meritorischen Güterausstattung stagniert:* Bleibt die Steuerquote gleich, bleiben auch die Staatseinnahmen konstant. Somit kann der Ausstattungsstandard meritorischer Güter nicht steigen (Bildung, soziale Sicherungssysteme und gesundheitliche Vorsorge, Wärmesanierungsprogramme, Umlage nach EEG, Ausbau des öffentlichen Nah- und Fernverkehrs). Eine Nachhaltige Entwicklung benötigt den nachhaltigen Umbau (Transformation) der Industriegesellschaft mit ihrem gesamten Kapitalbestand (Gebäude, Produktionsstätten, Infrastruktur) und Produkten (lang- und kurzlebige Konsumgüter). Von diesen Investitionskosten, für die in jedem großen Industrieland (so auch Deutschland) viele Billionen Euro aufzubringen sind, wird ein Teil von der öffentlichen Hand zu finanzieren sein. Das ist ohne Ausgabenminderungen an anderer Stelle (Subventionsabbau) und Einnahmensteigerung nicht finanzierbar. Mögliche Einkommenserhöhungen im Zuge eines selektiven Wachstums könnten diese Aufgabe erleichtern.

(4) *Kapitalkosten werden drückender:* Zinszahlungen für öffentliche und private Schulden (z.B. Hausbaukredite) können nicht mehr aus den Zuwächsen finanziert werden. Wie die globale Finanz- und Wirtschaftskrise 2008/09 gezeigt hat, kann ein Vertrauensverlust der Kapitalgeber aufgrund negativer Zukunftserwartungen zu hohen „Risikoaufschlägen" bei den Zinskonditionen führen (s. die Situation von Griechenland und Irland 2010). In der Folge können Staatsbankrotte unausweichlich werden.

(5) *Finanzierung des Sozialsystems wird noch schwieriger:*

(a) *Gesundheitssystem:* Steigen die Kosten (aufgrund technischen Fortschritts und demografischen Wandels) wird die Finanzierung immer schwieriger. Studer erläutert in seinem Beitrag über das Gesundheitssystem in einer Postwachstumsgesellschaft die Ursachen für das künftige Wachstum im Gesundheitssektor, denen wir uns anschließen (Studer 2010: 66;). Als Lösungsstrategie empfiehlt er die Einführung einer Patientenkostenbeteiligung, eine Position, die wir bislang eher wirtschaftsliberalen Autoren zugewiesen und abgelehnt haben. Die Forderung nach Unterstützung der Selbstheilungskräfte teilen wir, diese Strategie allein (die insbes. bei der Mittelschicht erfolgversprechend erscheint) kann die zunehmenden Kosten jedoch nicht auffangen.

(b) *Rentensystem:* Ohne eine Steigerung der Einkommen müssen künftig aufgrund des demografischen Wandels entweder (a) immer größere Anteile des Einkommens für die Finanzierung der Renten aufgewendet, (b) die Renten im entsprechenden Umfang gesenkt oder (c) das Renteneintrittsalter deutlich erhöht werden. Höpflinger sieht in der Postwachstumsgesellschaft diese Finanzierungsprobleme bei den Renten, verwirft aber die Lösungsansätze (a) steigende Rentenbeiträge (Widerstände) und (b) sinkende Renten (Altersarmut, höhere Sozialhilfekosten). Er spricht sich für eine Erhöhung des Renteneinstiegsalters aus und sieht hier erstaunlicherweise keine Widerstände voraus. Auch hält er die Finanzierung für möglich, „wenn das Lohnniveau der nächsten Generation ansteigt" (Höpflinger 2010: 56), das nennt man ökonomisch allerdings wirtschaftliches Wachstum. Als einzige Postwachstumsstrategie sieht er „die Ausdehnung der formellen und informellen Lebensarbeitszeit nach oben" (Höpflinger 2010: 60). Diese „neuen Modelle der Lebensarbeitszeit wie auch neue Formen unbezahlter sozialer Arbeit, Eigenarbeit und Selbstständigenerhalt im Alter (...) sollen durch einen sozial-solidarischen (nicht monetären) Generationenvertrag ergänzt werden." (Höpflinger 2010: 60). Deutlicher wird er leider nicht. Ist er so zu verstehen, dass Rentner statt einer auskömmlicher Rente eine Tauschwirtschaft beginnen oder wie in der bäuerlichen Gesellschaft wieder bei ihren Kindern leben und für Brot auf die Enkel aufpassen sollen? Oder meint er etwas anderes?

(6) *Sinkende Bereitschaft zur Zahlung von fairen Preisen und Entwicklungshilfe:* Bei sinkendem Einkommen könnte die Bereitschaft zur Zahlung höherer Preise für Produkte aus Entwicklungsländern und der Zahlung einer höheren Entwicklungshilfe weiter abnehmen.
Die Zahlung von höheren Preisen für Produkte aus den Entwicklungsländern wird wohl nicht der individuellen Zahlungsbereitschaft überlassen bleiben können, sondern hierfür werden Regelungen gefunden werden müssen.

Möhring-Hesse schreibt zur Wachstumsfrage in der Postwachstumsökonomie: „Auch der Verzicht auf Wachstum kann, wie sein Gegenteil, nicht intendiert werden und deshalb kein sinnvolles politisches Ziel sein." (Möhring-Hesse 2010: 121). *Meyer* formuliert hierzu in der gleichen Veröffentlichung: „Eine Begrenzung des Wachstums erscheint in einer kapitalistischen, marktwirtschaftlichen Ordnung (...) schwer denkbar." (Meyer 2010: 168). Das Bruttoinlandsprodukt (BIP) stellt nicht nur die Summe der erzeugten Güter dar, sondern als Kehrseite auch die Summe des erzielten *Volkseinkommens* (Arbeitnehmereinkommen, Kapitaleinkommen und Abschreibungen) in einer Volkswirtschaft. Damit ist die Forderung, auf Wachstum zu verzichten, gleichbedeutend mit der Forderung, die gesamtwirtschaftlichen Einkommen einzufrieren. Diese Forderung genießt aber – selbst in den relativ wohlhabenden Industriestaaten – eine geringe Akzeptanz. Als *Zwischenfazit* halten wir fest, (1) Ein umweltverträgliches Wachstum für die Entwicklungsländer unverzichtbar. Hierbei muss der erhöhte Ressourcenverbrauch durch Reduktion in den Industriestaaten kompensiert werden. (2) Die vergangenen Jahrzehnte zeigen, dass wirtschaftliches Wachstum nicht bedeutet, dass die dargestellten Probleme automatisch zufrieden stellend gelöst werden. (3) Allerdings zeigen sie auch, dass ein kurzfristiger, bewusst herbeigeführter Schrumpfungsprozess des BIP die Lösung der ökonomischen Probleme des 21. Jahrhunderts erschwert.

Vertreter der Steady-State-Ökonomie müssen daher die *Fragen* beantworten, wie ohne eine Steigerung der wirtschaftlichen Leistungsfähigkeit/Einkommen die daraus folgenden ökonomischen Probleme zu lösen wären. Weiterhin, wie die Bevölkerung von einer Strategie bewusst herbeigeführter Einkommenssenkungen überzeugt werden soll, und schließlich, wie dieser „systemsprengende Transformationsprozess" bewerkstelligt werden soll. Sollte das in einer sozial-ökologisch umorientierten Markt- oder Gemischtwirtschaft nicht möglich sein, in welcher Wirtschaftsordnung dann? *Hans Christoph Binswanger*, einer der Vorreiter und Vertreter der Nachhaltigen Ökonomie, fordert die Mässigung des Wachstums, spricht aber gleichzeitig vom „Wachstumszwang" und einer minimalen Wachstumsrate der Weltwirtschaft von etwa 1,8%/Jahr, soll es nicht zu deutlichen Schrumpfungsprozessen mit den damit verbundenen sozialen Belastungen kommen (zum Wachstumszwang Binswanger 2006: 368 und 2010: 21).

In jüngster Zeit ist eine Reihe von Beiträgen veröffentlicht, in denen statt von Steady-State von einer „*Postwachstumsgesellschaft*" gesprochen wird. Ein Teil der Autoren argumentiert im Sinne der vierten Position „wirtschaftliche Entwicklung im Rahmen der natürlichen Tragfähigkeit", ein anderer Teil im Sinne eines „Steady-State". Steady-State-Vertreter halten eine Entkoppelung von Wachstum und Ressourcenverbrauch für nicht möglich („eine Illusion"). Ein Teil dieser Vertreter räumt allerdings ein, dass ein Schrumpfen des BIP „innerhalb der bestehenden ökonomischen und sozialen Strukturen (...) zu Sozialkahlschlag, Verarmung und anderen Begleiterscheinungen kapitalistischer Krisen (führt) und dadurch die Arbeitslosigkeit rapide zunimmt." (Schmelzer, Passadakis 2010/10).

Daly – der als Vater einer Steady-State-Ökonomie bezeichnet wird – argumentiert nicht für ein konstantes BIP, wenn er schreibt:

> „Es ist zu beachten, dass eine Wirtschaft im stationären Zustand nicht im Hinblick auf das Bruttosozialprodukt definiert ist. Eine Wirtschaft im stationären Zustand ist nicht (!) gleichbedeutend mit einem Nullwachstum des Bruttosozialprodukts." (Daly 1999: 53).

Dieser Position von Daly folgen viele Vertreter der Nachhaltigen Ökonomie, die das BIP nicht gezielt abgesenkt sehen wollen. Die Akzeptanz hierfür ist selbst in den relativ wohlhabenden Industriegesellschaften (noch) nicht gegeben, die damit verbundenen Probleme erscheinen zu groß, und viele Menschen in den neuen aufstrebenden Verbrauchsstaaten (z.B. China) sehen in dieser Diskussion den Versuch, ihnen das vorzuenthalten, was ihnen die Menschen in den Industriegesellschaften spätestens seit den 1970er Jahren vorleben. „Die Alternative (zum Wachstumsparadigma) heißt (daher) nicht Nullwachstum" (Müller, Niebert 2009: 99), sondern Nachhaltigkeitsparadigma."

5. Entwicklung innerhalb der natürlichen Tragfähigkeit –
Formel für das nachhaltige Wirtschaften

Bei dem Konzept einer wirtschaftlichen Entwicklung in den Grenzen der natürlichen Tragfähigkeit (von einigen selektives Wachstum genannt) geht es um den nachhaltigen Umbau (Transformation) der globalen Volkswirtschaften, bei dem die heutigen nicht zukunftsfähigen Produkte,

Verfahren und Strukturen durch nachhaltige ersetzt werden. Um die Grenzen der natürlichen Tragfähigkeit bei dieser Entwicklung einhalten zu können, muss die folgende Formel für nachhaltiges Wirtschaften eingehalten werden: Die Steigerung der Ressourcenproduktivität muss ständig größer als die Steigerung des Bruttoinlandsprodukts sein (Rogall 2004: 44), so dass Jahr für Jahr der absolute Ressourcenverbrauch auch bei wirtschaftlichem Wachstum sinkt (sog. absolute Entkoppelung; BUND u. a. 2008: 101). Die unbedingte Einhaltung dieser Formel bezeichnen wir als Nachhaltigkeitsparadigma.

Nachhaltigkeitsformel oder Nachhaltigkeitsparadigma (Rogall 2004: 44)

$$\Delta \text{Ressourcenproduktivität} > \Delta \text{BIP}$$

Ressourcenproduktivität: Die R. drückt das Verhältnis von hergestellter Gütermenge zum Ressourceneinsatz (inkl. Schadstofffreisetzung) aus (z.B. BIP zu Materialverbrauch oder BIP zu Primärenergieverbrauch oder BIP zu CO_2-Emissionen). Damit sagt die Entwicklung der R. etwas darüber aus, wie effizient eine Volkswirtschaft mit den natürlichen Ressourcen umgeht.

Nachhaltigkeitsparadigma: N. bedeutet die Ausrichtung der Politik und Wirtschaft nach den Kriterien der Nachhaltigkeit mit dem Ziel für ausreichend hohe Standards in den Grenzen der natürlichen Tragfähigkeit zu sorgen. Hierfür sieht die Nachhaltige Ökonomie die Einhaltung der Nachhaltigkeitsformel als Essential an. Sie verfolgt also weder das Ziel einer Senkung noch das der Erhöhung des BIP, sondern eine Entwicklung, die die Lebensqualität und Bildung erhöht und dabei den absoluten Ressourcenverbrauch global bis 2050 halbiert.

Die Einhaltung der Nachhaltigkeitsformel – die langfristig für alle Länder gelten und die importierten Güter berücksichtigen muss – könnte in Deutschland das Statistische Bundesamt mittels der Indikatoren der Umweltökonomischen Gesamtrechnung (UGR) überprüfen. Wir empfehlen – im Rahmen eines umfassenden Policy Mix einer neuen Ressourceneffizienzpolitik – einen global wirkenden *Steuerungsmechanismus* einzuführen, der dazu beiträgt, dass bei Nicht-Einhaltung der Formel durch Ressourcenabgaben die Preise für Energie und Rohstoffe um einen angemessenen Prozentsatz real erhöht werden (nach dem Standard-Preis-Ansatz. Durch diese Instrumente könnten auch der zu erwartende Rebound-Effekt und eine zwischenzeitliche Änderung der politischen Prioritäten begrenzt werden. Bei dem Versuch, diese Formel in die Praxis umzusetzen, würde eine *Reihe von offenen Fragen* zu klären sein, die hier aus Platzgründen nur genannt werden können (detailliert Rogall 2011: 344), z.B.: Reicht die Absenkung des absoluten Ressourcenverbrauchs nach dieser Formel aus? Ist eine Reduktion trotz Wachstum überhaupt möglich, muss die Formel global dahingehend verändert werden, dass den Schwellenländern ein gewisses Maß an zusätzlichem Ressourcenverbrauch zugestanden wird, der durch eine stärkere Senkung in den Industrieländern kompensiert wird (Wiegandt 2008: 17)?

Der nachhaltige Umbau der Industriegesellschaft wird insbes. in ausgewählten Strategiefeldern (nachhaltige Energie-, Mobilität-, Produktgestaltungs-, Landwirtschafts-, Wasser-, Gesundheits-, Bildungs- und Wissenschaftspolitik) zunächst *eine deutliche Steigerung der Wertschöpfung und Beschäftigung* sowie eine Senkung der Materialkosten zur Folge haben. Vertreter der Nachhaltigen Ökonomie sprechen in diesem Zusammenhang vom „*grünen*" *Wachstums- und Wohlstandsmodell* (Müller, Hennicke 1994, Kap. 9 und 12), vom globalen *Grünen New Deal* (Müller, Niebert 2009, Weizsäcker 2010) oder von der green Economy (s. Beitrag von Jänicke). So wurde das Weltmarktpotenzial der „Green Tech-Leitbranchen" (Energie, Mobilität, Kreislaufwirtschaft, Materialwirtschaft) 2007 auf 1.400 Mrd. Euro geschätzt, bis 2020 wird ein Anstieg auf 3.100 Mrd. € prognostiziert (BMU 2009). Die Materialkosten im verarbeitenden Gewerbe wurden 2006 mit 754 Mrd. Euro angegeben (Hennicke 2010: 24). Der Materialkostenanteil (incl. Energie und Vorprodukte) im verarbeitenden Gewerbe lag damit in Deutschland mit nahezu 45% deutlich über dem Lohnkostenanteil von ca. 19%. In diesem Transformationsprozess von der heutigen Durchflusswirtschaft zum nachhaltigen Wirtschaften ersetzen Techniken und Strukturen mit geringen gesamtwirtschaftlichen Kosten Systeme mit hohen Kosten.

Als *Zwischenfazit* wollen wir festhalten, dass trotz vieler offener Fragen die Umsetzung der oben genannten Formel des nachhaltigen Wirtschaftens deshalb angestrebt werden solle, weil sie eine robuste Richtung einer wirtschaftlich Nachhaltigen Entwicklung anzeigt. Das traditionelle Ziel des stetigen wirtschaftlichen Wachstums (das sog. Wachstumsparadigma) wird somit aus der Perspektive der Nachhaltigen Ökonomie zu Gunsten eines *Nachhaltigkeitsparadigmas* aufgegeben (BUND u. a. 2008: 113). Nach dieser wirtschaftlichen Entwicklung werden gemäß dem Leitprinzip des selektiven Wachstums einige Sektoren wachsen (z.b. erneuerbare Energien, Bildung und Forschung) und andere schrumpfen (z.b. der Energie- und Ressourcenverbrauch). Entscheidend ist, dass die Abkopplung zwischen Wohlstandsentwicklung und des Ressourcenverbrauchs gelingt und dass der absolute Naturverbrauch sinkt.

6. Ist ein selektives Wachstum möglich?

Meyer schreibt in der Postwachstumsgesellschaft: „Eine Entkoppelung von Wachstum und Ressourcenverbrauch ist möglich, wenn es gelingt, den Einsatz von Ressourcen pro Einheit des Bruttoinlandsprodukts zu reduzieren" (Meyer 2010: 169). Damit schließt er sich Ekins u.a. Autoren an, die Wachstum nicht von vorneherein ausschließen wollen, wenn die ökologischen Grenzen eingehalten werden (Ekins u.a. 2010). Das gilt umso mehr, als bis heute noch nie ernsthaft versucht wurde, den Ressourcenverbrauch mit Hilfe von politisch-rechtlichen Instrumenten konsequent zu verringern.

Andere Autoren widersprechen dieser Position des selektiven Wachstums, sie halten eine absolute Entkopplung des Ressourcenverbrauchs vom wirtschaftlichen Wachstum für unmöglich (z.B. Jackson 2009). Diese Aussage wollen wir an Hand der Deutschen Umweltgesamtrechnung (UGR) überprüfen, hierbei steht die Entwicklung des Ressourcenverbrauchs 1991 bis 2009 im Fokus.

Nachhaltigkeitsparadigma – wirtschaftliches Wachstum 163

Tabelle 2: Einsatz von Umweltressourcen in Deutschland (pro Jahr)

	1960-80*	1981-90*	1991-99	2000-09
1) Primärenergieverbrauch	+3,1%	0%	-0,2%	-0,74%
2) Rohstoffentnahme u. Importe	+2,3%	-1,1%	-0,2%	-0,04%
3) Wasserentnahme	k.A.	k.A.	-1,5%	-1,6%
4) Neue Siedlungs-/Verkehrsfläche	+1,8%	+1,4%	+1,1%	-2,7%
5) Treibhausgase	+1,8%	-1,1%	-1,7%	-1,4%
darunter: CO_2				-1,4%
6) Versauerungsgase**	+0,6%	-7,5%	-4,9%	-2,2%
darunter NO_x				-2,5%
7) Wasserabgabe	k.A.	k.A.	-1,6%	-1,6%
Tendenz	Deutliche Zunahme	Überwiegend Abnahme	Überwiegend Abnahme	Abnahme

* früheres Bundesgebiet, ** 1990er Jahre Schadstoffe, seit 2000 SO_2
Quelle: Statistisches Bundesamt 2000/11: 814, 2007/11: 20, 2010/11a: 25: UGR.

1) Der *Primärenergieverbrauch* (*PEV*) ging insgesamt um 11% zurück, in Jahren mit höherem Wachstum nahm er zwischenzeitlich auch zu (Statistisches Bundesamt 2010/07: 6).

2) Der *Rohstoffverbrauch* (*Rohstoffentnahme und Importe*) *ging seit 1994 um 19,4% zurück* (Ausnahme 1999 und 2006), gleichzeitig ist das BIP um 18,4% gestiegen. Hierbei sind nicht alle Erfolge echte Effizienzsteigerungen, viel höher ist der Beitrag des Strukturwandels der deutschen Wirtschaft (z.B. von der materialintensiven Baubranche und dem Bergbau zu weniger materialintensiven Branchen, insbes. Dienstleistungen (Statistisches Bundesamt 2010/07: 9 und 2010/11b: 7). Gegen die Erfolge wird eingewendet, dass Deutschland zunehmend Vorprodukte importiert, deren ökologische Rucksäcke im Ausland bleiben (pro Kilogramm importierter Güter ca. 5 Kilogramm). Hiergegen ist einzuwenden, dass die ökologischen Rucksäcke der Exporte abgezogen werden müssen (pro Kilogramm ausgeführter Waren ca. 6 Kilogramm Rohstoffe). Das Statis-

tische Bundesamt kommt zu dem Fazit, dass der inländische Materialverbrauch, einschließlich direkter und indirekter Im- und Exporte, zwischen 2000 und 2008 um insgesamt 18,5% abgenommen hat (Statistisches Bundesamt 2010/11b: 14).

3) Die Wasserentnahme geht seit den 1990er Jahren (davor keine Daten) im Durchschnitt etwa um 1,5% pro Jahr zurück.

4) Die Neuinanspruchnahme von Flächen als Siedlungs- und Verkehrsflächen sank von 120 ha (1993) auf 95 ha pro Tag (Statistisches Bundesamt 2010/07).

5) Die Treibhausgasemissionen gingen um 29 % zurück (1990 bis 2009): Die stärksten Reduktionen konnten 1990 bis 1994 und 2009 erzielt werden, das ist nicht weiter verwunderlich. Aber auch in den Jahren 1997 bis 2005 und seit 2007 gingen die THG-Emissionen deutlich zurück (Statistisches Bundesamt 2010/07: 10).

6) Die Emission der Versauerungsgase ging sehr deutlich zurück.

7) Auch die Wasserabgabe ging zurück.

Als *Zwischenfazit* halten wir fest, dass die Nachhaltigkeitsformel für alle Indikatoren der UGR eingehalten werden konnte. Eine Senkung des Ressourcenverbrauchs ist also auch bei einem (allerdings nur moderaten) Wachstum möglich (durchschnittlich 1,7% pro Jahr, 1990-2008). Diese Aussage wird durch eine Studie des Wuppertal-Institut bestätigt, die zu dem Ergebnis kommt, dass trotz des Reboundeffektes durch politisch-rechtliche Instrumente eine absolute Abkopplung erreicht werden kann (Distelkamp 2010: 49). Dennoch ist die erzielte Reduktion noch nicht ausreichend. Bei gleichbleibender Entwicklung können die Minderungsziele nicht erreicht werden. Auch stammen Teile des Erfolgs aus Sondereffekten die nicht beliebig wiederholbar sind (Zusammenbruch der besonders ineffizienten Industrie in den neuen Bundesländern nach der Wende, die globale Finanz- und Wirtschaftskrise 2008/09). Daher halten wir bei verstärktem Einsatz politisch-rechtlicher Instrumente, moderater Wachstumsraten und der konsequenten Umsetzung der drei Strategiepfade die Formel für nachhaltiges Wirtschaften für eine bestimmte Zeit (nicht für immer) für einhaltbar.

7. Strategiepfade des Nachhaltigkeitsparadigmas

Die Befürworter des Nachhaltigkeitsparadigmas müssen die Frage beantworten können, wie sichergestellt werden kann, dass ausreichend hohe ökologische, ökonomische und sozial-kulturelle Standards innerhalb der Grenzen der natürlichen Tragfähigkeit erreicht (Definition der Nachhaltigen Entwicklung) und die Nachhaltigkeitsformel eingehalten werden kann. In der Vergangenheit hat es einzelne Vorschläge gegeben, die dieses Ziel mit Maßnahmen verfolgten, die eine sehr starke Einschränkung der Handlungsfreiheit der Wirtschaftsakteure bedeutet hätten (z.b. Harich 1975: 39, 63 und 139; Gruhl 1975: 307).

Es ist zwar nicht ausgeschlossen, dass die Menschheit eines Tages keinen anderen Ausweg mehr sieht, wenn die Umweltprobleme weiter dramatisch zunehmen, für den absehbaren Zeitraum der kommenden 20 bis 30 Jahre erscheinen hingegen drei mittelfristig angelegte und konsequent umgesetzte Strategiepfade (Effizienz, Konsistenz, Suffizienz) der starken Nachhaltigkeit noch möglich. Mittels eines politisch-rechtlichen Instrumentenbündels („Policy Mix") sollen die globalen Volkswirtschaften so umgebaut werden, dass der absolute Ressourcenverbrauch Jahr für Jahr zurückgeht. Hierdurch könnten wirtschaftliche und sozial-kulturelle Brüche verhindert und die Handlungsfreiheit von heutigen und künftigen Generationen (z.b. in einer menschenwürdigen Umwelt zu leben) gesichert werden.

Für diese *nachhaltige Umgestaltung (Transformation) der Volkswirtschaften* reicht kein einzelnes Instrument oder einzelne Maßnahme aus. Eine nachhaltige Wirtschaftsweise verlangt bis 2050 die Reduktion der Stoffströme der Industriestaaten um 80 bis 90% und eine Reduktion der THG-Emissionen um 80 bis 95% bzw. den vollständigen Ausstieg aus der fossilen Energiewirtschaft bis 2050 (WBGU 2009/07). Diese Ziele haben aber nur bei Ausschöpfung aller Nachhaltigkeitsstrategien Aussicht auf Erfolg (Deutscher Bundestag 2002/07). Hierbei sind die *Strategiepfade einer Nachhaltigen Entwicklung* (Ökonomie) konsequent umzusetzen (detailliert anhand ausgewählter Handlungs-/Strategiefelder, Weizsäcker 1995 und 2010, Rogall 2009, Kap. 10 bis 12). Die Unterteilung erfolgt aus didaktischen Gründen, in der Realität gehören die drei Strategiepfade zusammen und bilden letztlich eine Einheit (Müller, Niebert 2009: 25). Z.B. existiert eine Reihe von Überschneidungen, so kann die verstärkte Nutzung des Fahrrads als ein Teil der Konsistenz- wie der

Suffizienzstrategie angesehen werden, auch sind Null- oder Plusenergiehäuser nur unter Einsatz der Effizienz- und Konsistenzstrategie möglich. Im Zentrum aller Strategien steht die Leitidee, die Lebensqualität aller Menschen mit einer stetig abnehmenden Menge an natürlichen Ressourcen zu steigern (Sachs 2002: 49).

Vertreter der Nachhaltigen Ökonomie gehen davon aus, dass die Industriegesellschaft parallel zur konsequenten Umsetzung der Effizienz- und Konsistenzstrategie einen kulturellen Wandel ihrer Ziele und Werte (ihres Entwicklungsmodells) vollziehen muss, weil die notwendigen Reduktionsziele nicht durch Effizienz- und Konsistenzstrategie zu erreichen sind, wenn gleichzeitig eine nennenswerte stetige Steigerung des BIP stattfindet (z.B. bis zum Ende des Jahrhunderts). Daher kommt die Menschheit aus ihrer Sicht auf mittlere Sicht nicht an der Suffizienzstrategie vorbei, weil schon die heute als „normal" angesehenen Lebensstile in den Industriestaaten für die bald 9 Mrd. Menschen nicht zukunftsfähig sind (zum Problem des Naturverbrauchs beim „normalen" Konsum; siehe Rogall 2009, Kap. 5.5). Das läuft darauf hinaus, dass zunächst eine Strategie der Erhöhung der Lebensqualität durch Senkung von gesundheitsbelastendem Konsum verfolgt wird (Stichworte: natürlichere Lebensstile wie Wasser aus der Wasserleitung, Begrenzung von Klimaanlagenleistung sowie des Fleisch-, Zucker- und Fettgenusses, u.v.a.m.; Weizsäcker 2010: 358) und dann die Summe der Konsumgüter in den Industriestaaten allmählich nicht mehr zunimmt. Neue Produkte dienen dann nur noch dem Ersatz alter Produkte, die ressourcenintensiver waren. Daraus folgt, dass die Wirtschaftspolitik die Zeit, die durch die Effizienz- und Konsistenzstrategie gewonnen wurde, nutzen muss, um Konzepte zu entwickeln, wie die wichtigsten gesellschaftlichen Ziele später auch ohne wirtschaftliches Wachstum erreicht werden könnten. Das setzt allerdings einen kulturellen Wandel voraus, einen Wandel, der auch das Wachstumsparadigma der traditionellen Wirtschaftswissenschaften durch ein Nachhaltigkeitsparadigma ersetzt, damit künftige Wirtschaftswissenschaftler die Chance für ein nachhaltiges Denken erhalten, mit dem sie die Probleme das 21. Jh. angehen können. Alle Befürworter des allmählichen Ausstiegs aus dem Wachstumszwang müssen sich aber im Klaren darüber sein, dass dies eine vollständige Umgestaltung der Grundprinzipien und eine Abkehr von der kapitalistischen Marktwirtschaft zu einer nachhaltigen Marktwirtschaft bedeutet. Einer nachhaltigen Marktwirtschaft, in der viele zentrale Grundelemente einer Marktwirtschaft erhalten bleiben, allerdings die sozial-ökologischen Leitplanken die ökonomische Entwicklung weit deutlicher beeinflussen als heute. Ein Prozess, der zweifellos nur in Jahrzehnten zu bewerkstelligen ist (Binswanger 2006: 375) und dessen sozioökonomische Transformationsprozesse noch keineswegs alle verstanden haben, sie geschweige denn zum Thema eines breiten gesellschaftlichen Diskurses geworden sind.

8. Rückkehr der Politik

Die dargestellten Strategiepfade können in dem zur Verfügung stehenden begrenzten Transformationszeitraum durch ungesteuerte Marktprozesse nicht konsequent genug erfolgen, hierfür sind die vorherrschenden sozialökonomischen Faktoren, Pfadabhängigkeiten (z.b. von fossilen Energieträgern) und ökonomischen Machtstrukturen (z.b. auf den Energiemärkten) zu wirkungsmächtig (Rogall 2009, Kap. 2 und 7; Hennicke 2010: 22). Vielmehr bedürfen sie der Änderung der Rahmenbedingungen durch politisch-rechtliche Instrumente (Rogall 2009, Kap. 7). Hierzu ist auch der Druck der Bürgergesellschaft durch NGOs sowie durch neue Bündnisse zwischen Zivilgesellschaft, Politik und gesellschaftlich verantwortlich wirtschaftenden Unternehmen unerlässlich (z.B. Stichwort Apo 2.0, Leggewie, Welzer 2010: 225). Hierbei ist wichtig zu betonen, dass durch die Einführung von politisch-rechtlichen Instrumenten („nachhaltigen Leitplanken") die Freiheit gegenwärtiger und künftiger Generationen nicht etwa beschränkt oder gar beseitigt werden soll. Vielmehr bedeuten die Erhaltung und – so weit möglich – Verbesserung von Umweltbedingungen eine Sicherung von Gemeingütern („global commons" oder meritorischen Gütern), die die Naturgrundlage für kollektive Freiheitsrechte darstellen.

Zusammenfassung und Fazit

Die Mehrzahl der Wirtschaftspolitiker fordert immer noch ständige Wachstumsraten von 4% pro Jahr, ein derartiges stetiges Wachstum ist dauerhaft aber *nicht möglich*. Andererseits treten ohne eine wirtschaftliche Entwicklung (im Sinne eines selektiven Wachstums) viele wirtschaftliche Probleme auf.

Wir empfehlen daher, auf absehbare Zeit eine wirtschaftliche Entwicklung in den Grenzen der natürlichen Tragfähigkeit, die ausreichend hohe ökonomische, ökologische und sozial-kulturelle Standards im Rahmen des Umweltraumes für alle Menschen anstrebt.

Um ein derartiges selektives Wachstum zu erreichen, halten wir die Einhaltung der Formel für eine Nachhaltige Ökonomie für notwendig (ΔRessourcenproduktivität > ΔBIP). Die Einhaltung dieser Formel ist nur durch eine konsequente Umsetzung der Nachhaltigkeitsstrategien: Effizienz, Konsistenz und Suffizienz zu gewährleisten, die eine aktive Politik der Akteure notwendig macht. Die daraus folgende absolute Entkopplung des Ressourcenverbrauchs von der Steigerung des BIP kann die Halbierung des globalen Ressourcenverbrauchs (80 bis 95%ige Reduktion in den Industriestaaten) bis 2050 erreichen. Trotzdem muss die Wirtschaftspolitik auf lange Sicht Konzepte entwickeln, wie die wichtigsten gesellschaftlichen Ziele auch ohne wirtschaftliches Wachstum erreicht werden könnten.

Als Fazit halten wir fest, dass ein exponentielles Wachstum des *Ressourcenverbrauchs* weder wünschenswert noch dauerhaft möglich ist. Nur ein nachhaltiger Umbau der Volkswirtschaften, ein neuer naturschonender Wachstums- und Entwicklungstyp in den Schwellen- und Entwicklungsländern und die zur Verfügungsstellung nachhaltigerer Produkte und Techniken zeigen eine zukunftsfähige Perspektive auf. Das Nachhaltigkeitsparadigma (selektives Wachstum) läuft hierbei auf einen Transformationsprozess hinaus, indem einige Sektoren deutlich ausgebaut werden, andere Sektoren aber im Volumen abnehmen müssen. Ob durch diesen Transformationsprozess im Saldo das BIP moderat steigt oder sinkt, ist nicht sicher und weniger wichtig, da die Realeinkommen durch die Kostensenkungen für eine bestimmte Zeit weiter steigen.

Literatur

Attac (2004/10): Diskussionen in Attac Deutschland zu einer Alternativen Weltwirtschaftsordnung, Verabschiedet vom Attac-Ratschlag. (http://www.attac.de/awwo/diskussionspapier/041031/awwo-041031b.pdf.)

Bertelsmann Stiftung (2010/08/19): Bürger wollen kein Wachstum um jeden Preis, Untersuchung von Emnid: online: http://www.bertelsmannstiftung.de/bst/de/media/xcms_bst_dms_ 32005_32006_2.pdf

Binswanger, H. C. (2006): Die Wachstumsspirale, Marburg.

Binswanger, H. Ch. (2010): Vorwärts zur Mäßigung, 2. Auflage, Hamburg.

Blume, G. (2007/10): Die rot-grüne Diktatur, in: Die Zeit, Nr. 42, 11.10.2007: 20.

BMAS (1992): Statistisches Taschenbuch 1992, Arbeits- und Sozialstatistik, Bonn.

BMAS (2010):Statistisches Taschenbuch: Arbeits- und Sozialstatistik.

BMU (2009): GreenTech made in Germany 2.0 – Umwelttechnologie-Atlas für Deutschland, München.

BMU (2010/11): Umweltbewusstsein in Deutschland 2010 – Ergebnisse einer repräsentativen Bevölkerungsumfrage, Broschüre.

BUND; Brot für die Welt (2008, Hrsg.): Zukunftsfähiges Deutschland in einer globalisierten Welt. Studie des Wuppertal Institutes für Klima, Umwelt, Energie, Frankfurt a.M.

Daly, H. (1999): Wirtschaft jenseits vom Wachstum – Die Volkswirtschaftslehre nachhaltiger Entwicklung, Salzburg, München, original: Beyond Growth, The Economics of sustainable Development, Boston 1996.

Deutscher Bundestag (2002/07): Endbericht der Enquete-Kommission Nachhaltige Energieversorgung unter den Bedingungen der Globalisierung und der Liberalisierung, BT-Drs. 14/9400 vom 07.07.2002.

Distelkamp, M. u.a. (2010): Quantitative und qualitative Analyse der ökonomischen Effekte einer forcierten Ressourceneffzienzstrategie. Abschlussbericht zu AS5.2 und AS5.3 Ressourceneffizienzpaper 5.5, Wuppertal Institut.

Dullien, S.; Herr, H. Kellermann (2009) Der gute Kapitalismus, Bielefeld.

DSW (2005/03) – Deutsche Stiftung Weltbevölkerung: Wieviele Menschen werden in der Zukunft auf der Erde leben?, Broschüre, Hannover.

Ekins, P.; Meyer, B. Scheelhaase, J. (2010): Reducing Resource Consumption. A Proposal for global Resource and Environmental Policy, in: Lehmann, H. (Hrsg.) Factor X: Strategies and Instruments for a Sustainable Resource Use, Berlin.

Eppler, E. (1981): Wege aus der Gefahr, Reinbek.

Grossekettler, H. u. a. (2008): Volkswirtschaftlehre, 2. Auflage, Konstanz.

Gruhl, H. (1975): Ein Planet wird geplündert, Frankfurt a.M.

Harich, W. (1975): Kommunismus ohne Wachstum?, Reinbek

Heuser, U. J. (2010): Ökonomie des Glücks, in FES (Hrsg.): Neue Gesellschaft, Frankfurter Hefte Nr. 11/2010.

Heuser, U. J.; Jungbluth, R. (2007/07): Schneller? Reicher? Glücklicher! in: Die Zeit, Nr. 28, 5.7.2007: 21.

Hinterberger F., Luks, F., Stewen, M. (1996): Ökologische Wirtschaftspolitik – Zwischen Ökodiktatur und Umweltkatastrophe, Berlin.

Hirsch, F. (1980): Die sozialen Grenzen des Wachstums, Reinbek, original: (1976) Social Limits of Groth, Harvard University Press, Cambridge, Massachusetts.

Höpflinger, F. (2010): Alterssicherungssysteme: doppelte Herausforderung von demografischer Alterung und Postwachstum, in: Seidl, I.; Zahrnt, A. (2010): Postwachstumsgesellschaft, Marburg.

IPCC (2007): 4. Sachstandsbericht des IPCC III. Verminderung des Klimawandels, Kurzzusammenfassung, herausgegeben vom BMU, IPCC deutsche Koordinierungsstelle und BMBF vom 04.05.2007, online: http://www.bmu.de/files/pdfs/allgemein/application/pdf/ipcc_teil3_kurzfassung.pdf.

Jackson, T. (2009): Prosperity without Growth. Economics for a Finite Planet, London.

Kreutz, D. (2010): Bedingungslose Freiheit? Warum die Grundeinkommensdebatte den Freunden des Kapitalismus in die Hände spielt, in: Blätter für deutsche und internationale Politik, Nr. 4, 65-77.

Leggewie, C.; Welzer, H (2010): Das Ende der Welt, wie wir sie kannten: Klima, Zukunft und die Chancen der Demokratie

Lehmann-Waffenschmidt, M. (2006): Innovationen und Nachhaltige Entwicklung aus volkswirtschaftlich evolutorischer Perspektive, in: Priem, R.; u. a. (2006): Innovationen für eine nachhaltige Entwicklung, Wiesbaden.

Meyer, B. (2010): Ressourceneffiziente Wirtschaftsentwicklung, in: Seidl, I.; Zahrnt, A. (2010): Postwachstumsgesellschaft, Marburg.

Miegel, M (2010): Exit – Wohlstand ohne Wachstum, Berlin.

Möhring-Hesse, M. (2010):Warum die Verteilung Gerechtigkeit, nicht aber Wachstum braucht; in: Seidl, I.; Zahrnt, A. (2010): Postwachstumsgesellschaft, Marburg.

Müller, M. Niebert, K. (2009): Epochen Wechsel, Plädoyer für einen grünen New Deal, München.

Müller, M.; Hennicke, P. (1994): Wohlstand durch Vermeiden, Darmstadt.

Ott, K.; Döring, R. (2007): Soziale Nachhaltigkeit: Suffizienz zwischen Lebensstilen und politischer Ökonomie, in: Beckenbach, F. u.a. (2007) (Hrsg.): Soziale Nachhaltigkeit, Jahrbuch Ökologische Ökonomik, Marburg.

Paech, N. (2009/04): Postwachstumsökonomie – ein Vademecum, in Zeitschrift für Sozialökonomie, Folge 160-161, April 2009.

Reuter, N. (2010): Der Arbeitsmarkt im Spannungsfeld von Wachstum, Ökologie und Verteilung, in: Seidl, I.; Zahrnt, A. (2010): Postwachstumsgesellschaft, Marburg.

Rogall, H. (2004): Ökonomie der Nachhaltigkeit – Handlungsfelder für Politik und Wirtschaft, Wiesbaden.

Rogall, H. (2008): Ökologische Ökonomie – Eine Einführung, Wiesbaden.

Rogall, H. (2009): Nachhaltige Ökonomie, Marburg.

Rogall, H. (2011): Grundlagen einer nachhaltigen Wirtschaftslehre, Volkswirtschaftslehre für Studierende des 21. Jahrhunderts, Marburg.

Sachs, W. (2002): Die zwei Gesichter der Ressourcenproduktivität, in: WI (Hrsg.): Von nichts zuviel – Suffizienz gehört zur Zukunftsfähigkeit, Wuppertal Papers Nr. 125.

Scherhorn, G. (2004): Wertorientierung, Lebensstil und Lebenslage – Chancen und Grenzen individueller Nachhaltigkeit, Überarbeiteter Vortrag am 16.10.2004.

Schmelzer, M.; Passadakis, A. (2010/10): Postwachstum in Bewegung, Beitrag von Attac; http://postwachstum.net/2010/10/06/postwachstum-12-fluchtlinien-einer-solidarischen-okonomie-jenseits-des-wachstums/

Seidl, I.; Zahrnt, A. (2010): Postwachstumsgesellschaft, Marburg.

Statistisches Bundesamt (2000/11): Wirtschaft und Statistik Nr. 11/2000, Bericht zu den umweltökonomischen Gesamtrechnungen 2000.

Statistisches Bundesamt (2010/07): Nachhaltige Entwicklung in Deutschland, Indikatorenbericht 2010, Broschüre, Wiesbaden.

Statistisches Bundesamt (2010/11b): Rohstoffeffizienz: Wirtschaft entlasten, Umwelt schonen, online:http://www.destatis.de/jetspeed/portal/cms/Sites/destatis/Internet/DE/Presse/pk/2010/ugr/pressebroschuere__ugr,property=file.pdf

Statistisches Bundesamt (2011/01): Deutsche Wirtschaft 2010: Rasanter Aufschwung nach der Krise, Pressemitteilung Nr. 10 vom 12.1.2011.

Stern, N. (2006): The Economics of Climate Change – The Stern ReviewCambridge.

Studer, H. P. (2010): Gesundheitswesen als kosteneffizientes Solidarsystem mit Eigenverantwortung, in: Seidl, I.; Zahrnt, A. (2010): Postwachstumsgesellschaft, Marburg.

Wallich, H. C. (1972): Zero Growth, Newsweek, 24.1.1972, zitiert aus Wilkinson, R.; Pickett, K. (2009): Gleichheit ist Glück, Berlin: 253.

WBGU (2009): Wissenschaftlicher Beirat der Bundesregierung Globale Umweltveränderungen: Welt im Wandel-Zukunftsfähige Bioenergie und nachhaltige Landnutzung, Hauptgutachten, Berlin.

Weizsäcker, E.U. v. (1995): Faktor Vier, doppelter Wohlstand, halbiert Naturverbrauch, München.

Weizsäcker, E.U. v. (2010): Faktor 5, München

WI (2005) – Wuppertal Institut für Klima, Umwelt und Energie: Fair future, Bonn.

Wiegandt, K. (2008): Handeln – aus Einsicht und Verantwortung, Vorwort in: Meyer, B. (2008): Wie muss die Wirtschaft umgebaut werden?, Perspektiven einer nachhaltigeren Entwicklung, Frankfurt a.M.

Wilkinson, R.; Pickett, K. (2009): Gleichheit ist Glück – Warum gerechte Gesellschaften für alle besser sind, Frankfurt a.M.

Yue, P. (2005): Das Wunder ist bald zu Ende, Interview in: Der Spiegel Nr. 10/2005.

Teil 3: Ethik und Menschenbild

Felix Ekardt

Ethische Fragen einer Nachhaltigen Ökonomie

Abstract

Der Beitrag entwickelt eine Kritik an zentralen Hintergrundannahmen der ökonomischen, teilweise aber zugleich der politologisch-soziologischen Theoriebildung am Beispiel Klimawandel und einen Ansatz, was unter der geplanten Berücksichtigung von „Ethik" im Fünften IPCC-Sachstandsbericht verstanden werden sollte. Der Ansatz ergänzt freilich das Effizienzdenken nicht, welches bisher die praktischen Vorschläge des IPCC dominiert, sondern ersetzt es eher – bzw. gibt ihm einen nur noch begrenzten Rahmen in einer juristisch-ethischen „Hülle". Denn es zeigt sich, dass die Kosten-Nutzen-Analysen, mit denen Ökonomen und das IPCC die optimale Klimapolitik mehr oder minder „ausrechnen" möchten (entsprechend der neoklassischen Ökonomik), die für sich behauptete Rationalität letztlich nicht einlösen können, weil – trotz aller Verdienste – unzutreffende oder substanziell unvollständige normative und deskriptive Annahmen in ihre Berechnungen für „Effizienz" in der Klimapolitik eingehen. Dabei kommen auch einige wenig geläufige Einwände gegen die Kosten-Nutzen-Analyse zur Sprache. Ethik ist bei alledem weder in ihrer Begründung „vage", noch ist sie „der Mehrheitswille", noch „etwas anderes als die Effizienz- bzw. Präferenztheorie" – die vielmehr selbst eine (nicht überzeugende) Ethik ist.

Problemstellung

Wissenschaft ist die methodische, rationale und zweckfreie Form der Wahrheits- bzw. Gerechtigkeitssuche. Sollen Fakten objektiv erhoben werden, spricht man von Wahrheit, sollen Normen objektiv begründet werden, spricht man von Gerechtigkeit. Eine wesentliche Rolle in beiderlei Hinsicht hat sich in der Nachhaltigkeitsdebatte zuletzt die Ökonomik[1] erarbeitet, die etwa durch Nicholas Stern auch maßgeblich und verdienstvoller Weise z.b. das Klimaproblem öffentlich bekannt gemacht hat. Der vorliegende Beitrag beschäftigt sich mit ethischen Hintergrundproblemen (insbesondere) der Neoklassik und wählt dafür aus Gründen der Aktualität das Beispiel der Klimaökonomik. Gegenstand der Klimaökonomik z.b. ist das Errechnen optimaler Klimapolitik-Pfade; dies liegt so auch den wirtschaftswissenschaftlichen Anteilen an den IPCC-Berichten zugrunde. Dafür werden die drohenden Klimawandelschäden sowie die (zumeist) in Geldwerte übersetzten allgemeinen Vor- und Nachteile möglicher klimapolitischer Schritte in ein Verhältnis zueinander gesetzt. Drohende Klimaschäden, Klimapolitik-Kosten und in Geldwerte übersetzte Klimapolitik-Vorteile werden in der Wirtschaftswissenschaft also gemeinhin saldiert, um auf diesem Wege einen optimalen Klimaschutzpfad angeben zu können.[2] Zugrunde liegt der Gedanke der Effizienz. Diese traditionelle wohlfahrtsökonomische Kosten-Nutzen-Methode hat jedoch ein grundlegendes Problem. „Klare Zahlen" in der Ökonomik (und hier im IPCC) mögen zwar vielen Politikern und Medienvertretern entgegenkommen und attraktiv erscheinen. Hinter scheinbar „klaren Zahlen" verbergen sich indes verdeckte Annahmen über Fakten und Wertungen. Sind diese Annahmen falsch oder zweifelhaft, sind auch die Zahlen wertlos und eine letztlich nicht einlösbare Objektivitäts-Suggestion. Nebenbei kritisiert der vorliegende Beitrag damit die unter Wirtschafts- und Naturwissenschaftlern gängige Beschränkung des Begriffs „Wissenschaft" auf (a) scheinbar empirische Aussagen und (b) speziell quantifizierbar-zahlenförmige Aussagen.

---

[1] Gemeint ist die Wirtschaftswissenschaft, also nicht die Wirtschaft/Ökonomie als solche.

[2] Exemplarisch Posner 1986: 85 ff.; Nordhaus 2008: 5.

Die problematischen deskriptiven Annahmen der Klimaökonomik wurden andernorts analysiert.[3] Wichtige Ergebnisse dieser Analyse waren, (a) dass die Klimaökonomik die drohenden Klimaschäden meist unterschätzt (etwa im Hinblick auf drohende Ressourcenkriege), (b) dass die Integration unsicherer künftiger Ereignisse in Kosten-Nutzen-Analysen zu Friktionen führt und (c) dass die Unmöglichkeit grenzenlosen Wachstums in einer physikalisch endlichen Welt übergangen wird. Gezeigt wurde auch, dass die bisherige Klimapolitik kein Erfolg war. Statt der von Naturwissenschaftlern – will man riesige Klimaschäden, Millionen Tote und Ressourcenkriege halbwegs sicher abwenden – geforderten globalen (!) Treibhausgasausstoß-Reduktion von etwa 80 % sind die Emissionen global seit 1990 um etwa 40 % gestiegen. Der vorliegende Beitrag handelt jedoch nicht von diesen problematischen Tatsachen-Hintergrundannahmen, sondern von den normativen Hintergrundannahmen der Neoklassik und ihrer Ersetzung durch eine Nachhaltigkeitsethik, an die eine nachhaltige Ökonomik anknüpfen kann. Warum sollten uns künftige Generationen und Menschen in anderen Ländern (die die Hauptopfer z.B. des Klimawandels sein werden, obwohl sie nicht seine Hauptverursacher sind) interessieren? Warum überlassen wir nicht alles den faktischen Konsumenten-Präferenzen, wie dies die gängige Entscheidungstheorie neoklassischer Ökonomen zu suggerieren versucht?

Der Kern einer Nachhaltigkeitsethik

Man gelangt damit zu einer nicht naturwissenschaftlichen, sondern normativen Frage, also einer Sollens- bzw. Wertungsfrage: Inwieweit sollen bestimmte (unsichere, ggf. allerdings drastische) negative und irreversible Folgen, ggf. nach einer Abwägung mit Gegenwartsinteressen, abgewendet oder hingenommen werden? Denn aus einer Naturbeobachtung als solcher folgt nicht logisch, dass diese Beobachtung zu begrüßen oder zu kritisieren ist; auch dieser Basis-Umstand ist in der wirtschafts- und naturwissenschaftlichen Debatte oft nicht hinreichend präsent. Damit ist man im Bereich der Ethik bzw. Gerechtigkeitstheorie (die Begriffe werden hier synonym verwendet). Es soll im Folgenden gezeigt werden, dass in die klimaökonomischen Modelle nicht nur angreifbare deskriptive

---

[3] Siehe Ekardt 2010.

(s.o.), sondern auch angreifbare normative, ethische Annahmen eingehen. Allerdings würden sehr viele Ökonomen bestreiten, dass ihr Fach mit Ethik überhaupt etwas zu tun hat, wenn Kosten-Nutzen-Berechnungen bzw. die „Effizienz" bestimmter möglicher klimapolitischer Pfade untersucht werden.[4] Man wird im Folgenden sehen, dass dies jedoch unzutreffend sein dürfte.

Wir müssen dafür etwas allgemeiner ansetzen. Führen wir einmal folgende These ein: Gerecht ist eine Gesellschaft dann, wenn in ihr jeder nach eigenen Vorstellungen leben kann und alle anderen das auch können – wenn also jeder gleichermaßen (!) ein so bezeichenbares Recht auf Freiheit hat und Freiheitskonflikte gewaltenteilig-demokratisch gelöst werden. Gerecht wäre menschliches Zusammenleben dann, wenn es die Menschenrechte auf Freiheit einschließlich der elementaren Freiheitsvoraussetzungen sowie bestimmte die Freiheit unterstützende sonstige Arrangements („weitere Freiheitsvoraussetzungen") optimal verwirklicht, einschließlich der ständig nötigen abwägenden Konfliktlösung zwischen den kollidierenden Freiheitssphären. Die nachfolgenden Überlegungen werden kurz zu zeigen versuchen, dass dies das einzige nötige und mögliche Gerechtigkeitskriterium ist, wenn man es nur richtig interpretiert. Nicht weiter vertieft wird hier, dass sich bei richtiger (Neu-) Interpretation liberal-demokratischer Rechtsordnungen in allen folgenden Aussagen eine Deckung zwischen genuin ethischer und juristischer Perspektive ergibt; denn die Menschenrechte sind Gegenstand völkerrechtlicher Verträge und nationaler Verfassungen.[5] Das Recht auf Freiheit bezeichnet man häufig auch als die Menschenrechte, wobei wir es auf allgemeine Handlungsfreiheit, Versammlungsfreiheit, Berufsfreiheit, Eigentumsfreiheit, Religionsfreiheit, Meinungsfreiheit etc. aufspalten können. Dabei[6] wird indes der Schutz der elementaren Freiheitsvoraussetzungen

---

[4] Exemplarisch hierfür Nordhaus 2008: 175 f.; Böhringer, Welsch 2009: 261 ff.

[5] Wobei die Ethik die Grundprinzipien liberaler Demokratie nicht nur parallel zum Recht ausbilden, sondern auch begründen und dem Recht damit ein Fundament verschaffen kann, wie im Folgenden gezeigt wird; zum Verhältnis von Recht und Ethik näher Ekardt 2010b, § 1 A. (Recht kombiniert stets normative und instrumentelle Rationalität).

[6] Inhaltlich hat diese Aufspaltung letztlich keine Bedeutung – außer die, dass der Gesetzgeber der Grundrechtskataloge die Abwägung kollidierender Freiheiten (dazu unten Abschnitt 5.7) teilweise schon etwas vorstrukturiert hat, indem er in den

wie Leben, Gesundheit und Existenzminimum (und damit z.b. eines basalen Zugangs zu Energie, aber auch eines hinreichend stabilen Globalklimas) ebenso wie die Freiheit auch der künftigen Generationen und der Menschen in anderen Erdteilen in der liberal-demokratischen Tradition meist nur am Rande berücksichtigt. Jedoch besteht ein starkes Argument dafür, den Schutz der elementaren Freiheitsvoraussetzungen als bereits im Freiheitsbegriff selbst logisch enthalten anzusehen: Denn ohne die elementaren Freiheitsvoraussetzungen kann es niemals Freiheit geben. Auf ein Argument für die Erweiterung der Freiheit in intergenerationeller und globaler Hinsicht kommen wir noch zurück. Ausführlichere, ethische wie juristische, Argumente für diese „neue" Freiheit waren andernorts Thema, werden hier aber nicht weiter vertieft.[7] Das gesamte Konzept lässt sich als Nachhaltigkeitsethik bezeichnen; Nachhaltigkeit sei dabei verstanden als Oberbegriff für die Forderung nach einer raumzeitlichen Erweiterung von Recht, Moral und Politik und damit einer stärker auf Generationen- und globale Gerechtigkeit achtenden Lebens- und Wirtschaftsweise.

Anthropologie (homo oeconomicus)
versus normative Präferenztheorie/Effizienztheorie

Wichtig ist: Man befindet sich mit alledem im Bereich der Gerechtigkeitstheorie. Demgegenüber beschreibt Handlungstheorie das rein faktische Verhalten von Menschen, anders als eine normative gerechtigkeitstheoretische (moralische oder rechtliche) Betrachtung, die davon handelt, wie Menschen und Gesellschaften sich verhalten bzw. sich ordnen sollten. Statt Handlungstheorie kann man auch von Anthropologie oder „Menschenbild" sprechen (und es trägt leider viel zur Diskurs-Verwirrung bei, dass viele sich unter Menschenbild irrig etwas Normatives vorstellen, also ein Bild davon, „wie der Mensch sein soll" bzw. wie die Gesellschaft sein soll, womit Anthropologie und Gerechtigkeitstheorie vermischt werden). Dass die gängige Ökonomen-Handlungstheorie, der Mensch sei allein eigennützig, zu holzschnittartig ist, haben in den letz-

---

Grundrechtskatalogen Aussagen über das Gewicht der jeweiligen Freiheit getroffen hat.
[7] Siehe Ekardt 2011 §§ 3-7.

ten Jahrzehnten viele bemerkt, wenngleich manche Ökonomen es vielleicht immer noch zugrunde legen. Die Handlungstheorie des Inhalts „der Mensch ist rein faktisch (fast) nur eigennützig", also die ursprünglich auf Thomas Hobbes zurückgehende Lehre vom homo oeconomicus, ist zwar der Hauptstreitpunkt in vielen Kontroversen mit der Ökonomik. Diese Lehre, die Ökonomen das Erklären und Prognostizieren faktischer Entwicklungen ermöglicht, wird hier aber nicht näher behandelt. Andernorts wurde diesbezüglich analysiert, wie Unternehmen, Wähler/Konsumenten und Politikern häufig in Teufelskreisen aneinander gekoppelt sind – und wie bei ihnen Faktoren wie Konformität, emotionale Wahrnehmungsprobleme mit raumzeitlichen Fernfolgen eigener Handlungen, Eigennutzen, tradierte (falsche) Werthaltungen, technisch-ökonomische Pfadabhängigkeiten und Kollektivgutstrukturen bisher wirklich einschneidende Klimaschutzbemühungen vereitelt haben. Diese nötige Ausdifferenzierung erreichen ökonomische Anthropologien zwar nicht immer, sie treffen mit dem Verweis auf die menschliche Neigung zum Eigennutzenstreben jedoch einen wesentlichen Punkt (wobei der homo oeconomicus in den letzten Jahrzehnten zutreffender Weise auch vielfältig modifiziert wurde und den eben gemachten Aussagen heute sehr nahe kommen dürfte).

Das eigentliche Problem ist deshalb nicht der von linken Neoklassik-Kritikern oft anvisierte, empirisch eben gerade halbwegs zutreffende deskriptive Anthropologie vom eher eigennützigen Mensch. Das Problem liegt auch nicht bei irgendeiner Theorie des glücklichen Lebens. Für eine solche Theorie fehlen unter dem Vorzeichen des Freiheitsprinzips allgemeine Maßstäbe, so dass es eine solche Theorie überhaupt nicht geben kann. Damit erübrigt sich auf theoretischer Ebene eine Diskussion des Streits zwischen einigen Ökonomen, die vielleicht wirtschaftliches Gewinnstreben für besonders glücksbringend halten, und ihren marxistisch inspirierten Kritikern, die stattdessen das Ausleben eines „wahren Bedürfnisses nach Solidarität" o.ä. für glücksbringender halten. Insoweit macht ein liberal-demokratischer Rahmen keine Vorgabe; ein weniger „ressourcenlastiges" Glücksideal bei vielen Menschen würde es allerdings erleichtern einzusehen, dass die eigene Freiheit um der intergenerationellen und globalen Freiheit willen beschränkt werden muss.

Das Problem liegt aber weniger in der Anthropologie mehr in der von der (nicht nur Klima-)Ökonomik zugrunde gelegten Gerechtigkeitstheorie, also in der Effizienzlehre bzw. normativen Präferenztheorie, wie die

Effizienzlehre vorliegend meist genannt wird, also in der Theorie dessen, wie Menschen und Gesellschaften sein sollen.

Warum die ökonomische Effizienztheorie selbst eine Ethik ist

Um herauszuarbeiten, dass eine objektive Gerechtigkeitstheorie möglich ist und dass sie den oben kurz beschriebenen Inhalt haben muss – und dass die Effizienzlehre bzw. normative Präferenztheorie eine andere, aber unzutreffende Gerechtigkeitstheorie ist – soll eingangs folgende Frage gestellt werden, die an die Ausführungen zur Freiheit anschließt: Gibt es eine sichere Basis, um das Freiheitsprinzip und mit ihm seine Folgerungen (vielleicht z.B. pro Kopf gleiche Emissionsrechte weltweit) für objektiv gerecht zu halten? Gerechtigkeit meint hier ganz allgemein die Richtigkeit einer gesellschaftlichen Ordnung. Gerechtigkeit ist also nicht etwas „Zusätzliches", welches im Anschluss an die Forderung nach „Wohlstand" o.ä. formuliert werden kann. Jedwede Vorstellung davon, wie eine Gesellschaft sein soll (und mag sie schlicht lauten „die Gesellschaft soll möglichst reich sein, wobei wir alles in Geld ausdrücken, und die Wohlstandsverteilung ist dabei egal" – oder „richtig ist, was der Summe der am Markt ablesbaren faktischen Präferenzen entspricht"), ist per se ein Gerechtigkeitskonzept, ob nun ein richtiges oder ein falsches. Lehren von der gelungenen Gesellschaft – wie sie auch Moralphilosophie, Rechtswissenschaft, normativer Politologie oder Moraltheologie erarbeiten – behandeln per se die Gerechtigkeit, so wie Physik oder Biologie oder Soziologie per se die deskriptive Wahrheit behandeln (auch wenn einzelne Forschungsergebnisse dann inhaltlich nicht wahr, sondern vielmehr unwahr sein mögen, den Anspruch also verfehlen). Die Grundvorstellung neoklassischer (auch Klima-)Ökonomen, es gelte den Wohlstand an in Geld ausdrückbaren Gütern zu maximieren, ist damit weder trivial noch überhaupt als „empirisch" einzuordnen. Diese Grundvorstellung ist vielmehr eine normative Vorstellung – sie ist also eine (Effizienz-)Ethik, die wie der homo oeconomicus erstmals bei Thomas Hobbes auftaucht. Sie soll, anders als jene Anthropologie, nichts erklären oder prognostizieren, sondern sie soll vielmehr richtige Entscheidungen vorschlagen. Daraus ergibt sich:

(a) „Effizienz versus Gerechtigkeit" bzw. „Effizienz versus Ethik" als Gegenüberstellung, wie sie sowohl Ökonomen wie Stern oder Nordhaus als auch ihre linken Kritiker pflegen, ist gerade falsch. Sinnvoll ist allein der Streit darüber, ob die Effizienz-Ethik eine überzeugende Ethik ist. Nicht sinnvoll ist es dagegen begrifflich, wenn das IPCC in seinem Fünften Sachstandsbericht die Ethik bzw. die Gerechtigkeitstheorie (die Begriffe sind bekanntlich gleichbedeutend) nunmehr „zusätzlich" zur Effizienzanalyse aufnehmen will. Dies setzt dann wieder irrig voraus, Ethik (oder Gerechtigkeit) sei eine Art diffuser Ausschnittsbereich aus den Fragen des gesellschaftlichen Zusammenlebens, etwa Fragen, die irgendwie „besonders bedeutsam" erscheinen oder gar eine religiöse Konnotation zu haben scheinen.[8]

(b) Die Kontroverse „Ethik versus Effizienz" handelt teilweise auch eher davon, inwieweit vermehrt soziale Verteilungsgerechtigkeit an bestimmten materiellen Gütern im Sinne von verstärkter Umverteilung stattfinden soll. Dies ist jedoch eine spezielle und zudem nicht wirklich zielführende, da nur in Ansätzen entscheidbare Fragestellung. Wir kommen darauf ganz am Ende kurz zurück.

Doch gibt es eine objektive Ethik? Gibt es unter nachmetaphysischen, globalisierten, multikulturellen Bedingungen noch objektive, allgemeingültige Maßstäbe (einerlei ob man sie nun „ethisch" oder „effizient" nennt)? Das Freiheitsprinzip würde z.B. Diktaturen als ungerecht erscheinen lassen – aber lässt sich das Freiheitsprinzip objektiv begründen? Dass Tatsachenaussagen, z.B. zur Anthropologie oder zu Klimadaten, zwar teilweise unsicher und schwer beweisbar sein mögen, aber grundsätzlich wahr und damit objektiv begründet, also rational, sein können, wird selten bestritten. Weniger klar ist, ob auch moralisch-rechtliche Normen richtig und objektiv/rational sein können. Viele Ökonomen, auch Stern, setzen implizit voraus, dass allein Wirtschafts- und Naturwissenschaften rational sein können. Es soll deshalb kurz skizziert werden,

---

[8] Leider ist der alltägliche und oft auch der (sofern nicht philosophische) wissenschaftliche Sprachgebrauch des Wortes „Ethik" hier meist sehr willkürlich. Es ergibt jedoch überhaupt keinen Sinn, etwa Fragen von Sterbehilfe und Embryonenschutz als „ethische Probleme" zu rubrizieren, andere normative Probleme in der Gesellschaft dagegen nicht (die Reichweite der wirtschaftlichen Freiheit).

dass es sehr wohl rationale und damit objektive Normen gibt und dass die Freiheit dabei das Grundprinzip ist.[9] Man muss dazu vorab folgende Begriffe festhalten:

(a) „Objektiv" meint „nicht subjektiv", also nicht abhängig von bestimmten Perspektiven, kulturellen Hintergründen oder Einstellungen – also universal und überall gültig.

(b) Vernunft respektive Rationalität meint die Befähigung, Fragen mit Gründen, also objektiv, zu entscheiden. Geht es um die Frage nach der Gültigkeit von moralisch-rechtlichen Gerechtigkeitsprinzipien – hier die Freiheit und die daraus ableitbaren Abwägungsregeln für kollidierende Freiheiten –, spricht man von normativer Vernunft. Dagegen handeln die instrumentelle und die theoretische Vernunft von Fakten. Die instrumentelle Vernunft handelt davon, welche Mittel eine als richtig vorausgesetzte Norm, etwa ein bestimmtes Klimaziel (oder auch ein ganz eigennütziges Ziel wie einen Diebstahl), am wirksamsten umsetzen – z.B. vielleicht durch einen Emissionshandel. Die theoretische Vernunft handelt von Faktenermittlung ohne konkreten Handlungsbezug wie z.B. in der naturwissenschaftlichen Klimaforschung. Fakten der theoretischen Vernunft gehen dabei in Abwägungen der normativen Vernunft mit ein. Von der normativen Rationalität akzeptieren indes Ökonomen meist nur die Abwägungskomponente; ihr Abwägungsgegenstand sind dann Geldwerten ausgedrückte Präferenzen. Dass dies nicht überzeugt, sehen wir im weiteren Verlauf.

Ob es objektiv gültige (also rational belegbare) Normen und Tatsachen gibt, hat dabei nichts mit der – zutreffenden – Beobachtung zu tun, dass uns Menschen rein faktisch bei der Tatsachen- und Normerkenntnis immer wieder unsere subjektiven Sichtweisen in die Quere kommen. Diese Neigung zur „subjektiven Brille" haben Menschen natürlich. Doch beweist das keineswegs, dass Objektivität – etwa durch sorg-

---

[9] Begründungsansätze, die dem nachstehende entfalteten Ansatz (teilweise) ähnlich sind, entwickeln dagegen – aber ohne Bezug zur Nachhaltigkeit und zum Klimaschutz – Alexy 1995: 127 ff.; Illies 2003: 129 ff.; Kuhlmann 1985; Apel/Kettner (Hg.) 1993; teilweise Habermas 1983: 56 ff.; implizit auch Ott, Döring 2004: 91 ff. Die Klassiker Kant und Rawls bleiben demgegenüber begründungstheoretisch mindestens unvollständig, obwohl sich die Grundbegriffe Vernunft, Menschenwürde, Unparteilichkeit, Freiheit und gewaltenteilige Demokratie mit ihnen verbinden lassen.

fältige Prüfung und Diskurs mit anderen – schlechthin unmöglich ist.[10] An einem Tatsachen-Beispiel erläutert: Es mag sein, dass es Naturwissenschaftler gibt, die sich pro oder contra Vorliegen eines vom Menschen verursachten Klimawandels äußern, weil sie sich davon finanzielle Vorteile versprechen. Ihre Aussagen wären damit nicht objektiv, sondern subjektiv verzerrt. Daraus folgt aber in keiner Weise, dass man nicht auch objektiv und unverzerrt Erkenntnisse zum Klimawandel gewinnen kann. Die Feststellung faktisch häufig sehr „subjektiver" Perspektiven setzt vielmehr schon logisch voraus, dass es auch objektive Perspektiven gibt – denn sonst wäre das Subjektive an den subjektiven Perspektiven gar nicht sinnvoll bestimmbar.

Für normative Fragen (anders als für Tatsachenfragen) bestreiten Ökonomen, Soziologen und Politologen überwiegend rundheraus die Möglichkeit objektiver Aussagen. „Norm" ist für (nicht nur Klima-) Ökonomen meist einfach das, was die Menschen rein faktisch präferieren. Rational seien dann allein quantifizierende (!) Abwägungen, die die ihrerseits nicht rational überprüfbaren Präferenzen in eine einheitliche „Währung" (Geld) brächten und sie damit vergleichbar machten. Wenn ein Ökonom nach der richtigen Klimapolitik fragt, würde er also nicht fragen: Welchen klimapolitischen Rahmen geben die Freiheit, und zwar auch die Freiheit der räumlich und zeitlich weit entfernt Lebenden, und die aus der Freiheit ableitbaren Abwägungsregeln vor, in dessen Rahmen dann verschiedene politische Entscheidungen denkbar sind? Ökonomen würden vielmehr üblicherweise fragen: Wie viel würden die heute lebenden Menschen für ein stabiles Globalklima zahlen bzw. was wären, in Marktpreisen ausgedrückt, die Vor- und Nachteile des Klimawandels einerseits und der Klimapolitik andererseits? Wobei eine solche Präferenztheorie dann meinen kann: Richtig ist, worauf sich alle einigen können. Oder: Richtig ist, was sich als mathematische Summe der jeweils in Geld ausgedrückten Präferenzen ergibt. Politologen meinen demgegenüber häufig eher: Richtig sind einfach die faktischen Präferenzen der jeweiligen Mehrheit.[11] Wichtig ist in jedem Fall, dass diese Sichtweisen

---

[10] Ebenso für genau diese Differenzierung der (insoweit oft verkannte) Klassiker Berger/Luckmann 1960: 2.

[11] Dies wird häufig nicht explizit ausgesprochen, aber implizit vorausgesetzt; vgl. statt vieler Stern 2009, Kap. 5; Panther, in: Nutzinger 2006: 21 ff.; anders Ott, Döring 2004: 41 ff. passim.

auf eine eigennutzenzentrierte Handlungstheorie bzw. Anthropologie (homo oeconomicus), wie sie oben erwähnt wurde, zwar in gewisser Weise aufbauen, aber von dieser trotzdem strikt getrennt betrachtet werden können. Zugespitzt formuliert, kann man den Unterschied noch einmal in folgende einfache Formel bringen: „Menschen sind rein faktisch eigennützig" (= Anthropologie) – „und das ist auch gut so, und das Hören auf die rein faktischen Präferenzen der Menschen ergibt die beste gesellschaftliche Grundordnung" (= Gerechtigkeitstheorie, und zwar konkret die normative Präferenztheorie).

Warum die normative Präferenztheorie nicht überzeugend ist

Die normative Präferenztheorie ist die theoretische Basis dafür, wie viel Klimaschutz die jeweiligen Ökonomen für objektiv richtig bzw. „effizient" halten.[12] Jedes andere Vorgehen, insbesondere eine normative Argumentation ohne „Zahlen", wie sie im weiteren Verlauf entwickelt wird, wird dabei letztlich für unwissenschaftlich und irrational erklärt. Gegen die Präferenztheorie sprechen jedoch gewichtige Einwände, nicht nur, aber auch beim Klimaschutz:

(a) Der in der Neoklassik noch am ehesten vertraute Einwand ist der, dass die gängigen Methoden, die faktischen Präferenzen als Zahlenwerte zu ermitteln, schlicht nicht funktionieren. Die relevanten Belange und die nötigen Abwägungen der Belange können schlicht untereinander nicht adäquat über Preise abgebildet werden. Und man kann faktische Präferenzen auch nicht anhand einer Art „offenbarter Moral der Märkte" an realen Wirtschaftstransaktionen „ablesen" (selbst dann nicht, wenn das Abstellen auf faktische Präferenzen als solches richtig wäre!). Und selbst wenn dies doch irgendwie ginge, dürften künftige Schäden nicht einfach weniger zählen („Diskontierung"). Dieser ganze Gesichtspunkt des „schlicht nicht Funktionierens" ist Thema eines eigenen Abschnitts. Hier soll stattdessen – für Ökonomen vielleicht weniger erwartet – gezeigt werden, dass unabhängig von solchen „Anwendungsproblemen" die Präferenztheorie schon als solche nicht überzeugend ist.

---

[12] So auch trotz ihrer Gegensätzlichkeit Stern 2009: Kap. 3, 5 und Nordhaus 2008: 38 ff. und 59 ff.

(b) Unser rein faktisches Wollen ist nach der Präferenztheorie per se richtig (man kann allenfalls noch fragen, ob es um Durchschnittsnutzen, um Nutzensummen oder um einen echten Konsens gehen soll). Einen Prüfstein dafür, „wie die Welt tatsächlich läuft", gibt es damit nicht mehr. Gerechtigkeitstheorie bzw. Ethik als eigenwertige Disziplin wäre damit sinnlos und per se abgeschafft.

(c) Doch wir stehen nicht nur vor einem praktischen, sondern auch vor einem logischen Problem. Denn es liegt ein Sein-Sollen-Fehlschluss vor: Warum sollten unsere rein faktischen Präferenzen (Sein) per se als richtig gelten (Sollen)?

(d) Sollen nach diesen Maßstäben dann beispielsweise auch mehrheitlich gewollte Diktaturen als gerecht gelten? Und soll die faktische Ignoranz etwa gegenüber den Belangen künftiger Generationen, die heute noch keine Präferenz äußern können, damit per se in Ordnung sein?

(e) Plädiert man für Mehrheits- statt für Durchschnittspräferenzen, stellt sich die weitere Frage: Wessen Präferenzen sind überhaupt gemeint: Dürfen 50,1 % einer Gesellschaft beliebige Entscheidungen treffen, oder 73,4 %, oder 84,5 %? Und warum überhaupt sollte die Mehrheit per se immer Recht haben, ohne dabei durch irgendwelche Rahmensetzungen (wie sie die liberale Demokratie in Gestalt von Freiheitsgarantien vorsieht) gehindert zu sein?

(f) Insbesondere aber enthält die Präferenztheorie der Gerechtigkeit einen logischen Selbstwiderspruch. Denn wer sagt, es gebe keine allgemeinen normativen Sätze, und deshalb müsse allgemein auf Präferenzen abgestellt werden, stellt selbst eine allgemeine Aussage über Normen auf. Die Aussage „alles ist relativ bei Normen" widerlegt sich also selbst. Objektive Moral ist in ihrer Möglichkeit logisch eben gerade nicht bestreitbar; ihre Leugnung widerspricht sich selbst.

All das heißt natürlich nicht, dass eigennützige Präferenzen für die tatsächliche Durchsetzung, also für die Governance von Klimaschutz nicht eine wesentliche Rolle spielen. Festgestellt wurde hiermit lediglich, dass auf diese Weise keine moralisch-rechtsprinzipielle Fundierung – und auch keine normative Begrenzung oder Widerlegung – etwa des Klimaschutzes geleistet werden kann. Dies kann aber stattdessen vielleicht das

Freiheitsprinzip einschließlich seiner Abwägungsregeln. Dieses Prinzip kann künftige Generationen einbeziehen, kommt zudem ohne die Probleme der eben dargestellten Art aus, bewahrt dabei aber die Grundintention – jeder soll über sich selbst bestimmen können – und leitet sie allererst zwingend her.

Für eine diskursrationale Gerechtigkeitstheorie als bessere Alternative zur Präferenztheorie

Dies gilt allerdings nur unter einer wesentlichen Bedingung: nämlich dann, wenn das Freiheitsprinzip einschließlich aller daraus herleitbaren Prinzipien (wie der gewaltenteiligen Demokratie) den alleinigen universalen Maßstab für Gerechtigkeit begründet. Doch warum sollte dem so sein? Und warum sollte so eine Aussage „objektiv" sein können? In aller Kürze dazu folgende Überlegung. In einer pluralistischen Welt streitet man notwendigerweise über normative Fragen. Selbst Fundamentalisten und Autokraten tun dies unweigerlich zumindest gelegentlich. Und sie bedienen sich dabei der menschlichen Sprache. Wer aber mit Gründen (also rational, also mit Worten wie „weil, da, deshalb") streitet, also in normativen Fragen Sätze „X ist richtig, weil Y" formuliert, setzt logisch (1) die Möglichkeit von Objektivität in der Moral und (2) die Freiheit voraus, ob er das nun faktisch will oder nicht[13]:

(a) Wir setzen logisch voraus, dass normative Fragen überhaupt mit Gründen und ergo objektiv und nicht nur subjektiv-präferenzgesteuert entschieden werden können; sonst widersprechen wir uns selbst. Wir setzen das sogar jeden Tag voraus, wenn wir normative Thesen aufstellen und diese begründen, also mit dem Anspruch auf objektive Einsehbarkeit kennzeichnen anstatt sie nur als subjektiv zu präsentieren. Und es dürfte nahezu unmöglich sein, ein Leben lang nie Sätze mit „weil, da, deshalb" zu normativen Fragen zu formulieren. Damit ist kein Entkommen vor der grundsätzlichen Möglichkeit (!) von Objektivität in normativen Fragen. Wir setzen die Möglichkeit objektiver Aussagen aber auch dann logisch voraus, wenn wir sagen: „Ich bin Skeptiker und sage, es gibt objektiv nur subjektive Aussagen über Moral". Diese Aussage kann nur gültig sein,

---

[13] So genannte elenktische/negative/transzendentalpragmatische Argumente der folgenden Art verwenden insbesondere auch Alexy 1995: 127 ff.; Illies 2003: 129 ff.; Kuhlmann 1985; mehr implizit auch Ott, Döring 2004: 91 ff. und passim.

wenn es eben doch Objektivität gibt. Damit hebt sich die Kritik an der Objektivität logisch selbst auf.

(b) Wir setzen ferner logisch voraus, dass die möglichen Diskurspartner gleiche unparteiische Achtung verdienen. Denn Gründe sind egalitär und das Gegenteil von Gewalt und Herabsetzung; und sie richten sich an Individuen mit geistiger Autonomie, denn ohne Autonomie kann man keine Gründe prüfen. Niemand könnte sagen „Meine These X und ihre Begründung würde zwar von Herrn P leicht widerlegt werden können, du, lieber Q, solltest sie als Dummkopf aber glauben." Und es würde auch niemand sagen können: „Nachdem wir P zum Schweigen gebracht hatten, konnten wir uns endlich überzeugen, dass X ein guter Grund für Y ist." Es widerspricht mithin gerade dem Sinn von „Gründen", das Begründen als relativ zur Person des Adressaten zu verstehen – ein Grund überzeugt und kann von jedem eingesehen werden. Jemand, der in einem Gespräch über Gerechtigkeit Gründe gibt (also Sätze mit „weil, deshalb, da" spricht), dann aber dem Gesprächspartner die Achtung streitig macht, widerspräche ergo dem, was er selbst logisch voraussetzt.

Folgerichtig muss der, der sich einmal auf den Streit über Gerechtigkeit mit Gründen und damit auf die Vernunft einlässt, den Partner als Gleichen achten – einerlei, ob er sich der Implikationen seines Be-gründens bewusst ist oder ob er etwa zu bloßen Überredungszwecken zu diskutieren meint; denn es geht ja um streng logische Implikationen unseres Sprechens (nicht dagegen um unser rein faktisches Selbstbild, aus dem für sich genommen gar nichts folgt). Die somit vernunftgebotene Achtung vor der Autonomie als Selbstbestimmung muss nun aber gerade dem Individuum gelten und damit Respekt vor der individuellen Autonomie sein: Kollektive als solche sind nämlich gar keine möglichen Diskurspartner. Dieses ist vielmehr der einzelne argumentierende Mensch.[14]

---

[14] Eine ganze Reihe fiktiver oder real vorgebrachter Einwände gegen diese Herleitung (1) der Möglichkeit von Vernunft und (2) von Würde und Unparteilichkeit als alleinigen universalen Prinzipien aus der Vernunft wird diskutiert bei Ekardt 2001, § 3 G.

Dies ist die Begründung für das Prinzip der Achtung vor der Autonomie der Individuen (Menschenwürde[15]). Ergänzend, aber davon kaum unterscheidbar ist damit letztlich zugleich auch das Prinzip begründet, dass Gerechtigkeit Unabhängigkeit von subjektiven Perspektiven meint (Unparteilichkeit). Aus ihnen wiederum folgt das Recht auf Freiheit für alle Menschen.[16] Und zwar nur das Freiheitsprinzip; mangels zwingender Begründung können andere Prinzipien mit ihm folglich nicht in Konkurrenz treten. Deshalb ist die gleiche freiheitliche Selbstbestimmung mitsamt den sie fördernden Umständen das alleinige Kriterium der Gerechtigkeit. Wer überhaupt Mensch ist, setzt nach alledem (nur) das Recht auf Selbstbestimmung für alle ergo notwendig voraus. Und dieses Recht auf Freiheit gilt für alle Menschen, auch wenn ich nie mit ihnen rede. Denn Gründe in Gerechtigkeitsfragen (anders als Äußerungen in privaten oder ästhetischen Fragen) richten sich an jeden, der sie potenziell widerlegen könnte – womit ich alle Menschen als zu Achtende anerkennen muss, sobald ich denn überhaupt manchmal im Leben in Gründen spreche; und das tut jeder. Dies macht als Kontrollüberlegung wiederum ein Exempel deutlich. Niemand könnte ernstlich sagen: „Der abwesende Herr P könnte meine Thesen zwar jederzeit widerlegen – du aber solltest sie wegen deiner Dummheit glauben." Wer so etwas sagt, hätte gerade nichts begründet.

Das Freiheitsprinzip ist also universal begründet. Und weil potenzielle Diskurspartner wie eben gesehen erfasst sind, muss ich auch räumlich

---

[15] Dieses Menschenwürdeprinzip ist selbst kein Freiheits-/Grund-/Menschenrecht. Dieses Prinzip ist sogar überhaupt keine auf konkrete Einzelfälle zugeschnittene Norm, weder rechtlich noch ethisch. Die Menschenwürde ist vielmehr der Grund der Freiheits- bzw. Menschenrechte, statt selbst ein Recht zu sein; sie dirigiert damit die Anwendung der anderen Normen, hier also der verschiedenen Freiheitssphären der betroffenen Bürger, und gibt die Autonomie als Leitidee der Rechtsordnung vor. Die „Unantastbarkeit" der Würde und ihr auch in Normen wie Art. 1 Abs. 2-3 des deutschen Grundgesetzes – und in der EU-Grundrechtecharta – sichtbarer Charakter als „Grund" der Rechte zeigen, dass dies nicht nur philosophisch, sondern auch rechtsinterpretativ einleuchtet; zum diesbezüglichen Diskussionsstand Ekardt, Kornack 2006: 349 ff.; Ekardt, Kornack 2010; ähnlich Enders 1997; dagegen etwa Böckenförde 2003: 809 ff.; differenzierend Heinig 2008: 330 ff., 353 ff.

[16] Dass Freiheit um der Würde willen besteht, ist etwa in Art. 1 Abs. 2 des deutschen Grundgesetzes auch explizit ausgesprochen („darum", also um der Würde willen, gibt es die Freiheitsgarantien), ebenso wie in den Gesetzgebungsmaterialien zur EU-Grundrechtecharta; dazu auch Ekardt, Kornack 2010.

und zeitlich entfernt lebenden Menschen Freiheit zugestehen. Das ist eines der zentralen Argumente für die Erstreckung des Freiheitsprinzips auf künftige Generationen, also für globale Gerechtigkeit und Generationengerechtigkeit und damit für Nachhaltigkeit – neben dem Gedanken, dass Freiheit als solche Schutz genau dort impliziert, wo der Freiheit die Gefahren drohen. Ein „kantianisch-diskursethisches" Konzept von Vernunft und Autonomie, wie es vorliegend skizziert wird, optiert hier also anders als ein „ökonomisch-hobbesianisches". Dennoch geht es bei beiden Ansätzen natürlich um die Freiheit. Aber für die Diskursethik eben nicht nur im Sinne von Konsumentensouveränität und faktischen Konsumentenpräferenzen.[17]

Abwägungen – Effizienz durch Quantifizierungen und Diskontierungen?

Den generationenübergreifenden und globalen Konflikt zwischen vielen kollidierenden Freiheiten zu lösen, also das richtige Ausmaß an Klimapolitik zu bestimmen, ist nicht einfach. Sowohl das normative Wägen selbst als auch die relevanten Tatsachen, anhand derer sich erkennen lässt, inwieweit ein bestimmter normativer Belang tatsächlich beeinträchtigt ist, sind von Unsicherheiten geprägt. Für die Klimatatsachen sahen wir das oben bereits. Man kann zwar (wie andernorts ausführlicher geschehen) ethisch und auf vergleichbarem Argumentationswege auch juristisch Abwägungsregeln aus dem Freiheitsprinzip ableiten und Abwägungsinstitutionen herleiten. Eine Abwägungsregel lautet z.b., dass die Tatsachenbasis einer Entscheidung so sorgfältig wie irgend möglich bestimmt werden muss.[18] Eine andere Abwägungsregel lautet, dass nur die Freiheit und die (weit verstandenen) Freiheitsvoraussetzungen

---

[17] Auf anderem Wege kommen zu diesem Ergebnis auch Rothlin 1992 und Ott, Döring 2004: 78 ff. und 91 ff.; mehr als (m.E. nur bedingt zielführende) Kritik an der Profitorientierung des Wettbewerbs ausgerichtet dagegen Hoffmann 2009: 23 ff.; siehe ferner die Beiträge in Nutzinger 2006: 7 ff. und 51 ff.

[18] Die eigentliche Abwägungs-/Effizienzentscheidung für ein bestimmtes Ausmaß an Klimaschutz ist zwar selbst eine normative Aussage und keine Tatsachenaussage (auch wenn diese normative Aussage wie gesehen in den Grenzen der Abwägungsregeln als objektiv zu betrachten ist). Tatsachen allein liefern dagegen niemals eine Entscheidung; eine solche ist nur möglich, wenn ein normativer Maßstab zur Verfügung steht.

respektive freiheitsförderlichen Bedingungen mögliche Belange sind, die überhaupt in eine Abwägung eingestellt werden dürfen. Eine weitere lautet, dass in Freiheiten und Freiheitsvoraussetzungen immer nur insoweit eingegriffen werden darf, wie dies auch erforderlich ist, um andere Freiheiten und Freiheitsvoraussetzungen zu stärken. Noch eine Abwägungsregel – wiederum im Freiheitsbegriff selbst angelegt – lautet, dass, wenn jemandem die Vermeidung oder nachträgliche Beseitigung einer Freiheitsbeeinträchtigung aufgegeben werden soll, dies soweit irgend möglich der Verursacher der Freiheitsbeeinträchtigung sein sollte. Noch eine Abwägungsregel liegt nahe, das Vorsorgeprinzip: Auch bei unsicherer Tatsachenlage ist die Beeinträchtigung der Freiheit bzw. der Freiheitsvoraussetzungen anzuerkennen, allerdings mit ggf. geringerem Gewicht. Eine ganze Reihe weiterer Regeln lassen sich herleiten. „Genau ein" richtiges Abwägungsergebnis gibt es bei alledem nicht. Auch nicht in der Klimapolitik. Folglich entsteht für eine gerechte Klimapolitik ein Spielraum – allerdings kein beliebig großer. Und auch die Instanzen, die den Spielraum zu füllen haben, sind nicht beliebig: Es lässt sich vielmehr aus der Freiheit als Institutionenregel ableiten, dass ein wähl- und abwählbarer Entscheider (Parlament) die Entscheidung zu treffen hat, deren ggf. nötige Konkretisierung dann gewaltenteilig durch Behörden und Gerichte erfolgen muss – ebenso wie es Verfassungsgerichte zur Überprüfung der Einhaltung der Abwägungsregeln geben muss.[19]

Ökonomen quantifizieren dagegen alle betroffenen Belange und errechnen dann, welches das „richtige" Maß an Klimaschutz ist. Dabei soll alles, was für Menschen einen Wert besitzt, wofür also eine Präferenz besteht, in Geldeinheiten übersetzt werden, bis hin zu Leben und Gesundheit, oder es soll unberücksichtigt bleiben.[20] Besondere Abwägungsregeln benötigt man dabei nicht, die ermittelten Nutzen- oder Schadenstatsachen verschmelzen gewissermaßen mit den Präferenzen. Dies klingt insofern attraktiv, als damit kein Spielraum beschrieben wird, sondern theoretisch „genau eine" Politikempfehlung abgegeben werden kann und „klare Zahlen" herauskommen. Das Ganze ist jedoch mehrfach proble-

---

[19] Ferner lässt sich herleiten, dass jene nationale oder transnationale Ebene entscheiden sollte, die den jeweiligen Freiheitskonflikt am ehesten bewältigen kann, beim Klimaschutz also zunächst die globale Ebene; dazu etwa Ekardt, Meyer-Mews, Schmeichel, Steffenhagen 2009: Kap. 1, 3 und 5.

[20] Vgl. Nordhaus 2008: 4; kritisch dazu auch Burtraw, Sterner 2009.

matisch. Erstens ist die dahinterstehende normative Präferenztheorie als solche nicht überzeugend. Zweitens fehlt es bereits für Nutzen und Schäden, die einen Marktpreis haben, an hinreichend präzisen Fakten, wenn wie beim Klimawandel die gesamte Weltwirtschaft mit unüberschaubar vielen Einzelhandlungen und zudem Zeiträume von mehr als 100 Jahren involviert sind. Drittens gibt es, wie bereits angedeutet und nunmehr weiter darzulegen, weitere unlösbare Anwendungsprobleme der Präferenztheorie[21]: Die Berechnung von Klimawandelkosten (und im Vergleich dazu Klimapolitikkosten) lenkt davon ab, dass sich wesentliche Dinge nicht in Geldeinheiten quantifizieren lassen[22], etwa (massive) Schäden an Leben und Gesundheit. Und die Abwesenheit von Schäden an Leben und Gesundheit durch den Klimawandel hat eben keinen Marktpreis, ebenso wenig wie der Frieden im Sinne von „Abwesenheit von Auseinandersetzungen um Ressourcen"; damit kann beides jedoch nicht sinnvoll quantitativ mit den wirtschaftlichen Effekten von Klimawandel und Klimapolitik verrechnet werden. Dabei können auch Belange ohne Marktwert nicht künstlich einen erhalten, wie dies Ökonomen praktizieren, indem sie die „hypothetische Zahlungsbereitschaft" der Bürger für Leben und Gesundheit, also für die Abwesenheit von Wirbelstürmen usw., ermitteln. Dies gilt allein schon deshalb, weil jene Bereitschaft fiktiv und daher wenig informativ ist (dass hier auch kein Ablesen von Präferenzen anhand einer „Moral der Märkte" hilft, wird sogleich bei der Diskontierung erörtert). Überdies ist die Zahlungsbereitschaft naturgemäß durch die Zahlungsfähigkeit beschränkt und würde dann beispielsweise zu dem bemerkenswerten Ergebnis führen, dass Bill Gates' Interessen extrem viel mehr wert sind als die eines Bangladeschis, weil Bill Gates viel und der Bangladeschi gar nichts zahlen kann. Dies bemerkt auch Stern, konträr zum ökonomischen Mainstream, und doch bietet auch er plötzlich monetäre Werte für „nicht-marktliche" Schäden an.[23] Wenn er dabei dann plötzlich jeden Menschen gleich viel zählen lässt, so ist das zwar richtig (s.u.), aber im Rahmen der Präferenztheorie ohne Begründung und daher unstimmig.

---

[21] Zur diesbezüglichen Kritik Ekardt 2010a, § 6; siehe teilweise auch Mathis 2009: 113 f.; Otsuka 2006: 109 ff.; Meyer 2006: 136 ff.

[22] Dies wird auch zugestanden von Stern 2009: 92.

[23] Vgl. Stern 2006: 148.

Ein weiteres Problem der Klimaökonomik ist das Diskontieren[24]: Künftige Schäden sollen angeblich weniger als heutige zählen. Das ist zwar wenigstens vordergründig verständlich, wenn es sich beim Schadensopfer heute und in zehn Jahren um die gleiche Person handelt. Doch warum sollte der Schaden des Bangladeschis in 50 Jahren (1) per se weniger wichtig sein als mein Schaden heute? Man könnte sagen: Künftige Menschen können noch keine Präferenzen äußern, also sind sie uninteressant. Das wäre, wie schon anklang, die unmittelbar in der Präferenztheorie angelegte Aussage. Dann allerdings müsste man konsequenterweise nicht diskontieren, sondern alle Schäden, die jemanden treffen, der heute noch nicht lebt, schlicht für unbeachtlich erklären. Und auch gegenüber heute Lebenden ist die Diskontierung rein um des Zeitablaufs willen unstimmig. Wieso sollte denn, wenn man die Präferenztheorie zugrunde legt, ein ökonomischer Theoretiker mir vorgeben dürfen, ob ich eine Gegenwartspräferenz habe und mir die Zukunft egal sein sollte? Auch durch (2) das pauschale Erwarten von „ewigem Wachstum" kann die Diskontierung nicht gerechtfertigt werden, egal ob bei heute schon Lebenden oder gegenüber künftigen Generationen; dazu sei an die Grenzen des Wachstums erinnert. Auch (3) die empirische Beobachtung realer Preisverhältnisse am Markt, die nach Meinung vieler Ökonomen ein Präferieren der Gegenwart gegenüber der Zukunft ausdrücken, rechtfertigt keine Diskontierung. Denn (a) es existieren keine beobachtbaren Markt- oder Zinsentwicklungen, die überhaupt etwas darüber aussagen würden, welche faktischen Präferenzen in Bezug auf Schädigungen über mehrere Jahrhunderte hinweg – und mit irreversiblem Charakter – bestehen. Überdies werden (b) bei Rückschlüssen aus Marktpreisen einseitig nur die Präferenzen der heute Lebenden betrachtet.

Jene Präferenzermittlung anhand einer „Moral der Märkte" findet sich bei Stern kritisiert (und den meisten anderen Ökonomen zum Vorwurf gemacht)[25], nicht dagegen das wachstumsbezogene Diskontieren. Stern führt freilich auch ein zumindest diskutables Argument für die Diskontierung an: (4) die unsichere Eintrittswahrscheinlichkeit künftiger Schadensereignisse. Auch insoweit kann freilich bezweifelt werden, ob sich dies mathematisch ausdrücken lässt. Jedenfalls dann, wenn sich für die

---

[24] Ausführlich und kritisch zur Diskontierung Unnerstall 1999: 320 ff.; siehe auch Rawls 1971; dagegen für die Diskontierung Birnbacher 1988.
[25] Vgl. Stern 2006: 80 ff. und 95 f.

künftigen Ereignisse gar keine rechnerische Wahrscheinlichkeit angeben lässt, ist eine vermeintlich klare Diskontierungsrate letztlich willkürlich und deshalb allgemeinen Abwägungsregeln (s.o.) nicht überlegen. Und selbst wenn man all dies unberücksichtigt ließe, wäre Diskontierung jedenfalls nur denkbar, wenn der zu diskontierende Schaden tatsächlich trotz der o.g. Kritik monetär abbildbar ist. Und das sind sie oft nicht.

Mit alledem zeigt sich ein weiteres Mal das Grundproblem (nicht nur, aber gerade klima-)ökonomischer Ansätze: Hinter scheinbar klaren mathematischen Ergebnissen verbergen sich Annahmen, die keineswegs durchgängig zwingend, sondern vielmehr in wesentlichen Hinsichten angreifbar sind. Und zwar nicht nur normative Annahmen (z.B. zur Diskontierung und zur Präferenztheorie), sondern auch Tatsachenannahmen: etwa zum Ausmaß der drohenden Klimaschäden oder zur Wachstumsidee.[26] Man kann das moralisch-rechtsprinzipiell richtige Maß an Klimaschutz also nicht ausrechnen. Man muss vielmehr in den Grenzen der herleitbaren Abwägungsregeln klimapolitisch schlicht und einfach Entscheidungen treffen. Wie schon mehrfach angedeutet, muss das eine Entscheidung für deutlich mehr Klimaschutz als bisher sein. In aller Kürze[27]: (1) Die bisherige Klimapolitik ist oft in ihrer Tatsachengrundlage zu optimistisch und missachtet vermutlich bereits die Abwägungsregel, dass sie ihren Entscheidungen eine korrekte Tatsachenbasis zugrunde legen muss: Insbesondere werden die bisherigen Maßnahmen wohl irrig für geeignet gehalten, die drohenden drastischen klimawandelsbedingten Schäden noch zu vermeiden. (2) Weiterhin hat die Politik ihren Entscheidungen bisher nicht zugrunde gelegt, dass die grundrechtliche Freiheit auch eine intergenerationelle und global-grenzüberschreitende Dimension hat und dementsprechend Rechtspositionen auch künftiger Generationen und

---

[26] Es besteht noch aus einem weiteren Grund nur bedingt Anlass, ökonomischen Annahmen per se „zu glauben": Wenn die neoklassische Anthropologie stimmt, dass Menschen im Wesentlichen eigennützig agieren, dann werden auch neoklassische Ökonomen bevorzugt solche Empfehlungen geben, die ihnen weitere Forschungsaufträge sichern. Die methodisch kaum gelingende, dafür bei Politikern und Medien beliebte Praxis, „alles in Zahlen auszudrücken", könnte teilweise auch jener Intention geschuldet sein.

[27] Rechtlich und ethisch bedeutet das zudem: Die Verfassungsgerichte müss(t)en auf entsprechende Klagen hin den Gesetzgebern aufgeben, unter Beachtung der nachstehend im Fließtext genannten Aspekte eine Neuentscheidung über die Klimapolitik herbeizuführen; näher dazu Ekardt 2010a, § 6.

der sprichwörtlichen Bangladeschis in parlamentarischen/rechtlichen Entscheidungen berücksichtigt werden müssen.[28] (3) Das elementare Freiheitsvoraussetzungsrecht auf das Existenzminimum (der hier und heute Lebenden, aber auch intergenerationell und global) ist, da Freiheit ohne diese physische Grundlage witzlos wird, allenfalls in Randbereichen durch Abwägung überwindbar. Jenes Recht schließt aber auch einen basalen Energiezugang und eine wenigstens einigermaßen zu wahrende Stabilität des Globalklimas ein. Dies wiederum erfordert einschneidende klimapolitische Maßnahmen. Auch dies haben die Entscheider bisher nicht zugrunde gelegt. Ebenso wenig wurde berücksichtigt, dass das knappe verbleibende Emissionsbudget wohl egalitär zu verteilen wäre angesichts (a) seiner Knappheit und (b) der Unabdingbarkeit zumindest geringer Emissionen für das menschliche Überleben.[29] Eine egalitäre Verteilung nimmt übrigens auch Stern an, aber mit einer verfehlten, da auf die unklare Darlegungslast abhebenden Begründung, dass es schließlich keinen Grund gebe, der gegen eine Gleichverteilung spräche.[30]

Um eine Tatsachenbasis politischer Entscheidung zu überprüfen, ist die ökonomische Forschung unzweifelhaft extrem wertvoll – und sie hilft auch bei der Abwägung, soweit es im Rahmen der Abwägung um Güter mit einem Marktpreis geht und ungeschminkte Zahlen generiert werden, die z.B. auch die Kosten möglicher Klimakriege mit in die Überlegungen

---

[28] Weniger von der Präventionsebene als (m.E. suboptimal) eher von der nachträglichen Haftungsebene wird die Thematik behandelt bei Verheyen 2006.

[29] Zur substanziellen Klimawende einschließlich einer (virtuellen) Pro-Kopf-Emissionsrechte-Gleichverteilung als grundlegendem Kriterium der Klimagerechtigkeit (mit Modifikationen angesichts der historischen Emissionen der Industrieländer) siehe näher Ekardt 2011, § 6 D.; Ekardt, von Hövel 2009: 102 ff.

[30] Anders als Sen 1999 verfügt der vorliegend entwickelte Ansatz über eine Begründung (und nicht nur eine bloße Behauptung) für die universale Freiheit und das Recht auf die elementaren Freiheitsvoraussetzungen und zudem über eine Abwägungstheorie. Beide Vorteile bestehen auch im Vergleich zu marxistisch inspirierten „Grundbedürfnistheorien"; letztere Theorien haben zudem die weiteren Schwächen, dass sie auf einer Vermischung empirischer Anthropologie und normativer Gerechtigkeit beruhen, dass sie zudem keine Methode zur Bestimmung ihrer Grundkategorie (wonach besteht ein „Bedürfnis"?) verfügen und dass sie Gerechtigkeit und gutes Leben (mit potenziell autoritären Folgen) vermengen. Problematisch erscheint vor diesen Hintergründen auch Ott, Döring 2004: 78 ff.

einbeziehen (wie dies auch Stern nicht tut[31]). Wenn man schon rechnet, sollte man jedenfalls die wirklich monetären Kosten, soweit sie erkennbar sind, vollständig anzugeben versuchen. So können Ökonomen entscheidendes Tatsachenmaterial für die Abwägung liefern. Sie zeigt etwa, dass die konkreten monetären Klimaschäden wie Ernteausfälle oder Unwetterschäden teurer wären als eine effektive Klimapolitik; hier liegen zentrale Leistungen der IPCC-Berichte und z.B. auch des Stern-Reports. Ebenso wichtig erscheinen Aussagen über die Eintrittswahrscheinlichkeiten von Ereignissen; diese werden Wirtschafts- und Naturwissenschaftler oft m.E. aber nur mit einem geringeren Präzisionsgrad liefern können, als man es vielleicht erhoffen könnte; dafür sind die natürlichen Gegebenheiten des Klimawandels und der Weltwirtschaft einfach zu komplex. Eine vielleicht bescheidenere, weniger weitgehend quantifizierende und weniger naturwissenschaftsorientierte, kurz: eine stärker mit den anderen Klimasozialwissenschaften verschmolzene und in einer allgemeinen Abwägungstheorie aufgehende Klimaökonomik könnte bei alledem das Ziel sein. Vorausgesetzt allerdings, man versteht unter Klimasozialwissenschaft eine Behandlung der erwähnten Themen: Wachstumsgrenzen, normativ und logisch stringente Gerechtigkeitstheorie; Abwägungstheorie; Anthropologie; übrigens auch eine über rein ökonomische Perspektiven hinausgeführte Governance- bzw. Steuerungstheorie. Auch dort, bei Governance, ist und bleibt die Ökonomik sehr wesentlich, allerdings wiederum nicht exklusiv. Deshalb überzeugt es m.E., wenn Stern die Auslassungen des ökonomischen Ansatzes – wenn auch nur pauschal und ohne Eingehen auf die Grundprobleme des Wachstums und der Präferenztheorie – durchaus einräumt.[32]

Verteidigt werden muss die Effizienztheorie übrigens gegen den von John Rawls unter der (ein weiteres Mal) irreführenden Überschrift „Effizienz versus Gerechtigkeit" erhobenen Vorwurf. Dieser lautet, die Effizienztheorie – anders gesagt: die utilitaristische und hobbesianische Ethik – erkenne keine absoluten (also abwägungsfreien, nicht zu verwechseln mit universalen im Sinne von „überall geltenden"!) Rechte an.[33] Das tut die Effizienztheorie zwar in der Tat nicht, genauso wenig wie der vor-

---

[31] Stern spricht lediglich allgemein von eventuell zunehmender „Instabilität"; vgl. Stern 2006: 151.

[32] Vgl. Stern 2006: 149 ff.

[33] Vgl. Rawls 1971: 19.

liegend vertretene Abwägungsansatz; dazu besteht angesichts der vielfältigen Freiheitskollisionen, die gerade den ganz gewöhnlichen Gegenstand von (auch Klima-)Politik ausmachen, aber auch wenig Anlass. Unabwägbare Freiheitsgarantien können nur ganz vereinzelt gerechtfertigt werden; im Wesentlichen dann, wenn das Zulassen einer Abwägung einmal den freiheitlichen Charakter der Ordnung insgesamt untergraben würde (Beispiel: Folter zur Überführung von Straftätern).

Einige wesentliche Punkte zu den ethischen Aspekten lassen sich also wie folgt zusammenfassen: (Auch umwelt-)ethische Erkenntnis ist keine empirische und insbesondere keine naturwissenschaftliche Erkenntnis; sie ist vielmehr normative (= Wertungs-/Sollens-)Erkenntnis. Auch wenn die Subsumtion unter eine (ethische oder juristische) Norm oft auf naturwissenschaftliche (Tatsachen-)Fragen Bezug nimmt, begründen diese Tatsachen als solche kein ethisches oder juristisches Ergebnis. Gleichwohl sind die Grundprinzipien der Ethik, obwohl sie normativ ist, objektiv angebbar. Ethik ist also nicht „subjektiv" oder „bloße Konvention", und sie beruht auch nicht auf im Ausgangspunkt willkürlichen „Axiomen". Die konkrete Entscheidung ethischer Einzelfragen weist demgegenüber Unschärfen auf. Die Abwägungsregeln und die institutionellen Zuständigkeiten, die den Entscheidungsspielraum bei Unschärfen näher einhegen, lassen sich jedoch wiederum objektiv angeben. Da Ethik generell von der Kollision unterschiedlicher Belange handelt, ist jede ethische Entscheidung letztlich ein Abwägungsproblem zwischen kollidierenden Freiheiten (und Freiheitsvoraussetzungen); absolute Gebote respektive strikte Abwägungsverbote (also z.B. ein „abwägungsfreier" absoluter Anspruch auf Klimastabilität zu jedem beliebigen Preis) sind ethisch und rechtlich in dieser Zuspitzung kaum begründbar. Das heißt aber nicht, dass diese Abwägung durch eine Quantifizierung mathematisch aufgelöst werden kann – auch wenn „Zahlen" den Vorteil haben, politisch und medial einfacher als komplexe inhaltliche Aussagen darstellbar zu sein. „Zahlen", auch wenn sie z.B. die „Leitmarke Bruttosozialprodukt" (errechnet anhand von marktwerten Gütern) durch eines neuen Wohlfahrtsindex im Sinne von Amartya Sen u.a. ersetzen, wie dies etwa aktuell in Frankreich diskutiert wird, können deshalb immer nur Symbole sein, aber keine komplexe Abwägung erübrigen.

Auf der Basis des Gesagten lässt sich übrigens auch die Frage beantworten, ob die verbreiteten Vorwürfe gegen die Ökonomik, dass ihre Effizienzansätze die soziale Verteilungsgerechtigkeit (nicht zu verwechseln mit der Gerechtigkeit allgemein) zu wenig berücksichtigen, berechtigt sind. Die Antwort dürfte „jein" lauten. Denn es lässt sich ein striktes Gebot zur weitgehenden Umverteilung von vornherein gar nicht herleiten. Bestimmte soziale Elemente ergeben sich gerechtigkeitstheoretisch zwar im Rahmen der Abwägungsregeln, etwa ein Recht auf das Existenzminimum; jenseits dessen besteht jedoch Spielraum für den Gesetzgeber in puncto soziale Verteilungsfragen.[34]

Literatur

Alexy, R. (1995): Recht, Vernunft, Diskurs, Frankfurt a.M..

Apel, K.; Kettner, M. (1993): Zur Anwendung der Diskursethik in Politik, Recht und Wissenschaft, Frankfurt am Main.

Berger, P.; Luckmann, T (1966): The Social Construction of Reality. A Treatise in the Sociology of Knowledge, Garden City/NY.

Birnbacher, D. (1988): Verantwortung für zukünftige Generationen, Stuttgart.

Böckenförde, E (2003): Menschenwürde als normatives Prinzip, Juristenzeitung.

Böhringer, C.; Welsch, H. (2009): Effektivität, Fairness und Effizienz in der internationalen Klimapolitik: Contraction and Covergence mit handelbaren Emissionsrechten, Jahrbuch Ökologische Ökonomik.

Burtraw, D.; Sterner, T. (2009): Climate Change Abatement: Not „Stern" Enough?, http://www.rff.org/Publications/WPC/Pages/09_04_06-_Climate_Change_Abatement.aspx.

Byatt, I. u.a. (2006): The Stern Review: A Dual Critique. Part II. Economic Aspects, World Economics 7.

Ekardt, F. (2010): Climate Change and Social Distributive Justice, in: Pan Jiahua (ed.), Climate Change and Budget Approach, Beijing.

Ekardt, F. (2011): Theorie der Nachhaltigkeit. Rechtliche, ethische und politische Zugänge, Baden-Baden.

Ekardt, F.; Kornack, D. (2006b): Embryonenschutz auf verfassungsrechtlichen Abwegen?, Kritische Vierteljahreszeitschrift für Gesetzgebung und Rechtswissenschaft.

Ekardt, F.; Kornack, D. (2010): „Europäische" und „deutsche" Menschenwürde und die Gentechnik-Forschungsförderung, Zeitschrift für europarechtliche Studien, p. 121.

---

[34] Vgl. Ekardt, Heitmann, Hennig 2010 und Ekardt 2007.

Ekardt, F.; Meyer-Mews, S.; Schmeichel, A.; Steffenhagen, L. (2009): Globalisierung und soziale Ungleichheit – Welthandelsrecht und Sozialstaatlichkeit, Böckler-Arbeitspapier No. 170, Düsseldorf.

Ekardt, F.; von Hövel, A. (2009): Distributive Justice, Competitiveness and Transnational Climate Protection: „One Human – One Emission Right", Carbon & Climate Law Review, p. 102.

Ekardt, F.; Heitmann, C.; Hennig, B. (2010): Soziale Gerechtigkeit in der Klimapolitik, Düsseldorf.

Enders, C. (1997): Die Menschenwürde in der Verfassungsordnung, Tübingen.

Habermas, J. (1983): Moralbewusstsein und kommunikatives Handeln, Frankfurt a.M.

Heinig, H. M. (2008): Der Sozialstaat im Dienst der Freiheit. Zur Formel vom „sozialen" Staat in Art. 20 Abs. 1 GG, Tübingen.

Hoffmann, J. (2009): Ethische Kritik des Wettbewerbsrechts, in: Hoffmann, J.; Scherhorn, G. (ed.): Eine Politik für Nachhaltigkeit. Neuordnung der Kapital- und Gütermärkte, Erkelenz.

Illies, C. (2003): The Grounds of Ethical Judgement – New Transcendental Arguments in Moral Philosophy, Oxford: University Press.

IPCC (2007): Climate Change 2007. Mitigation of Climate Change.

Kuhlmann, W. (1985): Reflexive Letztbegründung, Freiburg/München: Alber-Broschur Philosophie.

Mathis, K. (2009): Efficiency instead of Justice? Searching for the Philosophical Foundations of the Economic Analysis of Law, Berlin .

Meyer, K. (2006): How to be Consistent without Saving the Greater Number, Philosophy & Public Affairs, p. 136.

Nordhaus, W. (2008): A Question of Balance. Weighing the Options on Global Warming Policies, New Haven: Yale University Press.

Nutzinger, Hans G. (ed.) (2006): Gerechtigkeit in der Wirtschaft – Quadratur des Kreises?, Marburg.

Otsuka, M. (2006): Saving Lives, Moral Theory, and the Claims of Individuals, Philosophy & Public Affairs.

Ott, K.; Döring, R. (2004): Theorie und Praxis starker Nachhaltigkeit, Marburg.

Posner, R. (1986): Wealth Maximization Revisited, Notre Dame Journal of Law, Ethics and Public Policy.

Rawls, J. (1971): A Theory of Justice, Cambridge/Mass.: Cambridge University Press.

Rothlin, S. (1992): Gerechtigkeit in Freiheit – Darstellung und kritische Würdigung des Begriffs der Gerechtigkeit im Denken von Friedrich August von Hayek, Frankfurt am Main..

Sen, A. (1999): Development as Freedom, Oxford: Oxford University Press.
Stern, N. (2006): Stern Review Final Report, http://www.hm-treasury.gov.uk/stern_review_report.htm.
Stern, N. (2009): A Blueprint for a Safer Planet: How to manage Climate Change and create a new Era of Progress and Prosperity.
Susnjar, D. (2010): Proportionality, Fundamental Rights, and Balance of Powers, Leiden.
Unnerstall, H. (1999): Rechte zukünftiger Generationen, Würzburg.
Verheyen, R. (2006): Climate Change Damage and International Law: Prevention Duties and State Responsibility, Leiden.

Wolf-Dieter Hasenclever

Ökologischer Humanismus – Zur Grundlage einer Ethik der Nachhaltigen Ökonomie

Abstract

Von Beginn der Geschichte an werden Menschen durch die Frage bewegt: „Was soll ich tun?". Die Religionen haben Antworten und Regelsysteme parat, deren kleinster gemeinsamer Nenner sich mit dem Satz „Was Du nicht willst, dass man Dir tu, das füg auch keinem anderen zu" bezeichnen lässt. Die philosophische Ethik versucht, moralische Wertvorstellungen anhand rationaler Analyse des Gegebenen auf Möglichkeiten des Verallgemeinerns hin zu untersuchen und zu (allgemeinen oder konkreten) Handlungsempfehlungen zu kommen. Solche Handlungsempfehlungen müssen auch im Bereich der Wirtschaft gelten.

Im Folgenden wird zunächst gezeigt, dass ethische Fragestellungen für die Entwicklung der Gesellschaft in Umbruch- oder Krisenzeiten besonders relevant waren und notwendige Veränderungen mit voran trieben. Wir leben aktuell wieder in einer Zeit des Umbruchs: Heute geht es um nichts weniger, als global den Übergang in eine zukunftsfähige Zivilisation zu schaffen. Eine Nachhaltige Ökonomie ist dafür eine notwendige Voraussetzung.

Es wird gezeigt, dass sich ihre ethische Grundlegung aus den Traditionen des Humanismus herleiten lässt, wenn diese unter dem Gesichtspunkt eines erweiterten Ökologieverständnisses durch die Kategorien der Verantwortung gegenüber der Umwelt, der Mitwelt und der Nachwelt erweitert werden.

1. Ethik in Zeiten des Übergangs

Dokumentiert seit ungefähr 2500 Jahren beschäftigt sich die Ethik als Teilgebiet der Philosophie in Europa, mit dem Thema: Was soll der Mensch tun – welches Verhalten von den Menschen, aber in der Erweiterung auch von Organisationen, Staaten, Verbänden und Firmen soll, kann und darf erwartet werden. Dies jedoch unter der Maßgabe der Anwendung von auf Vernunft begründeten allgemeinen Maßstäben, die gleichwohl der Freiheit des Individuums gerecht werden. Immanuel Kant hat die generelle Aufgabe der Vernunftethik so formuliert:

> „der praktische Gebrauch der Vernunft, in Absicht auf die Freiheit, führt auch auf die absolute Notwendigkeit, aber nur der Gesetze der Handlungen eines vernünftigen Wesens, als eines solchen." (Kant 1786: 127)

In den verschiedenen Teilbereichen menschlichen Handelns muss Ethik immer wieder neu versuchen, Maßstäbe zu finden und ihre Anwendbarkeit im Praktischen zu untersuchen. In Zeiten der Verunsicherung und/oder des Umbruchs ist daher der Bedarf von ethischem Diskurs generell hoch.

Durch die immer noch nicht vollständig überwundene Finanzkrise der letzten Jahre ist insbesondere auch wieder die Frage nach den Maßstäben, die für das Handeln im wirtschaftlichen Bereich gelten, öffentlich laut geworden. Die Skrupellosigkeit und der Mangel an Bereitschaft von wirtschaftlich Agierenden, moralischen Grundsätzen zu folgen, ist zumindest mit ursächlich für die Krise, die bis heute schwer wiegende Auswirkungen auf die Existenz der Menschen in vielen Ländern der sich entwickelnden Welt hat und die die Zweifel an der Marktwirtschaft in ihrer heutigen Form massiv aufleben ließen. So schreibt Wolfgang Kaden als überzeugter Marktwirtschaftler und Träger des Ludwig-Erhard-Preises u.a.:

> „Verheerend sind all diese Verformungen nicht nur, weil sie in keiner Weise mit den überlieferten Moral- und Gerechtigkeitsvorstellungen der westlichen Welt übereinstimmen. Bedrohlich sind diese Missstände vor allem auch deswegen, weil sie von vielen Menschen als inhärente Bestandteile einer freien Wirtschaft wahrgenommen werden." (Kaden 2008)

Im Folgenden soll am Beispiel zweier zentraler Epochen der Geschichte der Nachweis geführt werden, dass gesellschaftlicher Wandel und den Wandel begleitender ethischer Diskurs Hand in Hand gingen und der letztere den ersteren zugleich beförderte und ihm Maß gab.

Erstes Beispiel: Die Wahrnehmung des Beginns unserer abendländischen Kultur ist mit Plato (427-347 v.Chr.) verknüpft. Auf ihn geht die

Einteilung der Wissenschaften in die Disziplinen Ethik, Logik und Physik zurück. Ethik als Wissenschaft von den Maßstäben des Handelns hatte sich vom überkommenen Götterglauben gelöst.

Warum aber ist die Ethik damals im alten Griechenland entstanden? Der Autor bekennt sich zu folgender These:

Mit der Kolonisierung des Mittelmeerraumes, mit einem erheblich aufblühenden Handel zwischen den Stadtstaaten und den Kolonien, mit dem Aufblühen der Wirtschaftsbeziehungen auch nach außen, zu den Phöniziern und Ägyptern, aber auch weit hinein in den asiatischen Raum und Mitteleuropa wandelte sich das vormals agrarische Wirtschaftssystem rapide. Die Konfrontation mit anderen Kulturen, mit anderen Religionen trug zu einer Verunsicherung vieler Menschen in Bezug auf ihre Stellung in der damaligen Gesellschaft und ihren Glauben an die Götter bei. Die Adelsherrschaft verschwand in Teilen zu Gunsten neuartig verfasster und sehr erfolgreicher Stadtstaaten. Die Frage „Was soll ich tun, was wird von mir erwartet?" wurde zentral, unabhängig von der jeweiligen Religion. „Richtiges" Handeln wurde zur Anforderung an und zur Legitimation von politischer Macht.

Die ersten Tragödien wurden verfasst durch Aischylos, dann vor allem durch Sophokles und Euripides, die die Verstrickung des Menschen in Schicksal und Schuld bis heute bewegend und im Wesentlichen noch immer gültig thematisierten. Die geistigen Grundlagen unserer Kultur wurden damals gelegt: Der Mensch ist selbst verantwortlich. Die einzelne Persönlichkeit steht im Mittelpunkt. Es gibt ein persönliches Schicksal. Die Verantwortung des Menschen erstreckt sich auch auf die Mitmenschen. Bei der Antwort auf die ethische Grundsatzfrage: „Was soll ich tun?" kristallisieren sich wesentliche Prinzipien heraus: Wahrhaftigkeit, Mildtätigkeit und Mitleid.

Plato übertrug ethische Prinzipien auf den Staat: Der Staat dürfe nicht eine bestimmte Klasse besser stellen als den Rest, sondern habe das allgemeine Wohl zu fördern und so den Zusammenhalt der Bürger durch Überzeugung und gegenseitige Wohltätigkeit zu erreichen. Daher müsse die Führung des „gut verwalteten" Staates von denjenigen ausgeübt werden, die wirklich reich seien: „nicht die es an Geldes sind, sondern die reich sind an solchen Gütern, …., an Rechtschaffenheit und Lebensweisheit" (Plato-Ausgabe 1799: S. 86).

Zweites Beispiel: Nach dem Zusammenbruch Roms folgte in ganz Europa eine lange Periode gesellschaftlichen, technischen und wirtschaftlichen Niedergangs und einer gründlichen territorialen Neuorientierung, die schließlich in eine Zeit neuen kulturellen Aufstiegs mündete, dem Hochmittelalter. Das Christentum mit seiner Idee einer universalen Kirche bildete die entscheidende geistige Grundlage der neu entstehenden europäischen Staatenwelt. Die Obrigkeit definierte sich selbst und ihre Rolle gegenüber dem beherrschten Volk als von Gott gegeben und mit Ordnungsaufgaben betraut, legitimiert durch die Verpflichtung, im christlichen Geist zu handeln.

Im 15. Jahrhundert war dieses System am Ende. Politisch delegitimierte es sich durch ständige Kriege mit fast beliebig wechselnden Bündnispartnern, ohne Rücksicht auf die elementaren Belange der jeweiligen Bevölkerung. Reformversuche wie z.B. die von Kaiser Sigismund im ersten Drittel des 15. Jhdts. scheiterten.

Eine Zeit gewaltiger Umbrüche brach an: die Renaissance. Der durch die Eroberung Konstantinopels, des alten Ostroms durch die Osmanen (1453) ausgelöste Flüchtlingsstrom von Gelehrten und Ärzten und die von ihnen mitgebrachte Literatur brachte ein neues Wissen auch über die Philosophie der Antike. Die Wiederentdeckung Ciceros z.B. führte zur Entdeckung der „Humanitas" als Begriff für das Menschsein- verbunden mit Erziehung, Bildung und der Gebundenheit an ethische Normen.

Die Erfindung des Buchdrucks (ca. 1450) eröffnete die Möglichkeit der Verbreitung der Bibel, aber auch antiker Schriftsteller und neuer Ideen. Neue Handelsrouten und neue Länder wurden entdeckt: 1444 z.B. Senegal und Guinea und dann 1492 die Neuentdeckung Amerikas durch Kolumbus im Auftrag der spanischen Krone. Ein schneller Aufstieg neuer Handelsgesellschaften brachte das bisherige Wirtschaftssystem (z.B. die Hanse) vollkommen durcheinander.

Neue Finanzhäuser entstanden, z.B. die Fugger, die mit ihrem Reichtum entscheidenden Einfluss auch auf die Politik gewannen. Jakob Fugger der Reiche (1459 bis 1525) schuf ein Netz von Niederlassungen, das weite Teile Europas überzog. Die Fugger-Firma handelte aber auch mit Indien, Südamerika und Afrika. Ihr Reichtum war vergleichsweise so groß, dass er nach heutigen Schätzungen in der Proportion dem der 100 größten Firmen des jetzigen Deutschlands entsprach.

Diese ungeheuren Veränderungen in wesentlichen Bereichen von Wirtschaft und Politik wurden von einem nie dagewesenen Sittenverfall beim herrschenden Adel begleitet, aber auch in weiten Bereichen der Kirche. Der plötzlich entstandene Reichtum der herrschenden Schichten kann als eine der Ursachen des Zusammenbruchs der Moralvorstellungen des Mittelalters (die allerdings schon lange brüchig geworden waren) verstanden werden. Verkauf von Ämtern, angeordnete Morde, nur zur Bereicherung angezettelte Kriege kennzeichneten das Vorgehen sogar der damals in Europa höchsten moralischen Instanz, des Papsttums – insbesondere unter Alexander dem Sechsten (1492-1503). Dass dies europaweite moralische Empörung (wie in unserer Zeit das Treiben der Finanzbanker?) hervorrief, verwundert nicht.

Die ethischen Grundfragen (Was soll ich tun? Was wird von mir erwartet?) mussten dringend und verbindlich beantwortet werden, sollten der Verfall der damaligen Gesellschaft aufgehalten sowie neue, tragfähige Formen und Institutionen gefunden werden. Die alten Institutionen hatten ihre moralische Autorität verspielt. Die gegenüber dem Mittelalter neu entdeckte Freiheit des einzelnen Menschen, die im Gehabe der Fürsten und Päpste ihre exzessartige Übertreibung fand, musste in politisch-soziale und ethisch akzeptierte Ordnungssysteme eingebunden werden, wenn der gesellschaftliche Zusammenhalt bestehen bleiben sollte. Grundlagen dafür wurden sowohl in der Philosophie als auch in der Theologie gelegt.

Erasmus von Rotterdam forderte in seinem damals ungewöhnlich beachteten Buch „Institutio Principis Christiani" 1516 den Platonischen Prinzipien folgend weitreichende Konsequenzen für das konkrete Verhalten der Herrschenden: Gerechtigkeit, Mäßigkeit und Eifer für das Allgemeinwohl seien Hauptattribute eines guten Fürsten. Er hielt auch den Krieg nur dann für akzeptabel, wenn das gesamte Volk darin die einzige Möglichkeit sehe und der Fürst wirklich alle friedlichen Optionen ausgeschöpft habe. An anderer Stelle legte er dar, dass sich der Mensch in seinem wirtschaftlichen Verhalten des Maßes und der Wohltätigkeit befleißigen solle.[1]

Der vor allem durch den Reformator Martin Luther im Bereich der Religion massiv vorgetragene Anspruch auf individuelle Verantwortlich-

---

[1] Der Text „Institutio Principis Christiani" liegt in den verschiedensten Ausgaben und Übersetzungen vor. Ich beziehe mich hier auf die in der Bibliothek der Cornell-Universität online zugängliche in London 1921 erschienen Ausgabe in der Übersetzung ins Englische von Percy Ellwood Corbett.

keit und auf moralisch vertretbares Handeln jedes Einzelnen trotz (und wegen) der ihm gegebenen Freiheit[2] hatte erheblichen politischen Einfluss.

Es zeichnet die menschliche Geschichte aus, dass sich in Krisensituationen immer wieder Wege fanden, eben diese zu überwinden: Die Befreiung des Denkens aus den Schranken überlieferter Sitten und Gebräuche, die Machtfülle und die finanziellen Ressourcen, die der herrschenden Schicht durch den wirtschaftlichen Umschwung zuteil wurden, zogen ethische Überlegungen und neue moralische Regeln nach sich, die ihrerseits die Zukunftsfähigkeit der Gesellschaft (um die moderne Begrifflichkeit zu verwenden) ermöglichten.

So gelang der humanistische Durchbruch: das Denken gegen Schablonen und Dogmen, die Individualität und Würde des Einzelnen gegen Kollektivität und Tradition, ohne die Gesellschaft insgesamt zu Grunde zu richten.

In dieser Zeit fanden sich also philosophische und insbesondere ethische Antworten, die die Geschichte unseres Kulturkreises bis heute bestimmen: die Reformation der Kirche mit der anschließenden Gegenreformation und der Humanismus mit seiner Verantwortungsethik. Die protestantische Revolution in Mittel- und Nordeuropa war Ausdruck dieses neuen Denkens. Die urchristliche, durch den Protestantismus wieder belebte Überzeugung, dass jeder Mensch vor Gott gleich sei, legte letztlich die Grundsteine für den Niedergang der Fürstenherrschaft, für die amerikanische und französische Revolution und schließlich für die Charta der Menschenrechte, aber auch für den Siegeszug des Bürgertums und den Durchbruch kapitalistischer Produktionsweisen. Die kopernikanische Wende ermöglichte den Beginn der modernen Naturwissenschaft, die belebte und unbelebte Natur wurde mit zunehmendem Tempo und mit immer weniger Einschränkungen dem gestaltenden Zugriff des Menschen unterworfen.

---

[2] Vergl. Martin Luther, Von der Freiheit eines Christenmenschen: Die Antinomie zwischen der (durch den Glauben gegebenen) Freiheit des Menschen und der Verpflichtung, „sich seines Nächsten so anzunehmen wie sich selbst" wird gelöst durch die Kategorie der Verantwortung vor Gott. (Weimarer Ausgabe 1911, 397. Band) – Vergl. auch Paulus, 1.Korinther 9: „Ich bin frei in allen Dingen und habe mich zu jedermanns Knecht gemacht".

2. Humanistische Ethik und Ökonomie

Das humanistische Denken durchzieht unsere Geschichte bis heute und ist noch immer das geistige Fundament unserer Kultur. Moralisches Verhalten als Resultat ethischer Überzeugungen wird hiernach nicht von einer überirdischen Institution eingefordert, es leitet sich vielmehr aus der Fähigkeit zur Vernunft des Menschen selbst ab. Humanistische Ethik bietet die Grundlage, auf der Gesetze und Regulierungen des menschlichen Verhaltens ohne Bindung an bestimmte Religionen ihre Legitimation finden.

Erich Fromm ist der wohl klarste Protagonist einer humanistischen Ethik in der Neuzeit. Seine Auffassung lässt sich nach Rainer Funk, seinem langjährigen Assistenten, dem er auch die Rechte an seinen Schriften übertrug, wie folgt zusammenfassen:

„Humanistische Ethik geht davon aus, dass der Mensch selbst das Maß aller Dinge ist, dass also seine Werturteile, wie alle anderen Urteile und sogar seine Wahrnehmung in der Besonderheit seiner Existenz ihren Ursprung haben und nur in Bezug zu dieser einen Sinn haben. (…)" Humanistische Ethik sieht in der spezifisch menschlichen Qualität der Vernunft die Bedingung der Möglichkeit, zu objektiv gültigen Normen und Werten zu gelangen, die dem Anspruch der Universalität Genüge leisten. Nur sie sind für jeden Menschen verbindlich, weil sie in der Natur des Menschen ihren Ursprung haben und als solche erkannt werden können." (Funk 197: 172)

Das Gelten ethischer Grundsätze ist umfassend und daher auch im Bereich der Wirtschaft für die humanistische Ethik evident.

Es hat lange genug gedauert, bis sich durch die Verabschiedung der Allgemeinen Erklärung der Menschenrechte durch die Vollversammlung der Vereinten Nationen am 10.12.1948 allgemein gültige praktische Normen für den Umgang der Staaten mit ihren Bürgern und allen Menschen zumindest formal durchgesetzt haben. Sie werden seitdem ergänzt und weiterentwickelt. Sie beruhen wesentlich auf dem Grundgerüst der humanistischen Ethik und den Anstrengungen zahlreicher Vertreter verschiedener Religionen, deren Bemühungen vorläufig in der Erklärung des Parlaments der Weltreligionen vom 4.9.1993 gipfelten.[3]

---

[3] Vergl. hierzu: Weltethos der Religionen – Deklaration des Parlaments der Weltreligionen vom 4.9.1993. http://www.weltethos.org/data-ge/c-10-stiftung/13-deklaration.php (Zugriff 16.5.2011)

Humanistische Ethik lässt sich nur vor dem Hintergrund der Aufklärung verstehen. Die bis heute maßgebliche Definition der Aufklärung lieferte Immanuel Kant:

> „Aufklärung ist der Ausgang des Menschen aus seiner selbstverschuldeten Unmündigkeit. Unmündigkeit ist das Unvermögen, sich seines Verstandes ohne Anleitung eines anderen zu bedienen. Selbstverschuldet ist diese Unmündigkeit, wenn die Ursache derselben nicht am Mangel des Verstandes, sondern der Entschließung und des Mutes liegt, sich seiner ohne Leitung eines anderen zu bedienen." (Kant 1784: 481)

Wie grundlegend und bis heute einflussreich das Denken der Aufklärung die Wertediskussion, die Debatte über menschengerechte Staatsformen und das Rechtssystem bestimmt, zeigt ein Blick auf die Formulierungen in der amerikanischen Unabhängigkeitserklärung vom 4. Juli 1776. So heißt es in deren erstem Absatz:

> „We hold these truths to be self-evident, that all men are created equal, that they are endowed by their Creator with certain unalienable rights, that among these are life, liberty and the pursuit of happiness; that, to secure these rights, Governments are instituted among Men, deriving their just powers from the consent of the governed; (...)." [4]

„Pursuit of happiness", das Streben nach Glück, wurde wesentliches Fundament der angelsächsischen ethischen Diskussion und als Triebfeder wirtschaftlichen Handelns eine Grundvoraussetzung der klassischen Nationalökonomie. Die bedeutenden Ökonomen der Frühzeit der Nationalökonomie haben zum großen Teil der Frage, wie Wirtschaft und das Streben nach Glück des Einzelnen mit ethischem Verhalten in Einklang zu bringen sind, erhebliche Aufmerksamkeit gewidmet.

Adam Smith [5] stellt z.B. bereits 1759 fest, dass das menschliche Handeln immer auch von altruistischen Motiven mitbestimmt sei. Kapitel 1 seines ersten Hauptwerkes beginnt er so:

---

[4] Quelle: http://www.heinrich-heine-denkmal.de/dokumente/decofind.shtml, Zugriff 15.5.2011.. Hier auch in deutscher Übersetzung.

[5] Adam Smith (1723-1790) wird allgemein als Gründervater der Nationalökonomie angesehen. In seinem ersten Hauptwerk *„The Theory of Moral Sentiment"* (1759) setzt er sich mit den Gründen für das Bestehen moralischer Regeln auseinander.

"How selfish however man may be supposed, there are evidently some principles in his nature, which interest him in the fortune of others, and render there happiness necessary to him, though he derives nothing from it, except the pleasure of seeing it."

John Stuart Mill, Nationalökonom und philosophisch-politischer Vordenker von insbesondere in England bedeutendem Einfluss stellte sich der Frage, wie sich das individuelle Glücksstreben und das Wohl der Allgemeinheit, aber auch die Fürsorge für die Armen vereinen lassen. Sein Vorschlag war eine Ethik, die das Handeln des Einzelnen aus dessen freiem Willen heraus auch dem Wohl des Ganzen verpflichtet.

"From the dawn of philosophy, the question concerning the summum bonum, or, what is the same thing, concerning the foundation of morality, has been accounted the main problem in speculative thought" (Mill 1863: 1).

Die unauflösliche Verbindung des eigenen Glücks mit dem allgemeinen Wohl zu erreichen, könne durch Meinungsbildung und Erziehung geschehen:

„(...) that education and opinion, which have so vast a power over human character, should so use that power as to establish in the mind of every individual an indissoluble association between his own happiness and the good of the whole" (Mill 1863: 21).

Mill zitiert Kants kategorischen Imperativ

„Handle so, als ob deine Maxime zugleich zum allgemeinen Gesetze (aller vernünftigen Wesen) dienen sollte." (Kant 1786: 84), kritisiert aber dessen fehlende Antworten auf die Durchsetzbarkeit für das konkrete Handeln.

Einen wesentlichen Grund sieht er in der menschlichen Grundeigenschaft des Mitgefühls bzw. der Sympathie füreinander. Nur scheinbar steht dieses Werk im Widerspruch zu seinem zweiten Hauptwerk *„An Inquiry into the Nature and Causes of the Wealth of Nations"* (1776), in dem er u.a. als Grundlage der Marktwirtschaft das freie Handeln der Wirtschaftssubjekte im eigenen Interesse identifiziert zugleich aber Aussagen zur internationalen Arbeitsteilung, zur Schädlichkeit des Kolonialismus usw. macht. (Vergl. Rogall 2011, S. 56-58)

Dies muss an diese Stelle genügen, um einen Eindruck von der Vielzahl der ethischen Überlegungen in der Geschichte der Philosophie und der Wirtschaftswissenschaft zu vermitteln, die vom Zeitalter der Aufklärung bis heute die Wurzeln für das Verständnis von Ethik und menschlichem Handeln bilden.

Immer wieder wurde und wird aktuell von Ethikern und Wirtschaftswissenschaftlern der Versuch gemacht, Markt und Moral nicht als Gegensätze zu begreifen (Otremba 2009: 47 ff.). Im Sommer 2010 wurde beispielsweise als Ergebnis langer Diskussionen von Wirtschaftsethikern und Praktikern die DIN ISO 26000 – social responsibility – verabschiedet. 93% der Mitglieder der internationalen Normierungsinstitution stimmten zu.[6] Diese Norm stellt einen Leitfaden für gesellschaftlich verantwortliches Handeln von Unternehmen und Organisationen dar (Dietzfelbinger 2011: 47), soll jedoch nicht zu Zertifizierungen führen. Gleichwohl benennt sie sieben Kernthemen, wie etwa Organisationsführung, Arbeitspraktiken, Einbindung und Entwicklung der Gemeinschaft und macht Ausführungen zu den dazu gehörenden Handlungserwartungen.

3. Zur Entwicklung der Ethik des Ökologischen Humanismus

Mit dem politischen und wirtschaftlichen Aufstieg begannen die europäischen Machteliten sowohl auf wirtschaftlichem wie auf politischem Gebiet mit einem ungeheuren Anhäufen von Reichtum und Einfluss und mit einem rücksichtslosen Konkurrenzkampf, der in zahlreiche gewaltsame Auseinandersetzungen, wie z.B. die Kolonialkriege führte. Sklaverei galt bis ins 19. Jahrhundert hinein als legitim im Hinblick auf die sogenannten Wilden und insbesondere die Afrikaner. Die goldene Regel der Ethik („Was Du nicht willst, dass man Dir tu...") war zwar in Europa grundsätzlich nicht strittig.

> „Strittig war freilich nicht die Regel selbst, sondern ihre Einschlägigkeit für Lebewesen, die nicht als ‚andere' wie wir im Sinne der Regel anzuerkennen dem europäischen Hochmut und den jeweiligen Wirtschaftsinteressen entgegenkam." (Meyer-Abich, 1993: 18).

---

[6] Die USA und Indien lehnten ab, Deutschland enthielt sich. Die ISO 26000 enthält in ihrem letzten Kapitel Handlungsempfehlungen zur organisationsweiten Integration gesellschaftlicher Verantwortung und im Anhang best-practice-Beispiele. Genaue Infos können unter www.sr.din.de abgerufen werden.

Ethische Überlegungen im Hinblick auf Selbstbeschränkung, Achtung vor der Natur oder den Mitmenschen anderer Kulturen waren für die Praxis des wirtschaftlichen und politischen Handelns nicht maßgeblich. Gewinnmaximierung und Machtzuwachs wurden die bestimmenden Größen. Die humanistische Ethik blieb daher zunächst politisch folgenlos. Die schnell wachsenden technischen Möglichkeiten führten zu Kriegen mit Massenvernichtungscharakter, zuerst im amerikanischen Bürgerkrieg. Menschen wurden ebenso wie Naturschätze rücksichtslos ausgebeutet. Der wissende und herrschende Machtmensch sah insbesondere auch die Natur als unerschöpfliche Quelle der Ausbeutung an. Die massenhafte Vernichtung der Bisonherden durch Jagdgesellschaften, die aus fahrenden Zügen in Nordamerika feuerten, ist ein drastisches Beispiel.

Wissen und Wissenschaften spalteten sich immer weiter in Spezialdisziplinen auf. Der Blick auf den Zusammenhang der Dinge, auf die Abhängigkeit des Menschen von der Natur, ging verloren. Das Expertentum der Moderne, bei dem eine große Zahl von Fachleuten von immer weniger immer mehr weiß, ist ein Resultat dieser Entwicklung. Der besonders am Anfang des letzten Jahrhunderts auf die Spitze getriebene Glaube an die immer weiter fortschreitende Industrialisierung war auch ein Resultat der anfänglichen außerordentlichen Erfolge der Spezialisierung in Naturwissenschaft und Technik. Dieser Glaube zeigte sich z.B. im Gründungsmanifest des Futurismus durch Filippo Marinetti 1909, der den Krieg verherrlicht und u.a. ausführt:

> „….Besingen werden wir die nächtliche, vibrierende Glut der Arsenale und Werften, … die Fabriken, die sich mit ihren hochwindenden Rauchfäden an die Wolken hängen…." (Ashold/Fähnders 1995: 3 ff.)

Erst in den letzten Jahrzehnten gibt es durch die Erkenntnisse der Umweltforschung, aber auch durch zunehmende, die Interdependenzen von Wirtschaft, Gesellschaft und Technik berücksichtigende interdisziplinäre Forschung im Bereich der Gesellschaftswissenschaften und der Medizin eine Wende. Die herkömmlichen Fachschubladen der Wissenschaften reichen heute in der Regel noch nicht einmal für eine hinreichende Beschreibung der komplexen Wirklichkeit, geschweige denn für bahnbrechende Neuerungen. Vielmehr zeichnet sich Fortschritt überwiegend da ab, wo Wissenschaften ihre Grenzen überschreiten und Wissenschaftler kooperieren.

Angesichts der Erkenntnisse über die Klimaveränderung, die Endlichkeit der Ressourcen, die Verwobenheit des Menschen und seines Lebens mit der Natur, aber auch der Armut und der Chancenungleichheiten ging es in der ethischen Debatte des letzten Viertels des vergangenen Jahrhunderts darum, die unsere Zivilisation prägenden Gedanken des Humanismus mit den Erkenntnissen der Ökologie zu vereinen und zu einer auch das wirtschaftliche Handeln bestimmenden Ethik zu finden. Die Verantwortungsdimensionen der humanistischen Ethik mussten um die Verantwortungsdimension gegenüber der Natur bzw. der Umwelt erweitert werden. Wir nannten dieses Prinzip: Ökologischer Humanismus. (Hasenclever und Hasenclever 1982: 30 ff.).

Die ökogische Wende im Denken lag spätestens seit dem Bericht des Club of Rome über die Grenzen des Wachstums (1972) nahe. Die „Ehrfurcht vor dem Leben", wie es Albert Schweizer ausdrückte, sollte mit den Menschenrechten zusammen zum Leitprinzip werden, welches die Richtung des Handelns in Gesellschaft, Politik und Wirtschaft vorgibt:

> „Mensch und Natur lassen sich im ethisch-ökologischen Sinne nicht trennen. Respekt vor dem menschlichen Leben schließt auch immer Ehrfurcht vor dem Leben der Natur ein und umgekehrt. Ethik des ökologischen Humanismus hat also ihren Geltungsbereich über den Kreis der Menschen hinaus. Sie trägt der Erkenntnis Rechnung, dass der Mensch sowohl Gegenüber als auch Bestandteil der Natur ist." (Hasenclever 2000: 153).

Die Entwicklung der Produktivkräfte, die Globalisierung, insgesamt die Industrialisierung der Erde hat zwangsläufig die Verantwortlichkeit des Menschen und des menschlichen Handelns in eine neue Dimension gerückt, die nicht nur die Mitwelt (Mitmenschen und Natur, sowohl die belebte als auch die unbelebte), sondern auch die Nachwelt (nicht nur die künftigen Generationen, sondern auch den Bestand und die Vielfalt der Umwelt) umfasst. Holger Rogall hat den Begriff der nachhaltigen Entwicklung, die diesen Gesichtspunkten Rechnung trägt, wie folgt gefasst:

> „Eine nachhaltige Entwicklung strebt neben der internationalen Gerechtigkeit für heutige und kommende Generationen hohe ökologische, ökonomische und sozio-kulturelle Standards in den Grenzen des Umweltraums an. Dabei kommt der ökologischen Dimension – und damit auch der Umweltpolitik – eine Schlüsselrolle zu, denn die natürlichen Lebensgrundlagen begrenzen die Umsetzungsmöglichkeiten anderer

Ziele. Die natürlichen Voraussetzungen des Lebens auf der Erde sind nicht verhandelbar." (Rogall 2004: 27)

Für die ethische Diskussion ergeben sich durch die Berücksichtigung zukünftiger Generationen umfassende Herausforderungen:

> „In Bezug auf die Ethik oder auf die menschliche Verantwortlichkeit entsteht eine ganz neue Dimension. Plötzlich hat sich die Nähe der Ziele in Zeit und Raum ins unfassbar Weite ausgedehnt" (Classen-Bauer 1993: 90).

Es geht demnach um nichts weniger als darum, die ethischen Grundlagen als Maßstäbe für das Handeln auf dem Weg in eine zukunftsfähige Zivilisation zu entwickeln. Zukunftsfähig ist eine Zivilisation, die das Überleben der Menschheit auf diesem Planeten nachhaltig sicherstellt. Unter zivilisiert wollen wir eine menschliche Gemeinschaft dann verstehen, wenn sie den einzelnen Menschen als selbstständiges und zu eigenen Entscheidungen befähigtes Individuum in sozialer Verantwortung ansieht, das mit unveräußerlichen und gesicherten Rechten ausgestattet ist und in einer staatlichen Organisation lebt, die grundlegenden demokratischen Formen und ein verlässliches und gerechtes Rechtssystem aufweist.[7] Zukunftsfähigkeit herzustellen erfordert aber auch unter dem Gesichtspunkt der Verantwortung für die Zukunft die Akzeptanz neuer Technologien, Sparsamkeit, Verzicht auf Privilegien, kurz: Die Veränderungsbereitschaft des Einzelnen. Das aktuelle Ringen um eine neue, nachhaltige Grundlage der Energieversorgung mit ihren zwangsläufigen Folgen für Wirtschaft und Gesellschaft zeigt beispielhaft, dass gegebenenfalls Bequemlichkeitsverluste und Verhaltensänderungen für den Einzelnen unvermeidbar sind, wenn wirtschaftliches Handeln dem Grundsatz ethischer Verantwortbarkeit gehorcht.

4. Ökologischer Humanismus als Grundlage der Ethik einer nachhaltigen Ökonomie

Die Problemfelder, denen sich die Menschheit im aktuellen Jahrhundert ausgesetzt sieht, sind überaus vielfältig und haben eine ökologische, eine

---

[7] Ein notwendiges Minimum garantiert die UN-Charta der Menschenrechte.

soziokulturelle und eine ökonomische Dimension (Rogall 2011: 250 – 265). Wirtschaftliches Handeln ohne ethische Grundsätze kann in diesem Beziehungsgeflecht langfristig nur zu verheerenden Ergebnissen führen. Dies zeigen die ökologischen Probleme unserer Zeit ebenso wie die Krisen im Bereich der Finanzen.

Zu Recht stellt Holger Burckhardt fest:

„Ethiken, die nun in klassischen Begründungsfiguren der Selbstverpflichtung oder in traditionellen Gerechtigkeitsideen verharren, laufen Gefahr, zu spät zu kommen oder aber (…) mit Idealismen einherzugehen, die dem pragmatisch-rationalen Alltag der gegenwärtigen hochtechnologischen Gefahrenzivilisation ahistorisch und irreal begegnen" (Burckhardt 2004: 15).

Daher ist es entscheidend, konkrete und nachprüfbare Maßstäbe zu benennen, an denen sich Handeln messen lässt.

In der Erklärung von Rio (Konferenz der Vereinten Nationen zu Umwelt und Entwicklung 1992) wird nachhaltige Entwicklung als Ziel der Staatengemeinschaft festgelegt und in insgesamt 27 Grundsätzen mit politischen Handlungsabsichten verknüpft. Der Begriff der Nachhaltigkeit wird mit dem Wohlergehen der Menschen heute beschrieben: Der erste Grundsatz der Erklärung lautet:

„Die Menschen stehen im Mittelpunkt der Bemühungen um eine nachhaltige Entwicklung. Sie haben das Recht auf ein gesundes und produktives Leben im Einklang mit der Natur."[8]

Die Übereinstimmung von wirtschaftlichem und politischem (auch persönlichem) Handeln mit Handeln im Sinne einer nachhaltigen Entwicklung kann somit als anerkannter ethischer Maßstab definiert werden.

Nachhaltige Entwicklung ist aber auch notwendige Voraussetzung für Generationengerechtigkeit (vergl. Grundsatz 3 der Erklärung von Rio, s.

---

[8] Rio-Erklärung über Umwelt und Entwicklung, Abschlusserklärung der Konferenz der Vereinten Nationen über Umwelt und Entwicklung, vom 3. bis 14. Juni 1992 in Rio de Janeiro. In den Grundsätzen werden u.a. Umwelt- und Entwicklungspolitik verknüpft. Aus dieser Konferenz resultiert die Definition der Nachhaltigkeit als „Dreieck" aus wirtschaftlicher und sozialer Entwicklung unter dem Gesichtspunkt der Natur-bzw. Umweltverträglichkeit. Quelle: http://www.un.org/Depts/german/conf/agenda21/rio.pdf (Zugriff 20.5.2011).

Fußnote). Nachfolgende Generationen sollen die gleichen Chancen zur wirtschaftlichen und sozialen Entfaltung haben wie die heute lebenden Generationen. Dies kann nur geschehen, wenn die heute Lebenden und insbesondere die Verantwortungsträger ihr Handeln auf eine klare ethische Grundlage stellen. Das „Netzwerk Nachhaltige Ökonomie" hat diesen Grundsatz der persönlichen Verantwortung auch im Hinblick auf wirtschaftliches Handeln auf den Punkt gebracht:

> „Eine Nachhaltige Entwicklung und Ökonomie beruht auf ethischen Prinzipien und damit auch auf der Forderung nach persönlicher Verantwortung und Handlung" (Rogall 2011: 163).

Verantwortung für die Zukunft stellt Entfaltung und Entwicklung in den Rahmen der Rücksichtnahme auf die Mitmenschen, die Schwächeren, die kommenden Generationen und die Natur.

Machttrieb, Geldgier, das rücksichtslose Steigern des Shareholder Value[9] stehen so verstandenen ethischen Werten vollständig entgegen. Ohne Beachtung des Nachhaltigkeitsprinzips in der Wirtschaft entzieht sich die Gesellschaft ihre eigenen Grundlagen. Wie immer klarer geworden ist, sind Mensch und Natur in ihrem Dasein und in ihrer Entwicklung untrennbar miteinander verbunden. Die ökologischen Probleme unserer Zeit sind auf die Ausbeutung der Natur anstelle einer klugen und respektvollen Nutzung zurückzuführen. Wirtschaft und Natur müssen wieder in Einklang gebracht, „versöhnt" werden, wenn den Menschen auch künftiger Generationen die Wahrnehmung ihres Rechts auf ein „gesundes und produktives Leben" ermöglicht bleiben soll.

> „Zu dieser Versöhnung (mit der Natur) würde als wesentlicher Faktor gehören, dass auf allen Bezugsebenen unseres wirtschaftlichen Verhaltens ökologisches Denken zur Grundlage gemacht wird." (Hasenclever 1985: 121).

Es gibt absolute Grenzen der Natur, die die Wirtschaft und die Gesellschaft zu beachten haben. Die Wirtschaft muss daher im Sinne einer Position der starken Nachhaltigkeit als Subsystem eines allerdings umfassend gedachten von der Natur vorgegebenen Systems begriffen werden:

---

[9] Das angelsächsische Wort Value hat bezeichnenderweise eine doppelte Bedeutung: Values im Sinne ethischer Werte oder Grundwerte einer Gesellschaft, wie Freiheit, Solidarität, aber eben auch geldlicher Wert, Zuwachs an Kapital.

„Damit werden die Wirtschaft als Subsystem der Natur und die natürlichen Ressourcen größtenteils als nicht substituierbar angesehen" (Rogall 2011: 162).

Das Wirtschaftssystem befindet sich nicht nur in Bezug auf das ökologische Marktversagen in einer Legitimationskrise. Das auch bei uns, extremer noch in vielen anderen Ländern auftretende Ungleichgewicht bei der Verteilung der Wirtschaftsgüter, das viel zu starke Auseinanderklaffen zwischen Arm und Reich ist ein zunehmendes globales Problem. Die Gehälter der Spitzenmanager, die in Relation zum Durchschnittseinkommen in den letzten Jahren förmlich explodiert sind, werden an den kurzfristigen Profit gebunden, statt an Erfolge beim nachhaltigen Wirtschaften in allen seinen Verantwortungsdimensionen.

So entstehen Managereinkommen und Vermögen, die weder von den Arbeitnehmern noch von den Völkern länger akzeptiert werden. Am 21. Mai 2008 haben ehemalige, hoch angesehene europäische Politiker, darunter Helmut Schmidt, Otto Graf Lambsdorff und Jacques Delors in einem Appell an die Verantwortlichen in Europa[10] u.a. geschrieben, dass die Märkte nicht über der Moral stehen dürfen. Sie stellten darüber hinaus Besorgnis erregende Einkommensdiskrepanzen fest und weisen auf die Gefahren des Entstehens von weiteren gescheiterten Staaten (failed states), bewaffneten Konflikten und zunehmender Armut hin. Die so entstandene Legitimationskrise der Wirtschaft und der Wirtschaftspolitik kann nur überwunden werden, wenn die Ökonomie Nachhaltigkeit auch im sozialen, nicht nur im ökologischen Sinn zum Leitprinzip macht. Eine auf dem ökologischen Humanismus beruhende Ethik bildet daher die zeitgemäße Grundlage für nachhaltiges und zugleich erfolgreiches Wirtschaften.

Zu Recht stellt Holger Rogall fest:

„Zurzeit erleben wir ein extremes Ungleichgewicht zwischen dem schleichenden Fortschritt zur globalen Problembewältigung und der schnellen Zunahme der Probleme. Hierbei spielen der weitere Werteverfall in den Gesellschaften und der Wirtschaft eine besonders bedeutsame Rolle" (Rogall 2011: 787)

---

[10] Vergl. Handelsblatt vom 21.5.2008

Schafft es die Wirtschaft, den Wandel in die Nachhaltigkeit zu bewältigen und ihr Handeln auf akzeptierten ethischen Grundsätzen aufzubauen, so besteht die reale Möglichkeit einer anhaltenden guten Entwicklung auch des wirtschaftlichen Erfolgs, der an mehreren Zielen gemessen werden muss: Es geht darum, den Menschen Arbeit zu angemessenen Löhnen zu verschaffen, sinnvolle umweltverträgliche Entwicklungen zu ermöglichen, nachhaltige Innovationen zu bewältigen und auch angemessene Renditen zu erwirtschaften.

Eine Ethik des ökologischen Humanismus vermag die Maßstäbe zu liefern, die für das jeweils konkrete Verhalten gelten. Sie liefert damit möglicherweise einen wichtigen Ansatz, dem Werteverfall in Gesellschaft und Wirtschaft entgegenzutreten.

Literatur

Asholt, F. (1995): Manifeste und Proklamationen der europäischen Avantgarde (1909-1938), Stuttgart

Burckhardt, H. (2004): Moralisch sein in einer globalen Wirtschafts- und Gefahrenzivilisation. In: Ulrich, Breuer (Hrsg.), Wirtschaftsethik im philosophischen Diskurs, Würzburg.

Classen-Bauer (1993): Wege der Erziehung zum ökologischen Humanismus, in: Hasenclever (Hrsg.), Reformpädagogik heute, Wege der Erziehung zum ökologischen Humanismus, Frankfurt.

Club of Rome (1972): Die Grenzen des Wachstums, Dennis und Donella H. Meadows(Hrsg.), Stuttgart.

Dietzfelbinger, D. (2011): Vom Winde verweht: Vertrauen in Vergleichbarkeit – Bericht über die Jahrestagung des Deutschen Netzwerks Wirtschaftsethik am 8. Und 9. April in Elmshorn, In: Forum Wirtschaftsethik, Nr. 2/2011.

Funk, R. (1978): Erich Fromms Denken und Werk, Stuttgart.

Hasenclever, W. (1985): Die Versöhnung mit der Natur, in: Buddenberg (Hrsg.), Rettet die Umwelt, Herford.

Hasenclever, W. (2001): Ökologischer Humanismus- Zur Wertediskussion, in: Altner, Mettler-von-Meibom, Simonis, v. Weizsäcker (Hrsg.), Jahrbuch Ökologie.

Hasenclever, Wolf-Dieter und Connie (1982): Grüne Zeiten – Politik für eine lebenswerte Zukunft, Freiburg.

Kaden, W. (2008): Das Wüten der Finanzprofis, in: Manager Magazin vom 24.9.2008, 6.Teil. „Das Lied auf die Freiheit ist verstummt".

Kant, I. (1784): Beantwortung der Frage: Was ist Aufklärung? In Berlinische Monatsschrift, Dezember-Heft 1784, S.481-494.

Kant, I. (1786): Grundlagen zur Metaphysik der Sitten, 2. Aufl., Riga.

Luther, M. (1520, Ausgabe 1911, 397. Band): Von der Freiheit eines Christenmenschen,Weimarer.

Meyer-Abich, K. (1993): Die natürliche Mitwelt in uns- ökologischer Humanismus im Bildungswesen. In: Hasenclever (Hrsg.), Reformpädagogik heute... a.a.O.

Mill, J. (1863): Utilitarianism, London.Online zur Verfügung gestellt von forgottenbooks.com, Zugriff 15.5.2011.

Otremba, S. (2009): Das Menschenbild in der Ökonomie, Freiburg.

Plato (Ausgabe 1799): Republik, (Übersetzung Friedrich Carl Wolff, Altona).

Rogall, H. (2004): Ökonomie der Nachhaltigkeit, Handlungsfelder fü Politik und Wirtschaft, Wiesbaden.

Rogall, H. (2011): Grundlagen einer nachhaltigen Wirtschaftslehre, Marburg.

Smith, A. (1759, 6. Auflage London 1790): „The Theory of Moral Sentiment" Neuabdruck Online von MetaLibri 2006: http://www.ibiblio.org/ml/libri/s/SmithA_MoralSentiments_p.pdf, Zugriff 23.5.2011.

Teil 4: Institutionelle Perspektiven, neue Instrumente und Messsysteme

Ingomar Hauchler

Institutionelle Reformen für eine Nachhaltige Ökonomie

Abstract

Die Kritik an der herrschenden Wachstumsökonomie, die dabei ist, die natürlichen Lebensgrundlagen zu gefährden, wird immer vernehmbarer. Sie beschränkt sich jedoch überwiegend auf moralische Appelle an ein verändertes individuelles Verhalten von Konsumenten und Produzenten oder auf instrumentelle Reformvorschläge. Beide Formen der Kritik bewegen sich innerhalb des institutionellen Rahmens, den die (mehr oder weniger sozial moderierte) herrschende kapitalistische Wirtschaftsordnung setzt. Meine These ist: Der Durchbruch zu einer Ökonomie der Nachhaltigkeit, die sowohl die inter- wie die intergereative Gerechtigkeit berücksichtigt, kann nur gelingen, wenn die normativen Appelle und instrumentellen Reformen durch eine Korrektur der Grundregeln ökonomischen Verhaltens, also der zentralen ökonomischen Institutionen ergänzt werden. Dies betrifft die ökonomischen Entscheidungsrechte, die Koordination einzelwirtschaftlicher Entscheidungen und die Beziehungen zwischen den wirtschaftlichen Akteuren. Ohne eine Umbau der Institutionen kann der immanente ökonomische Wachstums z w a n g , der die herrschende Ökonomie treibt und der politische Wachstums z w a n g , der die Gesellschaft fesselt, nicht gebrochen werden, können auch die notwendigen technischen und ökonomischen Innovationen nicht umfassend und schnell genug durchgeführt werden, um die Ressourcenproduktivität entscheidend zu erhöhen. Mein Beitrag stellt eine Agenda zur Korrektur der ökonomischen Institutionen zur Diskussion, die über normative Appelle und instrumentelle Reformen innerhalb des Kapitalismus hinausgeht, sich aber auch nicht von einer dogmatischen Gegensetzung von Markt oder Staat leiten lässt.

1. Vorbemerkungen

Die Frage zu stellen, ob eine nachhaltige Ökonomie nicht nur instrumentelle Reformen, sondern auch einen *institutionellen* Umbau der Wirtschaftsordnung erfordert, erscheint heutzutage verwegen[1]. Die institutionelle Grundlage der kapitalistischen Ökonomie, besonders die Eigentumsordnung, gehört ja zum geheiligten Kern der modernen Ökonomie. Wenn man gar nur eine begrenzte Seitenzahl zur Verfügung hat, ist man zu gefährlichen Vereinfachungen gezwungen. Man kann die Leute dann arg erschrecken, wird leicht als Utopist verschrieben, als Naiver belächelt oder als Revoluzzer verfolgt. Ich will es dennoch versuchen.

Um aber Missverständnissen vorzubeugen, ein paar Vorbemerkungen. (1) Auch wer über einen Wandel bestehender ökonomischer Institutionen nachdenkt, muss nicht für eine Zentralverwaltungswirtschaft plädieren, sondern kann – wie ich – diese für inhuman, ineffizient und nicht nachhaltig erachten. (2) Wenn ich von Eigentum spreche, so meine ich immer

---

[1] Es handelt sich um eine eigene Ausarbeitung, die durch die in der Bibliographie aufgeführte Literatur inspiriert wurde. Angefangen bei den „Grenzen des Wachstums" des Club of Rome bis zur jüngeren Studie des Wuppertaler Instituts „Zukunftsfähiges Deutschland", konzentriert sich die ökologisch inspirierte Kritik der etablierten Ökonomie auf eine Analyse der instrumentellen Fragen und auf Reformvorschläge im Rahmen des herrschenden institutionellen Systems. Das gilt auch für die bekannte Arbeit von Hermann Daly, der sich in jüngerer Zeit allerdings dezidierter mit der ökonomischen Grundordnung beschäftigt hat. Seidl, Zahrnt und Luks konzentrieren sich in ihren durchaus bemerkenswerten Beiträgen zur nachhaltigen Ökonomie auf instrumentelle und sozial-kulturelle Aspekte. Einen wenigstens peripheren Blick auch auf die institutionellen Ursachen endemisch fortdauernden Wachstums und des damit unlimitierten Verbrauchs immer knapper werdender natürlicher Ressourcen werfen in jüngeren Veröffentlichungen H.C Binswanger, Tim Jackson und Gerhard Scherhorn. Bei Gerhard Scherhorn im Beitrag dieses Jahrbuches geht es nicht um ein neues Wirtschaftssystem, sondern eher um einen „konditionierten" Kapitalismus, einen „Capitalism 3.0", also um ein „update" der bestehenden institutionellen Ordnung.

nur das *große* und oft konzentrierte Eigentum an *Produktionsmitteln*. (3) Wenn ich von einem möglichen Umbau der Institutionen spreche, so denke ich nicht, dass dies kurzfristig „machbar" wäre. Ein Systemwandel, so notwendig er sein möge, setzte eine Änderung des öffentlichen Bewusstseins voraus und würde auf massiven Widerstand treffen. Ausgang also ungewiss! (4) Die übliche dichotomische Gegensetzung von Markt und Staat ist verkehrt: kollektives und privates Handeln müssen sich nicht widersprechen; sie können sich sinnvoll ergänzen. Der Staat kann vom Markt profitieren. Der Markt bedarf des Staates.

Folgende Begriffe werde ich häufiger verwenden. Ich will vorab sagen, wie ich sie im Folgenden benutze. Wenn ich von natürlichen Ressourcen spreche, so verstehe ich darunter – abkürzend – sowohl *natürliche* Stoffe als auch die *natürliche Umwelt*. Mit *Ressourcenproduktivität* (oder Ressourceneffizienz) bezeichne ich die Relation zwischen dem Input (oder Verbrauch) an Ressourcen in den Produktionsprozess und dem Output an Gütern und Dienstleistungen. Der Begriff der ökonomischen *Institutionen* bezeichnet ein rechtlich sanktioniertes Regelwerk, das die Verfügung über die Produktionsfaktoren, die Koordination von wirtschaftlichen Entscheidungen, die Beziehung zwischen den Wirtschaftssubjekten und die Funktion des Geldes betrifft. Unter wirtschaftspolitischen *Instrumenten* verstehe ich politische Maßnahmen, die im Rahmen *bestehender* Institutionen ergriffen werden. Der Begriff *Investition* bezeichnet den Einsatz von Kapital für eine *erweiterte* und möglicherweise gleichzeitig effizientere Produktion. Die *Regenerationsfähigkeit* (oder Reproduktionsfähigkeit) der Ressourcen bezeichnet das Maß, bis zu dem diese aus der Natur entnommen und/oder bis zu dem die Umwelt belastet werden kann, ohne dass die Ressourcenbestände und ihre produktive Kapazität geschmälert werden. Eine *nachhaltige Ökonomie* gewährleistet, dass Produktion und Konsum die Regenerationsfähigkeit und produktive Kapazität der Natur auf Dauer nicht mindern. Nicht das *erwünschte* Volumen an produzierten Gütern – gar ein unendliches Wachstum des Volkseinkommens – bestimmt hier den Verbrauch von Ressourcen, sondern, umgekehrt: die Reproduktionsfähigkeit der Natur bestimmt letztlich das Volumen und die Art von Produktion und Konsum. Nun zur Sache selbst.

2. Ökologische Implikationen des kapitalistischen Systems

2.1 Die Kerninstitutionen des kapitalistischen Systems

Das kapitalistische System ist durch eine historisch spezifische *Konfiguration* von Privateigentum an Produktionsmitteln, freiem Wettbewerb und Markt sowie – nach Ablösung des Goldstandards – einer expansiven Geldschöpfung bestimmt. Die Wirtschaftsordnung ist durchweg vom Prinzip der Vertragsfreiheit geprägt. Sie gibt grundsätzlich der privaten Selbststeuerung der Ökonomie Vorrang vor öffentlichen Entscheidungen. Im Gegensatz zur Eigentumsgarantie kennt das kapitalistische System weder ein Recht auf Arbeit noch ein Recht auf ein menschenwürdiges Leben. Wer Arbeit hat und wer welches Einkommen bezieht, ist keine *Bedingung*, sondern ein *Ergebnis* eines anonym durch Märkte gesteuerten Wirtschaftsprozesses.

2.2. Die strategische Variablen der Nachhaltigkeit

Eine nachhaltige Ökonomie, in der die Reproduktionsfähigkeit der Natur aufrecht erhalten wird, hängt von zwei strategischen Variablen ab: vom Volumen der Güterproduktion und von der Ressourcenproduktivität. Das Produktionsvolumen bezeichnet die absolute Menge an produzierten Gütern. Die Ressourcenproduktivität bezeichnet die Relation zwischen dem Output an Gütern und dem Input von Ressourcen. Sie ist weitgehend durch den Stand der Technik, diese wiederum durch wissenschaftliche Innovation und Kapitaleinsatz bestimmt. Man kann vereinfacht so formulieren:

Der Verbrauch an Ressourcen V ist eine Resultante aus Produktionsvolumen X und Ressourcenproduktivität P.

$V = f(X, P)$

Eine nachhaltige Politik verlangt, dass V nicht höher ist als die Reproduktionsfähigkeit der Natur (R).

$V = R$

Da die Natur endlich ist, wird die Grenze der Reproduktionsfähigkeit umso schneller erreicht (und damit die Bestände vermindert), je mehr der

Zuwachs von X, also das ökonomische Wachstum, den Zuwachs der Ressourcenproduktivität P übersteigt. Doch auch wenn die Rate der Ressourcenproduktivität die des Wachstums übersteigt, verursacht die Erhöhung des Produktionsvolumens einen zusätzlichen Ressourcenverbrauch und somit auch eine Bestandsverminderung. Eine Produktion ohne jeglichen Ressourceneinsatz ist nicht möglich, auch wenn es gelingt, die Ressourceneffizienz drastisch zu erhöhen. Bei Wachstum rückt also – je nach der Höhe des zusätzlichen Outputs und der Steigerung der Ressourcenproduktivität – die Grenze der Reproduktionsfähigkeit bestimmter Ressourcen immer näher. Wird sie erreicht, so kann eine Erosion der Reproduktionsfähigkeit der Natur – und damit künftig von Konsum und Produktion – nur verhindert werden, wenn das Produktionsvolumen nicht größer ist als der kombinierte Effekt von Reproduktionsrate und Produktivitätsrate es erlaubt. Selbstverständlich sind die Bedingungen der Reproduktion und der Produktivität für die verschiedenen Ressourcen sehr unterschiedlich. Es gibt Ressourcen, die mit hohen und solche, die mit niedrigen Raten der Reproduktion und Produktivität verknüpft sind. Für erneuerbare Energien etwa ist die Reproduktionsrate sehr viel höher (wenn auch nicht unendlich) als für Erdöl und Uran, für Holz ist sie viel niedriger als für Ackerfrüchte.

2.3. Nachhaltigkeit und ökologischen Instrumente.

Die bisherigen Instrumente ökologischer Politik haben sich auf die erste strategische Variable, die Ressourcenproduktivität, auf die Entkopplung von Güteroutput und Ressourceninput, gerichtet. Es gibt Erfolge, wenn sie auch das Problem nicht allein lösen können. Hingegen zeigt sich keine Tendenz, das absolute Produktionsvolumen, die zweite strategische Variable, an die Reproduktionsfähigkeit der Natur anzupassen.

Die Industrieländer haben seit den 1970er Jahren begonnen, ein immer komplexeres ökologisches Instrumentarium zu entwickeln, um – nicht ohne nennenswerten Erfolg – die Ressourcenproduktivität zu erhöhen. Es wurden Grenzwerte für den Einsatz und die Emission bestimmter Stoffe festgelegt, marktgerechte Anreize zur Einsparung von Ressourcen geschaffen, auf vielfältige Weise der technischen Fortschritt gefördert, der eine nachhaltige Produktionsweise forciert. Die Fakten zeigen aber, dass der Ressourcenverbrauch dennoch weiter ansteigt und wir bei nicht wenigen Ressourcen die Grenze der Reproduktionsfähigkeit überschritten haben. (fossile Energie, seltene Metalle, Klima). Und es ist ungewiss, ob wir entsprechenden Ersatz an natürlichen oder künstlichen Stoffen finden.

Das ökologische Instrumentarium wird weiter ausgebaut und wird in den Industrieländern eine weitere Entkopplung von Produktionsvolumen und Ressourcenverbrauch ermöglichen. Das wird aber nicht ausreichen, um den Anstieg des Ressourcenverbrauchs in den Entwicklungsländern zu kompensieren. Die noch lange wachsende Bevölkerung des Südens und ihr Drang, so gut wie die Menschen im Norden zu leben, hat dort weiter hohe Wachstumsraten bei relativ niedriger Ressourcenproduktivität zur Folge. Und die Entwicklungsländer werden noch lange Zeit nicht die technischen und finanziellen Möglichkeiten zu einer Entkopplung haben, die dem Stand der modernen Technik entspricht.

Wie steht es mit der zweiten strategischen Variable einer nachhaltigen Ökonomie, dem Wachstum des *Produktionsvolumens*? Es gibt einen vagen öffentlichen Bewusstseinswandel hin zu ökologisch verträglichem Verhalten (zu Suffizienz). Wenn es allerdings konkret wird, wollen die meisten Menschen doch weiter besser wohnen, mehr und weiter reisen, sich modisch kleiden und besser essen, schönere Autos fahren. Wenn möglich mehr Bio, aber doch immerhin mehr von allem. Und auch der politische Mainstream in den etablierten Parteien sieht nach wie vor im Wachstum den zentralen Schlüssel für die Lösung fast aller gesellschaftlichen Probleme – vor allem für die Bekämpfung der Arbeitslosigkeit und die internationale Wettbewerbsfähigkeit. Noch weniger als in den reichen Industrieländern sind die Entwicklungsländer bereit, das ökonomische Wachstum am Kriterium der Nachhaltigkeit zu orientieren.

2.4. Kapitalistische Institutionen gegen Nachhaltigkeit?

Die *Ursachen* dafür, dass die bisherigen ökologischen Reformen, obwohl notwendig, nicht hinreichend sind, um eine nachhaltige Ökonomie zu etablieren, liegen nicht, wie am Ende jeder internationalen Konferenz unisono, doch ratlos, beschworen wird, in erster Linie am mangelnden politischen W i l l e n , also in der Verantwortung von Regierungen und Parlamenten und einzelnen Politikern. Die Unfähigkeit, zeitgerecht und im nötigen Umfang zu einer nachhaltigen Ökonomie überzugehen und ausreichende instrumentelle Reformen durchzusetzen, liegt in erster Linie in der spezifischen Konfiguration der kapitalistischen *Institutionen*. Das kapitalistische System trägt in sich eine ökonomische Logik der privaten Selbststeuerung, die ihre primäre Triebkraft in der stetigen Akkumulation von Kapital, im Streben nach Rendite, hat. Dieser Logik ist ein systemimmanenter Z w a n g zum Wachstum immanent, der eine Anpassung des Produktionsvolumens und Konsums an Maßstäbe der Nachhaltigkeit und ein höhere Ressourcenproduktivität verhindert.

Blicken wir jetzt zuerst auf das *Produktionsvolumen*. Welche institutionellen Barrieren stehen in einem kapitalistischen System einer ökologisch begründeten Begrenzung des Produktionsvolumens entgegen?

Die Doktrin der kapitalistischen Ökonomie ist seit Adam Smith unverändert: Der Staat, also die Politik und die Gesellschaft sollen sich aus der Ökonomie heraushalten, denn gerade dadurch, dass die ökonomischen Entscheidungen ausschließlich aus private Interessen heraus getroffen werden, stellt sich das Wohls des Ganzen am besten her. Dieser Mythos der „invisible hand" lebt wie eh und je – in Theorie, Praxis und Politik.

In der primär an privaten Interessen der Kapitalverwertung orientierten Rationalität der unternehmerischen Dispositionen dürfen – und zwar systemisch ganz „zu Recht" – ökologische (und auch soziale und humane und kulturelle) Kriterien nur insoweit eine Rolle spielen, als sie die Kapitalrendite nicht schmälern, sondern gegebenenfalls (etwa durch die spezifische Reduktion von Kosten oder durch zusätzliche oder kompensierende „grüne" Umsätze) erhöhen. Kriterien, die gesamtwirtschaftliche Interessen repräsentieren, sind in den einzelwirtschaftlichen Kalkülen grundsätzlich sekundär. Wer dieser Maxime nicht folgt, scheidet über kurz oder lang aus dem Markt aus. Angesichts des Wettbewerbs und des modernen Kreditsystems kann es sich ein Unternehmen nicht leisten, seine Umsätze und seine Gewinne nicht zu steigern.

Es gibt im kapitalistischen System keinen immanenten Mechanismus, der die einzelwirtschaftliche Rationalität der kapitalistischen Selbststeuerung mit einer wie immer definierten gesamtwirtschaftlicher Rationalität, die auch ökonomische Nachhaltigkeit einschließt, auf einen Nenner brächte. Wer Umsätze machen und eine normale Kapitalrendite erzielen muss, um im Geschäft zu bleiben, „gierige" Aktionäre zufrieden zu stellen oder das eigene Gehalt und Prestige zu mehren, denkt nur mit Widerwillen an niedrigere Umsätze und (aufgrund von Internalisierung von

Umweltkosten höhere Kosten), die vom Standpunkt des langfristigen Gemeinwohls möglicherweise vernünftig wären. Er wird nur das Nötigste tun, um öffentliche Auflagen zu erfüllen, wird marktwirtschaftliche Anreize und Subventionen fordern, wenn er Entscheidungen treffen soll, die nicht ausschließlich dem Unternehmen, sondern dem Gemeinwohl dienen. Der Staat sieht sich heute bereits hohen Subventionsforderungen von Unternehmen gegenüber, die von Atom- auf erneuerbaren Strom umschalten, vom konventionellen Automotor auf Elektroantrieb umschalten sollen. Ist das unmoralisch, darf dies als gierig bezeichnet werden? Entspricht solches Verhalten nicht genau den Regeln, die in die kapitalistischen Institutionen inkorporiert sind? Diese folgen in der kapitalistischen Konfiguration nun mal nicht moralischen Prinzipien oder ökologischen Erfordernissen, sondern Maximen eines davon gereinigten stetigen Wachstums.

Blicken wir jetzt auf die *Ressourcenproduktivität*. Welcher Zusammenhang besteht zwischen ihr und den kapitalistischen Institutionen? Die Logik der Selbststeuerung bewirkt, dass die Unternehmen aus *notwendigem* einzelwirtschaftlichen Kalkül heraus nur Schritte zur Erhöhung der Ressourcenproduktivität tun, wenn entsprechende Investitionen eine normale oder höhere Rendite abwerfen als bei Maßnahmen zur Erhöhung der Arbeitsproduktivität. Die Garantie des Privateigentums schützt die Unternehmen teilweise davor, von außen zu Entscheidungen gezwungen zu sein, wonach Eigenkapital und Gewinne für Zwecke verwendet werden, die außerhalb der privaten Interessen stehen (Ausnahmen v.a.nur dort, wo unmittelbare Gefahr durch die Emission von von Schadstoffen droht). In jedem Fall verhindern Zuckerbrot und Peitsche, die der Wettbewerb schafft, die Unternehmen daran, von sich aus, m e h r als die Konkurrenz für die Ressourcenproduktivität zu tun. Deshalb werden auch schädliche Emissionen, die im Produktionsprozess auftreten, wo immer möglich, externalisiert.

Aus einzelwirtschaftlichem Kalkül heraus werden ökologische Investitionen unterlassen oder verzögert, wenn sie nicht staatlich subventioniert werden oder zu zusätzlichen Renditen beitragen. Diese sind jedoch in der Regel wiederum nur durch steigende Umsätze zu erzielen. Der ökologische Effekt von Investition in höhere Ressourcenproduktivität führt dann wiederum zu einem steigenden Produktionsvolumen.

Wo das Institut der privaten Eigentumsgarantie und der Wettbewerb das wirtschaftliche Kalkül dominieren, zeigt sich tendenziell ein systemimmanentes Defizit an ökologischen Investitionen.

2.5. Politik und nachhaltige Ökonomie

Wir haben gesehen: Weder hinsichtlich einer nachhaltigen Entwicklung des Produktionsvolumens noch der Ressourcenproduktivität verfügt die private kapitalistische Selbststeuerung über einen Mechanismus, der aus sich heraus eine nachhaltigen Ökonomie forciert. Inwieweit kann die Gesellschaft – sei es durch freie gesellschaftliche Initiativen, durch Kommunen oder durch den Staat – dieses Defizit kompensieren? Meine These: Dies ist nur begrenzt, jedenfalls nicht im notwendigen Ausmaß möglich, wenn die kapitalistischen Institutionen nicht umgebaut werden. Ich führe folgende Argumente dazu an.

Erstens. Mit dem Schutz des Privateigentums und des freien Wettbewerbs sind *rechtliche Schranken* gesetzt für einen öffentlichen Eingriff in unternehmerische Entscheidungen.

Die kapitalistischen Institutionen blockieren, dass sich ein Primat der Politik durchsetzen kann. Dagegen ist auch für demokratische Mehrheiten kein Kraut gewachsen, so lange diese Institutionen die Grundregeln ökonomischen Verhaltens bestimmen. Dies geht zu Lasten einer nachhaltigen Ökonomie. Die Politik – gleich auf welcher Ebene, ob kommunal, national oder global und gleich ob demokratisch oder autoritär – kann nur begrenzt und nur von außen auf den Wirtschaftsprozess einwirken. Sie kann jedenfalls das Entscheidungsmonopol des privaten Kapitals über Investitionen, Beschäftigung und Einkommensverteilung nicht brechen.

Das zweite Argument betrifft funktionelle Schranken, die die kapitalistischen Institutionen öffentlichen Eingriffen in die Ökonomie entgegensetzen. Die immanente Instabilität und Tendenz zu sozialer Differenzierung, zu der das kapitalistische System neigt, zwingt den Staat, von sich aus stetig eine Politik der Vollbeschäftigung und der sozialen Sicherung zu betreiben. Dies setzt aber, sollen die Instrumente systemgerecht sein, voraus, dass dies unter Bedingungen geschieht, die mit den Interessen des Kapitals kongruent sind. Die Unternehmen werden bei schwacher Konjunktur nur Investitionen vornehmen, wenn diese eine Rendite erbringen, die über dem durchschnittlichen Zinsniveau plus Risikoaufschlag liegt. Das setzt aber in aller Regel voraus, dass die Investitionen zu höheren Umsätzen führen. Dies zwingt den Staat – die letzte Weltwirtschaftskrise zeigt es wiederum deutlich – zu einer Wachstumspolitik. Nur durch die dazu notwendige Erhöhung der gesamtwirtschaftlichen Nachfrage werden die Unternehmen bereit sein, neue Arbeitskräfte einzustellen oder auf Entlassungen zu verzichten. Dieser Mechanismus hat bisher zu einer endemischen Steigerung der Staatsverschuldung geführt, die ihrerseits zu neuem Wachstum herausfordert. Die ökologischen Wirkungen dieser *systemgerechten* Stabilisierung treten erfahrungsgemäß – sei es hinsichtlich des Produktionsvolumens wie der Ressourcenproduktivität – in Krisenzeiten zurück. Wachstum first!

Das kapitalistische System ist nicht nur mit einer rechtlichen Eingriffsschranke und einer zwangsläufigen Wachstumsfunktion des Staates verbunden, sondern auch, drittens, mit einer endemischen *finanziellen Schwäche* der öffentlichen Akteure, sei es auf kommunaler, nationaler oder internationaler Ebene. Die Politik kann nicht die Mittel aufbringen, die nötig sind, um insbesondere die technisch mögliche Steigerung der Ressourcenproduktivität durchzusetzen.

Durch die kapitalistische Konfiguration seiner Institutionen ist der Staat nicht nur in seinen ökonomischen Kompetenzen beschränkt und in seiner Funktion von privaten Interessen abhängig, er hängt auch finanziell am Tropf des privaten Sektors. Dieser erwirtschaftet letzten Endes die nötigen Steuern und Abgaben und beansprucht im politischen Verteilungsstreit einer Demokratie hier das letzte Wort. Und wiederum geht nichts ohne Rücksicht auf die Rendite des Kapitals, die zu Wachstum zwingt. Spätestens, wenn angesichts des von der Politik globalisierten Finanzmarktes mit Kapitalflucht gedroht wird, streckt die Politik aller Couleur die Waffen. Wiederum: Wachstum first! Die Nachhaltigkeit der Ökonomie hat zu warten.

Eine vierte Grenze für eine demokratisch begründete Politik der Nachhaltigkeit zeigt sich darin, dass die große Ökonomie, mindestens die großen Konzerne und die transnationalen „Champions" im kapitalistischen System einen durch *Macht* begründeten direkten Einfluss auf die politischen Entscheidungen haben. Sie können gegen eine Politik der Nachhaltigkeit, die gegen ihre kurzfristigen Interessen geht, einen vielfältigen Widerstand leisten.

Fazit: Wie groß die Handlungsfähigkeit der Politik ist, ist eine Folge des von der Politik selbst gesetzten Rechts. Die dispositiven Eingriffsschranken, vor denen der Staat steht, die funktionellen Handlungszwänge zu fortdauerndem Wachstum, denen er Staat unterworfen ist, die endemische Finanzschwäche des Staates und die gesellschaftliche Macht, die dem großen Kapital zugestanden wird, hat die Politik selbst zu verantworten. Sie sind zwingende Folge der institutionellen Konfiguration des kapitalistischen Systems, das die Politik geschaffen hat und aufrecht erhält.

3. Folgerungen für eine Agenda institutioneller Änderungen

Ich habe dargestellt, welche Bedeutung die ökonomischen Institutionen für eine nachhaltige Ökonomie haben. Das Ergebnis war: die herkömmlichen Institutionen bremsen den Weg hin zu einer nachhaltigen Wirtschaftsweise. Die herkömmlichen Instrumente reichen nicht aus, um dies zu ändern. Welche Folgerungen ergeben sich daraus für die künftige Formierung der *ökonomischen* und *politischen Institutionen*? Dazu folgende Thesen.

3.1. Dogmen beseitigen.

Eine nachhaltige Entwicklung erfordert, dass die ökonomischen Entscheidungen nicht mehr *primär* an das Kapitalinteresse, die Rendite, sondern primär an die Reproduktionskraft der Natur gebunden werden. Eine entsprechende Veränderung der ökonomischen Logik bedarf eines Umbaus bestehender und der Einführung neuer Institutionen, die es erlauben, die einzelwirtschaftlicher Rationalität an das Gemeinwohl zu binden.

Um dies zu erreichen, geht es darum, nicht dogmatisch an den herkömmlichen kapitalistischen Institutionen festzuhalten, jedoch auch nicht um das Gegenteil, für eine Zentralverwaltungswirtschaft nach dem Muster des real existent gewesenen Sozialismus zu optieren. Der ideologische Konflikt zwischen diesen historischen Ordnungen führt zu falschen, nicht zukunftsfähigen Alternativen. Beide Ordnungen unterscheiden sich war grundlegend in sozialer, nicht aber in ökologischer Perspektive.

3.2. Eine neue institutionelle Arbeitsteilung.

Die künftigen Institutionen müssen eine differenzierte Arbeitsteilung und Kooperation der privaten, öffentlichen und globalen Akteure fördern. Die praktische *Durchführungsebene* der Ökonomie sollte, wie bisher im kapitalistischen System, primär den privaten Akteuren vorbehalten sein, die einzelne Produzenten und Konsumenten, zunehmend aber auch privatrechtliche Kooperative umfassen. Die marktwirtschaftliche Logik der Selbststeuerung wird jedoch ökologisch gebunden. Die Initiativen der privatwirtschaftlichen Ebene werden durch gesellschaftliche Akteure – Kommunen, größere Gebietskörperschaften, Staat – ergänzt. Dies geschieht dort, wo die Interessen der privaten Akteure nicht mit dem Gemeinwohl kongruent sind. Jenseits der nationalen Ebene treffen weltregionale (wie die EU) und globale Regime und Organisationen Entscheidungen, wenn einzelstaatliche Ziele einen fairen internationalen Interessenausgleich verhindern und mangelnde staatliche Leistungsfähigkeit der Verfolgung gemeinsamer globaler Ziele entgegenstehen. Die Kompetenzverteilung zwischen privaten und öffentlichen Akteuren richtet sich nach den Prinzipien der Subsidiarität, Dezentralität und demokratischen Meinungsfindung. Sie haben grundsätzlich Vorrang vor zentralistischen und autoritären Lösungen.

3.3. Eine Umkehrung der ökonomischen Logik.

Das Volumen und die Ressourcenintensität der Güter und des Produktionsprozesses orientiert sich in Zukunft nicht mehr primär am Kriterium einzelwirtschaftlicher Rendite, sondern am Kriterium der Nachhaltigkeit. Dies bestimmt den Rahmen, innerhalb dessen Interessen des Kapitals an Rendite und der Konsumenten an materiellen Gütern zum Zuge kommen. Bisher war der Ressourcenverbrauch eine Resultante des Wachstums. In einer nachhaltigen Ökonomie bestimmt die Reproduktionsfähigkeit der Natur das Ausmaß der Güterproduktion. Diese Logik bestimmt nicht nur das Volumen der Güterproduktion, sondern auch die Art und Weise, wie sie genutzt und produziert werden.

Die ökonomischen und politischen Institutionen müssen deshalb Investitionen fördern, die ökologisch verträgliche Formen der Ressourcennutzung ermöglichen und favorisieren. Sie müssen gleichzeitig eine Art und Weise der Güterproduktion fördern, die die Lebensdauer der Güter verlängert, ihre Ressourcenintensität senkt und das Recycling der Ressourcen verstärkt. Eine solche Wende in der Ressourcennutzung und Güterproduktion bedarf eines institutionellen Systems, in dem marktwirtschaftliche Anreize genutzt werden können, wo diese aber nicht oder zu langsam greifen, auch ordnungspolitische Instrumente eingesetzt und stärkere öffentliche Investitionen finanziert werden können.

Der notwendige Umbau der Institutionen verlangt einen Umbau der bestehenden und die Einführung neuer ökonomischer Regeln. Ob dies gelingt, ist wiederum davon abhängig, ob unsere Demokratie in der Lage ist, den Primat der Politik durchzusetzen. Welche konkreten Schritte wären zu tun?

3.4. Die Eigentumsordnung korrigieren.

Die Eigentumsordnung wird in mehrfacher Hinsicht ergänzt und erweitert.

Erstens. Das *private* Eigentum an Produktionsmitteln ist unverzichtbar für wirtschaftliche Effizienz. Es wird jedoch an eine ökologisch unbedenkliche Verfügung gebunden. In Deutschland kann hier rechtssystematisch an die geltende Verfassung angeknüpft werden. Neben die soziale Verpflichtung (die übrigens politisch kaum genutzt wird) tritt in Zukunft die ökologische Verpflichtung privaten Eigentums. Der prinzipielle Anspruch auf eine freie private Verfügung über privates Eigentum muss der Notwendigkeit, Ressourcen und Umwelt dauerhaft zu schützen, untergeordnet werden. Dies gerät weniger in Konflikt mit den Interessen des kleinen und mittleren Kapitals, das in der Regel standortgebunden ist und dessen Verhalten der Kontrolle seines gesellschaftlichen Umfeldes ausgesetzt ist, als mit der Macht großer Konzerne. Wenn sie gegen Prinzipien der Nachhaltigkeit verstoßen, müssen sie entweder entflochten werden oder eine Beschränkung ihrer Dispositionsrechte hinnehmen.

Zweitens: neben der sozialen und ökologischen Bindung des *privaten* Eigentums zielt eine neue Eigentumsordnung auf den Schutz und den Ausbau *gesellschaftlichen Eigentums.* Auf bestimmten Feldern muss die Disposition über Ressourcen direkt aus dem öffentlichen Interesse an der Wahrung des Gemeinwohls erfolgen. Dies gilt jedenfalls für die Nutzung absolut knapper Ressourcen wie Grund und Boden, Wasser und Energie sowie eine lebenswerte Umwelt. Dabei sind je nach Problemlage flexible Regelungen, die private Anreize und öffentliche Regulierung vermitteln, starren, entweder privaten oder kollektiven Dispositionen vorzuziehen. Jedenfalls muss die Disposition über gesellschaftliches Eigentum an die Prinzipien der Subsidiarität und Dezentralität und Demokratie gebunden werden. Das heißt: so viel lokale und kommunale Disposition und so wenig zentrale Verfügung wie möglich.

Drittens. Die Verfügung über *Kapital* wird daran gebunden, dass sie für realwirtschaftliche Zwecke und binnenwirtschaftliche Ziele erfolgt. Geld kann nicht mehr in Finanz- und Rohstoffspekulation, sondern nur noch in *Sachanlagen* investiert werden, ohne dass aber eine rigide Begrenzung von Währungssicherungsmaßnahmen, Gewinnen und Managerbezügen erfolgt. Kapitaltransfers ins Ausland sind nur insoweit möglich, als damit die inländische Beschäftigung nicht untergraben und keine Steuerflucht verbunden ist.

Viertens. Die Eigentumsordnung betrifft auch die viel beschworene *Konsumentensouveränität,* also die Möglichkeit, Entscheidungen über die konsumtive Verwendung von Einkommen und Vermögen frei zu treffen. Wenn marktwirtschaftliche Steuerung versagt, müssen ordnungspolitische Maßnahmen durchgesetzt werden. Dazu gehört, dass jeder, der durch seinen Konsum weit über ein durchschnittliches Maß Ressourcen und Umwelt verbraucht, massiv mit Abgaben belastet wird, die zweckgebunden in ökologische Vorsorge gesteckt werden.

3.5. Markt und Wettbewerb neu justieren

Markt und Wettbewerb sind Institutionen, die grundsätzlich ökonomische Effizienz und eine bedürfnisgerechte Allokation von Produktionsfaktoren fördern. Wir brauchen sie aber auch für eine stärkere Durchsetzung des Prinzips nachhaltiger Entwicklung. Dagegen müssen ökologisch widrige Formen des Wettbewerbs beseitigt werden.

Zur effizienten Koordination der einzelwirtschaftlichen Entscheidungen, zur optimalen Zuordnung von Bedürfnissen und Ressourcen und zur produktivitätsorientierten Ausdehnung der Arbeitsteilung sind *Märkte* einer staatlichen Planung weit überlegen. Es ist insoweit ökonomisch unsinnig, die Märkte einzuschränken.

Allerdings zeigt sich doch auch ein ökologisch relevantes Versagen des Marktes, das systemimmanent ist. Der Markt kann nur relativ kurzfristige Informationen verarbeiten. Der Preisbildungsmechanismus berücksichtigt weder längerfristig auftretende Knappheiten, noch erkennt er absolute Grenzen der Reproduktionsfähigkeit. Der Marktmechanismus muss in dieser Hinsicht ergänzt werden.

Das kann durch die Setzung künstlicher politischer Preise für bestimmte Ressourcen geschehen, deren Knappheit die Märkte nicht durch entsprechende Preise abbilden, notfalls aber, wo die Lenkungswirkung künstlicher Preise zu schwach ist (wie im Falle der Ökosteuer), durch eine ordnungspolitische Rationierung von knappen Ressourcen.

Der *Wettbewerb* bewirkt in Verbindung mit privatem Eigentum, dass Entscheidungen im Hinblick auf die kurzfristige Nutzenmaximierung der wirtschaftlichen Akteure möglichst rational getroffen werden, also auch Ressourcen, die Kosten verursachen, wirtschaftlich optimal verwertet werden und die Unternehmen entsprechend innovative Techniken einsetzen, wenn dies der Rendite zugutekommt. Die Institution des Wettbewerbs kann insoweit auch einer nachhaltigen Ökonomie dienen.

Der Wettbewerb bedarf jedoch in zweifacher Hinsicht einer institutionellen Korrektur. Zum einen muss der Wettbewerb immer wieder von außen hergestellt werden, denn es liegt in seiner Natur, dass er sich im Ablauf der Zeit tendenziell auflöst. Zum andern zeigt sich, dass der Wettbewerb aus sich heraus bestimmte ökologische Belastungen mit sich bringt, die eine öffentliche Kontrolle erfordern. Ein hoher Wettbewerbsdruck veranlasst viele Unternehmen, mit immer raffinierteren Methoden der Produktgestaltung, der Werbung und des Vertriebs die Umsätze über das Maß hinaus zu steigern, das einer autonomen Äußerung der Bedürfnisse entspricht. Die von der Angebotsseite selbst künstlich *geschaffene* erhöhte Nachfrage führt zu einem Produktionswachstum, das einen wachsenden Anteil am Ressourcenverbrauch verschlingt.

Die Institution des Wettbewerbs muss grundsätzlich erhalten werden. Seine positive Funktion muss gestärkt werden, indem die Gesetze gegen seine Beschränkung und mögliche Unlauterkeit verschärft werden. Die ökologisch nachteiligen Folgen eines ungehemmten Wettbewerbs müssen aber verhindert werden. Dies macht eine Kontrolle der Marketing- und Werbepraktiken nötig und gegebenenfalls effizientere und objektive Formen der öffentlichen Produktinformation. Dazu kommt die Notwendigkeit, bestimmte Formen der kooperativen Nutzung und Produktion von Gütern, die den Ressourcenverbrauch im Vergleich zum Wettbewerb stärker senken, zu fördern.

3.6. Eine neue Geldordnung.

Das Geld wird auf eine rein dienende Rolle zur Unterstützung der realwirtschaftlichen Entwicklung beschränkt. Eine neue Ordnung stellt sicher, dass das Geld den wirtschaftlichen Austausch, die Arbeitsteilung und die realwirtschaftliche Investition und die Kalkulation erleichtert und das Sparen insbesondere für ökologische Zukunftsinvestitionen fördert. Das globale Spekulationskasino wird geschlossen, der Selbstlauf des Geldes beendet – damit aber auch sein autonomer Einfluss auf Konjunktur, Wachstum und Beschäftigung, der wiederholt schwere wirtschaftliche Krisen verursacht hat. Auch der internationale Geldtransfer wird an den realen Austausch gebunden, soweit er gesamtwirtschaftlich verträglich ist. Zur Förderung ökologischer Investitionen und Unterstützung lokaler und kooperativer lokaler Unternehmen garantieren öffentliche Fonds eine langfristig verlässliche Finanzierung.

Korrekturen der bestehenden Institutionen reichen allerdings nicht aus, um zu einer nachhaltigen Ökonomie überzugehen. Diese bedarf ergänzender Regeln. Besonders wichtig erscheinen mir die folgenden.

3.7. Das Gemeineigentum Natur bewahren.

Die bestehende Eigentums- und Wettbewerbsordnung nimmt keine Rücksicht auf *langfristig* knappe Ressourcen. Dies kann nur eine öffentlich kontrollierte Vergabe von Nutzungsrechten sicherstellen. Dies ist auch in einer freiheitlichen Ordnung legitim, weil es sich bei den natürlichen Ressourcen (etwa Wasser, Klima, Boden) nicht, wie bei Geld- und Sachkapital, um privat geschaffene Werte handelt, sondern um allgemeine Lebensgrundlagen, die das gemeinsame Erbe aller Menschen sind. Sie existieren v o r aller privaten Produktion, gehören insofern der Allgemeinheit und müssen einer Nutzung unterworfen werden, die dem Gemeinwohl verpflichtet ist. Elinar Ostrom hat dazu wichtige Erkenntnisse beigetragen (vgl. Ostrom1990).

Die Bedeutung des Gemeineigentums Natur bedarf einer Erweiterung des Eigentumsbegriffs und des Eigentumsrechts. Wer ist berechtigt, unter welchen Bedingungen welche natürlichen Ressourcen zu nutzen? Zu welchem Zweck und in wessen Interesse können Wasser und Energie, Luft und Boden wirtschaftlich verwertet werden? Welche Art der Nutzung und wirtschaftlichen Verwertung ist ökologisch am effizientesten?

3.8. Mehr gemeinschaftliche Güter!

Öffentliche Güter, die allen zugänglich sind und von der Kommune, dem Land oder dem Staat zur Verfügung gestellt werden, sind unter dem Kriterium der Nachhaltigkeit privaten Gütern grundsätzlich vorzuziehen.

Das leuchtet unmittelbar ein, wenn man *ein* öffentliches Schwimmbad gegen *hundert* private Swimmingpools, oder die Stadtbahn gegen zigtausende von Privatautos, die die Straßen verstopfen, setzt. Öffentlichen Gütern gleichzusetzen sind kooperative Güter, die aufgrund privat vereinbarter Regeln von mehreren Menschen genutzt werden können.

Das schließt eine reiche und innovative Palette privater Güter nicht aus, solange die Menge und die Art ihrer Nutzung und Produktion nicht den Bestand des Gemeineigentums stärker beansprucht als öffentliche und kooperative Güter.

3.9. Ökologische Investitionen sicherstellen.

Die kapitalistische Logik der privaten Selbststeuerung kann nicht sicherstellen, dass in ausreichendem Maß ökologische Investitionen getätigt werden. Die systemimmanente Tendenz zur kurzen Frist und maximalen Kapitalrendite verhindert das mögliche und nötige Ausmaß, in dem wir heute in nachhaltige Entwicklung investieren. Die Lücke kann nur durch öffentlich finanzierte ökologische Investitionen ausgefüllt werden. Wie können wir also erreichen, dass in Zukunft alle technischen und ökonomischen Möglichkeiten genutzt werden, um die Ressourcenproduktivität zu steigern? Zum einen kann die öffentliche Hand marktwirtschaftliche Anreize setzen, Subventionen gewähren oder Auflagen erlassen, um die private Wirtschaft zu ökologischen Investitionen zu veranlassen, die sie aus einzelwirtschaftlichem Kalkül ansonsten unterlassen würde. Zum andern können die Kommunen, das Land oder der Staat selbst ökologische Investitionen durchführen.

3.10. Arbeit als Grundrecht. Den Wachstumszwang lösen.

Eine nachhaltige Ökonomie, die den systemimmanentne Teufelskreis von Arbeitslosigkeit, Wachstum und Verschuldung durchbricht, bedarf der institutionellen Verankerung eines verfassungsmäßigen Arbeits- und Lebensrechtes.

Die Verfassung privilegiert bisher das Eigentum an Produktionsmitteln gegenüber der Arbeit. Sie schützt die Interessen derer, die Eigentum besitzen in größerem Maß als die Interessen jener, die auf Lohnerwerb angewiesen sind. Diese können unverschuldet arbeitslos werden und verarmen. Dank dieser institutionellen Asymmetrie zwischen Kapital und Arbeit kann sich das Kapital sogar zu Lasten der Arbeit salvieren.

In einem kapitalistischen System ist die Politik gezwungen, die systemimmanente Instabilität des kapitalistischen Systems durch wirtschafts- und sozialpolitische Instrumente immer neu auszugleichen, insbesondere den endemischen Trend zur Arbeitslosigkeit zu bekämpfen und ein Minimum an sozialer Sicherheit herzustellen. Sie kann das aber nur, indem sie Bedingungen schafft, die die Unternehmen zu Investitionen veranlassen. Dies zwingt die Politik, auf Gedeih und Verderb eine Politik des Wachstums zu betreiben – im Zweifel auch zu Lasten der Nachhaltigkeit. Die Finanzierung der zusätzlichen Staatsausgaben, die in Krisen die Nachfragelücke schließen sollen, zwingt zu zusätzlicher Verschuldung der öffentlichen Hand. Um aber die höhere Staatsschuld bedienen zu können, bedarf es eines erneuten Wachstums. Eben ein systemimmanenter Teufelskreis von Arbeitslosigkeit, Wachstumszwang und Verschuldung.

Der Wachstumszwang, dem die Politik in einem kapitalistischen System unterliegt, kann nur gelöst werden, wenn der systemimmanente Trend zu Arbeitslosigkeit und sozialer Unsicherheit gebrochen wird. Instrumentelle Lösungen innerhalb des Systems sind eine Verkürzung der durchschnittlichen Arbeitszeit und/oder eine verstärkte und/oder ersatzweise Beschäftigung im öffentlichen Sektor (was – ökologisch sinnvoll – mit einer Ausweitung der öffentlichen Güter verbunden werden kann). Die Erfahrung lehrt aber, dass dies im Getriebe der Tagespolitik machtpolitisch oft nicht oder nur ungenügend umsetzbar ist. Wir brauchen deshalb eine *institutionelle Lösung*, um Arbeitslosigkeit und soziale Unsicherheit von vornherein auszuschließen. Wir brauchen ein Recht auf Arbeit und ein Recht auf menschenwürdiges Leben, die verfassungsmäßig verankert sind.

Eine Möglichkeit, die in diesem Zusammenhang diskutiert wird, ist die Einführung eines bedingungslosen Grundeinkommens. Die Arbeitslosigkeit wäre damit – zumindest was ihre Relevanz für die existentielle Versorgung der Menschen betrifft – ganz beseitigt. Nachteile, die damit auch verbunden sein könnten, wiegen vergleichsweise leichter als der Wegfall des gegenwärtigen politische Wachstumszwangs, der durch Arbeitslosigkeit und soziale Unsicherheit verursacht wird. Ein Grundeinkommen, das den systemischen Wachstumszwang löst, würde eine entscheidende Barriere schleifen, die bisher einer nachhaltigen Ökonomie entgegen steht. Damit würden aber auch produktive Kräfte frei, die heute in einem erratischen und ineffektiven System der Arbeits- und Sozialverwaltung verschwendet werden.

3.11. Die Politik muss sich selbst reformieren.

Ich habe aufgezeigt, welche institutionellen Korrekturen erforderlich sind, um die bestehenden ökonomischen Institutionen *umzubauen* und welche Möglichkeiten bestehen, sie durch Regeln zu *ergänzen*, die einer nachhaltigen Ökonomie dienen.

Ökonomische Institutionen können aber nur verändert und geschaffen werden, wenn die Politik auch willens und fähig ist, der Ökonomie ein neues Regelwerk zu geben. Das heißt: Eine nachhaltige Ökonomie bedarf auch institutioneller Änderungen des *politischen Systems*. Das betrifft vor allem vier Punkte.

Eine reiche, hoch entwickelte Industriegesellschaft muss (und kann) neue Prioritäten für die wirtschaftliche Entwicklung setzen. Wenn sie sich ihrer Verantwortung für das Leben künftiger Generationen bewusst ist, zieht sie im Zweifel die Bewahrung der natürlichen Lebensgrundlagen einer weiteren Steigerung des materiellen Wohlstandes vor. Sind die Prioritäten so gestellt, so muss in einer demokratisch verfassten Gesellschaft nicht nur die ökologische, sondern auch die *ökonomische Kompetenz* der Politik gestärkt werden. Sie muss fähig sein, der *privaten*

Ökonomie einen institutionellen Rahmen zu setzen, der die privaten Akteure veranlasst, nach nachhaltigen Prinzipien zu konsumieren und zu produzieren.

Der unbedingte Schutz des Gemeineigentums Natur erfordert neben einem Regelwerk für die private Wirtschaft, das diese auf eine nachhaltige Funktion verpflichtet, auch den Ausbau des *öffentlichen Sektors*, wo es um eine ökologisch verträgliche Produktion von Gütern geht, die der Grundversorgung aller Menschen dient. Wir brauchen dafür Unternehmen, die effizient arbeiten, jedoch auch gesellschaftlichen Prioritäten und nachhaltigen Zukunftszielen direkt verpflichtet sind. Das heißt nicht, dass diese Produktion in öffentlicher Regie erfolgen muss; es kommt vielmehr darauf an, dass über die wirtschaftlichen Ziele im Interesse des Gemeinwohls entschieden werden kann. Wenn in diesen Fällen auf der öffentlichen Disposition bestanden werden muss, so können die *Durchführung* der Produktion und die konkreten Entscheidungen über die technologischen und ökonomischen Instrumente auch durch private Unternehmen erfolgen. Statt einer ideologischen Gegensetzung von Markt und Staat bedarf es eines geregelten Zusammenspiels privater und öffentlicher Akteure.

Ein soziale und ökologisch motivierte Steigerung des Anteils der *meritorischen Güter* (die, wie gesagt, öffentlich disponiert, dabei aber auch privat produziert werden können) und größere (private und öffentliche) ökologische *Investitionen* ist nur möglich, wenn die Kommunen und der Staat in der Lage sind, dies auch zu *finanzieren*. Öffentliche Ausgaben, die dafür erforderlich sind, dürfen nicht von permanenten ideologischen Kämpfen, kurzfristigen politischen Stellungswechseln und Schwankungen von Steuern und Abgaben abhängig sein. Wir brauchen eine institutionelle Grundlage für Finanzstrukturen, die dauerhaft ein zukunftsgerechtes Verhältnis zwischen privater und öffentlicher Verwendung des Volkseinkommens sicherstellt.

Die Stärkung der ökonomischen Kompetenz und Disposition sowie der öffentlichen Finanzen führt nur zum Ziel, wenn die kommunalen und staatlichen Verwaltungen *effizienter* arbeiten als bisher, die Bürger vor Ort stärker an gesellschaftlichen Aufgaben beteiligt werden und ihre Vertreter in den Parlamenten unabhängiger vom Eigeninteresse ihrer Parteiorganisationen agieren können. Das heißt: das öffentliche Dienstrecht muss grundlegend reformiert werden, die öffentlichen Angelegenheit müssen subsidiär und dezentral wahrgenommen werden, die Politiker müssen in der Lage sein, sich an Zielen zu orientieren, die weit über eine Wahlperiode hinausgehen.

4. Schluss

Die Zeit für ein Denken, das an die Wurzeln der Probleme geht und verfestigte Dogmen und Polarisierungen hinter sich lässt, ist gekommen. Die zukünftigen ökologischen Bedingungen und die globale Vernetzung zwingen uns dazu.

Voluntaristische und moralische Appelle an die Einsicht jedes Einzelnen, sei es der Konsumenten, Unternehmen, Politiker und Bürokraten, gibt es genug. Es hat sich gezeigt, dass sie nicht ausreichen. Ökonomische Reformen und technische Innovationen sind unverzichtbar. Sie zeitigen jedoch nur die erhoffte Wirkung, wenn auch die ökonomischen und politischen Strukturen, die uns in eine fatale Lage gebracht haben, umgebaut werden. Das heißt: Ökonomische und politische Institutionen ändern!

Instrumentelle Veränderungen i n n e r h a l b des kapitalistischen Systems können die institutionellen Barrieren, die einer nachhaltigen Ökonomie entgegenstehen, nicht überwinden. Es hat sich gezeigt, dass die „invisible hand" des Adam Smith jedenfalls heute nicht mehr funktioniert. Einzelwirtschaftliche und gesamtwirtschaftliche Rationalität driften zunehmend auseinander. Nur ein Umbau des S y s t e m s selbst eröffnet den Spielraum, der erforderlich ist, um auf Dauer die Lebensgrundlagen zu erhalten und den künftigen Generationen die gleichen Chancen einräumen, die wir heute beanspruchen. Dies ist die grundlegende These, die ich versucht habe, zu begründen.

Ich habe dabei die Frage ausgeklammert, welchen S i n n unendliches Wachstum für uns Menschen, zumal in den reichen Gesellschaften, hat. Um einen Systemwandel zu begründen, genügt die Tatsache, dass ewiges Wachstum auf Dauer gar nicht m ö g l i c h ist. Ausgeklammert habe ich aber auch, ob es m ö g l i c h ist, die gesellschaftlichen Kräfte zu mobilisieren, die notwendig wären, um einen Systemwandel einzuleiten. Das ist eine andere, eine kulturelle Geschichte ...

Weiterführende Literatur

Binswanger, H. (2005): Die Wachstumsspirale, Marburg.

Bund für Umwelt und Naturschutz, Brot für die Welt, Evangelischer Entwicklungsdienst, Frankfurt, Hrsg. (2008): Zukunftsfähiges Deutschland. Eine Studie des Wuppertal Instituts für Klima, Umwelt und Energie.

Daly, H. (April 2008): A steady-state economy. Think-piece for the SDC workshop "Confronting structure".

Herman, E. and Cobb, John B. jr. (1989): For the Common Good, Boston.

Jackson, T. (2009): Prosperity without growth. Economics for a finite Planet, London.

Luks, F. (2010): Endlich im Endlichen, Marburg.

Meadows, D.L. u.a. (1972): The Limits to Growth, New York.

Ostrom, E. (1990): Governing the Commons, Cambridge.

Scherhorn, G. u.a. (2008): Die ganze Wirtschaft. Kapitel 10 der Wuppertaler Studie Zukunftsfähiges Deutschland, Frankfurt.

Seidl, I.; Zahrnt, A. (2010): Postwachstumsgesellschaft. Konzepte für die Zukunft, Marburg.

Gerhard Scherhorn

Die Marktwirtschaft passt noch nicht zur nachhaltigen Entwicklung

„Das Modell der sozialen Marktwirtschaft ist praktizierte Nachhaltigkeit, wenn es richtig verstanden wird."

(Bundeskanzlerin Angela Merkel auf der Jahrestagung des Rats für Nachhaltige Entwicklung am 20.06.2011)

Abstract

Noch wird das Modell richtig verstanden. Es ist von schicksalhafter Bedeutung, ob die faktische Wirtschaftsordnung Externalisierung zulässt oder verbietet. Früher hat das darüber entschieden, ob Gesellschaften untergingen oder überlebten, heute entscheidet es über die Selbstzerstörung oder die Nachhaltige Entwicklung der Menschheit. Denn Externalisierung ist das Gegenteil von Nachhaltigkeit, und die real geltenden Regeln des wirtschaftlichen Verhalten vereiteln die Nachhaltige Entwicklung, weil sie es erlauben, dass Kosten externalisiert – also Aufwendungen zur Erhaltung jener Gemeingüter unterlassen werden, die die Grundlagen des Lebens und der Produktion bilden. Es sind naturgegebene Ressourcen wie die Rohstoffe oder das Klima und sozial gestaltete Ressourcen wie die Gesundheit oder die Bildung, sie haben Gemeingut-Charakter, selbst wenn sie sich im Privatbesitz befinden, und sie müssten vor der Übernutzung, dem Raubbau, ebenso geschützt werden wie die privaten Produktionsanlagen, Maschinen, Werkzeuge usw., die wir selbstverständlich ersetzen, wenn sie abgenutzt sind. Wenn das nicht geschieht, bereichert sich die Gesellschaft im Maß des Substanzverzehrs, denn das Unterlassen der Erhaltungs-Aufwendungen spart Kosten, senkt Preise und erhöht Gewinne, all das aber zu Lasten der künftigen Lebens- und Produktionsgrundlagen. Die gegenwärtigen Preissenkungen kommen allen Gesellschaftsschichten zugute und verschaffen der Externalisierung eine so allgemeine Duldung, dass es zum Tabu wird, sie in Frage zu stellen. Die Gewinnsteigerungen dagegen kommen überproportional den reicheren Schichten zugute. Deren Privilegien werden nicht nur durch die Bereicherung verstärkt, sondern auch dadurch, dass das Tabu sich von der Externalisierung auf die Ungleichverteilung überträgt. Weil die Mehrheit auch diese fraglos hinnimmt, wird der Substanzverzehr nicht rechtzeitig beendet, denn das Tabu bewirkt, dass die „Minderschätzung der künftigen Bedürfnisse" (Böhm-Bawerk) im praktischen Leben nicht erkannt und von der ökonomischen Theorie nicht revidiert wird. Das Tabu gilt eben auch für die Ökonomie. Das Modell der sozialen Marktwirtschaft wird erst dann mit Nachhaltiger Entwicklung kompatibel, wenn der Wettbewerb theoretisch so konzipiert und ordnungspolitisch so geregelt wird, dass er für den privaten und öffentlichen Wohlstand unter einer Nebenbedingung sorgt, die ihm bisher nicht zugemutet wird: Die genutzten Gemeingüter zu erhalten. Das ist mein Thema.

1. Ein Wettbewerb zu Lasten der Gemeingüter

Die Theorie der Sozialen Marktwirtschaft schreibt dem Wettbewerb vier gemeinwohlfördernde Leistungen zu:

1. Er verwirklicht den für beide Marktseiten optimalen Preis, weil die Anbieter einander so lange im Preis unterbieten, wie sie zu erträglichen Kosten ihren Absatz noch erhöhen bzw. verteidigen können, so dass ein Maximum von Anbietern und Nachfragern zufriedengestellt wird.

2. Er nähert die Qualität der Waren und Dienstleistungen den Kundenpräferenzen an, weil die Anbieter einander in den Qualitätsmerkmalen, die den Kunden nach ihrer Meinung wichtig sind, so lange überbieten, wie sie zu erträglichen Kosten ihren Absatz noch erhöhen bzw. verteidigen können.

3. Er reduziert auf diese beiden Arten die Gewinne; und

4. Er hebt den Lebensstandard der Massen, weil er die Kaufkraft und den Komfort der Konsumenten erhöht; werden die Löhne der Arbeitnehmer in Verhandlungen zwischen gleichrangigen Parteien festgelegt, so hebt der Wettbewerb auch die Masseneinkommen.

All das kann der Wettbewerb leisten, wenn kein Anbieter oder Nachfrager so einflussreich ist, dass er den Preis oder die Qualität diktieren kann. Damit diese Bedingung wenigstens soweit erfüllt ist, dass die marktwirtschaftliche Ordnung im Ganzen gesellschaftlich akzeptiert wird, sollen die beiden Grundgesetze der Wettbewerbsordnung dafür sorgen, dass marktbeherrschende Positionen von Unternehmen oder Kartellen verhindert werden (das Gesetz gegen Wettbewerbsbeschränkung, GWB), und dass Unternehmen, die eine Marktleistung im Sinn geringerer Preise oder höherer Qualitäten nur vorspiegeln, dafür zur Rechenschaft gezogen werden können (das Gesetz gegen unlauteren Wettbewerb, UWG).

Die beiden Gesetze sind zwar nicht vollkommen, namentlich das GWB versagt bei der Fusionskontrolle und ist machtlos gegen internes Unternehmenswachstum. Dennoch haben sie bewirkt, dass die Wettbewerbsordnung den Massenwohlstand erfolgreicher erhöht hat als andere Wirtschaftsformen; zwar um den Preis zunehmend ungleicher Verteilung, aber keineswegs tief greifender Unzufriedenheit.

Denn die Allgemeinheit macht sich bisher nicht wirklich klar, dass ihr Wohlstand durch Substanzverzehr erkauft wird, oder sie verdrängt diesen Aspekt. Verzehrt werden die Gemeingüter, die wir als Ressourcen nutzen, dabei aber abnutzen, sodass ihr Potential für künftige Nutzung geringer wird. Zukunftsfähig wäre es, die Abnutzung der nichtregenerierbaren Gemeingüter durch Reinvestition auszugleichen (z.B. den Verzehr der fossilen Energiequellen durch Erschließung der erneuerbaren Energien) und den regenerierbaren Gemeingütern durch schonende Belastung (z.B. des Klimasystems mit CO_2-Emissionen) die Regeneration zu ermöglichen. Seit der Raubbau an den Gemeingütern in den 1960er Jahren zum Problem geworden ist, seit Rachel Carsons' Buch „Stummer Frühling" und den ersten Diskussionen über die „Ökologische Krise", sollte uns klar sein, dass dem Wettbewerb eine fünfte Leistung fehlt:

– Er könnte das Potential der genutzten Gemeingüter erhalten, doch bisher vermindert er dieses Potential für die Zukunft, indem er den ersatzlosen Abbau der Gemeingüter erzwingt.

Der Wettbewerb erzwingt den Substanzverzehr, solange dieser nicht verboten ist; denn das Unterlassen der schonenden Nutzung einer Ressource ermöglicht Mehrproduktion und das Unterlassen von Aufwendungen zur Wiederherstellung oder Substitution abgenutzter Ressourcen spart Kosten; beides verschafft einen Wettbewerbsvorsprung, und wenn das einer ungestraft tun darf, müssen die anderen folgen, um nicht auskonkurriert zu werden. Das Ergebnis ist, dass der Wettbewerb die Nachhaltige Entwicklung verhindert, indem er ihr Gegenteil bewirkt. Das Gegenteil von Nachhaltigkeit ist Substanzverzehr, und der Wettbewerb verzehrt bisher die Substanz der Gemeingüter, insoweit die Marktteilnehmer einander zwingen, zu Lasten von Gemeingütern Mehreinnahmen zu erzielen oder Aufwendungen zur Erhaltung der Gemeingüter zu unterlassen – kurz: interne Kosten zu externalisieren.

2. Externalisierung gilt als Marktleistung

Art. 14 Abs. 2 des Deutschen Grundgesetzes fordert: „Eigentum verpflichtet. Sein Gebrauch soll zugleich dem Wohle der Allgemeinheit dienen" – also der Erhaltung und Kultivierung der Gemeingüter,

- der naturgegebenen Gemeingüter (wie Atemluft, Artenvielfalt, Bodenfruchtbarkeit, Fischgründe, Klimasystem)
- und der sozial gestalteten Gemeingüter (Gesundheits-, Bildungs-, Beschäftigungssystem),

die zusammen die Lebens- und Produktionsgrundlagen für alle bilden. Auch wenn manche Gemeingüter zu Teilen im Eigentum einzelner sind, sollen ihre Eigner sie doch so verwenden, dass sie zugleich dem Allgemeinwohl dienen. Die Grundrechte-Charta der EU bestimmt in Artikel 17 ausdrücklich: „Die Nutzung des Eigentums kann gesetzlich geregelt werden, soweit dies für das Wohl der Allgemeinheit erforderlich ist" und ergänzt in Artikel 37, dass gemäß „dem Grundsatz der Nachhaltigen Entwicklung" ein hohes Umweltschutzniveau und die Verbesserung der Umweltqualität sichergestellt werden müssen.

Nun gelten die Vorschriften einer Verfassung wie des Grundgesetzes und der Grundrecht-Charta nicht den Einzelnen, sondern dem Gesetzgeber. Er muss sie in spezifische Gesetze umsetzen. Das hat er mit der Sozialpflichtigkeit des Eigentums in spezifischen Fällen getan, etwa beim Mieterschutz oder in Bereichen des Umweltschutzes, aber nicht im Wettbewerbsrecht. So sind, von Ausnahmen abgesehen, Gemeingüter noch immer „freie Güter" wie vor Jahrhunderten, weil Nutzungsbeschränkungen zu ihrer schonenden Behandlung fehlen oder unzureichend sind, und weil Re-Investitionen zu ihrer Erhaltung oder zu ihrem Ersatz nicht zwingend vorgeschrieben sind.

Deshalb werden die Gemeingüter „übernutzt" wie die Gemeindewiese oder der gemeinsame Fischgrund, die überweidet oder überfischt werden, wenn die Nutzung nicht begrenzt wird: Auf Artenvielfalt, Bodenfruchtbarkeit, Bodenschätze, Fischreichtum, Klimasystem, Wasserreinheit usw. kann jeder Eigentümer nach § 903 BGB aus seinem Privateigentum heraus (aus seinem Grundstück, seinem Schiff, seiner Produktionsanlage oder Verkaufsstätte) nach freiem Belieben zugreifen und sie z.B. mit toxischen Emissionen oder Inhaltsstoffen beschädigen. Nur in besonderen Fällen wird der Zugriff durch spezifische Vorschriften begrenzt. Aber nirgends ist geregelt, dass die Gemeingüter generell *managed commons* sein und wie sie verwaltet werden sollen.

Nein, der Gesetzgeber hat den Auftrag des Art. 14.2 nicht erfüllt. Es ist, als orientiere er sich noch heute an Zeiten, als man die Gemeingüter für unerschöpflich, beliebig belastbar oder beliebig substituierbar hielt. So sieht auch die Gesellschaft in den Gemeingütern noch immer *externe* Voraussetzungen des Wirtschaftens, um die man sich intern nicht zu sorgen hat: *Intern*, in den Unternehmen, den privaten und den öffentlichen Haushalten, können sie als frei verfügbar betrachtet werden. Solange das so bleibt, arbeitet der Wettbewerb gegen die Nachhaltige Entwicklung.

Denn Nachhaltigkeit bedeutet Erhaltung der Gemeingüter – der Rohstoffe, der Ökosysteme, der Gesundheit usw. Doch nach den Wettbewerbsgesetzen ist das Gegenteil erlaubt, und in der Praxis ist es üblich, durch Verzehr von Gemeingütern Wettbewerbsvorteile zu erringen. Die Lasten – die unterlassene Schonung oder Reinvestition – tragen die Gemeingüter. Solange das als Marktleistung gilt, darf der Raubbau an den Gemeingütern, der Substanzverzehr, den Unternehmen die Kosten senken und den Absatz erhöhen, und den Konsumenten niedrige Preise bescheren.

Das ist noch nicht alles. Denn die Externalisierung besteht auch darin, Ressourcen wie z.B. die knapper werdenden Metalle im Übermaß zu verwenden, etwa zum Bau schneller und schwerer Autos, obwohl es schon längst notwendig wäre, sie so sparsam wie möglich einzusetzen. In wenigen Jahrzehnten werden viele von ihnen nur noch im Umfang der Wiedergewinnung und Wiederverwendung verfügbar sein, weil die natürlichen Vorkommen dann weitgehend erschöpft sind. Heute aber wird noch so getan, als könne man noch beliebig lange aus dem Vollen schöpfen und die Produkte so groß, so leistungsfähig, so gewichtig machen, dass sie Potenz und Exklusivität symbolisieren und zum Maßstab für die Konsumträume werden – Träume, die nur durch Substanzverzehr zu erfüllen sind. Die Übernutzung der Gemeingüter beschert uns also auch überhöhte Qualitäten, überhöht im Vergleich zu dem, was sich über Jahrhunderte durchhalten ließe und deshalb bei Nachhaltiger Entwicklung vertretbar wäre. Mit einem Wort: Kleine Preise und große

Qualitäten können beide auf Externalisierung beruhen, d.h. mit einem Raubbau an Gemeingütern erkauft sein.

So ist Externalisierung das Gegenteil von Nachhaltigkeit, und deshalb muss man es als Zeichen einer selbstzerstörerischen Werthaltung betrachten, wenn die Wirtschaftsordnung noch immer die Externalisierung als Marktleistung gelten lässt. Solange die Unternehmen nicht zur Erhaltung der Gemeingüter verpflichtet sind, müssen diejenigen, die die Mühen der schonenden Nutzung bzw. die Kosten der Reinvestition aufwenden wollen, die Konkurrenz derer fürchten, die diese Aufwendungen externalisieren; solange die Externalisierung vom Gesetz nicht als unlauter betrachtet wird, gilt sie als Marktleistung, und verhindert Nachhaltige Entwicklung.

3. Wie der Wettbewerb nachhaltig wird

Mit der Sozialpflichtigkeit des Eigentums Ernst machen

§ 903 des Bürgerlichen Gesetzbuchs (BGB) bestimmt in Satz 1: „Der Eigentümer einer Sache kann, soweit nicht das Gesetz oder Rechte Dritter entgegenstehen, mit der Sache nach Belieben verfahren und andere von jeder Einwirkung ausschließen."

Eine einzige Ausnahme (Tierschutz) steht in Satz 2, einige weitere Ausnahmen finden sich z.B. im Mietrecht oder Umweltrecht. Generell aber ist die Rücksicht auf die Gemeingüter in das Belieben des Eigentümers gestellt. Anders als 1896, als das BGB eingeführt wurde, darf es jedoch heute dem Eigentümer nicht mehr überlassen sein, auf Gemeingüter, auf die er Zugriff hat, Rücksicht zu nehmen oder nicht. Art. 14 Abs. 2 des Grundgesetzes trägt dem Gesetzgeber seit langem auf, das freie Belieben an den Erfordernissen des Allgemeinwohls enden zu lassen. Im BGB müsste es heißen: „...soweit nicht das Gesetz, der Schutz der Gemeingüter oder Rechte Dritter entgegenstehen..."

Externalisierung als unlauteren Wettbewerb verbieten

Dass ein Gut besonders günstig angeboten wird, weil der Anbieter durch Raubbau an Gemeingütern Kosten einspart, ist nicht weniger unlauter als irreführende Werbung; in beiden Fällen wird der Abnehmer über die

Leistung des Anbieters getäuscht. Deshalb muss Externalisierung in die verbotenen Wettbewerbshandlungen des Gesetzes gegen den unlauteren Wettbewerb (UWG) aufgenommen werden. Ein neuer Absatz 12 in § 4 sollte bestimmen, dass auch derjenige unlauter im Sinne von § 3 handelt, der sich durch Abwälzung von Kosten auf Umwelt und Gesellschaft Vorteile gegenüber Mitbewerbern verschafft. § 4 UWG könnte wie folgt ergänzt werden: „Unlauter im Sinne von § 3 handelt (und deshalb auch von einem Wettbewerber auf Unterlassung in Anspruch genommen werden kann) insbesondere, wer ... 12. seinen Abnehmern und der Öffentlichkeit verschweigt, dass er seinen Wettbewerbsvorteil der Unterlassung von Aufwendungen verdankt, die zur Erhaltung der von ihm genutzten natürlichen und sozialen Gemeingüter notwendig wären." Eine entsprechende Definition der Externalisierung gehört auch in die „Schwarze Liste" der Richtlinie 2005/29/EU über unlautere Geschäftspraktiken im Binnenmarktverkehr.

Das UWG soll ja verhindern, dass Unternehmen die Nachfrager durch bloß vorgespiegelte eigene Leistungen für sich gewinnen. Ein durch Schädigung von Gemeingütern erreichter Vorsprung ist in diesem Sinn nicht weniger unlauter – und dem Allgemeinwohl sogar noch abträglicher – als Täuschung durch irreführende Werbung oder Ausnutzung von Unerfahrenheit. Wenn Externalisierung als unlauter gilt, können zuwiderhandelnde Unternehmen – auch Importeure – etwa mit Hilfe der Zentralstelle zur Bekämpfung des unlauteren Wettbewerbs von Mitbewerbern verklagt werden, die Mühen und Kosten aufwenden, um die Schädigung der betroffenen Gemeingüter zu vermeiden, und sich benachteiligt fühlen, weil der externalisierende Mitbewerber die Produkte zu niedrigeren Preisen oder mit höherer Qualität anbieten kann und den Nachfragern vorspiegelt, dass sein Kosten- oder Qualitätsvorsprung auf besserer Marktleistung beruht. Raubbau an Gemeingütern darf keinesfalls weiter als Marktleistung gewertet werden; das würde die Marktwirtschaft heillos diskreditieren. Deshalb müssen auch zivilgesellschaftliche Organisationen Unternehmen auf Unterlassung verklagen können.

Dann übernehmen die Nutzer die Überwachung des Gemeingüterschutzes selbst und werden indirekt auch an der Rechtsentwicklung beteiligt. Denn der unlautere Tatbestand „Externalisierung" bzw. „Unterlassen gemeinguterhaltender Maßnahmen" kann im Gesetz nur als unbestimmter Rechtsbegriff formuliert werden, ähnlich wie auch der Eigentumsbegriff im BGB unbestimmt geblieben ist. Was alles darunter zu subsumieren ist, wird nach und nach durch Gerichtsurteile, Verordnungen, Gesetzeskommentare festgelegt, und zu diesem sozialen Prozess tragen auch die klagenden Unternehmen bei.

Internalisierung vom Kartellverbot ausnehmen

Damit aber nicht in jedem Fall auf ein Gerichtsverfahren gewartet werden muss, sondern Unternehmen sich freiwillig zur Internalisierung von bisher abgewälzten Mühen oder Kosten entschließen und auch ihre unmittelbaren Konkurrenten dafür gewinnen können, ist eine flankierende Änderung des Gesetzes gegen Wettbewerbsbeschränkungen – und analog dazu von Art. 101, 3 des Lissabon-Vertrags– erforderlich. Denn das GWB verbietet solche Vereinbarungen bisher, weil sie Kartellcharakter haben. Immerhin lässt es Verabredungen zur Rationalisierung bereits zu, also kann auch für Internalisierungs-Abreden eine Ausnahme vom Kartellverbot gelten.

Unternehmen, Banken, Fonds auf Nachhaltigkeit verpflichten

Im Aktiengesetz (AktG) müssen die Unternehmensvorstände auf den Schutz der natürlichen und der sozialen Gemeingüter verpflichtet werden, die das Unternehmen nutzt. Das Gesetz zur vorläufigen Regelung des Rechts der Industrie- und Handelskammern sollte die Kammern auf den Schutz der Gemeingüter verpflichten. Entsprechende Verpflichtungen sollten für andere berufsständische Körperschaften des Öffentlichen Rechts wie die Handwerks- und Architektenkammern gelten. Im Kreditwesengesetz (KWG) und im Investmentgesetz (InvG) müssen Banken und Investmentfonds verpflichtet werden, Kapitalanleger darüber zu informieren, inwieweit ihre Anlageprodukte natur- und sozialverträglich sind, und sich dabei an den Nachhaltigkeitsbewertungen anerkannter Ratingagenturen orientieren. Sie sollten auch selbst zu nachhaltiger Geldanlage verpflichtet werden; Banken sollten Kredite nur für nachhaltige Zwecke vergeben.

Nicht zuletzt muss die Eigenkapitalunterlegung der Bankkredite höher, müssen Derivate börsenpflichtig sein, muss das Investmentgeschäft von den traditionellen Bankgeschäften getrennt und muss bei

Die Marktwirtschaft passt noch nicht zur nachhaltigen Entwicklung 247

allen Finanzmarkttransaktionen die vollständige Transparenz der Risiken gesichert werden.

Preistransparenz bei Subventionen

Wird all dies erreicht, so kann es immer noch einen zulässigen Fall externalisierter Kosten geben, nämlich wenn Unternehmen aus Staats- und Kommunalhaushalten subventioniert werden. Das kann als Anschubfinanzierung gerechtfertigt sein, wird aber oft noch aufrechterhalten, wenn dieser Zweck weggefallen ist. Strom aus Atomkraft und Kohle ist „am Markt" billiger als Strom aus Wind- und Wasserkraft, in Wahrheit aber fast doppelt so teuer, wenn man die Subventionen mitrechnet. Deshalb muss das Verbot der Abwälzung von Kosten auf Gemeingüter dadurch flankiert werden, dass auch die Verbilligung transparent gemacht wird, die durch Übernahme von Kosten durch die Öffentliche Hand entsteht.

4. Verwirklichung der Marktwirtschaft

In diesem Sinn wird die Soziale Marktwirtschaft erst durch den Schutz der Gemeingüter voll verwirklicht. Wenn die Marktwirtschaft nicht mehr auf der Ausbeutung, sondern auf der Erhaltung der Gemeingüter beruht, dann geht die Marktleistung mit Substanzerhaltung einher statt wie jetzt mit Substanzverzehr. Damit entfällt der stärkste Pfeiler der Kapitalakkumulation und des Wachstumszwangs. Das einzusehen mag nicht einfach sein, weil das erwähnte Tabu der Einsicht entgegensteht. Doch wenn der Wettbewerb die Unternehmen nicht mehr zur Externalisierung zwingt, ändern sich die institutionellen Einflüsse, die das Verhalten bestimmen. Der Wettbewerb kann dann gerechtere statt wie heute ungleichere Verteilung hervorbringen, der Markt kann Beschäftigung statt wie bisher Ausgrenzung bewirken, die Werte können sich stärker als bisher an immateriellen Erfüllungen orientieren. All dies entspricht den Bedürfnissen der Menschen nicht weniger als die jetzigen Tendenzen und kann sich durchsetzen, wenn die Strukturen es fördern statt behindern: *Verteilung* – ztu allen Zeiten beuten Menschen andere Menschen aus, wenn sie die Macht dazu haben. Die Ausbeutung der Lohnabhängigen schien in den entwickelten Industrieländern durch die Gegenmacht der Gewerkschaften schon fast überwunden; sie ist wieder aufgelebt, seit diese Länder sich in einen Standortwettbewerb mit Niedriglohnländern verwickeln lassen. Zugleich hat der weltweite Drang zur Kapitalakkumulation die Abwälzung von Kosten auf Gemeingüter verstärkt, zumal zu den sozial gestalteten Gemeingütern neue hinzugetreten sind, von den „innovativen Finanzprodukten" bis zum Internet, die neue Möglichkeiten der Externalisierung von Kosten eröffnet haben. Wird die Externalisierung im Ursprung verhindert, wie im 3. Abschnitt skizziert, und werden flankierend der Standortwettbewerb der Staaten durch Schutz gegen Lohn- und Umweltdumping beendet und die Steuerprogression wirksam verstärkt, so verteilen sich die Einkommen und Vermögen gleichmäßiger und mildert sich die Spaltung in zwei Klassen, die auch in den Industrieländern auf Dauer zur sozialen Zerreißprobe werden muss.

Beschäftigung – Das deutlichste Zeichen dieser Spaltung ist die Dauerarbeitslosigkeit vieler Erwerbswilligen, die „überflüssig" werden, nicht weil die Arbeitsproduktivität schneller zunimmt als die Güternachfrage, sondern weil Renditeansprüche der Kapitaleigner Arbeitszeitverkürzungverhindern. Diese Tendenz würde durch den Gemeingüterschutz aufgehoben. Was an Arbeitsplätzen in der industriellen Produktion infolge höherer Kosten und Preise wegfällt, kommt durch die Reinvestition in natürliche und soziale Gemeingüter hinzu. Im Bereich der Arbeit am Menschen (Bildung, Beratung, Pflege usw.) wird zusätzliche, aufgewertete Beschäftigung notwendig. Und wenn überdies durch höhere Progression der Einkommens- bzw. Verbrauchsbesteuerung den unteren Schichten mehr vom Volkseinkommen verbleibt, ist selbst bei den untersten Einkommen noch Spielraum für eine flexible Verkürzung der Erwerbsarbeit im Lebenszyklus durch Job Sharing, Teilzeitarbeit, Elternzeit, Sabbatjahre, Altersteilzeit usw., so dass man auf einen verringerten Arbeitsumfang kommen kann, der eine neue Vollbeschäftigung ermöglicht. Denn Vollbeschäftigung ist auch bei dem „bloß" qualitativen Wachstum möglich, das sich einstellt, wenn der Substanzverzehr an den Gemeingütern beendet wird.

Werte – Die Pflicht zur Erhaltung muss sinngemäß für den Umgang mit allen Gemeingütern gelten, nicht nur mit den naturgegebenen, auch mit den *gesellschaftlich* gestalteten Gemeingütern wie der Gesundheit, dem Internet, den Finanzmärkten oder den Globalisierungsregeln, die bisher den Standortwettbewerb und die Steuerausweichung fördern. Ist

Externalisierung ausgeschaltet, so wird nur so viel produziert und konsumiert, wie die Erhaltung der Lebens- und Produktionsgrundlagen zulässt. Die Ansprüche an das stoffgebundene Sozialprodukt werden dann nolens volens maßvoll („suffizient"), weil die Verknappung der Materie nicht länger durch Substanzverzehr überspielt werden kann, und die Wünsche können sich stärker den Befriedigungen zuwenden, die wir selbst produzieren – menschliche Beziehungen, Kommunikation, inneres Wachstum, selbstbestimmter Einsatz für die Gemeinschaft.

Kurz: Es geht nicht bloß um eine Anpassung einiger wettbewerbsrechtlichen Vorschriften, denn das Wettbewerbsrecht ist der Kern des marktwirtschaftlichen Systems. Wir stehen vor der Wahl, es in neoliberaler Manier immer weiter auf den Primat der endlosen Kapitalakkumulation zu verengen, die nur durch Externalisierung möglich ist, oder es mit all seinen Kontexten für die Nachhaltige Entwicklung fit zu machen. Das wird in eine andere, nichtkapitalistische Wirtschaftsordnung führen, nicht aufgrund weit ausholender Systementwürfe, sondern eines entschlossenen, Schritt für Schritt voranschreitenden Vertrauens in die Logik der Nachhaltigkeit.

Literatur

Das hier skizzierte Argument für die Anpassung der marktwirtschaftlichen Wirtschaftsordnung an die Nachhaltige Entwicklung wurde entwickelt in meinem Aufsatz „Markt und Wettbewerb unter dem Nachhaltigkeitsziel," *Zeitschrift für Umweltpolitik und Umweltrecht*, Jg. 28, Juni 2005, 135-154, und weiter ausgearbeitet in meinen Büchern „Nachhaltige Entwicklung: Die besondere Verantwortung des Finanzkapitals," Erkelenz 2008, und „Geld soll dienen, nicht herrschen," Wien 2009, sowie in den Aufsätzen „Die Politik in der Wachstumsfalle," www.loccum.de/wachstum, abgedruckt in *Wirtschaftspolitische Blätter*, 57, Heft 4/2010, 379-405, und „Die Welt als Allmende," *Aus Politik und Zeitgeschichte*, 61, Juli 2011, Heft 28-30/2011. Die ordnungspolitischen Änderungsvorschläge werden in den Dokumenten der Aktion *Nachhaltiger Wettbewerb* dokumentiert, abrufbar unter www.ethisches-consulting.de/allmendenehmen&geben.

Michael Müller

Essentials einer nachhaltigen Marktwirtschaft

Abstract

Der Beitrag stellt heraus, dass wir heute einen Epochenbruch erleben, der sich in zahlreichen Krisen zeigt. Wir erleben den radikalen Umbruch der zusammenwachsenden Welt, die entweder eine zerbrechliche Einheit wird, oder die Transformation sozial-ökologisch, also nachhaltig gestaltet. Die Ökologie kann und muss zum wichtigsten Motor für eine nachhaltige Marktwirtschaft werden. Der Beitrag schließt mit der Erläuterung einiger wesentlicher Essentials wie der Reform der Finanzordnung, globaler sozialer und ökologischer Standards und politisch-rechtlicher Instrumente ab.

1. Ein Rendezvous mit dem Schicksal – Die Chancen nutzen

Wenn zugespitzte Problemlagen, konkrete Visionen und handelnde Personen zusammenfinden, werden historische Weichenstellungen möglich, die eine ganze Epoche prägen können. US-Präsident *Franklin D. Roosevelt* nannte diese Glücksfälle der Geschichte ein *Rendezvous mit dem Schicksal*. Dazu der *New Deal* von 1933, der den Wohlfahrtsstaat einleitete, und der *Vertrag von Bretton Woods*, der die Weltwirtschaftsordnung der Nachkriegszeit prägte.

Heute erleben wir den Beginn einer neuen Epoche, bei der vier große Krisen zusammenkommen: nicht nur der Crash auf den Finanzmärkten, sondern auch der sich beschleunigende Klimawandel und die sich abzeichnende Rohstoffknappheit, die soziale Polarisierung zwischen Arm und Reich sowie die tiefe Legitimationskrise der Demokratie. Diese Herausforderungen verstärken sich wechselseitig und haben gewichtige Folgen: Verteilungskämpfe, Wetterextreme, Wasserknappheit, Wüstenbildung, Umwelt- und Hungerflüchtlinge, wachsende Armut, neue Formen der Gewalt. Mit der großen Leitidee der Nachhaltigkeit gibt es auch eine konkrete Alternative. Doch bisher fehlen die Akteure, welche die Ideen und die Kraft haben, einen neuen Fortschritt durchzusetzen.

Bei der Finanz- und Wirtschaftskrise geht es um weit mehr als um eine der bekannten Überdehnungen des Wachstumszyklus. Der globale Kapitalismus gerät an Grenzen. Das stellt die Frage, ob und wie Wirtschaft und Gesellschaft grundlegend neu geordnet werden können.

Die vorherrschende Wirtschaftsverfassung ist nicht vereinbar mit dem „Leitbild des demokratischen Wohlstands" (Gerhard Scherhorn). Gier und Blindheit sind das Ergebnis der „kapitalistischen Weltrevolution" (*Manuel Vázquez Montálban*), die in den siebziger Jahren mit der Entfesselung der globalen Finanzmärkte begann. Befreit von Kontrollen, entwickelte sich mit Hilfe der elektronischen Vernetzung der Handel mit Geld und Wertpapieren zum weitaus stärksten Sektor der Welt. *Doch durch die Kurzfristigkeit der Ökonomie nahm der Substanzverzehr vor allem der natürlichen Lebensgrundlagen dramatisch zu.*

Nie zuvor wurden Gesellschaft und Zukunft so massiv durch die Gewinnsucht des Finanzkapitals erschüttert, selbst der produktive Industriekapitalismus wurde an die Seite gedrückt. Aber ein einfaches Zurück gibt es nicht. Die alten Auswege sind verstellt. Das bisherige Modell von Wachstum ist nicht zukunftsfähig. Der befürchtete Niedergang ist jedoch nicht zwangsläufig. Denn unter der Oberfläche zeigen sich neue Perspektiven. Unsere Zeit leidet nicht nur am Altersrheuma der maroden Finanzordnung, wir erleben auch die Geburtsschmerzen einer neuen Ära, die von ökologischen Herausforderungen geprägt werden wird.

Die Krise öffnet ein Gestaltungsfenster, denn Korrekturen und Umbau werden unaufschiebbar. Das kann zur Stunde der Demokratie werden, wenn schnell der *Roadmap* in eine sozialökologische Ordnung gefolgt wird. Diese Landkarte muss nicht nur die Neuordnung der Finanzsysteme verzeichnen, sondern sie auch mit der Ökologisierung der Wirtschaft und die soziale Erneuerung der Gesellschaft verbinden. Zugleich muss sie die Demokratie stärken. Dann kommt es zu mehr Innovationen, zu mehr sozialer Gerechtigkeit und zum Schutz der natürlichen Lebensgrundlagen. Das wird mit der großen Leitidee der nachhaltigen Entwicklung möglich, die seit dem Erdgipfel von 1992 auf der Agenda der internationalen Staatengemeinschaft steht.

Unter den Bedingungen offener Märkte herrscht bislang jedoch die Anpassung an die Zwänge der globalen Ökonomie vor. Die Politik reagiert, statt zu gestalten. Das hat sich mit der Globalisierung, der die nationalstaatliche Demokratie, mit der die Wirtschaft über Jahrzehnte sozial gebändigt werden konnte, verstärkt. Während heute nur ein Krisenmanagement vorherrscht, gab es in den sechs Jahrzehnten der Bundesrepublik Deutschland sozialstaatliche Vernunft. *Das waren die Ideen der sozialen Gesellschaft und der sozialen Marktwirtschaft.*

Seit den achtziger Jahren hat sich die Politik der globalen Ökonomie untergeordnet, gesteuert von kurzfristiger Gewinnmaximierung. Dadurch sollten schnelle Wettbewerbsvorteile auf Kosten Dritter durch Sozial- und Umweltdumping erzielt werden. *Sie* wurden zu Lasten der sozialen und natürlichen Mitwelt „externalisiert". Zwei Beispiele:

- Die Zerstörung der natürlichen Lebensgrundlagen kostet China bereits zwischen fünf und sieben Prozent des Bruttoinlandsprodukts – mit stark steigender Tendenz.
- Der Bericht von *Nicolas Stern,* der 2006 im Auftrag der britischen Regierung eine ökonomische Bewertung des Klimawandels vorgenommen hat, belegt, dass Nichthandeln beim Klimaschutz der Gesellschaft schon vier bis fünf Mal teurer wird als ehrgeizige Maßnahmen zur Reduktion der Treibhausgase.

Doch der Markt ist keine Naturgewalt, die Globalisierung kein Schicksal. Eine Alternative ist möglich, zumal sich die Herausforderungen in allen Ländern stellen und überall soziale und ökologische Reformen notwendig machen.

Nicht nur die Industrieländer, auch die Entwicklungsstaaten und selbst die rohstoffreichen Länder müssen alles tun, damit es nicht zur Klimakatastrophe kommt. Sie hätte nicht nur für die Natur, sondern auch für die wirtschaftliche Entwicklung, das soziale Zusammenleben der Menschen und den Frieden auf der Erde unkalkulierbare Folgen. Schon heute werfen die Schädigungen des Naturkapitals existenzielle Probleme auf: Armut, Hunger, Unbewohnbarkeit und Migration.

Der globale Kapitalismus stößt an Entwicklungsgrenzen. Dagegen kann ein *grüner New Deal* die Karten neu austeilen und einen technischen, wirtschaftlichen und gesellschaftlichen Innovationsschub auslösen. Er führt schon deshalb zu mehr Gerechtigkeit, weil der Umbau nur möglich wird, wenn die Lasten gerecht verteilt werden und das Naturkapital im Interesse künftiger Generationen geschützt wird.

Die ökologische Modernisierung braucht nationale Vorreiter, so das Erneuerbare-Energien-Gesetz (EEG), eine innovative Wissenschaft und starke Unternehmen wie der Windkrafthersteller Enercon oder die Fotovoltaikproduzenten *Solarworld* oder *Phoenix*. Sie braucht zugleich eine Regulierung der Finanzmärkte und eine Demokratisierung der Wirtschaft. Von daher rückt der ökologische Umbau ins Zentrum der Wirtschafts- und Gesellschaftspolitik, auch als strategischer Hebel für weitergehende Reformen.

- Die Kohlendioxid-Emissionen (CO_2) müssen bis Mitte unseres Jahrhunderts, also in den nächsten 40 Jahren, weltweit halbiert werden, damit das Klimasystem stabilisiert wird. Nur dann können die Folgen der Erwärmung in noch vertretbaren Grenzen gehalten werden. Das ist konkrete Verantwortung für künftige Generationen.

- Ebenso ist es ein Gebot der Vernunft, mit den zunehmenden Knappheiten der natürlichen Ressourcen fair und schonend umzugehen. Wir leben schon lange über unsere Verhältnisse. Die Industrieländer hinterlassen tiefe Fußabdrücke auf der Erde. Erdöl, der wichtigste Energieträger auf den internationalen Märkten, hat den Peak-Point erreicht. Seit 2004 konnte die Ölförderung nicht mehr gesteigert werden, das Niveau kann nur durch die hochriskanten Tiefseebohrungen gesichert werden. Peak Oil markiert den Höhepunkt der wirtschaftlich rentablen Ölförderung.

- Schon heute wird das schwarze Gold knapp und teuer. Verteilungskonflikte drohen, aus denen Kriege um Ressourcen werden können, wie die Golfkriege gezeigt haben. Es ist kein Zufall, dass die NATO den Zugang zu Energie- und Rohstoffquellen in ihre Grundsätze aufgenommen hat. Der neue Kalte Krieg hat begonnen.

Der Zwang zur Zusammenarbeit nimmt zu – bei der Neuordnung der Finanzmärkte und der Reform der Weltwirtschaft ebenso wie beim Schutz der natürlichen Ressourcen und bei der Verhinderung einer Klimakatastrophe. Zu den großen Gemeinschaftsaufgaben gehören auch die Überwindung des Hungers in der Welt und die Entschärfung der explosiven Spaltung der Welt zwischen Nord und Süd, auch innerhalb der Gesellschaften zwischen arm und reich.

Deshalb muss sich die Erkenntnis durchsetzen, dass die sozialökologische Modernisierung und eine solidarische Partnerschaft in einer regionalisierten Weltwirtschaft – nach dem Vorbild der EU – zusammengehören. Den Weg dazu weist die große Leitidee der nachhaltigen Entwicklung (*sustainable development*).

Nachhaltigkeit gehört auf allen Ebenen – regional, national und international – ins Zentrum des politischen, wirtschaftlichen und gesellschaftlichen Handelns. Noch fehlen jedoch die Weitsicht, der Mut und die Kraft, zur nachhaltigen Entwicklung zu kommen.

Deshalb ist Klarheit notwendig, dass es um eine „Systemauseinandersetzung" geht – zwischen der Ideologie des *(Neo-)Liberalismus*, die den freien Markt gegen den Staat setzt und das Individuum über die Gesellschaft stellt. Diese Privilegierung von Einzelinteressen hat nicht zuletzt der Diktatur des Finanzkapitals den Boden bereitet. Und der *sozialen Demokratie*, die von der solidarischen Gesellschaft ausgeht und einen fairen Interessenausgleich sucht. Das ist die Kultur des alten Europas, in Deutschland umgesetzt in der sozialen Marktwirtschaft.

Dahinter stehen in Reichweite und Eingriffstiefe unterschiedliche Weltbilder, Regelungen und Gestaltungskonzepte. Die Vertreter des neoliberalen Denkens wollen am Marktradikalismus festhalten. Sie haben aus der Krise nichts gelernt. Nur mehr Demokratie und die Stärkung der Zivilgesellschaft können eine nachhaltige Entwicklung durchsetzen. Daraus ergeben sich vier Schwerpunkte auf dem Weg zu einer nachhaltigen Entwicklung:

– ein *Finanzsystem*, das wirtschaftliche Aktivitäten sichert, den Absturz des Mittelstands verhindert und die Nachfrage bei unteren Einkommensempfängern stärkt;

– ein *wirksames Regelwerk*, das mehr Kontrolle, Transparenz und auch Verbote spekulativer Geschäfte auf dem Finanzsektor ermöglicht, national wie international;

– ein *grüner New Deal* für ein qualitatives Wachstum, in dessen Zentrum ein Programm für Arbeit und Umwelt steht;

– ein neues *Bretton Woods*, bei dem die Europäische Union zum Motor einer sozialökologischen Neuordnung der Weltwirtschafts- und Weltfinanzordnung werden kann.

Der wichtigste Ausgangspunkt ist die Ökologie. Sie ist die soziale Frage des 21. Jahrhunderts. Die Leitidee der Nachhaltigkeit ist konzeptionell der strategische Hebel für ein neues Verständnis von Innovationen und einen neuen Fortschritt – national, europäisch und global.

Mit der Nachhaltigkeit geht Wachstum nicht länger zu Lasten der sozialen und natürlichen Mitwelt, sondern verwirklicht mehr Lebens- und Wirtschaftsqualität. Sie gibt den Menschen die Zukunft zurück. Das wäre heute ein Rendezvous mit dem Schicksal.

2. Ein Epochenbruch

Die globale Finanz- und Wirtschaftskrise macht das zur alltäglichen Realität, was *Aurelio Peccei* bereits Ende der sechziger Jahre bei der Gründung des Club of Rome prophezeit hat: „Wir sind die Bürger einer Welt voller Unruhe, in der wir zu begreifen suchen, wohin es uns treibt und wie die Welt aussehen muss, die wir auch unseren Nachfahren hinterlassen können".

Das 21. Jahrhundert ist das erste wirklich globale Jahrhundert, aber seine Gesetze sind noch nicht geschrieben. Die technischen und ökonomischen Potenziale, über die unsere Zeit verfügt, eröffnen große Möglichkeiten für mehr Freiheit, Wohlstand und Lebensqualität. Die Produktivität erreicht ungekannte Höhen. Bücher werden gleichzeitig in 40 Sprachen übersetzt. Weltweit verbindet das Internet die Menschen mit Informationen und Bewertungen. An großen Sportereignissen nehmen Milliarden Zuschauer an ihren Fernsehgeräten teil. Mit den modernen Verkehrsmitteln sind selbst die letzten Winkel der Erde schnell zu erreichen.

Unsere Welt hat alle Chancen, aber dafür ist sie auf Empathie und Gegenseitigkeit, auf Regeln und Zusammenarbeit angewiesen. Sie braucht Gemeinsamkeit, damit es zu mehr Rücksichtnahme, Kooperation und Partnerschaft kommt. Andernfalls droht eine technokratische Diktatur, wenn die Demokratie nicht die Weichen neu stellt.

Der Handlungsspielraum wird immer kleiner, die notwendigen Veränderungen werden einschneidender. Finanzgier, Egoismus und Ignoranz treiben das auseinander, was zusammengehört: Nord und Süd, Wirtschaft und Natur, Arbeit und Produktivität, Arm und Reich, Alt und Jung. Unser Jahrhundert begann bereits mit

- *sozialen Konflikten*, die mit den alten Antworten von Wachstum und Verteilung nicht mehr bewältigt werden können, weil ökologische Grenzen sichtbar werden und demografische Veränderungen neue Herausforderungen stellen;
- der *Krise der New Economy*, deren Folgen steigende Arbeitslosigkeit, weit reichende Umverteilungen und massiver Sozialabbau waren;
- schweren *ökologischen Hypotheken*, die uns durch den Klimawandel, knapper werdende Rohstoffe, den Verlust des Artenreichtums und einer nachholender Naturzerstörung belasten.

Tatsächlich befindet sich die Menschheit in einer „Suchbewegung", wie es weitergeht, wie *Oskar Negt* die Unsicherheit und Orientierungskrise beschreibt. Der „alte" Weg der europäischen Moderne ist zu Ende. Deshalb wollen die Menschen wissen, was sie verändern müssen, was sie bewahren können und wie sie Wirtschaft und Gesellschaft zu gestalten haben, damit sich eine gute Zukunft eröffnet. Drei zentrale Gründe machen neue Antworten notwendig:

- Erstens wird neuer Fortschritt nur möglich, wenn die Endlichkeit der Rohstoffe beachtet und die zunehmenden Ungleichheiten im Zugang zu Chancen abgebaut werden.
- Zweitens verliert der Nationalstaat, der der Wirtschaft in der Vergangenheit soziale Leitplanken gesetzt hat, mit den offenen Märkten an Gestaltungskraft. Zudem setzen ihn die globalen Unternehmen, vor allem die Banken, unter Anpassungsdruck.

Drittens lässt sich eine Strategie des hohen Wachstums, die durch den Verteilungsspielraum in der Nachkriegszeit mehr Wohlstand für alle möglich gemacht hat, nicht fortsetzen. Oftmals sind die ökologischen Schäden heute schon größer als die Vorteile.

An dieser *Weichenstellung* spitzt sich die Alternative zu, die unsere weitere Zukunft prägen wird: Entweder erleben wir ein Jahrhundert *erbitterter Verteilungskämpfe*, weil die Politik die Wirtschaftsprozesse nicht sozial und ökologisch regelt oder regeln kann. Der Marktradikalismus stürzt nicht nur unsere Gesellschaft, sondern die ganze Welt in ein Chaos. Oder es kommt zu einer *nachhaltigen Entwicklung*, in der wirtschaftliche Innovationskraft mit sozialer Gerechtigkeit und ökologischer

Verträglichkeit verbunden wird. Nachhaltigkeit setzt allerdings einen tief gehenden Umbau voraus.

Unsere Zeit braucht eine sozialökologische Ordnung. Sie muss bewahren *und* verändern. Sonst bleibt die Globalisierung für die meisten Menschen auf eine kalte Weise bedrohlich. Angst und Unsicherheit wachsen, die Ungleichgewichte werden größer. Gesellschaften verlieren ihren Bindungskitt und werden zu Gesellschaften der Ausgrenzung. Weltweit breitet sich alte und neue Gewalt aus.

Die Politik muss die Weichen für eine sozialökologische Wirtschafts- und Gesellschaftsordnung stellen, die sich an dem Leitziel der nachhaltigen Entwicklung orientiert. Das macht den Wechsel zu einem qualitativen Wachstum möglich – lokal und national, europäisch und global. Nachhaltigkeit ist die Programmatik für das 21. Jahrhundert. Aber sie ist bisher nicht eindeutig definiert und – auch deshalb – weitgehend folgenlos geblieben. Zudem sind die Widerstände und Beharrungskräfte groß, so dass der Tanker Erde nur langsam neuen Kurs aufnimmt.

Die Nachhaltigkeit verbindet den Schutz der natürlichen Lebensgrundlagen mit sozialer Gerechtigkeit. Der Hebel für die Nachhaltigkeit ist die Neuorientierung politischer Entscheidungen auf längerfristige Perspektiven. Die Beendigung der Kurzfristigkeit, die heute die Ökonomie und damit die Gesellschaft prägt, ist die Voraussetzung, dass es zu einem fairen Ausgleich zwischen der ökonomischen Dynamik und wichtigen gesellschaftlichen Interessen kommt.

Nachhaltigkeit gibt uns die Zukunft zurück. Sie ist gleichsam die Betriebsanleitung für eine moderne Zivilisation. Die heutigen Generationen dürfen nur so wirtschaften, dass auch künftige Generationen ihre Bedürfnisse in angemessener Weise befriedigen können. Ihre regulativen Prinzipien sind die Anleitung für ein gutes Leben. Sie schaffen ein dauerhaftes Gleichgewicht zwischen ökonomischen, sozialen und ökologischen Zielen. Sie beenden den Krieg mit der Natur und machen die Umwelt zur *Mitwelt*.

Diese Neuordnung geht weit über technische Maßnahmen hinaus. Nachhaltigkeit verlangt ein neues Denken, das Effizienz mit Suffizienz und Konsistenz verbindet. *Effizienz* erfordert eine Senkung des absoluten Ressourcenverbrauchs, um eine Wende möglich zu machen. *Suffizienz* verlangt Genügsamkeit in der Inanspruchnahme der natürlichen und sozialen Mitwelt und der Nutzung technisch-ökonomischer Optionen wie zum Beispiel der Gentechnik. Sie erkennt die Grenzen und Endlichkeit der Erde an. *Konsistenz* bedeutet den völligen Umstieg auf eine solare Wirtschaft und eine ökologische Kreislaufwirtschaft.

Effizienz: Wegen der Begrenztheit und Überlastung des Naturkapitals ist eine höhere Ökoeffizienz der erste Schritt einer Gesamtstrategie der ökologischen Modernisierung. Die systematische Steigerung der Energie- und Ressourcenproduktivität und die Umorientierung auf eine immaterielle Produktion, verbunden mit Entenergetisierung und Entmaterialisierung, hat der frühere EU-Präsident *Jacques Delors* bereits Ende der achtziger Jahre im Weißbuch für die Zukunft der Europäischen Union beschrieben.

Eine *Effizienzrevolution*, die vor allem von dem amerikanischen Energiewissenschaftler *Amory Lovins* propagiert wird, zielt auf eine absolute Reduktion des Energie-, Rohstoff- und Materialeinsatzes ab. In Deutschland haben diese Strategie unter anderem *Friedrich Schmidt-Bleek* mit „*Das MIPS Konzept*", *Ernst Ulrich von Weizsäcker* mit „*Faktor Vier*" und *Peter Hennicke/Michael Müller* mit „*Wohlstand durch Vermeiden*" propagiert. Auch der Weltklimarat der Vereinten Nationen setzt den ersten Schwerpunkt auf eine Steigerung der Effizienz, weil sie schnell die höchste CO_2-Minderung erreichen kann.

Klimaschutz erfordert bis Mitte unseres Jahrhunderts eine Halbierung der Treibhausgase gegenüber 1990. Dafür reicht die Entkoppelung des Ressourceneinsatzes vom Wirtschaftswachstum nicht aus, zumal die Güterproduktion und Güternachfrage in der Regel schneller wachsen als die Einspareffekte. Die *Energie- und Ressourcenproduktivität* muss in Deutschland um mindestens drei Prozent pro Jahr wachsen, also deutlich über dem Wirtschaftswachstum liegen, um zu einer Effizienzrevolution zu kommen.

Wenn der Verbrauch absolut sinkt, werden die Strukturen geschaffen, die Ressourcen durch Arbeit und Technik ersetzen, neue Märkte erschließen und den produktionsnahen Dienstleistungssektor ausbauen. Die Effizienzrevolution führt in einer hochproduktiven Ökonomie zu mehr Beschäftigung und zu einer qualitativ hoch stehenden Wertschöpfung. Sie ist der erste Schritt, um den ökologischen Substanzverlust abzubremsen, die Realwirtschaft zu stabilisieren und Zeit für weitergehende Umbaumaßnahmen zu gewinnen.

Suffizienz (Genügsamkeit): Solange wirtschaftliche Entscheidungen auf die bloße Nutzung eines Produkts reduziert bleibt und nicht auf den gesamten Kreislauf mit einer zyklischen Verwendung von Rohstoffen oder der solaren Erzeugung ausgerichtet werden, reicht eine höhere Ökoeffizienz allein nicht aus. Die großen Möglichkeiten einer Entkoppelung des Materialdurchlaufs vom Wirtschaftswachstum werden zwar erst unzureichend genutzt, aber sie werden mit einer Effizienzrevolution auf jeden Fall kleiner werden.

Der Ausweg aus dem Dilemma liegt in mehr Suffizienz, worunter nicht Askese, Entsagung oder Mangel zu verstehen ist, sondern die bewusste Orientierung auf das Optimale und damit zum Vorteil aller auf ein Weniger als das maximal Erreichbare. Dabei wird Qualität über Quantität gestellt. Ohne Suffizienz ist unsere Zivilisation nicht zukunftsfähig Zusammen mit der Effizienzrevolution ist Suffizienz ein konstitutiver Teil der Nachhaltigkeit.

Konsistenz (dauerhafte Naturverträglichkeit): Erst die Ausrichtung auf eine strikte (harte) Nachhaltigkeit verwirklicht die ökologische Verträglichkeit. Dazu müssen Innovationen beim Einsatz von Energie, Ressourcen und Materialien eine vollständige ökologische Kreislaufwirtschaft und das Solarzeitalter verwirklichen.

Nachhaltigkeit versteht die Natur als *Mitwelt*. Sie ist auch nicht die Umwelt, über die der Mensch steht und der er sich bedienen kann. Der Mensch ist Teil der Natur und vielfach mit ihr vernetzt. Nachhaltigkeit braucht neben einem ordnungspolitischen Rahmen und ökonomischen Instrumenten, die von der umweltökonomischen Gesamtrechnung bis zur ökologischen Finanzreform reichen, auch kulturelle Anstrengungen, insbesondere eine Bildungsoffensive, solidarische Werte und einen Einstellungswandel.

Für diese drei Bausteine der ökologischen Nachhaltigkeit ist die Internalisierung der externen Kosten von zentraler Bedeutung, damit die negativen Folgen des Wirtschaftswachstums von Anfang an in die Entscheidungsprozesse einbezogen und vermieden werden. Das verbessert die Effizienz der Marktprozesse.

Effizienz, Suffizienz und Konsistenz müssen gegen starke wirtschaftliche Machtinteressen und eingeschliffene Denkmuster durchgesetzt werden. Diese drei Elemente gehören zusammen, bilden eine Einheit, auch wenn die Priorität zuerst auf die Effizienzrevolution gelegt wird. Denn das Zeitfenster für die Abwendung der noch aufhaltsamen Katastrophen wird eng.

Nach dem Zusammenbruch der zweigeteilten Welt ist die Idee der Nachhaltigkeit das wichtigste gesellschaftspolitische Konzept, das den

Essentials einer nachhaltigen Marktwirtschaft 261

großen Globalisierungsschüben gerecht wird. Es zielt darauf ab, die Wirtschaft dauerhaft zu ordnen, die ökologischen Herausforderungen zu bewältigen und die sozialen Errungenschaften Europas zu bewahren. Die Finanzmarktkrise hat die Dringlichkeit der Aufgabe weiter zugespitzt.

Die Exzesse kurzfristiger Gewinnmaximierung lösten die stärkste Erschütterung der Weltwirtschaft seit der großen Depression von 1929 aus. Sie verstärkt die Umverteilung zu Lasten sozial schwächerer Schichten, spaltet die Gesellschaften und verschärft die Armut in den Ländern des Südens. Die globale Finanzindustrie, die seit Ende der siebziger Jahre Zug um Zug das Kommando über die wirtschaftlichen Prozesse übernommen und sich mit der Globalisierung weltweit durchsetzen konnte, erlebte zwar im September 2008 einen tiefen Einbruch, doch zu einer grundlegenden Neuordnung ist es bisher nicht gekommen.

Der Zusammenbruch der Finanzindustrie markiert einen Epochenbruch. Der Banken-Crash wurde zur Krise des gesamten Wachstumsmodells. Nun muss die globale Ökonomie neu formiert werden. Eine breite Debatte, wie es zu einer nachhaltigen Entwicklung kommen kann, muss jetzt geführt werden, in einem engen Zusammenhang mit den fünf großen ökologischen Herausforderungen, die sich vor uns aufbauen:

1. Die Anreicherung von Kohlendioxid und anderen Treibhausgasen in der Troposphäre. Der Ausstoß der Emissionen des wichtigsten Treibhausgases, das unser Klimasystem reguliert, lag in den letzten Jahren noch über den skeptischen Annahmen des Weltklimarates. Auch in den zwölf Monaten nach dem Beginn der Krise gingen die Emissionen zwar in den Industriestaaten leicht zurück, stiegen aber in China immer noch um 6,6 Prozent und in Indien sogar um 7,2 Prozent.
Kommt es nicht schnell zu einer absoluten Senkung, wird spätestens in 25 Jahren eine globale Erwärmung um zwei Grad Celsius nicht zu verhindern sein. Die erhöhte Konzentration der Treibhausgase würde sich dann in den darauf folgenden 50 Jahren Zug um Zug im realen Klimageschehen umsetzen und das Leben auf der Erde radikal verändern. Die Auswirkungen wären zwar regional unterschiedlich, aber letztlich für alle Menschen katastrophal.

2. Der Vorrat an natürlichen Ressourcen nimmt schnell ab. Ihre *Endlichkeit* rückt näher. In der Industriegeschichte war preiswerte Energie das billige Schmiermittel für Beschäftigung und Wohlstand. Doch die Fördermenge kann offenkundig nur gehalten werden, wenn es zu den

riskanten Tiefseebohrungen kommt. Das große Ölfeld vor Brasilien liegt 7.000 Meter tief, also vier Mal tiefer als die Bohrung der explodierten Förderplattform Deepwater Horizon im Golf von Mexiko. Mit der Tiefe steigen die Risiken exponentiell. Doch nicht nur Gas oder Öl werden knapp, in vielen Regionen auch Wasser, Böden und andere Naturgüter. Mineralische Rohstoffe und seltene Erden, die zum Beispiel durch ihren hohen Siedepunkt eine Schlüsselbedeutung für wichtige industrielle Prozesse haben, gehen zur Neige. Ohne einen fairen Zugang drohen massive Verteilungskonflikte, aus denen Rohstoffkriege werden können.

3. Die *biologischen Bibliotheken* werden rücksichtslos ausgeplündert. Jedes Jahr verliert die Welt dreizehn Millionen Hektar Wald. In den nächsten vier Jahrzehnten gehen wahrscheinlich zwölf Prozent der verbliebenen Naturräume verloren. Bereits eine globale Erwärmung um zwei Grad Celsius, die für die zweite Hälfte unseres Jahrhunderts zu erwarten ist, bedroht 30 Prozent der Tier- und Pflanzenarten. In zwanzig Jahren werden über 60 Prozent der Korallen abgestorben sein. Der materielle Wert der Ökosysteme liegt allein in den weltweiten Schutzgebieten bei fünf Billionen US-Dollar.

4. Für die jährlich um 75 Millionen Menschen zunehmende Weltgesellschaft wird die *Ernährung* knapp. Heute leiden bereits über eine Milliarde Menschen an Hunger und Unterernährung. Die landwirtschaftliche Fläche geht weltweit zurück, pro Jahr um rund 1,3 Prozent, doch Brasilien will mit seiner Biomasse zur „Tankstelle der Welt" werden. Das verschärft die Nutzungskonflikte zwischen Naturschutz und Landwirtschaft. Lebensmittel werden teuer, zumal auch große Anleger mit Böden, Rohstoffen und Ernährung spekulieren. 2008 stieg der globale Lebensmittelindex um 47 Prozent. Der eine US-Dollar, den die UNO als äußerstes Existenzminimum definiert hat, war dadurch nur noch 60 Cent wert.

5. Die nachholende Industrialisierung bevölkerungsreicher Schwellenländer macht aus der Quantität der Natureingriffe eine *neue Qualität der Naturzerstörung*. Zwar verursacht ein Bürger Chinas im Vergleich zu einem Amerikaner im Schnitt nur ein Fünftel der Kohlendioxid-Emissionen. Dennoch ist China schon durch das gewaltige Mengenwachstum der größte CO_2-Emittent der Welt. Im bevölkerungsreichs-

ten Land der Erde kommt pro Jahr fast die Stromerzeugungskapazität neu hinzu, die in unserem Land insgesamt vorhanden ist.

Die Nachholprozesse der großen Schwellenländer Brasilien, China oder Indien spitzen den Naturverbrauch dramatisch zu. Die wichtigste Erkenntnis aus dem hohen Naturverbrauch heißt: Wir sind an einem Punkt der Entscheidung. Fest steht, dass eine Zukunft, die nur die Vergangenheit verlängert, keine Zukunft hat. Die große Chance liegt darin, dass das 21. Jahrhundert zu einem Jahrhundert der Ökologie wird.

Das aber heißt: Die großen ideologischen Auseinandersetzungen sind noch lange nicht vorbei, auch wenn sie heute in anderen Formen ausgetragen werden. Erst langsam dringt ins Bewusstsein, dass es nach dem Ende der zweigeteilten Welt eine neue Form der Systemkonkurrenz gibt, die zwischen *liberaler und sozial-ökologischer Demokratie*. Sie sind mit unterschiedlichen Formen der Wirtschafts- und Unternehmensverfassung, politischer Regulierung und staatlicher Aufgabenzuweisung verbunden:

1. Die *liberale Demokratie* begrenzt Bürgermitbestimmung auf das „große politische System", also auf Wahlen. Von konservativen Vertretern wird die Forderung, mehr Demokratie zu wagen, als Angriff auf die Freiheit diffamiert. Sie beschränken die Rechtsgarantien auf den Schutz der individuellen Freiheit gegen Übergriffe Dritter. Was der Einzelne in diesem geschützten Rahmen aus seinen Handlungschancen macht, bleibt ihm gänzlich selbst überlassen.

2. Die *sozial-ökologische Demokratie* fordert ein Staatsbürgerrecht für die Freiheit und die Würde des Einzelnen in Verbindung mit einer Ausdehnung des Selbst- und Mitbestimmungsrechts über das politische System hinaus auf alle wirtschaftlichen und gesellschaftlichen Bereiche.

Mit der Krise kann die Zeit der ideologischen Fremdbestimmung beendet werden, die den Finanzkapitalismus legitimiert hat. Es öffnet sich ein Gestaltungsfenster, doch einen Automatismus in eine höhere Gesellschaftsordnung gibt es nicht. Umso mehr brauchen wir den demokratischen Diskurs über Möglichkeiten und Ziele des Umbaus, der nur gelingen kann, wenn wir die Krise historisch in gesellschaftliche und politische Zusammenhänge einordnen:

- die *erste* Epoche war der *Manchesterkapitalismus im England des 19. Jahrhunderts*, in dem die breiten Schichten unterdrückt und weitgehend rechtlos waren. Die Geschichten von *Oliver Twist* und *David Copperfield* geben einen Einblick in diese rechtlose Zeit. Damals entstanden die sozialen Reformbewegungen;

- die *zweite* Epoche war der *Wohlfahrtsstaat*, der nach den großen Katastrophen des letzten Jahrhunderts – Weltkriege und Weltwirtschaftskrise – in den westlichen Industrieländern durchgesetzt werden konnte. Sie war geprägt von einem Grundkonsens, der in Westdeutschland die soziale Marktwirtschaft möglich gemacht hat. Mit ihr wurde die Gesellschaft wie in einem Fahrstuhl nach oben gehoben. Die sozial-liberale Koalition leitete Ende der sechziger Jahre den zweiten sozialstaatlichen Modernisierungsschub ein. Es kam zu inneren Reformen, zur europäischen Integration und zur Friedenspolitik. Der Ausbau der Bildungsangebote verringerte den Widerspruch zwischen privatem Reichtum und öffentlicher Armut;

- die *dritte*, bisher letzte Epoche war der *Finanzkapitalismus*, der von Großbritannien und den USA ausging und nun an seinen eigenen Widersprüchen scheitert.

3. Die Theorie der langen Wellen

Gute Politik hat ihre Quelle in der Zukunft. Die wichtigste Erkenntnis ist: Wir erleben nicht nur die Finanz- und Wirtschaftskrise, sondern auch den schmerzlichen Übergang von einer Wirtschaftsperiode in eine andere. Drei große Megatrends kommen zusammen und eröffnen mit der Idee der Nachhaltigkeit eine gemeinsame Lösungsperspektive:

- Die *Krise des Finanzkapitalismus*. Neben der nationalen, europäischen und globalen Reform der Finanzordnung muss die produktive Wirtschaft gestärkt werden. Das wird möglich durch eine Konzentration der Mittel auf die ökologische Modernisierung, die weltweit gebraucht wird;

- *die Abschwächung des großen Innovationsschubs der Informations- und Kommunikationstechnologien*, die in den letzten Jahrzehnten Wirtschaft und Gesellschaft immer tiefer durchdrungen und verändert haben. Hier zeigt die massive Steigerung der Energie- und Ressourceneffizienz einen Weg auf, um zu einer neuer Produktivität zu kommen;

– *die zunehmenden Knappheiten* der Rohstoffe und die Überlastung des Naturkapitals. Durch das Bevölkerungswachstum werden schon in wenigen Jahrzehnten rund 9 Milliarden Menschen auf der Erde leben, rund die Hälfte davon in Industriestaaten. Auch das macht die ökologische Modernisierung zu einem Gebot unserer Zeit.

Die Knappheiten von gestern sind die Märkte von heute und die Knappheiten von heute sind die Märkte von morgen. Wenn sich der Produktivitätsfortschritt abschwächt, beginnt die Talfahrt. Unternehmen machen geringere Gewinne, Arbeitsplätze gehen verloren. Anlagen im Finanzsektor versprechen dann höhere Renditen, bis grundlegende Innovationen einen neuen Produktivitätsfortschritt auslösen, der die Wertschöpfung stärkt und mehr Wohlstand und Beschäftigung möglich macht.

Dieses Wechselverhältnis zwischen der monetären und produktiven Dynamik der Wirtschaft bezeichnete der russische Ökonom *Nikolai Kondratieff* als „*lange Welle*". Sie schafft eine neue Infrastruktur durch die politische, soziale und kulturelle Modernisierung und erfordert Reformen auch im öffentlichen und staatlichen Bereich. Innovationen sind ein sozial bestimmter Prozess, der sich nicht auf technische Veränderungen reduzieren lässt. Sie müssen von der Gesellschaft gewollt und gefördert werden. Der berühmte Innovationstheoretiker *Joseph Schumpeter* griff diese Überlegungen auf und benannte die großen Wirtschaftszyklen nach *Kondratieff*. Sie erstrecken sich jeweils über mehrere Jahrzehnte. Fünf lange Wellen lassen sich unterscheiden:

1. Am Beginn der Industrialisierung war Großbritannien der Nutznießer des ersten *Kondratieffs*. Durch die Erfindung der Dampfmaschine sowie den Aufbau der *Eisen- und Textilindustrie* erhöhte sich der britische Anteil an der Weltindustrieproduktion von knapp drei auf rund zehn Prozent. Begünstigt wurde der Sprung durch die Stärke des Pfunds, das damals die Weltwährung war. Die Produktivität der britischen Wirtschaft nahm ungeheuer zu, doch bald fehlte die Infrastruktur, den starken Zuwachs an Gütern und Produkten in der Fläche zu verteilen. Die großen Überkapazitäten lösten tiefe Sozialkrisen aus.

2. In der zweiten langen Welle wurden die Engpässe durch den Ausbau *der Eisenbahn* und der *Dampfschifffahrt* sowie durch die Nutzung des *Fernschreibers* beseitigt. Sie führte zum Abbau der Überkapazitäten und zur Ausdehnung von Handel und Gewerbe. Das steigerte den Anteil der britischen Industrie auf fast ein Viertel an der Weltindustrieproduktion.

3. Der dritte Zyklus ab 1900 ermöglichte Deutschland, das bis dahin nur drei Prozent der Weltindustrieproduktion erzeugt hatte, den Sprung an die Weltspitze. Für die Basisinnovationen bei *Chemie* und *Elektrik* standen Firmen wie *AEG*, *Siemens* oder die früheren *IG Farben*. Dadurch stieg Deutschland Ende des ersten Jahrzehnts des letzten Jahrhunderts auf knapp 15 Prozent der Weltindustrieproduktion, während England auf 13 Prozent abrutschte.

4. Die vierte lange Welle nach 1950 war geprägt vom Aufstieg des *Automobils* zum Massenverkehrsmittel und von der explodierenden Nachfrage nach *Erdöl*. Mit Hilfe von *VW*, *Opel* oder *Daimler-Benz* konnte Deutschland seine industrielle Stärke behaupten, rohstoffreiche Länder gewannen schnell an Bedeutung.

5. Der bisher letzte *Kondratieff* war der Aufstieg der *Informations- und Kommunikationstechnologien*. Obwohl der Deutsche *Konrad Zuse* 1944 den Computer entwickelte hat, gelang es den USA durch massive Investitionen im Militärsektor (Internet, GPS) und Japan durch die staatliche Innovationssteuerung über das MITI, weltweit die Führung zu übernehmen. Dieser Aufstieg macht den Zusammenhang zwischen neuen Technologien, wirtschaftlichem Aufschwung und der aktiven Rolle des Staates besonders deutlich.

Seit einiger Zeit schwächen sich die Produktivitätsgewinne der Informations- und Kommunikationstechnologien ab. Zugleich bilden sich neue Knappheiten heraus, die den Aufbau einer modernen Infrastruktur für die effiziente Nutzung von *Energie* und *Rohstoffen* und den Umbau in die *solare* Zivilisation erfordern.

Mit dem Klimawandel drohen Gesellschaften zu kollabieren. Zugleich überschreitet die Menschheit den Höhepunkt in der Bereitstellung wichtiger Ressourcen zu.

- Wasser wird knapp, vor allem im Dreieck zwischen Lybien, Sudan und Pakistan, wo die Menschen unter dem Mangel leiden.

- Peak-Oil wurde wahrscheinlich schon 2005 erreicht, das Endspiel hat begonnen.
- Um wichtige mineralische Rohstoffe und seltene Erden, die eine strategische Bedeutung für viele industrielle Prozesse haben, werden bereits Verteilungskonflikte geführt.
- Über eine Milliarde Menschen leiden an Hunger und Unterernährung, weltweit nehmen die fruchtbaren Flächen ab, und der Klimawandel wird die Ernteerträge verschlechtern.

Die Zeit billiger Energie und Rohstoffe, das Schmiermittel für Beschäftigung und Wohlstand während der letzten zweihundert Jahre, ist vorbei. Damit drohen massive Verteilungskonflikte. Die Folgen werden in erster Linie die schwächsten Länder und Bevölkerungsschichten treffen. Das hat erhebliche Verteilungswirkungen. Schon heute müssen in Deutschland die unteren 20 Prozent der Haushalte fast neun Prozent des Einkommens für Energie ausgeben, während es bei den oberen 20 Prozent nur 2,4 Prozent sind. Von daher stellt sich die Gerechtigkeits- und Verteilungsfrage.

Die nachholende Industrialisierung und das hohe Bevölkerungswachstum großer Erdregionen beschleunigen Klimawandel, Ressourcenknappheit und die Ernährungskrise. Obwohl zum Beispiel ein Chinese nur 4,2 Tonnen des Treibhausgases Kohlendioxid emittiert, während ein US-Bürger auf 19,74 Tonnen kommt, ist das Land der Mitte bereits der größte CO_2-Emittent der Welt. Doch selbst das (Noch-)Schwellenland China müsste seinen Ausstoß halbieren, um das globale Klima zu schützen. Doch der Energiebedarf wächst rasant, jedes Jahr kommt die Kraftwerkskapazität von rund 110.000 Megawatt für die Stromerzeugung hinzu. Das entspricht fast der Menge, die in unserem Land installiert ist.

Das belegt: Wenn nicht schnell Effizienzrevolution und Solarenergie durchgesetzt und eine ökologische Kreislaufwirtschaft verwirklicht werden, sind die Herausforderungen nicht zu bewältigen. Nur die Unternehmen, Volkswirtschaften und Gesellschaften, die sich durch eine hohe Energie-, Material- und Rohstoffeffizienz und den Ausbau der erneuerbaren Energien auszeichnen, werden künftig stark sein und große Wettbewerbsvorteile erzielen. Der grüne New Deal schützt nicht nur die natürlichen Lebensgrundlagen, er lohnt sich auch für Infrastruktur, Beschäftigung und Wertschöpfung.

Das bisherige Wachstumsmodell stößt an ökologische Grenzen. Es führt auch ökonomisch in eine tiefe Sackgasse. Denn:

Der Klimawandel: Das Ökosystem Erde stößt an Grenzen bei der Aufnahme von (Schad-) Stoffen. Das IPCC, der 1992 von UNEP und WMO gegründete Weltklimarat, hat 2007 die Prognose über die globale Erwärmung auf drei Grad Celsius bis zum Ende dieses Jahrhunderts angehoben. Schon heute ist eine Verschärfung des Klimaproblems bis Mitte unseres Jahrhunderts nicht mehr zu verhindern, denn die Auswirkungen unseres heutigen Handelns zeigen sich in der vollen Auswirkung erst 40 bis 50 Jahre später.

Als die Vereinten Nationen Mitte der achtziger Jahre die ersten Warnungen vor dem globalen Klimawandel aussprachen, war es noch möglich, die Erwärmung auf 1,5 Grad Celsius zu begrenzen. Heute nehmen die Zweifel zu, ob der Erwärmungsprozess noch bei zwei Grad Celsius gestoppt werden kann. Der Weltklimarat ging bei seinem 4. Sachstandbericht von 2007 noch davon aus, dass der Meeresspiegel bis Ende des Jahrhunderts um höchstens 58 cm ansteigen wird. Doch die Erwärmung ist stärker, so dass die Gletscher schneller abschmelzen. Nun wird ein Anstieg bis zu 1,05 Meter erwartet.

Die Vernichtung des Naturkapitals: Die natürlichen Kreisläufe geraten aus dem Lot, wertvolles Naturkapital wird unwiderruflich vernichtet. In Indien gab es vor 100 Jahren rund 30.000 Reissorten, heute weniger als 35. 30 Prozent der Medikamente, zum Beispiel gegen Krebs, gehen auf Naturstoffe zurück. Allein in den Tropen sind von 125.000 Blütenpflanzen mit einem hohen medizinischen Potenzial circa 20.000 akut gefährdet. 20 Prozent der Treibhausgasemissionen gehen auf abgeholzte Wälder zurück.

Die Endlichkeit der natürlichen Ressourcen: Zudem rücken die Grenzen der (preisgünstigen) Nutzung vieler Rohstoffe schnell näher. Wichtige Förderländer erreichen den Höhepunkt im Abbau ihrer Rohstoffe. Die Abhängigkeit von hohen Rohstoffimporten wird zur Achillesferse nahezu aller Industriestaaten. Zwischen 2000 und 2008 haben sich die Preise für Aluminium mehr als verdoppelt, die für Kupfer, Zinn und Zink vervierfacht sowie für Nickel verfünffacht. Künftig werden Produzenten, Dienstleister und Konsumenten die Folgen immer stärker spüren. Angesichts des wachsenden Bedarfs, den technologische Entwicklungen wie zum Beispiel spezifische Materialien im Computer- und Elektronikbereich nach sich ziehen, und der steigenden Nachfrage in den großen

Schwellenländern – insbesondere China, Indien, Brasilien – ist künftig mit massiven Knappheiten zu rechnen.

Nachholende Industrialisierung: Die Welt kann sich den verschwenderischen Umgang mit den natürlichen Ressourcen nicht mehr leisten. Durch die nachholende Industrialisierung großer Erdregionen und das anhaltend hohe Bevölkerungswachstum werden Rohstoffe knapp und teuer. Die wachsende Nachfrage der bevölkerungsreichen Schwellenländer spitzt Zugangs- und Nutzungskonflikten zu. Auch bei vielen Edelmetallen, die eine hohe Bedeutung in der industriellen Produktion haben, sind massive Engpässe absehbar.

Handeln müssen vor allem die Industriestaaten, und zwar schnell. Sie sind die Hauptverursacher der hohen Altlasten und müssen schon deshalb einer Vorreiterrolle gerecht werden. Sie müssen Vorbilder sein und den Ausbau der erneuerbaren Energien vorantreiben sowie eine internationale Kooperation fördern, die insbesondere im Rahmen des internationalen Klimaschutzes notwendig werden. Sie müssen zeigen, dass eine nachhaltige Wirtschaft und eine nachhaltige Gesellschaft möglich werden.

4. Die ökologischen Grenzen des Wachstums

Die Endlichkeit des Naturkapitals wird spürbar. Das Ende in der Nutzung wichtiger erschöpfbarer Rohstoffe rückt rasant näher. Vieles spricht dafür, dass wir uns dem Scheitelpunkt der Ölförderung nähern. *Peak Oil* bezeichnet den Zeitpunkt, an dem der Abbau seinen höchsten Stand erreicht und dann – erst langsam, aber unaufhaltsam und immer schneller – zurückgeht.

Die *Bundesanstalt für Geowissenschaften und Rohstoffe* (BGR) geht davon aus, dass die Spitze der Förderung zwischen 2010 und 2030 erreicht wird. Wenn nicht frühzeitig Konsequenzen gezogen werden, drohen massive Verteilungskonflikte, aus denen sogar Ressourcenkriege werden können.

Zudem nimmt auf den Rohstoffmärkten die Spekulation zu. Hedgefonds, Banken und Finanzanleger setzen auf höhere Preise und forcieren auch den Anstieg, um kräftige Gewinne zu machen. Auch die Ölscheichs haben ein Interesse an steigenden Preisen, manche von ihnen haben Milliarden auf den Finanzmärkten verloren. Wie kaum ein anderer Sektor kann der Ölmarkt zum Spekulationsmarkt werden.

Öl und – eng damit verbunden – Gas werden knapp und teuer, auch Rohstoffe wie Chrom, Kobalt, Platin, Beryllium, Naobium oder seltene Erden wie zum Beispiel Lanthan, die eine hohe Bedeutung für die High-Tech-Produktion haben, werden immer schneller aufgezehrt. Manche von ihnen sind nicht zu substituieren.

Die Bundesrepublik Deutschland ist von Rohstoffen hochgradig abhängig, denn jeder Deutsche wendet trotz einer Reduktion um neun Prozent in den letzten zehn Jahren knapp 70 Tonnen pro Jahr an Ressourcen an. In Japan waren es 45 Tonnen, in Polen 30 und in China 37 Tonnen. Die ärmsten afrikanischen und südasiatischen Länder kommen dagegen auf weniger als zwei Tonnen pro Jahr und Einwohner. Im Jahr 2006 führte Deutschland Rohstoffe im Werte von 107 Milliarden Euro ein, 2004 waren es 62 Milliarden Euro. Die Rohstoffentnahme im Inland ging in den letzten zwölf Jahren um 233 Tonnen (minus 21 Prozent) zurück, wogegen die Einfuhr von Rohstoffen um 105 Tonnen (plus 27 Prozent) anstieg.

Auch bei den Rohstoffen betreiben große Industriestaaten einen ökologischen Kolonialismus. Sie wollen um jeden Preis den Zugang zu den Rohstoffen sichern, notfalls auch mit militärischen Interventionen. Dieser Kolonialismus verfestigt Ungleichheit. Mit der zunehmenden Knappheit der Rohstoffe – bei deren extensiven Gewinnung auch die Umweltschäden zunehmen – schnellen die Preise in die Höhe.

Würden alle Bewohner der Erde bis zum Jahr 2050 ähnliche Material- und Rohstoffverbräuche haben wie heute in den Industriestaaten, stiege der globale Rohstoffverbrauch bis auf das Fünffache. Seit 1980 stieg der weltweite Abbau von abiotischen (fossilen und mineralischen) und biotischen (Land-, Forst- und Fischereiwirtschaft) Rohstoffen von 40 Milliarden auf 60 Milliarden Tonnen heute. Für das Jahr 2050 werden sogar bis zu 80 Milliarden Tonnen erwartet.

Obwohl in Deutschland der Ressourcenverbrauch seit 1984 um knapp zehn Prozent gesunken ist, sind die „ökologischen Rücksäcke" gewaltig. Dennoch liegt er mit über 60 Tonnen pro Jahr und pro Kopf noch rund 20 bis 25 Prozent über dem Durchschnitt in der Europäischen Union. Extrem wächst in Deutschland die Siedlungs- und Verkehrsfläche im Durchschnitt um 113 Hektar pro Tag – das entspricht rund 150 Fußballfeldern. Die Hälfte davon verschwindet unter Asphalt und Beton.

Ein weiterer Faktor ist die anhaltend hohe wirtschaftliche Wachstumsdynamik vor allem der großen, bevölkerungsreichen Schwellenländer wie China, Indien und Brasilien. Dadurch steigt der Rohstoffverbrauch explosiv an. Diese Länder wollen schnell aufholen und überholen. Sie nutzen dafür ihre geringen Lohnkosten und die unzureichenden Rechtssetzungen auf den globalen Märkten. Das mündet in einem Sozial- und Umweltdumping und setzt eine Spirale der Unterbietung in Gang.

- In China wurden 2005 mit rund 100.000 Megawatt Nettoleistung so viele Stromerzeugungskapazitäten neu ans Netz gebracht, wie in unserem Land insgesamt vorhanden sind. Pro Woche kommt im Schnitt ein großes Kohlekraftwerk hinzu. Die nachholende Industrialisierung wird zur nachholenden Umweltzerstörung, obwohl die durchschnittlichen CO_2 Emissionen nur ein Fünftel der Menge eines US-Bürgers betragen. China ist mit seinen 1,3 Milliarden Menschen nicht nur zur Werkbank der Welt geworden, sondern ist auch zum weltweit größten Emittenten von Kohlendioxid aufgestiegen.

- Indien, das in die Rolle des wichtigsten globalen Dienstleisters rückt, hatte in den letzten 15 Jahren ein Energiewachstum von fast 100 Prozent. Das Land ist zu einem der größten Emittenten von Treibhausgasen aufgestiegen. Dort leben über 60 Prozent der Menschen in großer Armut, mit weniger als zwei Dollar pro Tag.

- Indonesien und Brasilien wollen mit Hilfe der reichlich vorhandenen Biomasse zu den Tankstellen der Welt werden. Durch die Vernichtung der Regenwälder rückten beide Länder unter die Top-Fünf der größten Kohlenstoffemittenten.

Die Verteilungskonflikte um Energie und Rohstoffe werden zur Ursache globaler und zwischenstaatlicher Auseinandersetzungen, zumal nach Angaben der *Internationalen Energieagentur* (*IEA*) bis zum Jahr 2030 bei Energie mit einer wachsenden Nachfrage um 60 Prozent zu rechnen ist. Die wachsende Nachfrage verschärft die Konkurrenz.

Zudem haben knapp zwei Milliarden Menschen keinen Zugang zu einer gesicherten Stromversorgung. Hohe Energiepreise drängen Entwicklungsländer aus dem Markt und zehren die öffentliche Entwicklungshilfe auf. Allein die Steigerung der Energiepreise in den letzten zwei Jahren überstieg die Summe der weltweiten Aufwendungen für die Entwicklungshilfe.

Beschleunigt durch die Globalisierungsprozesse und die nachholende Industrialisierung großer Teile der Welt erreichen wir die Grenzen des quantitativen Wachstums, obwohl große und bevölkerungsreiche Staaten erst am Beginn ihrer industriellen Entwicklung stehen. Bald werden statt der heute rund 6,6 Milliarden Menschen neun Milliarden auf unserer Erde leben, die Hälfte davon in Industrieländern. Jährlich kommen rund 75 Millionen Menschen dazu. Dieses Bevölkerungswachstum entfällt zu über 95 Prozent auf die Entwicklungs- und Schwellenländer. Dort brauchen die Menschen mehr Energie und Rohstoffe, um ein menschenwürdiges Leben führen zu können.

5. Der Umbau ist machbar

Der Handlungsbedarf wächst rasant, denn mit der Teilung der Welt in Arm und Reich werden soziale Ungleichheiten explosiv, zugleich erreicht die Umweltzerstörung eine neue Qualität. Die Menschheit muss auf die Anforderungen der „überbevölkerten, verschmutzten und ungleichen Welt" (*Brundtland-Bericht*) neue Antworten geben.

Die Antworten müssen deutlich über die Idee der sozialen Marktwirtschaft hinausgehen, auf der Basis ökologischer Prinzipien eine gleichrangige Verfolgung ökonomischer, ökologischer und sozialer Ziele und zugleich eine Stärkung der Demokratie in allen Bereichen. Im Zentrum steht die Erweiterung der Idee der Gerechtigkeit. Konkrete Ideen und Konzepte für die ökologische Modernisierung sind:

Eine Reform der Finanzordnung: Eine Neuordnung der Weltwirtschaft muss eine Synthese von globaler Geldordnung und nationaler Sozial-, Beschäftigungs- und Umweltpolitik möglich machen. Durch Regeln und eine wirksame nationale und internationale Aufsicht müssen Fehlentwicklungen verhindert werden. Dafür existieren zahlreiche Vorschläge für eine *Regulierung der Finanzmärkte*. National, in der EU und international geht es um mehr Transparenz, eine Reform des Bilanzrechts sowie das Verbot von Leerverkäufen und von Wetten auf Kursänderungen. Der Missbrauch des Derivatehandels muss eingeschränkt werden. Dazu gehört auch eine Kontrolle, bzw. Verbot von Transfers über Steueroasen und Offshore-Finanzzentren.

Das entscheidende Problem liegt darin, dass die Banken ihre eigentliche Funktion, Geld einzusammeln und in die Finanzierung eines produktiven Wirtschaftskreislaufes zurückzuführen, nicht erfüllen. Viele Banken ließen sich vom Investment-Banking einfangen und vernachlässigten ihre ureigensten Aufgaben. Von daher sind verbindliche staatliche Regeln und durchgreifende Kontrollen erforderlich. Das schließt Übernahmen und wirksame öffentliche Beteiligungen nicht aus.

Ein neues Bretton Woods: Angesichts der ökologischen und finanzpolitischen Bedrohungen ist ein neues Bretton Woods notwendig. Eine Neuordnung des *Internationalen Währungsfonds* hat das Ziel, dass eine wirkliche Aufsicht entsteht, die nicht nur Schuldner, sondern auch Gläubiger in die Verantwortung nimmt. Das Ziel ist eine globale Ordnung, die vom Grundsatz der Solidarität aller für alle ausgeht.

Ein neues *Bretton Woods* greift die von Keynes vorgeschlagenen, aber nicht verwirklichten Ideen auf, einer globalen Reservewährung. Damit die Märkte dauerhaft zahlungsfähig bleiben, sollte auch der Vorschlag geprüft werden, die Überhangliquidität, also die flüssigen Zahlungsmittel, die oberhalb einer von der Staatengemeinschaft festgelegten Maximalgrenze liegen, in einen gemeinsamen Fonds einzuzahlen und für die Sicherung der Kreditgewährung zu nutzen. Das „Horten" von Geld würde begrenzt.

Um spekulative Blasen zu verhindern, will die G 20 die *Leverage-Geschäfte* begrenzen. Dafür sollen Höchstwerte festgelegt werden, die eine Spekulation verhindern. Ein anderer Vorschlag ist eine *Mehrgeldsteuer* (*Leverage Money Tax*), die den Kauf auf Kredit in sinnvolle Bahnen lenkt und hohe Verschuldungen verhindert. Dabei müssen die Finanzinstitute, die mit ihren spekulativen Geschäften zur Kreditkrise beigetragen haben, einen höheren Beitrag leisten. Eine solche Abgabe macht Geldblasen beherrschbar.

Zur Eindämmung kurzfristiger Spekulationen soll national eine *Börsenumsatzsteuer* eingeführt werden. Sie orientiert sich an dem Vorbild der britischen Stempelsteuer in einer Höhe zwischen 0,5 und 1,5 Prozent des Kurswertes auf börsliche Wertpapiergeschäfte.

Ein international debattierter Vorschlag ist die Einführung der Tobin Steuer, die Spekulationsgewinne abschöpfen soll, zumindest auf Termingeschäfte bei Energie, Rohstoffen und Nahrungsmitteln. Sie kann künftig dazu führen, spekulative Anlagen zu begrenzen und Gelder für öffentliche Aufgaben abzuziehen.

Verbindliche Standards: Notwendig sind Durchsetzung und Überwachung globaler *Sozial- und Umweltstandards,* die im Rahmen der

WTO verbindlich werden müssen. Ebenso muss international schnell mit einer Reform der Finanz- und Steuersysteme begonnen werden, die Dumping verhindert. Dazu gehören eine internationale Angleichung der Gesetze, eine Bekämpfung von Steuerhinterziehung und Steuerumgehung, die wirksame Ächtung von Steueroasen sowie ein mittelfristiges Zurückführen der öffentlichen Schulden und eine Sicherstellung der Zahlungsfähigkeit in den Märkten. Entschuldung und Haushaltsdisziplin dürfen die Leistungsfähigkeit des öffentlichen Sektors nicht gefährden.

Zudem ist eine Regelung notwendig, die die Rohstoffverschwendung und hohe Emissionen durch die korrekte Zuordnung der Kosten in einer *Charta of Incorporation*, wie sie in den USA vorgeschlagen wurde, transparent macht. Sie listet die sozialen und natürlichen Gemeingüter auf, die ein Unternehmen in Anspruch nimmt und welchen Wert sie haben. Dem stehen Pflichten gegenüber, die Unternehmen zum Schutz der natürlichen und sozialen Gemeingüter zu leisten haben.

Ein weiterer Vorschlag ist ein *Grenzsteuerausgleich* für Mehrkosten, die sich aus dem ökologischen Umbau ergeben. Er wurde auch von der französischen Regierung in die Debatte gebracht. Ein solcher Ausgleich würde Umweltdumping verhindern und mehr Innovationen in einzelnen Staaten möglich machen, weil sie gleichsam in der Start- und Übergangsphase „geschützt" wären. Die Wirtschaftsfelder der Zukunft könnten schneller erschlossen werden. Der Grenzsteuerausgleich müsste zumindest EU-weit begonnen werden.

Ein grüner New Deal: Er konzentriert die Maßnahmen der ökologischen Modernisierung auf eine große Gemeinschaftsanstrengung für Investitionen in ökologische Felder, in die Infrastruktur und die effiziente Wirtschaft der Zukunft. Hier liegt ein wichtiger Ansatz sowohl für eine Stabilisierung der Konjunktur als auch für die Neuordnung der Weltwirtschaft und die Zurückdrängung der Spekulationswirtschaft. Er verbindet die Ideen von *Keynes* und *Schumpeter*, statt sie gegeneinander auszuspielen. Wirtschaftsstabilisierung und Innovationsförderung gehören zusammen.

Europa als Vorreiter: Global bietet sich kein anderes Feld so vorteilhaft für ein global abgestimmtes Handeln zur Stärkung der Realwirtschaft an wie die ökologische Modernisierung. Klimaschutz und Energiesicherheit fördern Innovationen für die schnelle Erschließung der Zukunftsmärkte. In allen Ländern existiert in diesen Bereichen ein hoher Handlungsdruck, so dass ein koordiniertes Vorgehen möglich wird.

Der Umbau wird beschleunigt, wenn Europa mit einer *integrierten Energie- und Klimapolitik* zum Motor der ökologischen Modernisierung wird. Dazu zählt auch eine zielgerichtete Verwendung der Einnahmen aus dem *Emissionshandel* für die Erschließung der ökologischen Märkte und die Vertiefung der Umweltpartnerschaft mit den Ländern Asiens, Afrikas und Lateinamerikas.

Der Anschlussvertrag zum *Kyoto-Abkommen,* der weltweiten Vereinbarung zum Schutz des Klimas, muss deutlich ehrgeizigere Ziele zur CO_2-Reduktion setzen als bisher, den Umbau beschleunigen und internationale Finanzierungsinstrumente entwickeln.

Weiterentwicklung der ökologischen Steuer: Ein weiterer Schritt ist die Überarbeitung und Erweiterung der ökologischen Finanzreform. Ein Teil des Aufkommens muss künftig in ökologische Investitionen gelenkt werden. Neben Strom und Brennstoffe sollen auch Wasser, Abwasser, Bodennutzung und Abfall in die Öko-Steuer einbezogen werden.

Demokratisierung der Wirtschaft: Um die Tugenden des „alten Europa" neu zu beleben, muss an der *Demokratisierung der Wirtschaft* angeknüpft werden. Dazu gehören Mitbestimmung und Betriebsverfassung sowie die Kapitalbeteiligung der Arbeitnehmer an Unternehmensgewinnen. Zur sozialen Ausgestaltung zählen auch eine Begrenzung von Bonuszahlungen und kurzfristigen Erfolgsprämien, ebenso angemessene Mindestlöhne in allen Branchen.

Nutzen wir das Rendezvous mit dem Schicksal. Statt nur auf die Krisen zu reagiere, muss dafür die Zukunft gestaltet werden – sozial, ökologisch, demokratisch.

Literatur

Altner, G. (1991): Naturvergessenheit; Darmstadt.

Bleischwitz, R. (1998): Ressourcenproduktivität. Innovationen für Umwelt und Beschäftigung; Berlin – Heidelberg.

BMU (1992) Bundesministerium für Umwelt, Naturschutz und Reaktorsicherheit: Die Beschlüsse der Weltkonferenz Umwelt und Entwicklung; Bonn.

Carson, R. (1962): The Silent Spring; Boston.

Clark, W. (1989): Verantwortliches Gestalten des Lebensraums Erde; Heidelberg.

Conkin, P. (1975): Der New Deal – Die Entstehung des Wohlfahrtsstaates; in: Wolf-Dieter Narr /Claus Offe (Hg.) Wohlfahrtsstaat und Massenloyalität; Köln.

Council on Environmental Quality (1980): The Global 2000 Report to the President; Washington.

Dahrendorf, R. (2003): Auf der Suche nach einer neuen Ordnung; München.

Deutscher Bundestag. Enquete-Kommission (1991): Schutz der Erdatmosphäre"; Schutz der Erde; Bonn – Karlsruhe.

Deutscher Bundestag. Enquete-Kommission (2002): „Globalisierung der Weltwirtschaft; Abschlußbericht; Berlin.

Deutscher Bundestag. Enquete-Kommission Schutz des Menschen und der Umwelt (1994): Die Industriegesellschaft gestalten – Perspektiven für einen nachhaltigen Umgang mit Stoff- und Materialströmen; Bonn.

Diamond, J. (2006): Warum Gesellschaften überleben oder untergehen; Frankfurt am Main.

Follath, E.; Jung A. (HG.) (2008): Der neue Kalte Krieg. Kampf um die Rohstoffe; München.

Gore, Al (1992): Wege zum Gleichgewicht. Ein Marshallplan für die Erde; Frankfurt am Main.

Gore, Al (2006): An inconventient truth, London.

Hauff, V. (1987): Unsere Gemeinsame Zukunft; Greven.

Hennicke, P. Müller, M. (2005):Weltmacht Energie, Stuttgart.

Hennicke, P.; Dieter Seifried (1996): Das Einsparkraftwerk – eingesparte Energie neu nutzen; Berlin – Basel – Boston.

Henseling; Otto, K. (2009): Am Ende des fossilen Zeitalters; München.

Jänicke, M.u. a. (1992): Umweltentlastung durch industriellen Strukturwandel? Eine explorative Studie über 32 Industrieländer (1970 – 1990); Berlin.

Jonas, H. (1979): Das Prinzip Verantwortung; Frankfurt am Main.

Kondratieff, N. D. (1926): Die langen Wellen der Konjunktur; in: Emil Lederer (Hg.); Archiv für Sozialwissenschaften und Sozialpolitik, 56. Band; Tübingen.

Littlem A. D. (2003): Impulsprogramm Ressourcen-Effizienz – für Wettbewerbsfähigkeit und Arbeit; Berlin.

Martin, H. P.; Schumann, H. (1996): Die Globalisierungsfalle; Berlin.

Meadows, D. et al. (1972): The limits of growths; New York.

Meyer-Abich, K. M. (1991): Wege zum Frieden mit der Natur; München.

Mitchell, L (2002): Der parasitäre Konzern; München.

Müller, M.; Fuentes, U.; Kohl, H. (2007): Der UN-Weltklimareport; Köln.

Müller, M.; Hennicke, H. (1994):Wohlstand durch Vermeiden. Mit der Ökologie aus der Krise; Darmstadt.

Müller, M.; Hennicke, H. (1995): Mehr Wohlstand mit weniger Energie, Darmstadt.

Müller, M.; Meyer-Abich K. M. (1990): Kommt die Öko-Diktatur?; in: Die Zeit Nr. 15, 1990; Hamburg.

Palme, O. Common Security (2003): A Blueprint for Survival; New York.

Peccei, A. (1969): The chasm ahed; New York.

Petermann, Jürgen (Hrsg.); Sichere Energie im 21. Jahrhundert; Hamburg 2006.

Scheer, H. (1999) Solare Weltwirtschaft. Strategie für die ökologische Moderne; München.

Scheer, H. (2003): Die Wirtschaftsfelder der Zukunft. Memorandum für eine ökologische „New Deal"-Politik als wirtschaftspolitische Perspektivstrategie; Berlin.

Scherhorn, G. (1997): Arbeitsplatzvernichtung und Umweltschutz haben die gleiche Ursache; in: Wuppertal Spezial 7; Wuppertal.

Schmidt-Bleek, F. (1998) Das MIPS-Konzept. Weniger Naturverbrauch – mehr Lebensqualität durch Faktor 10; München.

Simonis, E. U. (1997): Schumpeter'sche Botschaft und Rio-Imperativ; in: Grünstift-Extra; Berlin 1997.

Stern-Review (2006): The Economics of Climate Change; environment@british-embassy.de; Berlin.

Töpfer, K. (2000): Für die Globalisierung der Nachhaltigkeit; in: Le monde diplomatique; Atlas der Globalisierung; Berlin.

Weizsäcker, E. U. von; Lovins A.; Lovins, L. (1995) Faktor Vier: Doppelter Wohlstand, halbierter Verbrauch; München.

Wissenschaftlicher Beirat der Bundesregierung Globale Umweltveränderungen (1999): Welt im Wandel: Strategien zur Bewältigung globaler Umweltrisiken. Jahresgutachten 1998; Berlin Heidelberg.

Jerzy Sleszynski

Indicators for Sustainable Development

Abstract

In the first part of my paper, I refer to "public domain" constituting the fundamental basis of sustainable development science. I do also present the most important conceptual points of the problem in my own interpretation. Most of the points agree with my personal opinion and meet also expectations expressed in the guideline document called "Langfassung der Kernaussagen der nachhaltigen Ökonomie". Next, with regard to some details, I express my doubts and add my personal commentary.
In the second part, of the paper I pretend to play a role of *advocatus diaboli* proposing rather pessimistic remarks on sustainability indicators. In fact, I wish to concentrate attention on the controversy between empirical approach and ideological approach to sustainable development and its indicators. On the end of my paper, I do propose a new field of interest and some interesting opportunities for collaboration and research.

General assumptions

There is no doubt that sustainable development and also sustainability indicators should cover and monitor three dimensions which create the space for sustainable thinking, planning and acting: economic, environmental, social. In opposition to traditional understanding, the new and sustainable interpretation formulates for these dimensions new objectives which should be always treated as interdependent, linked together and existing in a strong relationship. Economic growth should increase real welfare and quality of life. Environmental protection observes quality and rational use of natural resources. Social equity is underlined in all possible contexts from minorities to gender problem and also with regard to future generations.

The literature submits the general and formal guidelines for sustainability indicators. They must have firm scientific background. They should give an effective support for decision and policy making. Their clear interpretation of volume or trend should allow for a clear judgment whether we observe a change for good or for bad, from the point of view of sustainable development strategy. Moreover, they must be calculable what raises the problem of data quality and availability. They must be also transferable what is extremely important for all comparison and analysis purposes. In addition, comparability of data is required on a certain level of research and policy making. Obviously, sustainable development is dealing with local, regional, national, and international level and all of them need certain indicators for monitoring purposes.

Numerous researchers recall simplification, quantification and communication as three very important features of sustainability indictors. I comment these characteristics in a bit modified way. Simplification can be understood as a necessary adjustment to the perception level of the public. Different members of the public, like experts, policy makers or common people, need quite different simplification level. Looking for quantification someone should not forget that diversified phenomena can be measurable in a very broad sense – from purely quantitative to qualitative valuations. And communication should be always perceived as based upon human relations. This last feature can be summarized by saying that there are nothing like sustainable development indicators without "consumer" and final user very interested in their volume.

Finally, any success story associated with any system of sustainability indicators must rely on positive assumptions associated with data and real-life use of indicators. Certainly, long and reach series of data is a must for a meaningful and effective system of indicators. Well defined sustainability level as a reference point constitutes a justified valuation method. Policy targets adapted to well monitored sustainability levels are an ideal continuation. In conclusion, meaningful and effective use of sustainability indicators in decision and policy making practice makes an example what should be expected at the moment when sustainable development transforms from an idealistic icon to real-life practice.

Typology of sustainability indicators

It is justifiable to make distinction between sustainability indicators according to two specific aspects. First, how they are constructed, and second, for whom are they prepared. As a matter of fact, it may lead to the following typology:

– structural indicators,
– indicators defined for local communities,
– synthetic indicators.

Structural indicators, sometimes called also cross-sectional indicators, are always associated with specific problem under consideration. They are applied to a problem ("section") like: nation, administrative areas, regions, industrial sectors, anthropogenic impact, environmental media, natural resource, global threats. Their cross-section character means that they shed light on the section in question from many different points of view. Mostly, section is illustrated by a set of indicators covering economic, environmental and social aspects. Sometimes, the character of selected section, e.g. biosphere, limits indicators to their environmental applications. For practical reason cross-section indicators are always used as a carefully designed not too large set of indicators. The literature suggests that even for a big section like nation or global warming they should be limited to 20-60 indicators, communicating at the same time on three dimensions: economic, environmental and social problems.

Indicators for local communities are also established as a set of selected indicators, this time a combination of cross-sectional and synthetic indicators. However, what makes them very different to any other-level indicators is their strong involvement into a specific local world. Thus, first of all, they reflect local specificity, aspirations and priorities. To make it real, they need an active local partner. They could never work well without high level of self government and self consciousness of local people resulting in participation and mutual cooperation in the process of selection and composition of the final set of indicators. The most awaited result could be a set of agreed indicators which is a rational consensus balancing some unique proposals of the local representatives with some universal measures proposed from outside and appropriate for comparison with other localities.

There is no one perfect agreement how to deal with indicators pretending to capture in one number variety of factors and dimensions. Mostly, they are called as synthetic, *single-number*, *aggregated or macro-level indicators*. In fact, they want to do exactly the same what is largely accepted in the obvious case of Gross Domestic Product (GDP). GDP which has been strongly and justifiable criticized because of its disability with regard to welfare and sustainability can be, in spite of this, an useful indicator of economic activity and its dynamics for economists and for laymen either. Similarly, synthetic sustainability indicators have their obvious weaknesses and natural limits but can be useful when properly constructed and interpreted. Synthetic indicators are applied to economic development, welfare and wealth, environmental quality, environmental impact, social fairness. As a result, they are measured in monetary terms, physical or standardized units.

It makes sense to point out that there are two conceptual groups of them. *Dimension-oriented* indicators are these of them where the final single-number stems from addition of factors contributing to the volume of a specific dimension. All units are transformed into monetary or physical units. The second group unites "*composite*" *indicators* where the final single-number results from addition of factors representing various aspects of sustainable development. In this case, standardization of diversified units is critically needed.

The list below presents just a selection of synthetic sustainability indicators. The first three of them are calculated in monetary units and start from general economic behavior taking into account individual consumption and general economic categories of savings and accumulation. Next two indicators on the list are calculated in physical units – TMR in tons and EF in hectares, eventually per head. Last three on the list are indicators which need standardizing approach to allow for comparison in percentages or in an interval between zero and one.

Selected synthetic indicators associated with sustainable development:

– Index of Sustainable Economic Welfare,

– Genuine Progress Indicator,

– Genuine Savings,

– Total Material Requirement,

– Ecological Footprint,

- Environmental Sustainability Index,
- Environmental Performance Index,
- Human Development Index.
- Critical analysis

The informative role of sustainability indicators for the public, experts and decision makers can be summarized in three points. First of all, it is expected that they will correspond to the reference points or critical values stemming from empirical sciences and being reliable information on available sustainability space. Medicine or biology and many other empirical sciences, in particular, are in a position to say something concrete about critical loads, safety levels or limits which should be incorporated into reasoning whether human activity goes already beyond capacity of natural systems.

Quite often our knowledge is not complete, perfect and precise and in these circumstances indicators can serve as signpost arrows showing only direction for human activities and actions. An important difference is that signpost will not inform how much we approach the final limit and to what extent we can still develop our activity.

Another role of sustainability indicators stems from official documents which reflect declaration of political will to lessen anthropogenic pressure, stimulate new production and consumption pattern, and improve the quality of life. In this context, sustainability indicators can only check the distance between quantified targets stemming from policy objectives or from social opinion on real-life situation. Very likely, what makes this last approach less reliable, they measure the distance to pretty normative and political demand or even to some wishful thinking or unrealistic need number.

Having in mind these three characteristics, I would like to underline quite significant differences between environmental, economic and social indicators for sustainability. Because of their empirical basis, environmental indicators are the most reliable with regard to reference and critical values, especially when information originates from the positive model-case of renewable resources use or from medical sciences. Environmental indicators are also confident signpost arrows for environmental pressure reduction where less means almost always better, in spite of cost factor which should be never forgotten. In addition, discretional targets and strange ideas almost do none exist among environmental indicators, except some individual opinions expressed sometimes by green extremists.

Economic indicators create more problems in their reference to sustainability. Unfortunately, economic reference values are of rather unique and historical validity. There is nothing like a perfect check level for inflation, internal or external debt, unemployment, which could be used as an absolute reference point for a critical evaluation as it may happen in the case of lead content in food or chemical and biological characteristics of potable water. Moreover and mostly, economic indicators can act as very simplified signpost arrows. Somebody should be very careful because they may be in a simple way connected with production and consumption volume indicating, without a necessary check, that more means always improvement. This situation becomes even trickier with regard to official economic policy objectives. Very often they are unrealistic and incidental targets too much dependant on political life cycle and rather myopic economic perspective.

Social indicators pretending to monitor real sustainable policy are the most difficult task. They are damned to the situation where reference points are fuzzy, extremely diversified or almost non-existing. Some obvious and widely accepted pillars of our social life like democracy, human rights, equality, dignity, independence, create a headache when somebody wants to reflect them in an indicator form with a pathetic ambition to say what is and what is not sustainable from the social point of view. Moreover, social indicators are also rather weak as signpost arrows. It is enough to say that they are extremely and heavily dependent on cultural or religious status. Certainly, what can be easily accepted in an orthodox catholic environment will be refused somewhere else, and what is good and traditional for hunters in Africa will be simply forbidden and prosecuted in Europe. However, what should be still observed with a growing care and anxiety is the tendency among politicians to declare strongly homogeneous social targets pretending them to be perfectly universal. This threatening tendency started in Agenda 21 and is still built on hardly reflexive normative thinking.

Any discussion on sustainability indicators needs prudence and something like a critical background resulting from some obvious and commonly known facts. We are living in a changing (natural, economic and social) environment. Stability is just a short break in a sequence of critical events (mostly evolutionary and rarely revolutionary). Sustainability is a cultural term associated with our human civilization, in the same way as weed, waste, car, sculpture, philosophy, empathy and many other "civilized" terms. There is no one unconditional reference point which is perfect or valid forever, also in environmental sciences. Signpost arrows may turn around what is sometimes very visible in science and in our social life. Therefore, quantified targets change and political targets' life is extremely short, probably until next election. All this truth needs consideration and sustainability indicators should reflect it as much as possible.

The term of sustainability is firm and should not be substituted. However, the "second best" term for our promising future is adaptation and in many instances it expresses even better than sustainability what we want, what we can and what we should do. Ecological adaptation, so far, guaranteed sustainability of life on the Earth and human beings progress. Adaptive management, as it was formulated by Professor Holling and his team, is environmentally, socially and economically justified. Therefore, adaptation should be reflected in all modes, aspects and systems of sustainability indicators.

This demand is not new and it exists in some official proposals. Enough to admit only one example which is a framework for structural environmental indicators elaborated by OECD and adapted in the European Union to its policy and documents. The framework for environmental indicators considers three aspects of their use: Pressure-State-Reaction. Talking about acidification, for instance, we should know numbers describing the real pressure created by identified emissions. We should also know how looks like the state of the environment in reaction to that impact in all environmental media – air, water, soil. But, finally, we should also monitor what kind of action was the decided reaction to the pressure and environmental impact question. So to say, observation of bad things happening and calculation of environmental damages is not enough. Indicators have one more thing to do: monitor effectiveness of policy towards sustainable state of the environment.

Conclusions

Approaching conclusion part of the paper, I would like to summarize some positive advices for sustainability indicators system:

- system of indicators must be a complex structure composed of structural indicators, indicators for local communities, and synthetic indicators,
- systematic indicators should be applied to each level of human activity, first of all national, regional, local,
- it is worth to remember that environmental indicators are more reliable than economic, and economic more reliable than social ones,
- regular monitoring and comparative studies on indicators should be an accepted national and EU norm.

In particular, synthetic indicators still need substantial modification and improvement. In spite of their critics indicating arbitrary and fuzzy elements of their assessment, synthetic sustainability indicators should always accompany GDP. This is the only acceptable way to avoid misunderstanding and wrong interpretation of GDP. European Union wants to monitor its "Sustainability Strategy" and scientists work hard to elaborate a set of structural indicators to cover all dimensions of the problem. However, indicators proposed to monitor EU sustainable development strategy should also include several synthetic indicators.

There is a lot of suspect around synthetic indicators but to a large extent it results from too much optimistic and sometimes unrealistic expectation. Synthetic indicators have their clear drawbacks and limits and only knowing them well somebody may try to interpret them in a rational way. Nevertheless, it seems to be true that synthetic indicators are the best media for a survey and international communication on sustainable development.

Sustainability indicators are still elaborated, modified and improved. Despite of undergoing research, there is also place for some new initiatives. First proposal refers to a very serious and continued data problem. This problem could be attacked easier after creation of a specialized international scientific data bases allowing for calculation of indicators based upon specific coefficients. Wuppertal Institute and their material flows analyses makes a good example how such a data bank could be created and later on used for international cooperation and comparison studies.

The most recent phenomena in the economic crisis is calling for reaction from the side of sustainability indicators' scientists. Some new and troublesome issues like sustainable banking, sustainable public finance, sustainable financial help of the EU, should be monitored and, therefore, covered by new and specific financial indicators.

Finally, I do also believe that individual research on sustainable indicators needs coordination and calls for international collaboration. Something like international "joint implementation" in the field of sustainability could initiate large and transborder comparative studies on sustainable development and its indicators.

Further Literatur

Atkinson, G.; Dietz, S.; Neumayer, E. (2006): Handbook of Sustainable Development, Cheltenham.

Botkin, D.; Keller, E. (1995): Environmental Science, New York.

Bell, S.; Morse, S., Sustainability indicators (2000): Measuring the immeasurable, London.

Bell, S.; Morse, S. (2003): Measuring sustainability: Learning from doing, London.

Daly, H.E.; Cobb Jr., J.B. (1989): For the Common Good. Redirecting the Economy toward Community, the Environment and a Sustainable Future. Boston.

Gil, S.; Sleszynski, J. (2003): An Index of Sustainable Economic Welfare for Poland. Sustainable Development, Volume 11, Number 2.

Lawn, Ph (2007): Sustainable development indicators in ecological economics, Cheltenham.

Moffat, I. (1996): Sustainable Development. Principles, Analysis and Policies, London.

Pearce, D. (1993): Blueprint 3. Measuring sustainable development. London.

Schütz, H.; Welfens, M.J.; Sleszynski, J.; Stodulski, W. (Nr. 2/2002): Sustainable Development through Dematerialization: The Case of Poland, Osteuropa-Wirtschaft, 47.

Sleszynski, J. (1997): Some remarks on operational sustainability indicators for Poland. Chapter in: The 1997 European Environment Conference. Environmental Policy in Europe: Towards Sustainability? Conference Proceedings. University of Leeds – ERP Environment, Shipley.

Sleszynski, J. (2009): Ecological Footprint as a sustainability indicator. Chapter in: Liberda , Grochowska A. (eds.), Civilizational Competences and Regional Development In Poland. Warsaw University Press, Warsaw.

v. Weizsacker, E.; Lovins, A.B.; Lovins, L.H. (1998): Factor Four – Doubling wealth, halving resource use, London.

Wackernagel, M. (1994): How Big is Our Ecological Footprint? Using the Cocept of Appropriated Carrying Capacity for Measuring Sustainability, Vancouver.

Teil 5: Globale Aspekte der Nachhaltigen Ökonomie

Jürgen Kopfmüller

Die globale Dimension der Nachhaltigen Ökonomie

Abstract

Ausgehend von dem Verständnis, dass der globalen Dimension eine zentrale Bedeutung für eine nachhaltige Entwicklung bzw. eine nachhaltige Ökonomie zukommt, wird im vorliegenden Beitrag der Frage nachgegangen, was „global" bedeutet und in welcher Weise sich globale Phänomene darstellen. Die nachhaltigkeitsbezogene Ambivalenz vieler globaler Prozesse kommt sowohl mit Blick auf ihre Wirkungen als auch bei der Frage nach geeigneten Strategien zum Umgang mit diesen Prozessen zum Ausdruck. Für letzteres werden einige zentrale Leitlinien skizziert.

Was heißt und bedeutet „global"?

Gesellschaftliche Entwicklung, ihre treibenden Kräfte, ihre Prinzipien sowie ihre Folgewirkungen sind insbesondere seit Mitte des 20. Jahrhunderts dadurch gekennzeichnet, dass sie zunehmend nationale Grenzen überschreiten und häufig eine globale, erdumspannende Dimension aufweisen. Im Detail durchaus unterschiedlich in Form und Intensität, gilt dies für den Austausch von Gütern und Dienstleistungen, den Einsatz von

Produktionsfaktoren – insbesondere Kapital – Information, Wissen (schaft) und Forschung, Lebensstile („Mc-Donaldisierung"), aber auch für Phänomene wie Umweltzerstörung, ungleiche bzw. ungerechte Verteilung von Gütern und Ressourcen, Arbeitslosigkeit oder Armut. Ermöglicht bzw. befördert wurden diese oft als Globalisierung bezeichneten Prozesse vor allem durch eine stetige und teils dramatische Reduzierung von Transport-, Transaktions- und Telekommunikationskosten, durch die quasi freie Verfügbarkeit von (fossilen) Energieträgern sowie durch die Schaffung weltwirtschaftlich prägender politisch-institutioneller Rahmenbedingungen wie die Deregulierung der Finanzmärkte oder den Abbau von Handels- und Investitionshemmnissen.

Der Begriff des „Globalen" ist dabei in zweierlei Weise zu verstehen: zum einen im Sinne von „ubiquitär", d.h. dass Phänomene im Prinzip weltweit anzutreffen sind, was den in der Realität meist anzutreffenden Fall regionaler Unterschiede in Ausmaß oder Intensität einschließt. Zum anderen im Sinne von „weltweit verknüpft", d.h. Ursache-Wirkungs-Zusammenhänge in sozialen oder ökonomischen Systemen (Entwicklungsprozesse oder Problemphänomene betreffend) wie auch in ökologischen Systemen (atmosphärenchemische Prozesse, Wasserkreislauf usw.) überschreiten die Grenzen von Ländern oder Kontinenten. In dem Maße wie Entwicklung durch diese beiden Facetten der globalen Dimension charakterisiert war und ist, sind diese auch für das Nachhaltigkeitsleitbild und die Debatten darüber prägend gewesen. Beginnend mit dem Brundtland-Bericht der Vereinten Nationen von 1987, der nach wie vor als das Initialdokument der „modernen" Nachhaltigkeitsdebatte gilt, ist die globale Perspektive als eines der konstitutiven Elemente von nachhaltiger Entwicklung bzw. der nachhaltigen Ökonomie zu sehen (vgl. Kopfmüller et al. 2001).

Gleichwohl findet Entwicklung natürlich auf allen Handlungsebenen statt: der individuellen, familiären, lokalen, regionalen, nationalen, transnationalen bis hin zur globalen. Dabei geht einerseits die Tendenz zum Globalen einher mit einem Bedeutungsverlust der lokalen, regionalen und nationalen Ebene sowie der entsprechenden Akteure in den Entscheidungsprozessen. Andererseits bestehen vielfältige Wechselbeziehungen zwischen diesen Ebenen. Zwar werden Handlungsspielräume auf lokaler wie auch nationaler Ebene immer mehr durch globale Randbedingungen oder Vorgaben supranationaler Institutionen beeinflusst oder sogar eingeschränkt. Globale Aktivitäten oder Effekte sind jedoch nicht ohne das Handeln nationaler und lokaler Akteure möglich. So benötigen z.B. globale Märkte oder transnationale Konzerne lokale Produzenten und Konsumenten oder auch lokal und national bereitgestellte Infrastrukturen und Systeme, die die Funktionsfähigkeit basaler gesellschaftlicher Mechanismen gewährleisten.

Deswegen soll hier von der *primär globalen Perspektive* des Nachhaltigkeitsleitbilds gesprochen werden. Dies bedeutet, dass die grundlegenden Zielorientierungen für Nachhaltigkeit primär mit Blick auf die Gegebenheiten und die Bedürfnisse der globalen Völkergemeinschaft zu definieren sind, die dann auf der internationalen wie der nationalen und lokalen Ebene mit geeigneten Maßnahmen umzusetzen sind. Im Kern verweist dies auf die Notwendigkeit einer räumlichen Integration – d.h. der Berücksichtigung und Gestaltung der Wechselwirkungen zwischen den einzelnen Ebenen – ähnlich wie die der inhaltlichen Integration der ökologischen, ökonomischen, sozialen, kulturellen usw. Dimensionen nachhaltiger Entwicklung (vgl. Kopfmüller et al. 2001).

Im Unterschied zu lokalen Prozessen, deren Ursachen und Wirkungen räumlich begrenzt und klar erkennbar sowie ich ihrer zeitlichen Dimension überschaubar sind, wirken globale Prozesse häufig längerfristig über mehrere Generationen hinweg, weisen eher unklare und entgrenzte Raumbezüge sowie besonders komplexe, multi-kausale und nicht-lineare Ursache-Wirkungs-Zusammenhänge auf. Die zunehmende Bedeutung der globalen Dimension bei der Entwicklung sozialer (und damit auch natürlicher) Systeme wie auch der Wechselwirkungen zwischen den räumlichen Ebenen und den entsprechenden Akteuren impliziert also insbesondere eine erhöhte Komplexität und somit größere Unsicherheiten. Diese Unsicherheiten betreffen Ursache-Wirkungs-Zusammenhänge und die Bewertung ihrer positiven wie negativen Implikationen (auch unter Kostengesichtspunkten) und insbesondere die Abschätzung künftiger Entwicklungen.

Dies führt auf der einen Seite zu, dass die Analyse und Vorhersage von Entwicklungsprozessen wie auch deren politisch-gesellschaftliche Steuerung deutlich schwieriger werden. Auf der anderen Seite führt jedoch der Anspruch, die Ziele einer nachhaltigen Entwicklung bzw. einer nachhaltigen Ökonomie umzusetzen, zu der Notwendigkeit, genau dies verstärkt zu tun. Hierin besteht eine der zentralen Herausforderungen von Nachhaltigkeitswissenschaft und -politik.

Die Facetten des Globalen

Die Umsetzung des zentralen konstitutiven Elements des Nachhaltigkeitsleitbilds, der in gleichberechtigter Weise verstandenen inter- und intragenerativen Gerechtigkeit (Kopfmüller et al. 2001, siehe These 5), erfordert vor allem die konsequente Anwendung dreier Handlungsgrundsätze: des Verantwortungsprinzips, der gerechten Verteilung und des Kooperationsprinzips. Diese gelten in besonderer Weise auch für die globale Perspektive: Verantwortung kommt der Weltgesellschaft für die Realisierung einer global nachhaltigen Entwicklung zu. Dies umfasst sowohl die Verantwortung für künftige Generationen, d.h. jede Generation soll – im Sinne von Hans Jonas – der jeweils nächsten Generation vergleichbare Handlungsmöglichkeiten hinterlassen, als auch die Verantwortung für die Gewährleistung eines menschenwürdigen Lebens für alle heute lebenden Menschen. Die globale Verteilung von gesellschaftlichen Ressourcen (Einkommen, Vermögen, Naturgüter, Bildung usw.), von Chancen (Zugang zu Ressourcen, Berufen oder Information) und Risiken oder auch von Nutzen und Lasten (die etwa im Zusammenhang mit der Umsetzung politischer Maßnahmen entstehen) stellt sowohl einen zentralen Ausgangspunkt als auch ein Ergebnis gesellschaftlicher Entwicklungsprozesse dar. Schließlich sind globale Kooperationen zwischen Institutionen, Regierungen usw. erforderlich, die selbst auf dem Verantwortungs- und dem Gerechtigkeitsprinzip beruhen müssen, um die Realisierung dieser Prinzipien auf globaler Ebene gewährleisten zu können.

Charakter und Ambivalenz globaler Phänomene

Die globale Dimension prägt mittlerweile praktisch alle Bereiche des Lebens in irgendeiner Weise. Kaum ein relevantes Thema in Wirtschaft, Politik oder Kultur scheint heute noch ohne seine weltweiten Facetten diskutierbar bzw. behandelbar zu sein. Konkret bedeutet „globale Dimension" vor allem zweierlei: zum einen das was heute vielfach als Globalisierung bezeichnet wird, nämlich im Kern die räumlich-zeitliche Ausdehnung menschlichen Handelns über staatliche Grenzen hinaus (Müller 2002). Beispiele hierfür sind die Entgrenzung von Kommunikation und Kooperationen oder von wirtschaftlichen Aktivitäten (transnational agierende Konzerne, globale Finanzmärkte usw.), die tendenzielle Universalisierung von Kommunikationsmitteln und -chancen, von Lebensstilen, von technischen, sozialen und anderen Standards, aber auch von einer auf Marktprozesse, Wettbewerb, Wachstum, (Frei)Handel oder Deregulierung ausgerichteten institutionellen Organisation des Wirtschaftens.

Zum anderen gehen mit diesen Entwicklungen, die weniger das Resultat anonymer Kräfte als vielmehr einer Vielzahl individueller und vor allem politischer Entscheidungen sind, die verschiedensten global auftretenden bzw. verursachten Folgen einher. Seit den 1980er Jahren wird hierfür häufig der Begriff des „globalen Wandels" verwendet, mit dem verschiedene naturräumliche und sozioökonomische Phänomene beschrieben werden. Zu nennen sind hier etwa der Verlust von Biodiversität, Trinkwasserverknappung, Meeresverschmutzung, Bodendegradation, Klimaveränderungen, Armut, Hunger, Einkommensdisparitäten, Migration oder auch kriegerische Auseinandersetzungen innerhalb und zwischen Staaten. Opitz (2001) spricht hier auch von „Weltproblemen".

In diesem Zusammenhang wird in jüngster Zeit auch der Begriff der „Systemkrise" benutzt, in dem Sinne, dass diese Phänomene Ursachen von oder Symptome für krisenhafte Entwicklungen darstellen, die ein Ausmaße annehmen, dass sie zu Gefährdungen der Stabilität, Funktions- oder Lebensfähigkeit von natürlichen und sozialen Systemen führen (können). Beispiele hierfür sind etwa die jüngste Entwicklung der globalen Finanz- und Kapitalmärkte, die die Stabilität nationaler Ökonomien wie auch der globalen Ökonomie gefährdet, der die Stabilität des Ökosystems bedrohende Klimawandel oder auch die Fragilität und Verwundbarkeit grenzüberschreitender Infrastrukturen. Die Rede ist in diesem Zusammenhang auch von System- bzw. systemischen Risiken (vgl. Renn, Keil 2009). Sie sind dadurch gekennzeichnet, dass sie eine sich selbst verstärkende, krisenhafte Dynamik entfalten und für ein System lebenswichtige Teilsysteme gefährden können. Hinzu kommt, dass es häufig nicht der unerwünschte „Störfall" im System ist, der diese Probleme verursacht, sondern der „Normalbetrieb", d.h., wie etwa im Beispiel der Finanzmärkte, die expliziten und impliziten Regeln und Eigenlogiken dieser Systeme, was steuernde Eingriffe – insbesondere solche vorsorgender Art – entsprechend erschwert.

Es ist vor allem die besondere Komplexität globaler Entwicklungsprozesse, die die Entstehungswahrscheinlichkeit solcher Risiken erhöht, die deswegen mit besonderen Unsicherheiten verbunden und somit besonders schwierig zu behandeln sind. Es verwundert nicht, dass die Globalisierungs- und globalen Wandelprozesse angesichts ihrer Komplexität und ihrer häufig räumlich und sozial divergierenden, ambivalenten Folgen in ihren Chancen und Risiken unterschiedlich bewertet werden. Auf der einen Seite stehen diejenigen, die die positiven Wirkungen und Chancen betonen. Hier dominieren vor allem drei Argumente: (i) das neoklassisch-ökonomische, wonach mehr internationales Wirtschaften zu mehr Wettbewerb, technischem Fortschritt und Investitionen und damit zu einer schnelleren und effizienteren Schaffung ökonomischer Werte führt, was als Voraussetzung für die Verbesserung von Lebensbedingungen oder für die Finanzierung von Investitionen in Umweltschutz und andere Nachhaltigkeitsziele gesehen wird. (ii) globale Möglichkeiten der Information, verstärkter Preiswettbewerb usw. werden als treibende Kräfte für eine stärkere Rolle von Konsumenten und letztlich für eine verbesserte Versorgung angesehen. (iii) dem Entstehen und Wirken globaler Netzwerke zwischen Unternehmen, Wissenschaftlern, zivilgesellschaftlichen Gruppen oder anderen Institutionen wird eine wichtige Rolle für die Erweiterung von Handlungsoptionen zur Lösung bestehender Probleme in Richtung mehr Nachhaltigkeit beigemessen. Darüber hinaus finden sich auch Argumente, die am Beispiel von Katastrophen wie etwa dem Tsunami 2004 oder dem jüngsten Erdbeben in Haiti positiv vermerken, dass die bestehenden globalen Strukturen eine relativ rasche weltweite Mobilisierung und Transferierung von Hilfe und Finanzmitteln ermöglicht haben.

Dem stehen diejenigen gegenüber, die eher die problematischen Folgen und Risiken dieser Prozesse betonen. Im Vordergrund stehen dabei die oben bereits angesprochenen, teils miteinander verknüpften und teils unabhängigen Problembereiche der Übernutzung natürlicher Systeme, Armut, mangelnde Versorgung vieler Menschen mit dem Lebensnotwendigen sowie die Ungleichverteilung von natürlichen und gesellschaftlichen Ressourcen und von Entwicklungschancen. Gewinne und Verluste aus globalen Entwicklungsprozessen verteilen sich häufig sehr ungleich zwischen reicheren und ärmeren Regionen oder Staaten dieser Welt.

Ein ebenso offenkundiges wie herausforderndes Beispiel hierfür ist der Klimawandel, der sich in veränderten Temperatur- und Niederschlagsverteilungen oder zunehmenden Wetterextremereignissen wie Stürmen, Fluten oder Dürren ausdrückt. Seine anthropogene Verursachung geht in der kumulierten Betrachtung der letzten 200 Jahre weit überwiegend auf das Konto der Industriestaaten. Die schwerwiegendsten Folgen werden jedoch vor allem in Entwicklungsländern eintreten, etwa in der Landwirtschaft (Ernteausfälle), im Gesundheitsbereich (Zunahme von Infektionskrankheiten) oder durch verringerte Wasserverfügbarkeit (Pachauri, Reisinger 2007). Erschwerend kommt hinzu, dass diese Länder meist besonders verletzlich sind bezogen auf die Folgen des Klimawandels, etwa aufgrund ihrer stärkerer Abhängigkeit von landwirtschaftlicher Produktion oder der geringeren Steuerungs- und Anpassungskapazitäten technischer, finanzieller oder institutioneller Art. (vgl. z.B. Kasperson, Kasperson 2001).

Einen Faktor, der häufig als mit entscheidend für die ungleiche Verteilung von Entwicklungschancen angesehen wird, stellen die so genannten „weltwirtschaftlichen Rahmenbedingungen" dar. Gemeint sind damit das Handeln und die Verfasstheit supranationaler Institutionen sowie existierende Normen und Regelwerke, aber auch das Handeln der stärkeren (Wirtschaftsakteure) als Randbedingung für die Handlungsmöglichkeiten der schwächeren. Eine dem Gerechtigkeitspostulat folgende faire Weltwirtschaftsordnung umfasst dem entsprechend die Gewährleistung von Chancengleichheit, sowohl formal-prozedural gesehen (Repräsentanz und Einfluss in Organisationen, Gestaltung von Regelwerken) als auch bezüglich der faktischen Wirtschaftsprozesse (Zugang zu Märkten, Vermeidung der Ausnutzung von Marktmacht, des Imports, Exports von Nachhaltigkeitsdefiziten usw.).

Die Realität ist allerdings nach wie vor durch ungleiche Chancenverteilung zu Gunsten der Industriestaaten und zu Lasten ärmerer Länder, d.h. durch deren tendenzielle Exklusion von globalen den globalen Wirtschaftsprozessen bzw. von deren positiven Effekten gekennzeichnet (siehe z.B. UNDP 2008, Held, Kaya 2007). Dies betrifft die Repräsentanz und Gestaltungsmacht in wichtigen supranationalen Organisationen wie Welthandelsorganisation (WTO), Weltbank oder Internationaler Währungsfonds (IWF), die internationalen Handelsströme („Triadisierung" zwischen Japan, USA und Westeuropa), die regionale Verteilung ausländischer Direktinvestitionen, den Zugang zu Krediten usw.. Hinzu kommen Faktoren wie eine internationale Arbeitsteilung, die immer noch zwischen Rohstoffexporteuren und Fertigwaren- und Konsumgüterexporteuren trennt, ärmere Staaten besonders belastende protektionistische Maßnahmen und Export-Subventionen in den Industriestaaten, etwa im Landwirtschafts- und Textilbereich, oder auch eine Architektur der internationalen Finanz-, Kapital- und Devisenmärkte, die insbesondere in Krisenzeiten – wie gerade seit 2008 erlebt – für die ärmeren (und häufig stark verschuldeten) Staaten besondere Risiken und negative Folgen mit sich bringt.

Im Ergebnis führt all dies, zusammen mit verschiedenen anderen, auch national zu verantwortenden Faktoren zu entsprechend ungleichen Überlebens- und Entwicklungschancen und letztlich dazu, dass heute mehr als 1 Mrd. Menschen mit weniger als 1 US-$ und rund 2,5 Mrd. Menschen mit weniger als 2 US-$ pro Tag auskommen müssen und damit existenzbedrohend bzw. gerade noch überlebensfähig arm sind, dass rund 900 Mio. Menschen, viele davon Kinder, unterernährt sind, dass rund 1,5 Mrd. Menschen ohne jede bzw. mit sehr schlechter Gesundheitsversorgung leben müssen, dass rund 800 Mio. Erwachsene Analphabeten sind, aber auch dass rund 2 Mrd. Menschen keinen Zugang zu erschwinglicher Energieversorgung, 1 Mrd. keinen Zugang zu sauberem Trinkwasser und 2 Mrd. keinen Zugang zu angemessenen sanitären Anlagen und daher eine deutlich geringere Lebenserwartung haben (UNDP 2009, UN 2010, WEC 2008, FAO 2009).

Anders als die Armutsthematik, die in den letzten Jahrzehnten immer wieder in den Blickpunkt des Interesses gerückt wurde und beispielsweise in den global gesehen maßgeblichen Millennium-Entwicklungszielen der Vereinten Nationen enthalten ist, gilt dies für die (globale) Verteilungssituation deutlich weniger, sowohl was die Erhebung und Veröffentlichung von Daten als auch politisches Handeln anbelangt.

Die ethische Facette des Handelns

Dieser hier nur kursorisch skizzierbare Befund steht im offenkundigen Widerspruch zu den Grundprinzipien einer nachhaltigen Entwicklung, zum Ziel der Gewährleistung von Mindestanforderungen eines menschenwürdigen Lebens für alle Menschen weltweit, aber auch zum Prinzip der internationalen Verantwortung. Auf einer allgemeinen Ebene ist weitgehend unbestritten, dass hieraus erheblicher Handlungsbedarf erwächst.

Für die Erreichung des Ziels einer nachhaltigen Entwicklung, Ökonomie sind dabei gemeinsame globale Handlungsstrategien erforderlich, die sich im Detail aus vor allem räumlich und akteursbezogen differenzierten und an konkreten Zielen orientierten Steuerungsmechanismen zusammensetzen. Bereits in der Rio-Deklaration und der Agenda 21 wurde das Ziel einer „neuen Qualität globaler Zusammenarbeit" zur Lösung bzw. Vermeidung globaler Verteilungskonflikte formuliert. Eine solche Zusammenarbeit müsste mindestens drei Komponenten enthalten: eine auf Gleichberechtigung basierende Kooperation zwischen den Staaten oder Regionen, den Abbau institutioneller und anderer Privilegien der reichen Staaten sowie von Benachteiligungen der Entwicklungsländer und hinreichende Hilfsleistungen der Reichen an die Bedürftigen – als Korrektiv für den Fall einer unzureichenden Umsetzung der ersten beiden Komponenten. Die wesentliche Herausforderung besteht darin, Entscheidungsprozesse und Handlungsstrategien so zu gestalten, dass die Steuerungs- und Handlungskapazitäten von Staat, Wirtschaft und gesellschaftlichen Gruppen nicht überfordert werden und zugleich die Erreichung gesetzter Ziele oberste Priorität behält.

Das Postulat der Gerechtigkeit als zentrale Leitorientierung für dieses Handeln verweist im Kern auf die ethische Fundierung des Nachhaltigkeitsleitbilds. Im Brundtland-Bericht, dem eigentlichen Ausgangspunkt der Nachhaltigkeitsdebatte, wird nachhaltige Entwicklung als zu erarbeitende „globale Ethik für das menschliche Überleben und Wohlergehen" definiert (Hauff 1987, S. 302), die als Leitvision für globalen Wandel und humanen Fortschritt dienen soll. In der moralphilosophischen Demokratietheorie wie auch der christlichen Sozialethik wird überwiegend von einer prinzipiellen Begründbarkeit universaler Gerechtigkeitsnormen ausgegangen, wenn formale Prozedere des Diskurses, der Konsensfindung oder gleichrangige Abstimmungen über Verträge oder Institutionen stattfinden (Pogge 2001). Gegenstand von Diskursen und Entscheidungen ist dann vor allem, welche materialen Gerechtigkeitskriterien verwendet werden sollen und wie z.B. ein Kriterium wie „Gewährleistung eines menschenwürdigen Lebens für alle" für unterschiedliche Regionen dieser Welt definiert werden kann. Angesichts zunehmend technisierter, differenzierter und komplexer werdender sozialer Systeme werden jedoch stets auch Zweifel an der Möglichkeit der Wahrnehmung globaler Verantwortung wie auch der Definier- und Umsetzbarkeit universaler Leitbilder und Ansätze vorgebracht.

Gleichwohl sind seit Mitte der 1990er Jahre verschiedene Initiativen entstanden, Grundwerte wie Freiheit, Gleichheit, Gewaltlosigkeit, Toleranz oder Naturerhaltung ins Zentrum eines solchen globalen und sanktionierungsfähigen Ethos zu stellen. Zu nennen sind hier etwa die Commission on Global Governance, die in ihrem Bericht „Our Global Neighbourhood" 1995 „a global civic ethics" aus gemeinsamen Prinzipien und Werten als Grundlage für die Zusammenarbeit zwischen unterschiedlichen Gesellschaften und Kulturen forderte. Ähnliches gilt etwa für das „Universal Ethics Project" der UNESCO, die von Nicht-Regierungs-Organisationen verfasste „Erd-Charta" (Ökumenische Initiative Eine Welt, BUND 2001) oder auch die Stiftung Weltethos (Küng 1991) oder auch die Erklärung anlässlich des UN-Millennium-Gipfels 2000.

Ausgangspunkt der Überlegungen ist dabei stets die Allgemeine Erklärung der Menschenrechte in ihrer Gesamtheit staatsbürgerlicher, politischer, sozialer, wirtschaftlicher und kultureller Rechte für alle Menschen, verknüpft mit dazu korrespondierenden „Menschenpflichten". Dabei gründet sich das universelle Verständnis von Verantwortung wie auch von Gerechtigkeit (iustitia universalis) auf den sozialphilosophischen Ansatz eines ethischen bzw. moralischen Universalismus (Birnbacher, Schicha 1996). Universalität bedeutet dabei nicht die Forderung identischen Verhaltens aller Menschen, sondern das Anerkennen allgemein – universell – und kontextunabhängig gültiger Grundnormen und -werte, bei Respektierung von Diversität im Detail, die in spezifischen historischen, kulturellen oder sozialen Gegebenheiten begründet sein kann.

Die Umsetzung der beiden Prinzipien Verantwortung und Gerechtigkeit als sich wechselseitig bedingende Kernelemente eines universellen Ethos ist eine entscheidende Voraussetzung für die Verwirklichung und Sicherung der so genannten *Grundfreiheiten* der Menschheit (UNDP 2000, S. 40): der Freiheit von Diskriminierung, Not, Ungerechtigkeit und Bedrohung persönlicher Sicherheit sowie der Freiheit zur Partizipation und Meinungsäußerung, zur Verwirklichung individueller Potenziale und zur angemessenen Arbeit ohne Ausbeutung. Auch hier bleibt jedoch die Frage, wie solche universellen Leitlinien allgemeinverbindlich erarbeitet, institutionalisiert und vor allem umgesetzt werden können. Dazu später mehr.

Prinzipien und Strategien für globales Handeln

Es ist weitgehend unbestritten, dass die Umsetzung einer nachhaltigen Entwicklung/Ökonomie tief greifende Veränderungen unserer gegenwärtigen Produktionsweisen und Lebensstile erfordern wird. Dies gilt besonders für die globale Perspektive angesichts höchst komplexer Themen-, Akteurs- und Interessenkonstellationen sowie der Dimension und Dringlichkeit der oben skizzierten Probleme. Gerade hier werden allerdings Zweifel daran laut, dass das politisch-administrative System bzw. „der Staat" überhaupt in der Lage ist, die erforderliche Steuerungsleistung (alleine) zu erbringen. Das Ziel, in Richtung (globaler) Nachhaltigkeit zu steuern, wird teilweise unter den „Generalverdacht des Illusorischen" gestellt (Brand, Fürst 2002). Dennoch wird in diesem Beitrag die These vertreten, dass die Umsetzung von globaler Verantwortung und Gerechtigkeit für eine global nachhaltige Entwicklung/Ökonomie ohne Steuerung nicht möglich sein wird und dass erhebliche Veränderungen der existierenden Steuerungskonzepte und -strukturen notwendig sein werden, um die notwendigen Veränderungen in Produktions- und Lebensstilen realisieren zu können. Zentrale Elemente solcher veränderter Konzepte sind die Identifikation und Beseitigung kontraproduktiver, Probleme verschärfender Steuerungsmechanismen, die Festlegung klarer Handlungsziele, die angemessene Reflektion bestehender Unsicherheiten sowie die Berücksichtigung bzw. ggf. Veränderung existierender Akteurs- und Machtstrukturen (vgl. z.B. Voß 2008).

Global Governance

In den 1990er Jahren rückten unter dem Begriff „Governance" neue Steuerungsansätze in den Mittelpunkt, um diesen Bedingungen und Anforderungen besser Rechnung tragen zu können. In Unterscheidung zum Begriff „Government" umfasst Governance formelle und informelle sowie staatliche und zivilgesellschaftliche Institutionen und Steuerungsregelungen (vgl. z.B. UN Commission on Global Governance 1995). Primäres Ziel ist die Neugestaltung der Interaktion zwischen Staat, Wirtschaft und Zivilgesellschaft. Die Erarbeitung gemeinsamer Entwicklungsleitbilder zählt ebenso hierzu wie Transparenz, Partizipation und

Machtausgleich als Kernelemente, um die die Fähigkeit der Gesellschaft zu angemessener Reaktion auf bestehende Probleme zu erhöhen.

Das Konzept „Global Governance" stellt eine Weiterentwicklung dieses Ansatzes und den Versuch dar, angesichts der erkennbaren politischen Steuerungsdefizite die vielfältigen globalen Probleme und die Phänomene des globalen Wandels beherrschbar(er) zu machen und die Globalisierungsprozesse in Richtung mehr Nachhaltigkeit zu gestalten. Mitunter wird im Deutschen hierfür der Begriff der globalen Struktur- und Ordnungspolitik verwendet. Ziel ist die Wiedergewinnung staatlicher Handlungsfähigkeit und die bessere Erfüllung des staatlichen Gestaltungsauftrags durch eine Transformation nationalstaatlicher Politik, eingebettet in ein neues Mehr-Ebenen-Politikmodell kooperativer globaler Steuerung (Messner 2003). Idealtypisch interagieren darin staatliche mit nicht-staatlichen Akteuren auf globaler, nationaler und lokaler Ebene mit Hilfe verschiedenster formeller und informeller Politikmechanismen, quasi als horizontale und vertikale Netzwerke, in denen aber der Staat auch aufgrund seines Gewaltmonopols zentraler Akteur bleibt (Enquete-Kommission „Globalisierung der Weltwirtschaft" 2002).

Prinzipielles Ziel ist hier eine Art „nachholende Globalisierung der Politik", quasi als Antwort auf die Globalisierung der Wirtschafts- und Entwicklungsprozesse. Eine so verstandene Umsetzung des Nachhaltigkeitsleitbilds tritt somit in Konkurrenz zu aktuellen Leitbildern wie Liberalisierung oder Deregulierung. Zu Recht begründen die Protagonisten die Notwendigkeit des Konzepts vor allem mit dem steigenden Problemdruck und den wachsenden Folgekosten einer handlungseingeschränkten Politik. Die Skeptiker kritisieren demgegenüber ein idealisierendes, die realen Triebkräfte, Strukturen und weltwirtschaftlichen bzw. weltpolitischen Macht- und Interessenslagen ungenügend reflektierendes Konzept, zu erwartende Transparenz-, Demokratie- und Legitimitätsdefizite oder ungeklärte Fragen des Umgangs mit Konflikten (vgl. z.B. Brand u.a. 2000, Brock 1998, Nuscheler 2000). Gleichwohl existieren in der Praxis bereits verschiedenste Elemente einer Global Governance. International ausgehandelte Regime wie etwa zur Klimaproblematik sind ebenso dazu zu zählen wie die zahlreichen nationalen und transnationalen Kommissionen, Organisationen und Netzwerke zu verschiedensten Themen oder auch die Aktivitäten auf supranationaler Ebene im Rahmen der EU oder der Vereinten Nationen, etwa der Prozess im Kontext der Millenniums-Entwicklungsziele.

Eine solche „Politik" im weiteren Sinn stellt die Beteiligten vor erhebliche Herausforderungen, muss sie doch gerade in der globalen Dimension unter Bedingungen unvollständigen oder unsicheren Wissens erfolgen. Im Kontext der Forschung zum Globalen Wandel entstand Ende der 1990er Jahre der naturwissenschaftlich basierte Ansatz der Erdsystemanalyse. Ziel ist hier, die gekoppelte Dynamik der Geosphäre, Biosphäre und Anthroposphäre im Hinblick auf natürliche und durch menschliches Handelns hervorgerufene Wirkungen auf Klima, Ozeane oder Boden zu untersuchen, um die zu erwartenden Wirkungen des Globalen Wandels für das Erdsystem besser abzuschätzen zu können. In diesem Kontext wiederum ist der sozialwissenschaftliche Ansatz der Earth System Governance entstanden. Hier geht es vor allem darum, eine effektive globale Architektur für bereits existierende wie auch neue umweltbezogene und andere internationale Vereinbarungen und Regime zu schaffen, die ausreichende Stabilität bzw. Verlässlichkeit für die Akteure, Adaptionsfähigkeit der Entscheidungsträger und Institutionen an veränderte Randbedingungen, Informationen usw. sowie eine systematische Einbeziehung nicht-staatlicher Akteure in Entscheidungsprozesse erlaubt (Biermann 2007).

Im Lichte all dieser Anforderungen ist umso mehr ein Ansatz gefragt, wie er in der Steuerungsdebatte seit einiger Zeit unter dem Begriff „reflexive governance" oder „reflexive Steuerung" diskutiert wird (vgl. Voß et al. 2006). Kennzeichnend hierfür ist eine angemessene Berücksichtigung der jeweiligen themen- und akteursbezogenen Steuerungskontexte sowie der bestehenden Wissensengpässe, um Strategien interaktiv und partizipativ zu entwickeln, eine Prüfung der Steuerungsmechanismen auf ihre Konsistenz, Kohärenz und nicht intendierte Nebenfolgen sowie – darauf basierend – die Steuerung der Steuerungsfähigkeit durch geeignete Kontroll- und Lernmechanismen.

Prinzipiell sollte nachhaltigkeitsbezogene Steuerung zugleich Anreize für nachhaltiges Verhalten schaffen und nicht-nachhaltiges Verhalten belasten und insbesondere die drei Kriterien Effektivität, Effizienz der Zielerreichung und gerechte Verteilung von Nutzen und Belastungen zwischen den gesellschaftlichen Gruppen erfüllen.

Nachfolgend werden einige grundlegende Leitlinien und Elemente skizziert, die für eine erfolgreiche Steuerung in Richtung Nachhaltigkeit erforderlich sind.

Klare Zielorientierungen

Zunächst ist es für jede Art der Betrachtung, die über allgemeine Bekundungen hinaus gehen soll, erforderlich, die Vorstellung darüber, was nachhaltige Entwicklung/Ökonomie sein soll, anhand von Kriterien und Indikatoren sowie von Zielorientierungen für diese zu konkretisieren, um daran Zustandsbewertungen und ggf. Maßnahmen knüpfen zu können. Konkrete Zielorientierungen sind erforderlich, um die Existenz bzw. Dringlichkeit von (Nachhaltigkeits)Problemen überhaupt erkennen, um Maßnahmen in geeigneter Weise konzipieren und um den Akteuren größere Planungssicherheit bieten zu können. Zeitlich gestaffelte Ziele erleichtern dabei eine angemessene Justierung von Maßnahmen sowie das frühzeitige Erkennen von (Miß)Erfolgen bei der Zielerreichung.

In der globalen Perspektive bedeutet dies, dass Kriterien bzw. Indikatoren benötigt werden, mit denen relevante Aktivitäten auf der globalen Ebene bzw. deren Einwirkungen auf die nationale oder regionale Ebene (etwa hinsichtlich Chancenverteilungen in internationalen Organisationen, Beschaffenheit internationaler Märkte usw.) oder auch umgekehrt (z.B. Beiträge zu internationalen Kooperationen bzw. zur Lösung internationaler Probleme) angemessen abgebildet werden können und für die Zielwerte festgelegt werden können. Dies in einer international, d.h. zwischen den Staaten abgestimmten Weise zu tun, ist natürlich ungleich schwieriger als dies ohnehin bereits auf nationaler oder regionaler Ebene der Fall ist. Eine Option könnte hier die gemeinsame Entwicklung eines allgemein gültigen Basis-Kriterien- und Indikatorensets sein, das für die spezifischen nationalen oder regionalen Kontexte ergänzt und modifiziert werden kann. Die Millenniums-Entwicklungsziele stellen ein Beispiel (und einen möglichen wichtigen Bestandteil) für ein solches Basis-Set dar.

Politisch-institutionelle Reformen

Um einen angemessenen Ordnungsrahmen für die Weltwirtschaft vor allem im Sinne fairer(er) globaler, insbesondere weltwirtschaftlicher Rahmenbedingungen zu schaffen, sind vielfältige Reformen der bestehenden internationalen Organisationen und Regelwerke wie auch die Schaffung neuer bzw. verbesserter Mechanismen erforderlich. Neben der

Schaffung neuer Institutionen wie etwa einer Welt-Umweltorganisation (siehe Biermann, Bauer 2005) sind hier wesentliche diskutierte Bereiche (i) die (Re)Regulierung der internationalen Finanzmärkte, mit – nach den jüngsten Erfahrungen – besonderem Blick auf den Bankensektor oder Währungs- und Wechselkursregelungen und die dabei bestehenden Benachteiligungen und Risiken für die ärmsten Staaten; (ii) modifizierte Regelungen im internationalen Waren- und Dienstleistungshandel (besserer Weltmarktzugang für Entwicklungsländer, Reduzierung negativer Effekte auf deren heimische Märkte, verbindliche sozial- und Umweltstandards usw.); (iii) neue bzw. verbesserte Mechanismen und Regime zur Entwicklungsfinanzierung und zur Entschuldung der ärmsten Staaten.

Diese Reformen müssen auch möglichst abgestimmte Vereinbarungen bzw. Regime zu Umwelt- und anderen nachhaltigkeits-relevanten Themen umfassen – etwa nach dem Vorbild des Vorgehens bei der Klima- oder der Ozonthematik – die klare globale und regional differenzierte Zielwerte und Leitplanken enthalten müssen. Ein in diesem Kontext zunehmend auch in Politik und Unternehmen diskutiertes Beispiel ist ein globales Ressourcenmanagement, bei dem es um Fragen des Ressourcenzugangs (Versorgungssicherheit), der Auswirkungen von Ressourcennutzungen, der Verwendung von Ressourcenexporterlösen, der Behebung von Informationsdefiziten, geeigneter Maßnahmen zu effizienteren Nutzung oder geeigneter institutioneller Arrangements (z.B. Einrichtung einer Agentur) sowie deren Abstimmung mit bzw. Integration in bestehende internationale und nationale geht Governance-Strukturen (vgl. Bleischwitz, Bringezu 2007).

Alle diese Elemente sind notwendig, um Initiativen wie z.B. einen „Global (Green) New Deal" (Ziel ist hier die gezielte Förderung von Innovationen und Investitionen in besonders nachhaltigkeits-relevante und -defizitäre Bereiche) oder einen Globalen Marshall-Plan (mit dem Ziel der schrittweisen Umsetzung einer globalen ökosozialen Marktwirtschaft zur Erreichung der UN-Millenniumsziele) wirksam werden lassen zu können. Gleichwohl ist dabei die Frage zu stellen, von wem und vor allem wie – in Zeiten zunehmend entpersonifizierter und entinstitutionalisierter Wirtschaftsaktivitäten sowie zum Teil erheblicher Interessensgegensätze zwischen den Staaten – über die Gestaltung solcher Mechanismen und Reformen entschieden werden soll. Die Vereinten Nationen können hier sicher einen geeigneten Rahmen zumindest für den Einstieg in solche Prozesse bilden.

Gemeinsame, aber unterschiedliche Verantwortung

Bei der Analyse bestehender Nachhaltigkeitsprobleme und der Suche nach Lösungswegen muss die Frage nach den globalen Verantwortlichkeiten und Leistungsfähigkeiten eine wesentliche Orientierung bilden. Anknüpfungspunkt sollte hier das in der Rio-Deklaration angelegte und in der Klimarahmenkonvention und ihrem Umsetzungsprozess implementierte „Prinzip der gemeinsamen aber unterschiedlichen Verantwortung" sein. Die Grundidee besteht hier darin, das Verantwortungsprinzip zum einen anhand der nationalen oder regionalen Anteile an der Verursachung bestimmter Probleme zu konkretisieren, also den größten Verursachern die weitestreichenden Handlungserfordernisse zuzuweisen. In der historischen Perspektive tragen die Industriestaaten bei vielen Problemen im Umweltbereich oder der ungleichen globalen Chancenverteilungen die Hauptverantwortung für die Entstehung (teilweise kommt den USA dabei eine herausgehobene Bedeutung zu), sie müssen sie demnach auch für deren Behebung tragen. Wachsende Bedeutung kommt dabei den so genannten Schwellen- und einigen Entwicklungsländern – vor allem China, Indien, Brasilien – zu. Grund sind deren veränderte Produktions- und Lebensstile, vor allem aber an ihre Bevölkerungszahl und -dynamik. Auch wenn hier die Frage, inwieweit die Begrenzung der Bevölkerungsentwicklung in bevölkerungsreichen Staaten eine notwendige Bedingung für nachhaltige Entwicklung ist, ebenso bedeutsam wie heikel und umstritten ist und daher bislang eher verdrängt wurde: sie muss in künftigen Verhandlungen eine Rolle spielen und es muss nach angemessenen sozialen und ökonomischen Begleitmaßnahmen hierfür gesucht werden.

Zum anderen sollen die Lasten der Umsetzung von Maßnahmen und deren Folgewirkungen nach dem Kriterium der Leistungsfähigkeit verteilt werden. Besondere Unterstützung sollte dabei den am wenigsten leistungsfähigen Entwicklungsländern, vor allem den so genannten Least Developed Countries, zukommen, die meist auch die geringste Verantwortung für die Problementstehung tragen.

Somit muss auch das Feld der Entwicklungspolitik bzw. -zusammenarbeit entsprechend verändert werden. Angesichts der oben skizzierten Problemanalyse befindet sich dieser primär national agierende Politikbereich in einem Spannungsfeld zwischen Versagensvorwürfen und der durchaus tröstlichen Erkenntnis, möglicherweise noch problematischere Entwicklungen verhindert zu haben. Entwicklungszusammenarbeit muss jedoch weit über die – nach wie vor unerlässliche – Nothilfe- und Mitteltransferfunktion hinaus gehen und in Form einer global koordinierten Strukturpolitik die Gestaltung der weltpolitischen und –wirtschaftlichen Rahmenbedingungen zum Ziel haben. Ein wesentliches Ziel kann hier beispielsweise die Sicherung der globalen öffentlichen Güter wie saubere Umwelt, öffentliche Sicherheit, Gesundheit oder Bildung sein (Kaul 2008). Allerdings besteht auch bei den für Entwicklungszusammenarbeit zur Verfügung stehenden Finanzmitteln in einigen Staaten – so auch in Deutschland – immer noch erheblicher Nachholbedarf, sowohl gemessen an dem aus den 1970er Jahren stammenden UN-Ziel von 0,7 % des BIP als auch was den sehr geringen Anteil der Mittel für die ärmsten Staaten betrifft.

Koordination und Kohärenz

Eine wichtige Voraussetzung für die Wirksamkeit von Politik zur Erreichung bestimmter Ziele ist die angemessene Koordinierung der verschiedenen involvierten Politikfelder. In der entwicklungspolitischen Debatte ist hier der Begriff der Kohärenz, also des Gleichklangs zwischen Entwicklungspolitik und anderen Politikbereichen, in den Vordergrund gerückt, vor allem aufgrund seiner Verwendung in Art. 130 des Maastricht-Vertrags von 1992 und in Art. 178 des Amsterdamer Vertrags von 1997 (vgl. Ashoff 2002). Darin legt die EU fest, die Ziele ihrer Entwicklungspolitik (vor allem Unterstützung von Nachhaltigkeit, Weltwirtschaftsintegration und Armutsbekämpfung in den Entwicklungsländern) in den anderen Politikbereichen zu berücksichtigen.

Divergierende Ressortinteressen, unterschiedliche institutionelle Zuständigkeiten usw. führen allerdings häufig de facto zu Inkohärenzen. Eine Handels- und Agrarpolitik, die durch Protektionismus oder Exportsubventionen Entwicklung in ärmeren Ländern gefährdet oder eine Fischereipolitik, die zur Überfischung in Fangzonen von Entwicklungsländern führt, sind nur zwei von zahlreichen Beispiele hierfür.

Folgenberücksichtigung

Um zu verhindern, dass Politik- und Steuerungskonzepte bei der Lösung von Problemen versagen oder sogar zu ihrer Entstehung beitragen, um also deren „Folgekosten" zu minimieren, müssen bei deren Konzipierung und Umsetzung neben den positiven auch mögliche nicht-intendierte negative Folge- und Nebenwirkungen berücksichtigt werden. Die Folgen der Förderung eines verstärkten Anbaus nachwachsender Rohstoffe im globalen Maßstab für den Flächenverbrauch und mögliche Nutzungskonkurrenzen sind ein Beispiel für die Notwendigkeit solcher Analysen. Ein weiteres Beispiel sind mögliche Wirkungen einer erfolgreichen Umwelt-, Energie- oder Klimapolitik in den Industriestaaten. Auf der einen Seite würden daraus resultierende verringerte Ressourcen- oder Energieverbräuche zu einem schonenderen Umgang mit endlichen Ressourcen beitragen. Auf der anderen Seite würde dies jedoch in rohstoff-exportierenden Entwicklungsländern zu möglicherweise existenziellen Einnahmeverlusten führen. Hinzu kommt das Risiko, dass diese Exportländer solchen Nachfragerückgängen mit Preissenkungen entgegenzuwirken versuchen. Damit würde eine Konterkarierung von in den Industriestaaten praktizierten Maßnahmen, etwa von Öko- oder Ressourcensteuern, bewirkt werden.

Eine frühzeitige Reflektion solcher Phänomene ist unerlässlich, zumindest um – wie im Fall des zweiten Beispiels – die Notwendigkeit von Kompensationsmöglichkeiten für Betroffenen erkennen und entsprechend handeln zu können. Eine systematische und umfassende Prüfung von politischen Maßnahmen, Gesetzen usw. auf ihre nachhaltigkeitsrelevanten Wirkungen könnte einen wesentlichen Beitrag zu einer konsistenten und wirksamen Nachhaltigkeitspolitik zumindest auf nationaler Ebene leisten. Auf EU-Ebene wird dies seit einigen Jahren zur Beurteilung von Kommissionsvorlagen angewendet, in einigen Ländern wie Großbritannien oder Finnland zur Evaluierung von Regierungshandeln. Auch hier stellen sich natürlich sofort die Fragen nach den geeigneten Nachhaltigkeitskriterien/-indikatoren (insbesondere zur Abbildung der globalen Perspektive), nach dem Umgang mit Ergebnisbewertungskonflikten, nach der Gestaltung und Institutionalisierung des Prüfprozesses oder nach dem Grad der Verbindlichkeit der Umsetzung von Prüfergebnissen für die Politik (vgl. Grunwald, Kopfmüller 2007).

Finanzierungsquellen

Die Umsetzung vieler der angesprochenen Maßnahmen wird nicht zuletzt durch das Fehlen von Finanzmitteln ver- oder behindert. Eine Quelle für solche Mittel kann zum einen die Umsetzung von neuen bzw. so noch nicht eingesetzten Instrumentarien darstellen, beispielsweise einer Devisentransaktionssteuer (bei der bereits kleinste Steuersätze angesichts des enormen Umfangs von Finanztransaktionen zu erheblichen Einkünften führen würde) oder einer globalen CO_2-Steuer.

Zum anderen stellen die nach wie vor – trotz Finanzkrisen und Beendigung des Kalten Kriegs – in den Industriestaaten, aber auch in vielen Entwicklungsländern steigenden Militärausgaben mit 2009 insgesamt rund 1.500 Mrd. US-$ (SIPRI 2010) ein erhebliches Potential für die Umschichtung von Steuergeldern dar. Kriege und Bürgerkriege zerstören staatliche Ordnungen, soziales Kapital, die natürlich Umwelt und materielle Werte. Eine gerechtere Verteilung und Entwicklung von natürlichen, ökonomischen und sozialen Ressourcen sowie eine „Kultur der Nachhaltigkeit" können die Gefahr von kriegerischen Auseinandersetzungen mindern und damit die Chance für entsprechende Ausgabenminderungen erhöhen.

Die Rolle von Wachstum

Zweifelsfrei stellt der stetige Anstieg des Bruttoinlandsprodukts, also vor allem der materiellen Güterproduktion in einer Volkswirtschaft, einen kritischen Faktor für nachhaltige Entwicklung dar: als Ursache für steigende Ressourcenausbeutung und Umweltschädigung, aber auch als vielfach gepriesener Weg zur Lösung bzw. zumindest Entschärfung von Verteilungskonflikten in einer Gesellschaft durch die Vergrößerung des zu verteilenden „Kuchens". Angesichts der Endlichkeit vieler Ressourcen, der Begrenztheit der Möglichkeiten stofflichen Substituierens und effizienterer Ressourcennutzung sowie der wachsenden Zweifel an der Verteilungsrelevanz des Wachstums wird im Zuge der Nachhaltigkeitsdebatte zumindest in den Industriestaaten verstärkt über die Notwendigkeit und mögliche Wege eines Wirtschaftens ohne Wachstum diskutiert.

Neben den zahllosen Fragen, die sich hierbei für nationales Handeln stellen, kommen in der globalen Perspektive zusätzliche Aspekte und

Fragen hinzu. Welche Wirkungen hätte beispielsweise ein „Null- oder Minuswachstum" in den reicheren Staaten für die Entwicklungsländer, was würde dies mit Blick auf eine global gerechte und fair Weltwirtschaft bedeuten und welche begleitenden Maßnahmen wären denkbar?

Die obigen Ausführungen zeigen, dass der globalen Dimension eine zentrale Bedeutung für eine nachhaltige Entwicklung/Ökonomie zukommt – dass sie kritisch ist als Ursache für viele Probleme, aber auch als Ansatzpunkt zur Lösung von Problemen. In der Frage nach dem Umgang mit „dem Globalen" bestehen im Prinzip drei Möglichkeiten: (i) die verstärkte Nutzung globaler Mechanismen zur Problembekämpfung durch Modifikation bestehender bzw. Schaffung neuer Strukturen und Institutionen; (ii) eine zumindest partielle Rück-Bewegung, d.h. De-Globalisierung, die eine Re-Fokussierung auf nationale Wirtschaftsprozesse und Entscheidungsmechanismen und das Subsidiaritätsprinzip beinhaltet; (iii) eine angemessene Kooperation und Koordination zwischen globaler und lokaler Ebene. Alle drei Wege sollten in einer angemessenen Kombination beschritten werden, der Schwerpunkt sollte jedoch auf dem Kooperationsansatz liegen. Dies gilt insbesondere dann, wenn sich „lokal" in Form von Megacities bzw. mega-urbanen Agglomerationen darstellt, die teilweise mehr als 20 Millionen Einwohner haben, eine Wirtschaftsleistung in der Größenordnung kleinerer Staaten aufweisen und damit sowohl erheblicher Einflussfaktor als auch „Opfer" von globalen Wandelsprozessen sind.

Literatur

Amelung, N.; Mayer-Scholl, B.; Schäfer, M.; Weber, J. (Hrsg.) (2008): Einstieg in nachhaltige Entwicklung, Frankfurt a. Main.

Ashoff, G. (2002): Für eine Verbesserung der Kohärenz zwischen Entwicklungspolitik und anderen Politiken. In: E+Z – Entwicklung und Zusammenarbeit, Vol. 43, Nr. 6, S. 172-176.

Biermann, F. (2007). Earth System Governance as a Crosscutting theme of Global Change Research. In: Global Environmental Change, Vol. 17, Nr. 3-4, S. 326-337.

Biermann, F; Bauer, S. (2005): A World Environment Organization. Solution or Threat for Effective International Environmental Governance?, Berlin.

Birnbacher, D; Schicha, C. (1996): Vorsorge statt Nachhaltigkeit – Ethische Grundlagen der Zukunftsverantwortung. In: Kastenholz, H.; Erdmann,

K.; Wolf, M. (Hrsg.): Nachhaltige Entwicklung. Zukunftschancen für Mensch und Umwelt. Berlin u. a., S. 141-156.

Bleischwitz, R.; Bringezu, S. (2007): Globales Ressourcenmanagement. Konfliktpotenziale und Grundzüge eine Global Governance-Systems. Stiftung Entwicklung und Frieden, Policy paper Nr. 27, Bonn.

Brand, K.-W. (Hrsg.) (2002): Politik der Nachhaltigkeit. Voraussetzungen, Probleme, Chancen – eine kritische Diskussion, Berlin.

Brand, K.-W.; Fürst, V. (2002): Sondierungsstudie. Voraussetzungen und Probleme einer Politik der Nachhaltigkeit – Eine Exploration des Forschungsfelds. In: Brand, K.-W. (Hrsg.), S. 15-109.

Brand, U.; Brunnengräber, A.; Schrader, L.; Stock, C.; Wahl, P. (2000): Global Governance. Alternative zur neoliberalen Globalisierung?, Münster.

Brock, Lothar (1998): Staatenwelt, Weltgesellschaft und Demokratie. In: Messner (1998), S. 44-73.

Enquete-Kommission des 14. Deutschen Bundestags „Globalisierung der Weltwirtschaft" (2002): Endbericht. Bundestags-Drucksache Nr. 14/2350, Berlin.

FAO – United Nations Food and Agriculture Organisations (2009): The State of Food and Agriculture 2009, Rom.

Grunwald, A.; Kopfmüller, J. (2007): Die Nachhaltigkeitsprüfung: Kernelement einer angemessenen Umsetzung des Nachhaltigkeitsleitbilds in Politik und Recht. Wissenschaftliche Berichte des Forschungszentrums Karlsruhe, Nr. 7349, Karlsruhe.

Hauff, V. (Hrsg.) (1987): Unsere gemeinsame Zukunft. Der Brundtland-Bericht der Weltkommission für Umwelt und Entwicklung, Greven.

Held, D.; Kaya, A. (Hrsg.) (2007): Global Inequality, Cambridge.

Kasperson, R.; Kasperson, J. (2001): Climate Change, Vulnerability and Social Justice. Stockholm.

Kaul, I. (2008): Auf dem Weg zum Weltstaat? Global Governance 3: Am Beginn einer neuen Ära internationaler Kooperation. In: Internationale Politik, Vol. 14, Nr. 7, S. 146-153.

Kopfmüller, J. (2003): Das Leitbild der nachhaltigen Entwicklung – globale Perspektive und Orientierungen für Politik und Wissenschaft. In: Kopfmüller, J. (Hrsg.), S. 21-51.

Kopfmüller, J. (Hrsg.) (2003): Den globalen Wandel gestalten. Forschung und Politik für einen nachhaltigen globalen Wandel, Berlin.

Kopfmüller, J.; Brandl, V.; Jörissen, J.; Paetau, M.; Banse, G.; Coenen, R.; Grunwald, A. (2001): Nachhaltige Entwicklung integrativ betrachtet. Konstitutive Elemente, Regeln, Indikatoren, Berlin.

Küng, H. (1991): Projekt Weltethos. München.

Messner, D. (2003): Das „Global-Governance"-Konzept. Genese, Kernelemente und Forschungsperspektiven. In: Kopfmüller (Hrsg.) (2003), S. 243-267.

Messner, Dirk (Hg.) (1998): Die Zukunft des Staates und der Politik. Texte der Stiftung Entwicklung und Frieden, Bonn.

Müller, K. (2002): Globalisierung. Campus Einführungen, Frankfurt a. Main.

Nuscheler, Franz (2000): Kritik an der Kritik am Global-Governance-Konzept. Prokla, Vol. 30, Nr. 1, S. 151-156.

Opitz, P. (2001): Weltprobleme im 21. Jahrhundert, München

Pachauri, R.; Reisinger, A. (Hrsg.) (2007): Climate Change 2007. Synthesis Report. Contribution of Working Groups I, II and III to the Fourth Assessment Report of the Intergovernmental Panel on Climate Change. Genf.

Pogge, T. (Hrsg.) (2001): Global Justice, Oxford.

Renn, O.; Keil, F. (2009): Was ist das Systemische an systemischen Risiken? In: GAIA Ecological Perspectives for Science and Society, Vol. 18, No. 2, pp. 97-99.

Schellnhuber, H.; Wenzel, V. (Eds.) (1998): Earth System Analysis. Integrating Sceince for Sustainability, Berlin.

SIPRI – Stockholm International Peace Research Institute (2010): Yearbook 2010. Armaments, Disarmament and International Security, Stockholm.

UN – United Nations (2010): the Millennium Development Goals Report 2010, New York.

UNDP – United Nations Development Program (2009): Human Development Report 2009. Overcoming barriers: Human mobility and development, New York.

UNDP (2000): Human Development Report 2000. Human rights and Human Development, New York.

United Nations Commission on Global Governance (1995): Our Global Neighbourhood, Cambridge.

Voß, J. (2008): Steuerung nachhaltiger Entwicklung: Grenzen und Möglichkeiten damit umzugehen. In: Amelung et al. (Hg.), S. 231-248.

Voß, J.; Bauknecht, R.; Kemp, R. (2006): Reflexive Governance for Sustainable Development. Cheltenham.

WEC – World Energy Council (2008): World Energy Outlook 2008, Paris.

Nina V. Michaelis

Der Weg zu einem globalen Ordnungsrahmen für nachhaltige Entwicklung

Abstract

Idealerweise sollte die internationale Staatengemeinschaft die Erkenntnisse aus der vergangenen Finanz- und Wirtschaftskrise nutzen, um sich auf einen Grundkonsens über nachhaltige Entwicklung zu verständigen. Zur Umsetzung wäre ein globaler Ordnungsrahmen wünschenswert. Es mangelt nicht an Vorschlägen zur Ausgestaltung, jedoch stellt sich auf pragmatischer Ebene die Frage, wie Fortschritte bei der Umsetzung erzielt werden können. Dazu muss die Frage intergenerativer Gerechtigkeit bei internationalen Verhandlungen besondere Berücksichtigung erfahren und auf der Ebene der Weltwirtschaftsinstitutionen muss das bisherige Wachstumsparadigma überdacht werden. Parallel müssen verschiedene regionale, nationale und institutionelle Nachhaltigkeitsstrategien verfolgt werden.

Einführung

Die globale Finanz- und Wirtschaftskrise hat uns wieder einmal vor Augen geführt, dass wir von einem stabilen Ordnungsrahmen für die Weltwirtschaft meilenweit entfernt sind – von einem globalen Ordnungsrahmen für nachhaltige Entwicklung ganz zu schweigen. Dabei gehören globale Umweltprobleme, wie der Klimawandel, aus ökonomischer Sicht zu den weltweit größten Marktversagen, mit denen die Menschheit umzugehen hat. Selbst wenn man aus der Perspektive der schwachen Nachhaltigkeit argumentiert und keine zusätzlichen Grenzen der natürlichen Tragfähigkeit berücksichtigt, sind hier Eingriffe des Staates zur Korrektur gerechtfertigt. Die Nachhaltige Ökonomie bekennt sich zudem zum Konzept der starken Nachhaltigkeit und damit zum Anspruch an eine inter- und intragenerative Gerechtigkeit (Rogall 2009: 135ff.). Da der Markt bestenfalls in der Lage ist, Verteilungsfragen effizient zu lösen, aber nicht unbedingt gerecht, ist auch hier ein korrigierender Einfluss notwendig. Idealerweise bräuchte man eine Weltregierung, um globale externe Effekte umfassend zu internalisieren und Gerechtigkeit zwischen den heute lebenden und den zukünftigen Generationen herzustellen.[1]

Wir haben keine Weltregierung und es wird auch auf absehbare Zeit keine geben. Wir müssen also mit dem Vorlieb nehmen, was wir haben und wir mit dem Begriff der *global governance* umschreiben: Eine Vielzahl von internationalen Institutionen, viele unter dem Dach der Vereinten Nationen, die entweder versuchen, auf zwischenstaatlicher Ebene in langwierigen Verhandlungen einen Rahmen für das zukünftige Miteinander der Menschen auf dieser Erde zu setzen, oder die versuchen, das den Organisationen inhärente Verständnis von Entwicklung umzusetzen. Dazu zählen beispielsweise die Verhandlungen im Rahmen der Klimarahmenkonvention (UNFCCC), der Biodiversitätskonvention (CBD) und der Welthandelsorganisation (WTO) oder die Arbeit der Ernährungs- und Landwirtschaftsorganisation (FAO), des Umweltprogramms der Vereinten Nationen (UNEP) und auch der Weltbank sowie des Internationalen Währungsfonds (IWF). Auch die bislang wenig erfolgreichen Bemühungen der G-20 zur Regulierung der internationalen Finanzmärkte sind darunter zu fassen.

Diese internationalen Institutionen sind nicht nur zahlreich, sondern unterliegen auch sehr vielschichtigen Interessen der unterschiedlichen stakeholder. Sie können in diesem Beitrag nicht vollumfänglich analysiert werden. Es sollen jedoch Ansätze beschrieben und Fragen aufgeworfen werden, deren Beantwortung uns in Richtung eines globalen Ordnungsrahmens für eine nachhaltige Entwicklung weiterhelfen kann. Dazu werden zunächst einige grundsätzliche Voraussetzungen beschrieben, ohne die eine nachhaltige Entwicklung auf globaler Ebene schwer umsetzbar wäre (Abschnitt 2). In einem nächsten Schritt werden Ansatzpunkte für einen globalen Ordnungsrahmen aufgezeigt. Dabei wird die Politik einiger ausgewählter Akteure auf ihre Vereinbarkeit mit dem Paradigma der nachhaltigen Ökonomie überprüft und einige Reformvor-

---

[1] Ökonomen betrachten unter dem Gerechtigkeitsaspekt meist Verteilungsfragen. Im Sinne der Nachhaltigen Ökonomie muss es hierbei jedoch nicht ausschließlich um Einkommen gehen, sondern es sollte eine weitergehende Definition von Wohlstand, der zu verteilen ist, zugrunde gelegt werden (Michaelis 2010).

schläge unterbreitet (Abschnitt 3). Ein Fazit und ein Ausblick schließen diesen Beitrag ab (Abschnitt 4).

1. Notwendige Voraussetzungen für einen globalen Ordnungsrahmen

Drei Dinge sind grundlegend, um einen globalen Ordnungsrahmen für eine nachhaltige Entwicklung zu schaffen: 1. Wir brauchen einen internationalen Minimalkonsens darüber, was unter nachhaltiger Entwicklung zu verstehen ist. 2. Wir brauchen ein international anerkanntes Maßzahlensystem, um Entwicklung im Sinne des Leitbilds zu messen. 3. Wir müssen die intragenerative Gerechtigkeitsfrage klären, denn sonst werden wir auf internationalem Parkett keine Einigung mit den Schwellen- und Entwicklungsländern erzielen (Michaelis 2009a).

1.1 Internationaler Grundkonsens über nachhaltige Entwicklung

Als 1987 der sog. Brundtland-Bericht erschien, der eine nachhaltige Entwicklung als eine Entwicklung definierte, „die die Bedürfnisse der Gegenwart befriedigt, ohne zu riskieren, dass künftige Generationen ihre eigenen Bedürfnisse nicht befriedigen können" (WCED 1987: 43; Hauff 1987: 46) gab es international breite Zustimmung für diesen Ansatz. Das erklärt sich jedoch im Wesentlichen aus den hinreichend allgemein gehaltenen Formulierungen des Berichts (von Hauff, Kleine 2009: 7). In den darauffolgenden Jahren wurde vielfältig versucht, den Nachhaltigkeitsbegriff zu konkretisieren, u.a. im Rahmen des Zieldreiecks der nachhaltigen Ökonomie (Rogall 2009: 41ff.). Mittlerweile mangelt es nicht an konkreten und auch operationalisierbaren Definitionen. Problematisch ist es jedoch, einen internationalen Konsens über ein verbindliches Leitbild zu erzielen. Ein Beispiel hierfür stellen die jahrelangen Verhandlungen über die Anerkennung der 2°C-Leitplanke für den Klimawandel dar: Erst auf dem Klimagipfel in Kopenhagen im Dezember 2009 konnte eine Einigung erzielt werden, völkerrechtlich verankert ist sie jedoch nicht (WBGU 2010: 5).

Um sich in weiten Bereichen auf ein gemeinsames Verständnis von nachhaltiger Entwicklung zu einigen, ist es unabdingbar, auch entwicklungsökonomische Fragen zu klären: Welche Rolle spielt quantitatives

Wirtschaftswachstum im Entwicklungsprozess ärmerer Volkswirtschaften? Wie kann sichergestellt werden, dass eine ausreichende Kompensation der Entwicklungsländer erfolgt? Wie gehen wir mit den auftretenden Konflikten innerhalb des Zieldreiecks nachhaltiger Ökonomie um?

1.2 Internationale Reform der Wohlstandsmessung

Nach wie vor dienen die Höhe des Bruttoinlandsprodukts (BIP) und dessen Wachstum international als wegweisende Kennzahlen für die wirtschaftliche Entwicklung und oft auch für den Wohlstand eines Landes. Das ist problematisch, denn „das Gemessene wirkt sich auf unsere Handlungen aus. Verwenden wir die falschen Kennzahlen, streben wir nach dem Falschen." (Stiglitz 2009). Ein Wohlstandsmaß muss Wohlstand auf der Grundlage des Leitbilds einer nachhaltigen Entwicklung messen und darf nicht ausschließlich auf ein quantitatives Wachstum des BIP fokussieren. Daraus folgt, dass unser Indikatorensystem zur Messung von Entwicklung auf der Grundlage eines gemeinsamen Verständnisses von nachhaltiger Entwicklung weltweit umgestellt werden muss.

Die Kritik am BIP als Wohlfahrtsmaß ist nicht neu. Es wurden in den vergangenen 30 Jahren diverse Reformvorschläge entwickelt. Zu nennen sind hier beispielsweise der Human Development Index (HDI), die Umweltökonomische Gesamtrechnung des Statistischen Bundesamtes, der Nationale Wohlfahrtsindex für Deutschland (Diefenbacher 2009) oder der Index Gross National Happiness des Königreichs Bhutan (Centre for Bhutan Studies 2010). Bis auf den HDI, der international erhoben und vom Entwicklungsprogramm der Vereinten Nationen (UNDP) regelmäßig veröffentlicht wird, hat es bislang kein Gegenentwurf geschafft, international anerkannt zu werden. Allerdings ist der HDI zur Beurteilung einer nachhaltigen Entwicklung nicht ausreichend, da er lediglich eine Kombination von Pro-Kopf-Einkommen (nach Kaufkraftparität), Alphabetisierungsquote und Lebenserwartung darstellt (Michaelis 2010).

Eine solide Grundlage für eine internationale Diskussion bietet der Bericht der *Commission on the Measurement of Economic Performance and Social Progress* (*CMEPSP*). Der Vorschlag der Kommission beruht auf drei Säulen: der Reform des klassischen BIP, der Messung des persönlichen Lebensqualität und der Nachhaltigkeit (Stiglitz et al. 2009;

Michaelis 2009b: 470f.). Ein Überblick über die drei Säulen findet sich in Abbildung 1.

Abbildung 1: Die drei Säulen zur Reform der Wohlstandsmessung (Stiglitz-Kommission)

Klassisches BIP reformieren	Lebensqualität messen	Nachhaltigkeit messen
• Nettonationaleinkommen, Haushalteinkommen, Konsum • Einzelwirtschaftliche Perspektive • Blick in die Zukunft • Verteilung • Nicht durch den Markt bewertete Leistungen • Staatliche Leistungen müssen einbezogen werden	• Abhängig von Tatbeständen und Möglichkeiten (capabilities) • Gesundheit, Ausbildung, individuelle Tätigkeiten, politische Mitbestimmungsrechte und governance, soziale Beziehungen, Zustand der Umwelt, Unsicherheit • Subjektive Einschätzungen	• Starkes Nachhaltigkeitsleitbild genuine saving rate nur ein Indikator unter vielen • Zustandsindikatoren aller Kapitalarten (nicht nur monetär) • Indikatoren, die gefährliches Niveau von Umweltschäden anzeigen

Quelle: eigene Darstellung

Der Vorschlag ist zwar nicht revolutionär, stellt jedoch eine gute Grundlage für die Reformdiskussion dar (Stiglitz et al. 2009). Zusammenfassend zielt er darauf ab, das Wohlbefinden Einzelner (Einkommen, Konsum, Lebensqualität und -erwartung, Gesundheit und Freizeit) sowie die Umweltverträglichkeit des Wachstums in die Wohlstandsmessung einzubeziehen.

Eine zentrale Fragestellung der Kommission war, wie nachhaltige Entwicklung am besten zu messen und zu beurteilen ist. Der resultierende Vorschlag ist konform mit dem starken Nachhaltigkeitsleitbild. Beispielsweise wird die „wahre" Sparquote (*genuine saving rate*) der Weltbank (World Bank 2009) als Indikator für eine nachhaltige Entwicklung im Sinne der schwachen Nachhaltigkeitskonzeption auf ihre Plätze verwiesen und darf nur noch als ein Indikator unter vielen gelten. Entwicklungsdefizite sieht die Kommission noch bei Indikatoren, die anzeigen, wie nah wir uns an einem gefährlichen Niveau von Umweltschäden befinden – beispielsweise durch den Klimawandel oder die Überfischung der Weltmeere (Michaelis 2009b). Hier sollen die Grenzen der natürlichen Tragfähigkeit sichtbar gemacht werden, die es nach dem starken Nachhaltigkeitsleitbild des Netzwerks Nachhaltige Ökonomie einzuhalten gilt (Rogall 2009: 135).

Zwar besteht bei dem neuen Ansatz zur Wohlstandmessung noch Forschungsbedarf, jedoch hat dieser umfassende und pragmatische Vorschlag aufgrund der Zusammensetzung der Kommission und des Renommees ihrer Mitglieder sowie eines umfassenden Marketings, Chancen, sich auf internationaler Ebene durchzusetzen (Michaelis 2009b).

Neben dem Forschungsbedarf für einige Einzelindikatoren, bleiben bei der der Umsetzung u.a. folgende Fragen offen: Wie kann man Universalität des Indikators mit individuellen Ausgangsbedingungen in unterschiedlichen Ländern in Einklang bringen? Wie kann das Momentum der internationalen Aufmerksamkeit genutzt werden, um Reformschritte in die richtige Richtung nicht im Sande verlaufen zu lassen?

1.3 Intragenerative Gerechtigkeit und internationale Verhandlungen

Die letzten Jahre haben gezeigt, dass Verhandlungen auf internationalem Parkett zunehmend schwieriger werden. Diese Schwierigkeiten ergeben sich nicht nur aus Differenzen der Industrienationen untereinander – wie beispielsweise bei den Verhandlungen der G 8 bzw. G 20 über die Regulierung der globalen Finanzmärkte deutlich wurde, sondern auch aufgrund von Differenzen von Entwicklungs-, Schwellen- und Industrieländern, die besonders deutlich im Rahmen der Verhandlungen über ein neues Weltklimaabkommen und innerhalb der seit 2001 laufenden Doha-Runde zu Tage treten. Wurden vor 20 Jahren Entscheidungen auf dem internationalen Parkett noch vornehmlich durch die Industrienationen dominiert, fällt dieses Vorgehen durch zunehmende Verhandlungsmacht großer Schwellenländer wie Brasilien oder China sowie durch die Koalitionsbildung von Entwicklungs- und Schwellenländern zunehmend schwerer. Während in der Vergangenheit der Willen der Industrienationen die Entscheidungen beispielsweise in der WTO dominierte, formiert sich dagegen zunehmend berechtigter Widerstand: Schwellen- und Entwicklungsländer bilden Koalitionen, beispielsweise im Rahmen der G 20+ oder der G 77, um ihre Interessen zu vertreten (Michaelis 2009a: 23).

Die Lösung dieser eingefahrenen Situation hat auch und vor allem mit der Forderung der nachhaltigen Ökonomie nach einer intragenerativen Gerechtigkeit zu tun. Eine Möglichkeit, um hier voran zu schreiten, ist es, endlich Mittel und Wege zu finden, um die sich weltweit vergrößernde Schere zwischen Arm und Reich zu schließen. Wenn hier keine Fortschritte erzielt werden, werden wichtige internationale Übereinkünfte unmöglich.

2. Ansatzpunkte zur Gestaltung eines globalen Ordnungsrahmens

Aufbauend auf diesen grundsätzlichen Voraussetzungen ist eine konsistente Implementierung des Leitbilds unabdingbar, um eine global nachhaltige Entwicklung zu erreichen. Die Vorschläge zur Schaffung eines globalen Ordnungsrahmens sind sehr vielfältig. Sie reichen von der gerechten Verteilung der zur Einhaltung der 2°C-Leitplanke noch zur Verfügung stehenden CO_2-Emissionsrechte (Budgetansatz; vgl. WBGU 2009) über die Einführung von sozialen und ökologischen Standards in verschiedenen Bereichen, wie im Welthandelssystem (vgl. WBGU 2005: 197ff.), der Aufwertung des Umweltprogramms UNEP, der Schaffung eines stabilen und nachhaltigen globalen Finanz- und Währungssystems inklusive der Einführung einer Kapitaltransaktionssteuer und Vorschlägen zur weltweiten Armutsbekämpfung, die auch mit einer ökologisch nachhaltigen Entwicklung vereinbar sind (WBGU 2005).[2] Hier besteht noch Implementierungsbedarf.

Unter anderem muss aber auch die Politik aller bestehenden internationalen Organisationen konsequent am Leitbild einer nachhaltigen Entwicklung ausgerichtet werden. Es reicht hierfür nicht aus, innerhalb der Organisationen eine Abteilung für nachhaltige Entwicklung einzurichten und sich hier mit entsprechenden Fragestellungen zu beschäftigen. Ähnlich wie auf Unternehmensebene bei der Strategie der *Corporate Social Responsibility* (*CSR*), muss nachhaltige Entwicklung als strategisches Konzept allen Organisationsbereichen zugrunde liegen. Dabei ist besonders auf die Konsistenz der Rhetorik der Institutionen mit der praktischen Umsetzung zu achten (Michaelis, 2003).

---

[2] Eine Zusammenstellung einer Vielzahl von Vorschlägen findet sich bei Rogall (2011).

Es werden im Folgenden die Institutionen näher betrachtet, die sich mit weltwirtschaftlichen Beziehungen befassen. Das sind vor allem die Weltbank, der IWF und die WTO. Diese drei Organisationen wurden nach dem 2. Weltkrieg auf einer Konferenz in Bretton Woods ins Leben gerufen[3]. Erklärtes Ziel war es, einen globalen Ordnungsrahmen zu schaffen, der es nach einer Phase der Abschottung der Nationen infolge zweier Weltkriege erlaubte, die weltwirtschaftlichen Beziehungen wieder zu vertiefen. Nach 65 Jahren ist es durchaus legitim, diese Ziele zu überprüfen, auch wenn im Zeitablauf schon einige Anpassungen erfolgt sind. Da die Regulierung der Finanzmärkte ein weites Feld ist und dazu auch noch ein gesonderter Beitrag erfolgt, wird sie im Folgenden nur am Rande betrachtet. Nichtsdestotrotz ist das Aufstellen eines Ordnungsrahmens für die globalisierten Finanzmärkte eine unabdingbare Voraussetzung für eine global nachhaltige Entwicklung.

Im Folgenden sollen zwei Aspekte mit Blick auf die drei Bretton-Woods-Organisationen vertieft werden, die deutlich machen, dass eine kohärente Strategie zur Implementierung von nachhaltiger Entwicklung unabdingbar ist: die Positionierung zum Wachstumsparadigma und eine Partnerschaft auf Augenhöhe. Abschließend wird als eine weitere Vorrausetzung für intragenerative Gerechtigkeit noch allgemein auf die Bedeutung der Erfüllung finanzieller Zusagen im Rahmen der Entwicklungszusammenarbeit eingegangen.

2.1 Positionierung zum Wachstumsparadigma

Alle drei Bretton-Woods-Organisationen wurden gegründet, um den wirtschaftlichen Wohlstand der Mitgliedsländer zu erhöhen. In den Statuten der Internationalen Bank für Wiederaufbau und Entwicklung (*International Bank of Reconstruction and Development – IBRD*) und der Internationalen Entwicklungsagentur (*International Development Agency – IDA*), aus denen die Weltbank im engeren Sinne besteht[4], sowie des

---

[3] Im Falle der WTO wurde ihr Vorgängerabkommen das GATT (General Agreement on Tariffs and Trade) beschlossen.

[4] Zur Weltbankgruppe zählen außerdem die Internationale Finanzkorporation (*International Finance Corporation – IFC*), die Agentur für multilaterale Investitionsgarantien (*Multilateral Investment Guarantee Agency – MIGA*) und das Internationale Zentrum zur Beilegung von Investitionsstreitigkeiten (*International Centre for Settlement of Investment Disputes – ICSID*).

Tabelle 1: Zielsetzung der Bretton-Woods-Organisationen

Institution /Artikel der Statuten	Inhalt
IBRD – Artikel 1 (iii) der aktuellen Fassung vom 16.02.1989	"The purposes of the Bank are: (…) To promote the long-range balanced growth of international trade and the maintenance of equilibrium in balances of payments by encouraging international investment for the development of the productive resources of members, thereby assisting in raising productivity, the standard of living and conditions of labor in their territories."
IDA – Artikel 1 der aktuellen Fassung vom 24.09.1960	"The purposes of the Association are to promote economic development, increase productivity and thus raise standards of living in the less-developed areas of the world included within the Association's membership, in particular by providing finance to meet their important developmental requirements on terms which are more flexible and bear less heavily on the balance of payments than those of conventional loans, thereby furthering the developmental objectives of the International Bank for Reconstruction and Development (hereinafter called "the Bank") and supplementing its activities."
IWF – Artikel 1 (ii) der aktuellen Fassung (zuletzt geändert am 10.08.2009)	"The purposes of the International Monetary Fund are: (…)To facilitate the expansion and balanced growth of international trade, and to contribute thereby to the promotion and maintenance of high levels of employment and real income and to the development of the productive resources of all members as primary objectives of economic policy."
WTO – 2. Absatz Marrakesh Declaration 15.04.1994	"Ministers affirm that the establishment of the World Trade Organization (WTO) ushers in a new era of global economic cooperation, reflecting the widespread desire to operate in a fairer and more open multilateral trading system for the benefit and welfare of their peoples. Ministers express their determination to resist protectionist pressures of all kinds. They believe that the trade liberalization and strengthened rules achieved in the Uruguay Round will lead to a progressively more open world trading environment. Ministers undertake, with immediate effect and until the entry into force of the WTO, not to take any trade measures that would undermine or adversely affect the results of the Uruguay Round negotiations or their implementation."

Quelle: Eigene Zusammenstellung nach World Bank 2010a, 2010b; IMF 2010a; WTO 2010

IWF und in der Deklaration von Marrakesch im Rahmen der Uruguay Runde, in der die Gründung der WTO beschlossen wurde, ist das verankert. Die entsprechenden Zielsetzungen sind in der Tabelle 1 aufgeführt.

Es wird deutlich, dass eine Wohlstandserhöhung vorrangig über die Ausweitung des internationalen Handels, durch Direktinvestitionen, ausgeglichene Zahlungsbilanzen und letztendlich durch die Erhöhung der Einkommen, also durch wirtschaftliches Wachstum, erfolgen soll.

Interessant ist es in diesem Zusammenhang zunächst, sich mit den theoretischen Grundlagen zu beschäftigen, auf denen die Ziele und auch die operative Arbeit der Institutionen aufbauen. Das soll exemplarisch für die Weltbank und die WTO geschehen.

Auch wenn die Weltbank inzwischen ihre Tätigkeiten stärker auf ein mehrdimensionales Verständnis von Armutsbekämpfung ausrichtet und nachhaltige Entwicklung zum wichtigen Ziel erklärt (Michaelis 2003: 379ff.; WBGU 2005: 164), arbeiten Weltbankökonomen in den Länderabteilungen noch heute mit länderspezifischen Varianten des post-keynesianischen Revised-Minimum-Standard-Modells (RMSM), um Finanzierungslücken zu berechnen, die durch Kredite der Weltbank geschlossen werden sollen. Diese Modelle werden der Komplexität von Entwicklungsprozessen nicht gerecht und sind wissenschaftlich überholt. Sie werden dennoch verwendet, weil sie einfach anzuwenden sind und nur wenige Informationen über das Verhalten der Wirtschaftssubjekte erfordern. Zusätzliche Kritik an der Verwendung dieser Modelle entspringt dem expliziten Bekenntnis der Weltbank zum Leitbild der nachhaltigen Entwicklung. Auch wenn diese Ausrichtung sich eher an der schwachen Nachhaltigkeit orientiert, wie die Verwendung der genuine saving rate als Maßzahl für nachhaltige Entwicklung nahelegt, lässt sich das RMSM mit nachhaltiger Entwicklung gar nicht vereinbaren: Zum Einen handelt es sich bei einem post-keynesianischen Modell um eine Analyse für die kurze Frist, zum Anderen werden nur aggregierte Größen betrachtet, so dass beispielsweise Verteilungsfragen nicht modelliert werden können (Michaelis 2004: 163; Michaelis 2003: 95ff.). Auch die praktische Politik der Weltbank, die nicht ausschließlich auf post-keynesianischem Gedankengut aufbaut, weist zahlreiche Inkonsistenzen zum Bekenntnis zu einer nachhaltigen Entwicklung auf (vgl. Michaelis 2003; WBGU 2005: 166ff.).

Zwar wurde auf der Frühjahrstagung von Weltbank und IWF im April 2010 eine strategische Neuausrichtung der Weltbank beschlossen, die den Schutz globaler öffentlicher Güter wie Klima und Biodiversität explizit verankert und die Konzentration auf Armutsreduktion durch nachhaltiges Wachstum festschreibt (BMZ 2010). Hier bleibt allerdings abzuwarten, wie diese Strategie konkret formuliert und implementiert wird. Zurzeit findet hier noch analytische Arbeit auf interner Ebene statt – die neue Umweltstrategie wird für Mitte 2011[5] erwartet. Fragwürdig erscheint bereits heute, dass diese Strategie als Umweltstrategie konzipiert wird und nicht als Nachhaltigkeitsstrategie für die gesamte Weltbank.

Die WTO kann man als eine institutionalisierte Verkörperung des Theorems der komparativen Kosten nach David Ricardo und seiner Erweiterungen bezeichnen. Grundaussage dieses Theorem ist, dass der Wohlstand der Nationen zunimmt, wenn keine Grenzen für den freien Handel existieren und jedes Land sich gemäß seiner komparativen Kosten spezialisiert (vgl. Krugman, Obstfeld 2009: 55ff.). Auch hier wird unterstellt, dass eine Einkommenserhöhung gleichbedeutend mit einer Wohlstandserhöhung ist. Vernachlässigt wird hingegen, dass die Theorie des internationalen Handels keinerlei Aussagen hinsichtlich der Verteilung der Einkommensgewinne sowohl innerhalb der betrachteten Länder als auch zwischen ihnen machen kann. M.a.W. kann nicht gewährleistet werden, dass Handel dazu beiträgt, dass sich die Schere zwischen armen und reichen Ländern schließt.

In der Realität liegt die ungleiche Verteilung der Wohlfahrtsgewinne durch Handel nicht unbedingt im Freihandelsbestreben der WTO, sondern vielfach in protektionistischen Maßnahmen der Industrienationen begründet. Die seit 2001 laufende und vielfach schon totgesagte Doha-Runde wurde explizit als Entwicklungsrunde deklariert. Dementsprechend hohe Erwartungen setzten die Entwicklungsländer in die Verhandlungen im Rahmen der Welthandelsorganisation. Zu einem Verhandlungsabschluss kam es bis heute nicht, da in zentralen Handlungsfeldern keine Einigung erzielt werden konnte. Beispielsweise fordern die Entwicklungsländer einen besseren Marktzugang für ihre Agrarprodukte in den Industrieländern durch den Abbau von Importquoten und Zöllen sowie die Reduzierung der Subventionen im Agrarsektor der Industrie-

---

[5] Die Umweltstrategie erscheint nach Redaktionsschluss für diesen Beitrag.

staaten. Da in vielen Entwicklungsländern die Landwirtschaft einen großen Anteil am BIP hat (World Bank 2010c) und Agrargüter aufgrund komparativer Vorteile potenzielle Exportgüter sind, können Freihandelsvorteile nur durch den Abbau von Handelsbarrieren seitens der Industrieländer, vor allem der EU und den USA, genutzt werden.

Handelsliberalisierung steht nicht grundsätzlich im Widerspruch zu einer kohärenten globalen Umwelt- und Entwicklungspolitik (vgl. WBGU 2005: 199ff.) und damit auch nicht zu einer globalen Politik, die am Leitbild der starken Nachhaltigkeit ausgerichtet ist. Allerdings gelingt es der WTO zurzeit nicht, einen wesentlichen Beitrag zur Verwirklichung der intragenerativen Gerechtigkeit zu leisten, da Besitzstände der reicheren Nationen bestehen bleiben. Auch darf das Freihandelspostulat nicht zum Dogma werden: Beispielsweise spezialisiert sich nach dem Theorem der komparativen Kosten ein Land, das relativ gesehen über eine große Ressourcenausstattung verfügt, auf den Export dieser Ressourcen (Krugmann, Obsfeld 2009: 89ff). Da Entwicklungsländer vergleichsweise ressourcenintensiv sind, werden sie gezwungen, ihre (natürlichen) Ressourcen auszubeuten, um Einkommensgewinne zu erzielen, während die Industrieländer sie zur Produktion nutzen. Auch das Land, was auf Kosten seiner Arbeitskräfte Vorteile erzielt, indem beispielsweise grundlegende Arbeitsnormen missachtet werden, spezialisiert sich nach dem Freihandelspostulat auf die Produktion der Güter, die diese Form von Arbeit relativ reichlich einsetzen. Notwendig ist hier, dass vereinbarte Nachhaltigkeitsstandards vor die Prinzipien der WTO gestellt werden. M.a.W. muss das Verhältnis der WTO zu anderen internationalen Abkommen geklärt werden. Problematisch ist hier, dass fehlende Sozial- und Umweltstandards von vielen Entwicklungs- und Schwellenländern als Wettbewerbsvorteil gemäß des Theorems der komparativen Kosten gesehen werden. Hier ist ein Grundkonsens über nachhaltige Entwicklung notwendig (vgl. Abschnitt 2.1).

Die Erhöhung des Wohlstandes über die Schaffung zusätzlicher Einkommen (m.a.W. quantitatives Wachstum des BIPs) ist erklärtes Ziel von Weltbank, IWF und WTO. Das widerspricht dem Ansatz der nachhaltigen Ökonomie, die ein qualitatives oder selektives Wachstum befürwortet (Rogall 2009: 136). Die betrachteten Organisationen üben einen starken Einfluss auf die weltwirtschaftlichen Beziehungen und damit auch auf die zukünftige Entwicklung im Allgemeinen aus. Wenn sich die internationale Staatengemeinschaft auf ein gemeinsames Verständnis von

Nachhaltigkeit und damit auch Wohlstand verständigt (Abschnitt 2.1), müssen auch die Ziele und die theoretischen Fundamente der Bretton-Woods Organisationen angepasst werden, um eine konsistente Verankerung des Leitbilds einer nachhaltigen Entwicklung zu gewährleisten und die Grundlagen für eine Umsetzung zu legen. Hier sind grundsätzliche Fragen zu klären: Auf welchen Wohlstandsbegriff verständigen wir uns und – damit eng verbunden – welches Wachstumskonzept legen wir zugrunde? Wichtig in dem Zusammenhang ist eine entwicklungsökonomische Frage: Wie kann man sich an qualitativen Wachstumszielen ausrichten, ohne Entwicklungsländern ihre Chancen auf eine aufholende Entwicklung zu nehmen? Die meisten Vertreter der Nachhaltigen Ökonomie sind sich einig, dass es zynisch wäre, von Entwicklungsländern zu verlangen, ihr Wirtschaftswachstum bereits heute einzufrieren. Wie Vertreter der Nachhaltigen Ökonomie jedoch auch anmerkten, muss das von der Nachhaltigen Ökonomie vertretene Konzept des qualitativen oder selektiven Wachstums dem nicht unbedingt widersprechen. Weitere Ansatzpunkte, um langfristiges Wachstum unter Berücksichtigung von ökologischen und sozialen Faktoren zu erklären und damit die letzte Frage zu beantworten, bietet die endogene Wachstumstheorie. Allerdings besteht hier noch Forschungsbedarf (Michaelis 2004; Michaelis 2003: 157ff.).

2.2 Partnerschaft auf Augenhöhe

Um die Frage der intragenerativen Gerechtigkeit zu lösen und damit eine Grundvoraussetzung für einen nachhaltigen globalen Ordnungsrahmen zu schaffen (Abschnitt 3.3), müssen Entwicklungs- und Schwellenländer in internationalen Verhandlungen endlich als Partner auf Augenhöhe wahrgenommen werden. Beispielsweise hat sich die Institution der G 8, die oftmals als Weltwirtschaftsregierung bezeichnet wurde, überlebt. Das hat sich spätestens im Zuge der globalen Finanz- und Wirtschaftskrise gezeigt. Verhandlungen zur Regulierung der Finanzmärkte werden nun im Rahmen der G 20 geführt, die neben den Industrienationen zumindest auch die wichtigsten Schwellenländer, wie beispielsweise China, Brasilien, Indien und Mexiko, umfasst (o.V. 2009).

Ein Aspekt von intragenerativer Gerechtigkeit manifestiert sich im Besonderen in der schon seit Jahren andauernden Debatte um eine

Stimmrechtsreform bei IWF und Weltbank. Während bei der WTO beispielsweise gilt, dass jedes Mitgliedsland auch eine Stimme hat[6], verteilen sich die Stimmrechte bei IWF und Weltbank nach der wirtschaftlicher Leistungsfähigkeit der Mitgliedsländer („*one dollar, one vote*"). Das hat zur Folge, dass wichtige Entscheidungen fast ausschließlich von den großen Industrienationen getroffen werden und die USA bei beiden Organisationen über eine Sperrminorität verfügt. Die Weltbank hat ihre Stimmrechtsverteilung während der gemeinsamen Frühjahrstagung mit dem IWF im April 2010 geringfügig korrigiert: Während die Stimmrechte der Schwellen- und Entwicklungsländer innerhalb der IBRD auf 47,19% gestiegen sind (eine Verschiebung von Industrie- zu Entwicklungs- und Schwellenländern um 3,13%), liegen sie innerhalb der IDA nun bei ca. 46%. Zukünftig soll für die Festlegung der Stimmanteile nicht nur das wirtschaftliche Gewicht der Mitgliedsländer als Kriterium angelegt werden, sondern auch die Höhe der Finanzierungsbeiträge für die IDA (Development Committee 2010a: 2). Vor allem China hat durch diese Stimmrechtsreform gewonnen: Der Stimmrechtsanteil stieg von 2,77 % auf 4,42% – damit ist China das dritteinflussreichste Land in der Weltbank. Auch Brasilien und Indien profitierten von der Reform – allerdings nach Auffassung von Rogerio Studart, dem brasilianischen Exekutivdirektor der Weltbank, nicht ausreichend. Die Stimmrechte der ärmeren Länder haben sich, bis auf die des Sudan, kaum verbessert und die bisherige Sperrminorität der USA bleibt auch bei einer Quote von 15,85% erhalten. So fordern die in der G 24 zusammengeschlossenen Entwicklungs- und Schwellenländer eine Stimmrechtserhöhung um sechs anstatt um drei Prozent (o.V. 2010). Positiv anzumerken ist, dass diese Reform bereits Veränderungen bewirkt hat – beispielsweise hat China seinen finanziellen Beitrag erhöht und übernimmt damit mehr Verantwortung (Stumm 2011: 120).

Beim IWF wurde im Dezember 2010 vom Gouverneursrat ebenfalls eine Reform der Quoten bzw. Stimmrechte vorgeschlagen. Sie tritt jedoch erst in Kraft, wenn drei Fünftel der Länder mit mindestens 85% des Stimm-

---

[6] Diese Stimmverteilung führt jedoch auch nicht unbedingt zu einer gerechteren Einbeziehung der Interessen von Entwicklungsländern, da diese aus Mangel an finanziellen und institutionellen Kapazitäten nicht über die gleiche Verhandlungsposition verfügen wie die reicheren Nationen.

rechts zustimmt. Beschlossen wurde eine Verschiebung der Stimmrechte von den Industrieländern zu den Entwicklungs- und Schwellenländern von 6% (IMF 2011). Tabelle 2 gibt einen Überblick über die Länder mit den größten Stimmrechtsanteilen in der IBRD und dem IWF (noch aktuelle Quoten), wobei die Reihenfolge der 15 genannten Länder der Stimmenverteilung der IBRD folgt. Deutlich wird in der Gegenüberstellung, dass in der IBRD auch nach der Stimmrechtsreform die wirtschaftlich stärksten Länder die meiste Mitsprache haben und dass die USA mit mehr als 15% in beiden Organisationen weiterhin über die Sperrminorität verfügt.

Tabelle 2: Stimmrechtsverteilung in der IBRD und dem IWF

	IBRD	IWF
USA	15,85	16,74
Japan	6,84	6,01
China	4,42	3,65
Deutschland	4,00	5,87
Frankreich	3,75	4,85
Großbritannien	3,75	4,85
Indien	2,91	1,88
Russland	2,77	2,69
Saudi Arabien	2,77	3,16
Italien	2,64	3,19
Kanada	2,43	2,88
Brasilien	2,24	1,38
Niederlande	1,92	2,34
Spanien	1,85	1,38
Mexiko	1,68	1,43

Quelle: eigene Zusammenstellung nach Development Committee 2010b: 17ff. und IMF 2010b, Stand: 20.07.2010

Aber nicht nur die Verteilung der Stimmrechte steht der Anerkennung der Schwellen- und Entwicklungsländer als ernstgenommener Partner im Wege. Ein weiterer Ausdruck der Vormachtstellung der Industrienationen ist ein inoffizielles Abkommen der USA und Europas, dass als Präsident der Weltbank traditionell ein US-Amerikaner und als Präsident des IWF immer ein Europäer vorgeschlagen und auch gewählt wird. Auch hier ist eine Reform notwendig.

Ohne entsprechende Reformen beim IWF und eine Fortführung der Reform bei der Weltbank, die den Entwicklungs- und Schwellenländern zeigt, dass eine Partnerschaft auf Augenhöhe angestrebt wird, werden Ergebnisse bei internationalen Verhandlungen immer schwerer zu erzielen sein.

2.3 Erfüllung von finanziellen Zusagen

Um bei der Verwirklichung von intragenerativer Gerechtigkeit voran zu schreiten, müssen auch finanzielle Zusagen vor allem im Bereich der Offiziellen Entwicklungszusammenarbeit (*Official Development Aid – ODA*) eingehalten werden. Zwar haben die ODA-Leistungen 2009 im Vergleich zum historischen Hoch von 2008 noch leicht zugenommen (OECD 2010a). Jedoch wurden in den Nachwehen der Finanz- und Wirtschaftskrise, wo Haushaltsdefizite massiv abgebaut werden müssen, die Zusage, 2010 0,51% des BNE als ODA-Leistungen zur Verfügung zu stellen, nicht einhalten. Die Mittelzusagen wurden um rund 18 Mrd. US-Dollar verfehlt. Zudem sei laut OECD (2011) absehbar, dass die Leistungen in den kommenden Jahren gekürzt würden. Deutschland hat 2010 mit ODA-Zusagen in Höhe von 0,38% des BNE das Ziel deutlich verfehlt, der Durchschnitt aller Industrienationen lag 2010 bei nur 0,32%. Lediglich Dänemark, Luxemburg, die Niederlande, Norwegen und Schweden erfüllten bereits jetzt die Zusage, 0,7% des BNE für die offizielle Entwicklungszusammenarbeit auszugeben (OECD 2011). Eine Erfüllung der Zusage aller Industrienationen, in Zeiten der Haushaltskonsolidierung bis 2015 die schon in den 1970er Jahren versprochenen 0,7% des BNE als Mittel für die Entwicklungszusammenarbeit zur Verfügung zu stellen, rückt damit in weite Ferne.

Das trifft die Entwicklungsländer doppelt, denn die Krise hatte starke Auswirkungen auf die einkommensschwachen Länder: Das Handelsvolumen schrumpfte stärker als in den vergangenen 80 Jahren zuvor, und die Preise für Rohstoffe, auf deren Export gerade Entwicklungsländer häufig angewiesen sind, sind zeitweise stark gefallen. Auch gingen ausländische Direktinvestitionen und andere private Mittelzuflüsse, wie zum Beispiel die Rücküberweisungen von Arbeitsmigranten, zurück. Da die Haushalte vieler Entwicklungsländer in den zwei Jahren vor der Krise stark unter den steigenden Preisen für Rohöl und Nahrungsmittel gelitten haben, sind viele Länder kaum in der Lage, die Folgen der Finanz- und Wirtschaftskrise allein zu bewältigen. Zwar sind die Auswirkungen und die Dauer der Finanzkrise noch nicht endgültig zu übersehen, doch in jedem Fall sollte die Entwicklungszusammenarbeit eine antizyklische Rolle spielen (OECD 2010b).

Fazit und Ausblick

Die Entwicklung und Einführung eines geeigneten globalen Ordnungsrahmens ist wünschenswert, um zu einer global nachhaltigen Entwicklung zu gelangen. Es mangelt dabei nicht an Vorschlägen, sondern an der Umsetzung: Es müssen sehr vielschichte Voraussetzungen erfüllt und Hemmnisse überwunden werden, wie in diesem Beitrag deutlich wurde.

Industrieländer stehen aufgrund ihrer nicht-nachhaltigen Industrialisierung und als Hauptverursacher des Klimawandels in einer historischen Verantwortung (Michaelis 2011). Jedoch fällt das Bekenntnis zu dieser Verantwortung bislang sehr schmalbrüstig aus: Es müssen auch (finanzielle) Taten folgen. In Europa lässt sich aufgrund der Kürzungen bei den ODA-Auszahlungen erkennen, dass intragenerative Gerechtigkeitsfragen nicht die Maxime des Handelns sind, sondern Eigeninteressen im Vordergrund stehen. Auch Vorschläge für ein Klimaabkommen müssen erkennen lassen, dass Industrienationen ihre historische Schuld anerkennen und diese zumindest teilweise durch technische und finanzielle Unterstützung bei Anpassungs- und Vermeidungsmaßnahmen kompensieren. Eine Möglichkeit dafür ist im Rahmen des Budgetansatzes gegeben (vgl. WBGU 2009).

Aus der Perspektive vieler Menschen in Entwicklungsländern ist nachhaltige Entwicklung etwas, was der täglichen Existenzsicherung nachgelagert ist. Hier muss also nicht nur Überzeugungsarbeit geleistet werden, sondern es müssen auch Möglichkeiten aufgezeigt und entsprechend technologisch und finanziell unterstützt werden, die es Entwicklungsländern erlauben, im Rahmen eines qualitativen Wachstums zu den reicheren Nationen aufzuschließen. Instrumente wären hier (Aus-) Bildung, die Änderung von Patentrechten oder auch die kostenlose Bereitstellung von Technologien. Neben der Erfüllung der ODA-Zusagen ist es außerdem notwendig, die Mitsprache von Entwicklungs- und Schwellenländern in einem globalen Ordnungsrahmen zu stärken, beispielsweise durch eine signifikante Stimmrechtsreform beim IWF.

Sollte sich die internationale Gemeinschaft auf gemeinsame Ziele im Rahmen der nachhaltigen Entwicklung verständigen können, müssen diese Zielsetzungen konsistent in die Arbeit aller internationalen Institutionen und in den Verträgen verankert werden. Hier ist ein grundlegender Ansatz erforderlich, der im Fall der mit weltwirtschaftlichen Beziehungen befassten Organisationen beim Wachstumsparadigma ansetzen und – darauf aufbauend – durchgängig in der Strategie der Organisation und in ihrer konkreten Arbeit Niederschlag finden muss.

Realistisch betrachtet, bleibt die Schaffung eines umfassenden globalen Ordnungsrahmens für eine nachhaltige Entwicklung und die konsequente Umsetzung in allen Politikfeldern aufgrund unüberschaubarer Widrigkeiten eine äußerst schwierige Aufgabe, deren Lösung auf jeden Fall noch einige Zeit in Anspruch nehmen wird. Die Verhandlungen sollten auf internationalem Parkett in allen Bereichen mit Hochdruck fortgeführt werden. Parallel sollte die konsistente Verankerung des Leitbilds einer nachhaltigen Entwicklung in der Arbeit internationaler Organisationen weiter voranschreiten, auch wenn nicht von einem gemeinsamen Verständnis von nachhaltiger Entwicklung ausgegangen wird.

Neben diesem *Top-Down-Ansatz* der *global governance*, sind auf jeden Fall *Bottom-up*-Ansätze notwendig, um dem Ziel einer nachhaltigen Entwicklung näher zu kommen. D.h. parallel zu globalen Lösungen müssen viele Schritte im nationalen und regionalen (durch „Koalitionen der Willigen") Rahmen getätigt werden. Der aktuelle *World Economic and Social Survey* der Vereinten Nationen, der sich mit der Reform der *global governance* in den Bereichen Entwicklungshilfe, Handel und Finanzsystem beschäftigt, kommt in Bezug auf nachhaltige Entwicklung zu dem Schluss dass *„achieving policy coherence for poverty reduction and sustainable development requires integrating a broad approach to macroeconomic policies with sector policies, environmental policies and social policies"* (UN-DESA 2010: 15). Diese Kohärenz solle vor allem auch von im betreffenden Land selbst entwickelten nationalen Nachhaltigkeitsstrategien erreicht werden.

Literatur

BMZ – Bundesministerium für Entwicklung und wirtschaftliche Zusammenarbeit (2010): Weltbank stellt sich für die Zukunft neu auf, Pressemitteilung 26.04.2010, http://www.bmz.de/de/presse/pm /2010/april/pm _ 20100426_67.html, Abruf: 20.07.2010.

Centre for Bhutan Studies (2010): Gross National Happiness, http://www. grossnationalhappiness.com/, Stand: 19.07.2010.

Development Committee (2010a): Synthesis Paper – New World, New World Bank Group, DC2010-0002/1, April 25 2010, Washington, D.C., http:// siteresources.worldbank.org/DEVCOMMINT/Documentation/22555916/ DC2010-0002-1_E_SynthesisPaperRevised.pdf, Abruf: 20.07.2010.

Development Committee (2010b): World Bank Group Voice Reform: Enhancing Voice and Participation of Developing and Transition Countries in 2010 and Beyond, April 19 2010, Washington, D.C., http://site resources.worldbank.org/DEVCOMMINT/Documentation/22553921/DC 2010-006%28E%29Voice.pdf, Abruf: 20.07.2010.

Diefenbacher, H. ; Zieschank, R. (2009): Wohlfahrtsmessung in Deutschland – Ein Vorschlag für einen nationalen Wohlfahrtsindex, Endbericht zum Forschungsprojekt FKZ 3707 11 101/01 – Zeitreihenrechnung zu Wohlfahrtsindikatoren – gefördert aus Mitteln des Umweltbundesamtes, Dessau/Heidelberg/Berlin: Umweltbundesamt.

Hauff, V. (Hrsg., 1987): Unsere gemeinsame Zukunft – der Brundtlandbericht der Weltkommission für Umwelt und Entwicklung, Greven.

IMF – International Monetary Fund (2010a): Articles of Agreement of the International Monetary Fund, http://www.imf.org/external/pubs/ ft/aa/ index.htm, Abruf: 20.07.2010.

IMF – International Monetary Fund (2010b): IMF Members´ Quotas and Voting Power, and IMF Board of Governors, http://www.imf.org/ external/np/sec/memdir/members.htm, Abruf: 20.07.2010.

IMF – International Monetary Fund (2011): IMF Quotas Factsheet, http:// www.imf.org/external/np/exr/facts/quotas.htm, Abruf: 07.05.2011.

IPCC – International Panel on Climate Change (2006): Fourth Assessment Report of the IPCC, Genf.

Krugman, P.; Obstfeld, M. (2009): Internationale Wirtschaft – Theorie und Politik der Außenwirtschaft, 8. Auflage, München.

Michaelis, N. V. (2009a): Notwendige Voraussetzungen zur Umsetzung einer global nachhaltigen Entwicklung, in: Glocalist Review Nr. 251/2009, 22-25.

Michaelis, N. V. (2009b): Ökonomische Kennzahlen – Wohlstandsmessung 2.0 – in: Entwicklung und Zusammenarbeit (E + Z), Band 50, Heft 12, 470-471.

Michaelis, N. V. (2011): Klimawandel als Verteilungskonflikt – Gewinner und Verlierer, in: Matthies, V. und Meyer, B. (Hrsg.): Klimawandel und Konflikte, Baden-Baden (erscheint im Sommer 2011).

Michaelis, N.V. (2003): Nachhaltige Entwicklung und programmgebundene Kreditvergabe der Weltbank – Eine theoretische und konzeptionelle Analyse, Dissertation, Volkswirtschaftliche Schriften der Universität Kaiserslautern, Bd. 26, Regensburg.

Michaelis, N.V. (2004): Weltbank braucht innovative Theorie, in: Entwicklung und Zusammenarbeit, Band 45, Heft 4, 162-163.

o.V. (2009): Ergebnisse des G20-Gipfels – Die Geometrie einer neuen „Weltwirtschaftsregierung", in: Hamburger Abendblatt 26.09.2009, http://www.abendblatt.de/politik/ausland/article1201501/Die-Geometrie-der-neuen-Weltwirtschaftsregierung.html, Abruf: 20.07.2010.

OECD – Organisation for Economic Cooperation and Development (2011): Development: Aid increases but with worrying trends, http://www.oecd.org/document/29/0,3746,en_21571361_44315115_47519517_1_1_1_1,00.html, Abruf: 07.05.2011.

OECD – Organisation for Economic Cooperation and Development (2010a): Development Co-operation Report 2010, www.oecd.org/dac/dcr, Abruf 20.07.2010.

OECD – Organisation for Economic Cooperation and Development (2010b): ODA Zahlen 2009: Die Bedeutung der Entwicklungszusammenarbeit bei der Bewältigung der Krise, http://www.oecd.org/document/16/0,3343,de_34968570_35008930_42459792_1_1_1_1,00.html, Abruf: 20.07.2010.

Rogall, H. (2009): Nachhaltige Ökonomie – Ökonomische Theorie und Praxis einer nachhaltigen Entwicklung, Marburg.

Rogall, H. (2011): Volkswirtschaftslehre: Grundlagen einer sozial-ökologischen (nachhaltigen) Marktwirtschaft, Wiesbaden (erscheint voraussichtlich 2011).

Stiglitz, J. (2009): Das Maß des Glücks, Gastkommentar, in: FTD, 17.09.2009, http://www.ftd.de/politik/konjunktur/:gastkommentar-joseph-stiglitz-das-mass-des-gluecks/50011664.html.

Stiglitz, J.; Sen, A.; Fitoussi, J.-P. (2009): Report by the Commission on the Measurement of Economic Performance and Social Progress, http://www.stiglitz-sen-fitoussi.fr.

Stumm, M. (2011): Weltbank – Mehr Verantwortung für die Entwicklungsländer, in: – in: Entwicklung und Zusammenarbeit (E + Z), Band 52, Heft 03, 118-120.

UN-DESA (2010): World Economic and Social Survey 2010 – Retooling Development, New York, www.un.org/esa.

von Hauff, M.; Kleine, A. (2009): Nachhaltige Entwicklung – Grundlagen und Umsetzung, München.

WBGU – Wissenschaftlicher Beirat der Bundesregierung Globale Umweltveränderungen (2010): Klimapolitik nach Kopenhagen – Auf drei Ebenen zum Erfolg, Politikpapier Nr. 6, Berlin.

WBGU – Wissenschaftlicher Beirat der Bundesregierung Globale Umweltveränderungen (2009): Kassensturz für den Weltklimavertrag – Der Budgetansatz, Sondergutachten, Berlin, www.wbgu.de.

WBGU – Wissenschaftlicher Beirat der Bundesregierung Globale Umweltveränderungen (2005): Welt im Wandel – Armutsbekämpfung durch Umweltpolitik, Hauptgutachten 2004, Berlin/Heidelberg/New York.

WCED – World Commission on Environment and Development (1987): Our Common Future, Oxford.

World Bank (2009): Adjusted net saving – a proxy for sustainability, http://go.worldbank.org/3AWKN2ZOY0, Abruf: 03.10.2009.

World Bank (2010a): IBRD Articles of Agreement, http://go.worldbank.org/0FICOZQLQ0, Abruf: 20.07.2010.

World Bank (2010b): IDA Articles of Agreement, http://go.worldbank.org/TSLNEK1XT0, Abruf: 20.07.2010.

World Bank (2010c): World Development Report 2010, Statistical Annex: 384-385,
http://siteresources.worldbank.org/INTWDR2010/Resources/5287678-1226014527953/Statistical-Annex.pdf, Stand: 24.06.2010.

WTO – World Trade Organisation (2010): Uruguay Round Agreement – Marrakesh Declaration of 15 April 1994, http://www.wto.org/english/docs_e/legal_e/marrakesh_decl_e.htm, Abruf: 20.07.2010.

Teil 6: Handlungsfelder der Nachhaltigen Ökonomie

Karl Kollmann

Verbraucher, Verbraucherpolitik und Nachhaltigkeit

Abstract

Will man die Bedeutung der Verbraucherpolitik bei der Entwicklung einer nachhaltigen Gesellschaft einschätzen, muß man als erstes einen Blick auf die Verbraucher machen, die ja eine überragende Mehrheit in unseren Konsumgesellschaften darstellen und die Nachfragehälfte der Märkte sind. Dies gelingt nicht, ohne den Menschen als Lebewesen zusammen mit seinen historisch entwickelten Rollen als Bürger, Arbeitnehmer und Verbraucher zu sehen (Abschnitt 2). Beim Herantasten an diese Konsumentenrolle wird auch deutlich, daß Konsum weit mehr ist als materielle Bedarfsdeckung. Konsumgüter sind für die soziale Sphäre sehr bedeutsam – als Mittel für Anerkennung von anderen und für persönliche Identität. Von diesen sozialen Handlungsräumen ausgehend, kann erst ökonomisch weiterargumentiert werden. Transdisziplinär und mit politisch-ökonomischem Blick wird im Abschnitt 3 das Verständnis der aktuellen Verbraucherpolitik untersucht. Verbraucherpolitik hat begrenzte Handlungsflächen, das wird deutlich werden, aber es gibt Chancen, Verbraucherpolitik in Richtung Nachhaltigkeit zu stimulieren.

1. Grundsätzliche Herangehensweise

Welche Rolle spielt die Verbraucherpolitik in einer Nachhaltigen Ökonomie? Diese Frage stellte Holger Rogall, wissend von der zentralen Rolle der Bürger und Verbraucher und damit der Verbraucherpolitik, für die Gestaltung einer nachhaltigen Wirtschaft und Gesellschaft. Hier soll nun eine erste Antwort darauf versucht werden.

Verbraucherpolitik – im Folgenden soll nur die praktische Verbraucherpolitik, also der Politikbereich „Verbraucherschutz, Verbraucherinformation und Verbraucherbildung" betrachtet werden – hat die Konsumenten der über den Markt verteilten oder von öffentlichen Händen bereitgestellten Güter und Dienstleistungen zu ihrem Gegenstand. Aus diesem Grund muß jedoch eine Skizze dieser Verbraucher vorbereitet werden, denn man muß die Verbraucher hinreichend kennen, um über Verbraucherpolitik diskutieren und allenfalls Defizite feststellen zu können. In einem zweiten Schritt kann dann die Verbraucherpolitik analysiert und ihre Bedeutung für eine nachhaltige Politik und eine nachhaltige Gesellschaft näher beurteilt werden.

Ein nachhaltiger Ansatz kann sich natürlich nicht mit der Rolle der Verbraucher als marktentnehmende Subjekte zufrieden geben, wie das der Mainstream der Ökonomen nach wie vor tut. Eine solche enge Segmentierung würde einem der europäischen Aufklärung und der Menschenwürde verpflichteten Menschenbild, wie es in den Humanwissenschaften prinzipiell wissenschaftstheoretisch zwingend ist, nicht gerecht werden. Dies ist ja auch mit ein Grund für die große Unzufriedenheit mit der traditionellen Ökonomie, die leider ein sehr dürres Bild vom Menschen hat, auch wenn es in den letzten Jahren modernistisch mit behavioristischen Elementen angereichert wird, Stichwort: Behavioral Economics.

Eine moderne sozialwissenschaftliche Ökonomie muß ein ganzheitliches Verständnis vom modernen Menschen und seiner geschichtlich-gesellschaftlichen ‚Gewordenheit' haben. Die Interdependenz der gesellschaftlichen Rollen des Individuums, nämlich als Bürger (im Verständnis des Citoyen), als Erwerbstätiger und als Verbraucher muß gesehen werden, es darf keine systematische oder dauerhafte Trennung dieser Rollen vorgenommen werden, da sie auch im Lebensalltag Hand in Hand und ineinander über gehen (McGregor 2005). Und, darum auch der vorhin verwendete Ausdruck des Individuums: Menschen sind zu allererst

Lebewesen, Tiere, die als prinzipielle Lebensgrundlage einer passenden Umwelt bedürfen, sonst gehen sie zugrunde. Lebewesen, die in einer langen mühsamen und blutgetränkten Geschichte sich gesellschaftliche Produkte, Institutionen geschaffen haben, die Politik, Wirtschaft und Gesellschaft heißen und die natürlich ebenso, wenn auch oft vielfach verborgen, interdependent, miteinander verbunden sind.

Die Rollen der Bürger, Erwerbstätigen und Verbraucher greifen auch insofern ineinander, als Bürger im Prinzip die Dimensionen von Wirtschaft bzw. Marktwirtschaft festsetzen, in der sie als Erwerbstätige oder Verbraucher tätig sind. Auch heute noch, trotz der selbstreferentiellen Struktur der EU und ihrer Nationalstaaten, – wenn in Berlin oder in Paris die Bürger beschließen, ihr Trinkwasser zu rekommunalisieren, dann entscheiden sie über die Grenzen von Kommerziellem und Gemeinwirtschaftlichem. Dazu kommt, daß bei gemeinwirtschaftlichen ‚Unternehmen' die Kontroll- und Gestaltungsmöglichkeiten bei den Bürgern verbleiben. Bei Unternehmen – diese und Märkte sind ja keine demokratischen Einrichtungen (auch wenn sie oft so fehlverstanden werden) – haben die Verbraucher keine und Arbeitnehmer nur sehr beschränkte Gestaltungsmöglichkeiten. In die Preisgestaltung einer kommunalen Trinkwasserversorgung können Bürger legitim politisch eingreifen, bei einem kommerziellen Anbieter ist dies erheblich schwieriger bis unmöglich (Kollmann 2010).

2. Bürger, Erwerbsarbeiter, Verbraucher

Auch wenn heute in der Lebenswelt des Alltags dieses Verständnis bei vielen nicht präsent ist und die politischen Institutionen (wie auch Wirtschaft) dem einzelnen oft als etwas „Anderes", als Fremdes erscheinen, alle heutigen Lebensumstände sind von Menschen gemacht und die Alltagstechnik, die uns heute umgibt, ist eine Variante vieler möglicher anderer Entwicklungspfade. Diese Gestaltungsmöglichkeiten der Wirklichkeit durch Gemeinschaften von Menschen sind dabei eine Errungenschaft der Menschen selbst. Die aktuellen Ereignisse in Nordafrika wiederholen dabei nur die europäische Geschichte, wo Menschen seit 500 Jahren die Gestaltung ihrer Welt nicht dem aristokratischen Machtklüngel überlassen, sondern selbst in die Hand nehmen wollten.

Das, was Aufklärung und Wirklichkeitsgestaltung durch die Menschen heißt und heute als republikanisch verfaßte Demokratien in den europäischen Nationalstaaten sich darstellt, begann mit den Bauernaufständen 1525, 1526, der Französischen Revolution 1789, setzte sich fort mit der Bürgerlichen Revolution 1848, der Sozialistischen Revolution 1917, 1919 und nicht zu vergessen mit dem unblutigen Ende der autoritären Regime in Griechenland, Spanien, Portugal in den 70er Jahren und der sogenannten Wende in Osteuropa 1989. Daß europäische Staaten Kolonien hatten, also Kolonialherren waren, auch das liegt erst ein Drittel Jahrhundert zurück. In der Gegenwart läßt sich an der demokratischen Verfaßtheit etwa von Italien und manchen südosteuropäischen Ländern, bedingt durch kulturimmanente kriminelle Strukturen, natürlich zweifeln, andererseits ist der gegenwärtige Zustand des europäischen Staatenbundes „EU" auch nur bedingt demokratisch legitimiert.

Die Erscheinungsformen der repräsentativen Demokratie haben das Alltagsverständnis von Politik und der Gestaltungsfähigkeit der Realität durch die Bürger offenbar in Mitleidenschaft gezogen. Politikverdrossenheit wurde schon seit geraumer Zeit konstatiert (Gaiser u.a. 2000) und auch wiederum relativiert (Arzheimer 2002). Die Verdrossenheit ist im Wesentlichen eine Unzufriedenheit mit dem Erscheinungsbild politischer Parteien und ihrer Repräsentanten, ihrem Gestaltungsunwillen und der parteipolitischen und personalen Vermachtung von Strukturen der Öffentlichkeit.

In Deutschland sagen im Jahr 2008 nur 8 Prozent der Bevölkerung, sie hätten ein sehr starkes und 24 Prozent ein starkes Interesse an Politik, in Österreich sind es zum gleichen Zeitpunkt 9 und 19 Prozent (Kollmann, Unger 2010: 24). Das Verständnis von „starkes Interesse" ist zu relativieren, es ist eher ein gelegentliches Interesse, die sogenannte soziale Wünschbarkeit bei den Befragten verschiebt die Antworten auf den ersten Blick ins Positive. Bei den jungen Befragten halbiert sich dieser Anteil übrigens.

Politisches Interesse und Postmaterialismus hängen zusammen, das hat sich empirisch immer wieder bestätigt. Dies ist in unserem Kontext deshalb von Interesse, da postmaterialistisch orientierte Menschen für Fragen der Ökologie, auch der sozialen Verantwortung, deutlich sensibler sind. Dazu kommt, Menschen mit materialistischen Wertelagen sind nicht die rational orientierten Bürger, für die sie im Stereotyp auch von Sozialforschern oft gehalten werden, sondern Materialisten sind ausgeprägt irrational, nämlich deutlich geleitet etwa von Aberglauben und von esoterischen Vorstellungen. Dies steht natürlich in einem paradoxen Kontrast zu ihren persistenten Interessen an traditionellen Ordnungsstrukturen, billigen Produkten (Stichwort: „Geiz ist geil"), der Ablehnung neuer Eindrücke und einer Geringschätzung der demokratischen Verfaßtheit des Alltags. Materialisten entsprechen in diesem Sinn dem Bild des „autoritären Charakters" der Sozialforschung (Kollmann, Unger 2010: 26).

3. Die politische Erzeugung von Politikverdrossenheit

Die breite Unzufriedenheit mit Politik heute hat ihren Grund zum einen in der Unübersichtlichkeit des Politischen, zum anderen in ihrer Ausbildung als Markt nach dem Muster der Konsumgütermärkte. Rudolf Maresch hat dies kürzlich recht plastisch ausgedrückt:

„Politiker, die Ecken und Kanten aufweisen, einen eigenen Kopf und politischen Charakter entwickeln und nicht ständig nach dem Stimmungsbarometer schielen, gibt es nicht mehr. (…) Übrig geblieben ist der kühl kalkulierende Pragmatiker, der schon beim geringsten Gegenwind aus den politischen Schuhen kippt und seine politischen Vorstellungen der jeweiligen Stimmungslage anpasst. Einerseits. Andererseits der stromlinienförmig, stets mit der Masse schwimmende Populist, der vor allem die Förderung seiner eigenen Karriere im Auge hat. Um sie stetig zu verbessern und auf der monatlichen Beliebtheitsskala nach oben zu rutschen, ist er zu nahezu zu jeder politischen Perfidie bereit. Um Zustimmung beim Volk zu finden, dienert er sich vor allem den Medien an. Er umgibt sich mit Medienberatern und schaut, weil ständig irgendwo eine Wahl zu gewinnen oder zu verlieren ist, sorgsam darauf, wie er Stimmen mit Stimmungen erwerben kann. Auf diese Weise ist der „Einheitspolitiker" entstanden, der rhetorisch zwar vor den Kameras glänzt und in Talkshows sich mal grüblerisch, einsichtig und nachdenklich (Wir haben verstanden!) gibt, dann sich bei erstbester Gelegenheit als zupackender Ankündigungspolitiker (Wir werden…) präsentiert." (Maresch 2011: 334).

Politische Kampagnen, Wahlkämpfe und generell die Präsentation von Politikern werden heute mit der markanten Handschrift von PR-Leuten gestaltet. Die Herausbildung einer Politiker-Marke erfolgt nach dem

Muster von Sportschuh-Marketing; die Akteure meinen, mit entsprechender werbeagenturgestalteter Werbung ließen sich die Marktanteile (von Zustimmung der Bürger) erhöhen, wobei in vielen Fällen Orientierung in der Erscheinungsform der US-amerikanischen Demokratie gesucht wird. Das Politische auf Marketing zu reduzieren und den Bürger/Wähler auf einen Politik-Konsumenten ist allerdings desaströs für demokratische Kultur und bürgerliche Partizipation. Sinkende Wahlbeteiligungen, politisches Desinteresse, ja breites Mißtrauen gegenüber dem System Politik, das durch die amerikanisierte Form der repräsentativen Demokratie erzeugt wird, ist die Folge.

Der durch die Aufklärung entstandene Grundgedanke bürgerlicher Mitwirkung im Alltag, der durch die erwähnte Vermarktwirtschaftlichung (und damit Verdinglichung) von Politik ausgehöhlt wird, lebt jedoch in den neuen partizipativen Formen direkten bürgerlichen Protests und Gestaltungswillens (Hessel 2010) fort, paradigmatisch dafür ist etwa die unter „Stuttgart 21" bekannte Protestbewegung. Darüber hinaus ist der bürgerliche Aktionsraum des Einzelnen rechtlich noch voll intakt – es käme nur darauf an, ihn praktisch zu realisieren. Dies wird auch notwendig sein, wenn diese Gesellschaft sich in Richtung einer nachhaltigen Gesellschaft entwickeln will.

Hier ergibt sich die Notwendigkeit einer neuen politischen Bildung. Denn für einen bürgerlich aktiven Lebensalltag fehlt es heute sowohl an politischer Bildung, wie an politischer Praxis. Beide bedingen einander. Dies an die Betroffenen so heran zu bringen, daß sie damit umgehen können, wäre eine nachhaltige politische Bildung.

4. Arbeit und Konsum

In unseren modernen Gesellschaften mit über den Markt vermittelten Austauschvorgängen und dem dabei zugrunde liegenden Verrechnungssystem mit Geld, benötigen Menschen eben „Geld", um sich ihre Lebens-Mittel kaufen zu können. Die Menschen sind dazu verhalten, ihre Kenntnisse, Fertigkeiten oder ihr Aussehen (etwa Models) auf diesem Markt anzubieten bzw. zu verkaufen, sonst verhungern sie, wenn nicht Sicherungssysteme unterstützend (etwa Arbeitslosigkeit, Krankheit) eingreifen.

Erwerbsarbeit im offiziellen System (denn es gibt auch Schwarzarbeit und Kriminalität) erfolgt als Arbeitnehmer oder als selbstständig Erwerbstätiger (Unternehmer), wobei diese Unterscheidung an ihren Rändern in gewisser Weise obsolet geworden ist. Ein lohnschreibender Journalist, der von seinem Medium in die de jure-Selbständigkeit gezwungen wird, ist „Unternehmer", demgegenüber wäre ein Manager, der eine Großbank an die Wand fährt und jahrelang „Freunderlwirtschaft" betrieben hat, Arbeitnehmer? Kleine handwerkliche Gewerbetreibende als Unternehmer im klassischen Sinn zu verstehen, die sich frei auf Märkten bewegen und diese auch gestalten können sollen, fällt ebenso schwer.

Betrachtet man die Arbeitsmarktdaten in Deutschland, sieht man das sofort. 11 Prozent aller Erwerbstätigen sind Selbstständige, davon mehr als die Hälfte ohne Beschäftigte. 66 Prozent sind klassische Arbeitnehmer (in Normalzeit arbeitend), 22 Prozent atypisch Beschäftigte (Wingerter 2009, 1085). Frauen sind in einem wesentlich geringeren Umfang selbstständig tätig, dann aber deutlich mehr ohne Beschäftigte im eigenen Betrieb; als Arbeitnehmerinnen sind sie weitaus höher atypisch Beschäftigte.

Berufsarbeit ist die Basis des materiellen Überlebens in der „Marktgesellschaft" (Polany 1978) oder „Konsumgesellschaft" (Egner 1967), sieht man von den Ausnahmen ab, wo die Gesellschaft aus Sozialhilfegründen knappst bemessen einspringt, um Verhungern zu vermeiden. Berufsarbeit ist auch die Basis für das psychische und soziale Überleben, denn aus ihr beziehen die Menschen ihre personale Identität und soziale Inklusion, die beide wiederum in einem sehr dichten Kontext miteinander stehen. Was früher, bis in die 70er und 80er Jahre des vergangenen Jahrhunderts, die identitätsbildende Struktur für die großen Mehrheiten war, nämlich der erwerbswirtschaftliche Bereich, die eigene Familie und vielleicht ein ausgeprägtes Hobby oder politische Basisarbeit in einer Partei oder der Gewerkschaft, hat sich mit der Konsumgesellschaft geändert. Konsum und Freizeit, die wiederum meist auf Konsumaktivitäten beruht, sind als identitätsgebende Strukturen ganz wesentlich dazu gekommen. Die Familie als Identitätsdimension ist dagegen eine brüchige Angelegenheit geworden, dies belegen die gestiegen Scheidungszahlen als Indikator dafür, ganz deutlich.

Individualisierungsleistungen, Selbstwert und Identität, die im europäischen Kulturverständnis lange Zeit aus der Berufsarbeit entstanden, wurden vom US-amerikanischen Kulturverständnis abgelöst, das den

Konsumbereich als die wesentliche Individualisierungsfläche sieht (Wirsching 2009), die europäische Kultur ist mithin sozusagen amerikanisiert worden. Der Konsumbereich wäre in Nordamerika diese identitätsbildende Lebensweltfläche schon zwischen den zwei Weltkriegen gewesen, schon damals hätten sich die Menschen in erster Linie als Konsumbürger verstanden, die sich im Rahmen ihrer Konsumchancen individualisieren können.

Zu dieser vor allem in der zeitgeschichtlichen Diskussion geäußerten Meinung, sollte jedoch aus soziologischer und konsumökonomischer Perspektive eine wichtige Anmerkung gemacht werden. Auch wenn sich zweifellos eine gewisse Verschiebung der Bildung personaler Identität von der Berufsarbeit in den Konsumbereich ergeben hat, die grundsätzliche Basis für Konsum, für die Konsumfähigkeit des Einzelnen, bleibt das persönliche bzw. im Haushalt vorhandene Einkommen. Dieses wird im Regelfall aus der Berufstätigkeit, also dem Verkauf von persönlichen Fähigkeiten, Kenntnissen und Wissen am Arbeitsmarkt erzielt. Nur in den seltensten Fällen verfügen Menschen über ein ererbtes Vermögen, aus dem sich ihr Konsumleben finanzieren läßt (Mikl-Horke 2011).

5. Verbraucherwissen

Die Verbraucher in der Europäischen Union haben ein erschreckend geringes Wissen in Zusammenhang mit Konsum – in Deutschland und Österreich ist das grundsätzliche Verbraucherwissen übrigens ein Stück geringer entwickelt, als etwa in den nordischen Ländern (Eurobarometer 2011). Wenn das – weniger oberflächlich, wie in der europäischen Marktforschung – mit Leitfadeninterviews erkundet wird, verschlechtert sich das Ergebnis noch: das Verbraucherwissen ist sehr gering und die Verbraucher halten mehr Wissen offenbar auch nicht für notwendig (Lüftenegger 2011). Nach dem Verständnis der Mainstream-Ökonomik funktionieren übrigens Märkte dann nicht, wenn viele Marktteilnehmer nur ein peripheres Wissen über diese Märkte haben.

Mangelndes Wissen schlägt sich auch in entsprechenden Verbraucherproblemen nieder. Overte, offensichtliche Verbraucherprobleme, mit welchen Konsumenten zu Verbraucher-Beschwerdeeinrichtungen kommen, sind einigermaßen dokumentiert, sie liegen – national durchaus unterschiedlich und unterschiedlich erfaßt – in einer Größenordnung von

50 aus eintausend Verbrauchern und stellen 5 bis 15 Prozent der auftretenden Probleme dar (EU-Kommission 2011).

Jedoch – viele Probleme im Zusammenhang mit Konsum werden von den Verbrauchern gar nicht angesprochen und als solche kaum wahrgenommen. Zwei wesentliche Problemlagen sind in diesem Zusammenhang von Interesse. Zum einen werden heute Konsumgüter als Kommunikationsmittel eingesetzt, sie kommunizieren persönlichen Status und stellen absichtlich gesetzte Symbole dar, dienen also einerseits der Distinktion (Bourdieu 1984) und sollen andererseits Eigenschaften der Besitzer, etwa ‚Sportlichkeit', Kennerschaft und Expertise, oder Hedonismus, usw. sichtbar machen (Kollmann 1997). Zum zweiten ist Inklusion, soziale Teilhabe heute in unseren Gesellschaften überhaupt nur auf der Basis eines zureichenden Konsums möglich: Soziales Leben und Freizeit sind grundsätzlich konsumbasiert. Freunde trifft man im Kaffeehaus, die Schwiegermutter lädt man zum Ausflug ein, Kinder machen ihren Freunden Geburtstagsgeschenke und so fort. Darüber hinaus ist Marken-Konsum vorallem für Kinder und Jugendliche aus wirtschaftlich schwachen Haushalten als Zeichen für Inklusion sehr wichtig, „Man ist, was man hat" (Großegger 2009) – und gerät damit rasch in einen Teufelskreis von Fehlallokationen begrenzter finanzieller Mittel.

6. Erfolg, Konsum, Glück…

Hinzu kommt: Medien, Werbung und Alltagsmeinung kontextieren Anerkennung und Aufmerksamkeit (Honneth 2003) mit Erfolg, Geld, Konsum und Glück. Anerkennungsmuster werden medial gebildet; Anerkennung bekommt, wer erfolgreich ist, also viel Geld verdient und viel Konsum hat. Schönes Wohnen, exotische Urlaube, hohe Mobilität, ein hübsches Auto, exklusive Kleidung, extravagantes Essen finden langfristig Anerkennung und kurzfristig Aufmerksamkeit: Und – wer gut lebt, gilt als glücklich. Soziale Anerkennung ist psychologisch gepaart mit personaler Identität, hohes Konsumniveau gilt medial und sozial als Indikator für Glück und Zufriedenheit, entgegen allen empirischen Befunden der Glücksforschung, die Gesundheit, einen stabilen, dauerhaften Arbeitsplatz, zufriedenstellende mikrosoziale Beziehungen als Faktoren von Zufriedenheit ausweist, sofern allerdings materielle Armut überwunden, also Armutsschwellen deutlich überschritten sind. Dann bleibt Zufriedenheit unverbunden mit Einkommens- und Konsumzuwächsen (Layard 2005). Nicht nur die Medien, das Marketing und das Alltagsdenken haben dieses grundsätzliche Fehlverständnis in eine allumfassende Klammer verdichtet, auch die Mainstream-Ökonomie hat dieses Fehlverständnis weitergetragen. Während Adam Smith noch in seiner Ethik auf Glück fokussiert hatte, wurde nach ihm „Nutzen" als Essenz von Glück (miß)verstanden, und die subjektiven Vorstellungen (was Glück ist) wurden mechanisiert und vom Handeln ins konsumtive Verhalten gedreht (Ötsch 1998).

7. Weitere Technisierung der privaten Haushalte

Nach Nordamerika hat in Europa die Wohnung als Lebensort der Haushalte eine dichte Technisierung und Sachkapitalisierung durchgemacht (Haustechnik und Haushaltstechnik). Technik und Ausstattungsmerkmale wurden aus der umgebenden Infrastruktur in die Haushalte hineinverlagert (Joerges 1981: 310), der frühere Waschraum im Wohnhaus etwa als Waschmaschine ins Badezimmer, die öffentlichen Transportmittel als private Mobilität (Auto), die Post als Email in den privaten Personalcomputer, und so fort. Zugleich fand eine dichte Vernetzung statt (Radio, Fernsehen, Telephon, Internet). Diese Entwicklung wird sich fortsetzen, die Energieversorgung der Haushalte etwa wird fernsteuerbar (durch sogenannte intelligente Strom- und Gaszähler – „smart meter") und teilweise in die Haushalte hineinverlagert (aktives Passivhaus, ein Wohnhaus, das mehr Energie liefert, als es selbst verbraucht).

Die Entwicklungslinie geht offenbar in Richtung einer gewissen Autarkie der Haushalte, was Energieversorgung, Kommunikation und Freizeit (und der herkömmlichen Infrastruktur) anlangt und einer Kommerzialisierung der Infrastruktur, beispielsweise bei der Bildung (Weiterbildung) und bei Gesundheit. Die gegenteilige Möglichkeit eines „cooperative housekeeping" wurde nicht oder nur ansatzweise entwickelt. Deren Ziel wäre es gewesen, „Hausarbeit gemeinschaftlich zu organisieren"; stattdessen wurden die privaten Haushalte „maschinenertüchtigt, technologieversessen und konsumptionsgetrieben" (Scherhorn 1975), individualisiert und mikro-industrialisiert. Das führt nicht nur zu verdichteten Konsumzwängen und mehr Konsumarbeit (auch durch mehr

Do-It-Yourself, bis hin zur Privatisierung der öffentlichen Sicherheit, etwa Alarmanlagen), sondern ebenso zu erheblichen weiteren Umweltbelastungen durch mehr Konsumtechnik.

Die weitere technische und mit Komfortversprechen verbundene Aufrüstung und Mikroindustrialisierung der privaten Haushalte (anstelle der Infrastruktur) und das von der EU-Kommission geförderte „Internet of Things" sind das Gegenteil einer nachhaltigen Entwicklung. Dabei ist der Durchschnittskonsum des modernen Menschen ohnedies schon in stofflicher Hinsicht extrem verschwenderisch. Das wird uns erst dann bewußt, wenn verbrauchte Energie und Materialien am Leben eines durchschnittlichen mitteleuropäischen Menschen dargestellt werden. Der Dokumentarfilm „So viel lebst du" (Watts, Dörfler 2008) macht dies zum ersten Mal erschreckend anschaulich. 26.000 Flaschen Bier, 39.000 Euro für Kleidung und Schuhe, das meiste davon aus dem Fernen Osten, 3,7 Millionen Liter Wasser, acht Tonnen alleine nur Lebensmittelverpackungen, usw. – diese Materialmengen, die vom Durchschnittsmenschen verbraucht werden, und die alle noch viele weitere, auf den ersten Blick nicht sichtbare Vormaterialien benötigen, sind nur in der Visualisierung überhaupt begreifbar.

8. Möglichkeiten und Chancen von Verbraucherpolitik

Verbraucherpolitik versteht sich als Aktionsfeld zur Durchsetzung der Verbraucherinteressen, genauer: zur Herstellung von Symmetrie zwischen Anbieter- und Verbraucherinteressen (Abbau der Ungleichgewichte zwischen Produzenten und Konsumenten). Ihre Akteure sind selbst- und fremdorganisierte Verbraucherverbände auf nationaler, europäischer und globaler Ebene, die sich in Europa seit den sechziger Jahren entwickelten, in den USA seit den dreißiger Jahren des vorigen Jahrhunderts, „when advertising first flooded the mass media. Consumers lacked a reliable source of information they could depend on to help them distinguish hype from fact and good products from bad ones" (Consumers Union 2011: 340-341) Entsprechend den theoretischen Ausgangspositionen der Autoren, die über Verbraucherpolitik arbeiteten, gibt es auch eine Reihe unterschiedlicher Verständnisse von Verbraucherpolitik und damit unterschiedlicher Reichweiten (Kollmann 1980). Auffällig ist – wie in vielen anderen Politikfeldern – ein Auseinanderfallen von theoretischem verbraucherpolitischen Verständnis und praktischer Verbraucherpolitik.

9. Enttheoretisierung von Politik

Genauer besehen: die praktische Verbraucherpolitik scheint enttheoretisiert, Bezüge zu theoretischen Arbeiten gibt es kaum, folgt man den Publikationen der praktischen Verbraucherarbeit. Dies macht gerade für die deutsche Verbraucherarbeit nachdenklich, die in den 80er Jahren des letzten Jahrhunderts deutlich theoriegeleitet war und objektives Wissen über die Verbraucher nicht nur aus den Verbraucherbeschwerden gewinnen wollte und deshalb einen breit angelegten Forschungsverbund „Empirische Verbraucherforschung" einrichtete (bspw. Schatz u.a. 1984). Dieser Schwund des theoretischen Orientierungsrahmens ist nicht allein bei der Verbraucherpolitik auffällig – er betrifft in den letzten Jahren praktisch alle Politikbereiche.

Wo expliziter Theoriebezug fehlt, kann jedoch hilfsweise aus den Leitbildern der praktischen Arbeit ein solcher Bezug erschlossen werden. Aktuelle Analysen der deutschen Verbraucherpolitik in Hinblick auf ihre Leitbilder zeigen, ein einheitliches Leitbild gibt es nicht, vielmehr zerfällt ein solcher Leitbezug in Teilaspekte, aus dem sich letztlich zwei Zielvorstellungen herauskristallisieren, die auf den ersten Blick einander diametral gegenüberstehen. Zum einen werden Verbraucher als Benachteiligte, als Opfer der Marktmacht der Anbieter gesehen, zum anderen werden jedoch Verbraucher als Akteure zur Bildung nachhaltiger, also klimaverträglicher und sozialverträglicher Nachfrage und damit einer sozial und ökologisch verträglichen Wirtschaft, angesprochen (Kollmann 2010).

10. Gemeinsame Resttheorie: Marktwirtschaftsmodell

Die auf den ersten Blick unterschiedlichen Perspektiven haben jedoch eine Gemeinsamkeit. Bei beiden Perspektiven ist das unterliegende zentrale Muster ‚das Wissen' bzw. das Wissensdefizit der Verbraucher. Wenn Verbraucher zum Opfer der Marktmacht der Anbieter werden, herrscht Informationsasymmetrie, also zu geringes Verbraucherwissen, das nun durch geeignete rechtliche Maßnahmen nachgebracht werden soll (Kennzeichnungsvorschriften im weitesten Sinn, etwa standardisierte Jahreszinssätze bei Finanzprodukten) oder wo ihnen in Risikosituationen (elektronischer Versandhandel, Haustürgeschäft) zusätzliche Überlegungszeit an die Hand gegeben werden soll. Auch beim nachhaltigen Konsum fehlt bislang den Verbraucher Wissen, etwa über die mit ihren konkreten Konsumhandlungen eintretenden Folgen.

In beiden Fällen (bei der Opferperspektive, wie bei der Akteurperspektive) wird damit von der Verbraucherpolitik nach dem Marktwirtschaftsmodell argumentiert, also aus einem traditionellen ökonomischen Verständnis heraus. Interessant ist, daß damit unterstellt wird, in Hinblick auf nachhaltigem Konsum würde besseres oder mehr Wissen über die mit Konsum verbundenen Folgen, gewissermaßen Altruismus evozieren. Wissen setzt sich aber nicht in ein entsprechendes Handeln um. Handlungsleitend sind im Regelfall nur rechtliche oder soziale Normen. Letztere sind auch die Basis für willentliche Ziele oder Gewissensentscheidungen. Konsumverhalten heute ist jedoch nur in Glücksversprechen eingebettet, nicht in eine Art von nachhaltiger Moral.

Um dies noch einmal anzusprechen: wir haben feststellen müssen, daß die praktische Verbraucherpolitik wenig theoriegeleitet ist und mit ihren Leitbildern, die sich auf Opferperspektive und Akteurperspektive beschränken, dabei hinter beiden ein Wissensdefizit ausmacht, auch keine scharfen Leitvorstellungen besitzt. Für Politik ist das insofern problematisch, als ein theorieloses Politikverständnis die Realität weniger umfassend begreift, denn nur mit Theorien wird Realität beschrieben, erklärt und verstanden. Paradox ist, daß trotzdem gelegentlich Autoren von der Verbraucherpolitik noch mehr „Pragmatismus statt wirklichkeitsferner Leitbilder" (Strünck 2011) einfordern.

11. Pragmatische Desorientierungen – Die diktierte Diskurssprache

Praktische Verbraucherpolitik muß sich, will sie für die Konsumenten etwas erreichen, dem politischen Diskurs stellen. Dieser wird, es geht ja um Wirtschaftsfragen, also in erster Linie um die Verdienstmöglichkeiten (und um die Begrenzung dieser Möglichkeiten) für kleine und große Konzerne, wirtschaftspolitisch geführt. Die politische „Stimmung" in dieser Arena ist vom aktuellen gesellschaftspolitischen Diskurs abhängig.

Ein Einschub: Erstens, wir bewegen uns hier, bei der Beobachtung der gesellschaftlichen Umwelt auf nationaler, europäischer und internationaler Ebene, immer ziemlich gleichzeitig auf diesen Ebenen. Zweitens wissen wir aus der Sozialpsychologie, daß die Denkmodelle von Menschen – also jene ‚alltagstheoretischen‘ Verständnisse von Wirklichkeit, mit der sich Menschen in ihrer Lebenswelt bewegen und zurecht finden – im Regelfall ab einem Lebensalter von ungefähr 25 Jahren ziemlich festliegen und dann wohl nur durch existentielle persönliche oder soziale Umbrüche veränderbar sind.

Zurück zur Wirtschaftspolitik. Sie ist – national und auf den übrigen Ebenen ebenso – von Wirtschaftsfreundlichkeit (= Anbieterfreundlichkeit) und vor allem vom Mantra eines (nominellen, quantitativen) Wirtschaftswachstums geprägt. Alle relevanten Interessensgruppen, auch die grünen politischen Parteien in Mitteleuropa, haben dieses Mantra akzeptiert; alle relevanten politischen Gruppen haben das Marktwirtschaftsmodell als Grundlage ihres politischen Denkens und ihrer Zielvorstellungen zumindest verbal anerkannt.

Genau darauf stößt nun die praktische Verbraucherpolitik mit ihren ordnungspolitischen Gestaltungsmaßnahmen, die allerdings im Wesentlichen dann nur auf eine Informationssymmetrie, auf den Wissenstransfer zu den Verbrauchern, abzielen. Und es gibt hier nur ein Muster, auf das sich die Diskursparteien dabei einigen können: der seriöse Anbieter soll nicht unter den unseriösen bis kriminellen Anbietern, unter eklatant unsauberen Wettbewerbsverzerrungen leiden. D.h. mehr Information für die Konsumenten oder auch „cooling off"-Zeiträume sind verhandelbar.

Eine relevante inhaltliche Gestaltung des Angebots (zweifelhafte Mehrwertdienste, Glücksspiele, etc.) ist dabei allerdings nicht mehr realistisch. Denn wenn sich Verhandlungspartner auf verbesserte Informationsmaßnahmen festgelegt haben, werden inhaltliche Verbote obsolet. Anstatt risikoreiche Finanzanlagen oder synthetische Wertpapiere für Verbraucher, ähnlich wie Schußwaffen zu verbieten oder von einer strengen Prüfung abhängig zu machen, werden sie mit ein bißchen vorgeschriebener Information versehen. An sich eine Falle für die verbraucherpolitischen Aktivitäten.

12. Gesprächs- und Verhandlungsmuster

Verbraucherpolitik muß ihre Anliegen in einer traditionellen ökonomischen Begrifflichkeit vorbringen und im Dialog sich mit traditionellen wirtschaftspolitischen Konzepten auseinandersetzen bzw. sich ihnen gegenüber durchsetzen. Mangels einer eigenen Theorie verfügt sie über keine eigene Definitionskraft (von Sachverhalten), was ihre Durchsetzungsfähigkeit beeinträchtigt, da keine alternativen Erklärungsmuster zu Verfügung stehen. Verbraucherschutzaspekte müssen immer wieder aufs Neue begründet werden, offenbar auch deshalb, da es kein klares, stringentes Modell von Verbraucherhandeln gibt, welches mit der Mainstreamökonomie konkurriert oder gegen sie durchsetzbar ist. Deshalb sind ihre Erfolge, bspw. auf europäischer Ebene, nicht umfassend, sondern bislang partiell.

Zu einer Anpassung an die „Sachzwänge" von vorgegebenen politischen Agenden kommt es auch, da die Akteure ‚schwach' gegenüber den traditionellen Positionen bleiben. Das kann sowohl eine politische Schwäche sein, wie auch eine der theoretischen Begrifflichkeit. In der Praxis wird wohl beides einander bedingen. Wenn in der Praxis im politischen Prozeß auch in der dominierenden Sprache über die Verhältnisse „gesprochen" werden muß, um verstanden zu werden, dann kommen als Themen der Verbraucherpolitik in erster Linie nur Wettbewerbsentzerrungen, Transparenzsteigerungen, Asymmetriebehebung auch in Form des Ausbaus von zivilrechtlichem Verbraucherschutz, sowie mehr warenkundliche Information und Bildung in Frage. In jedem Fall also die Herstellung von mehr Wissen (und potentiellen Wissensnachhol-Zeiträumen), auch wenn alle beteiligten Akteure dabei wiederum wissen, daß dies realiter eher hypothetische Fragen sind.

Dieses sehr einfache, man könnte auch sagen ‚primitivökonomische' Sprechen über und Verstehen von Wirklichkeit, gilt auf nationaler, europäischer und mehr noch auf internationaler Ebene und es beeinflußt sich wechselseitig. Dies auch, da die EU beispielsweise die US-amerikanischen Verständnisse in vielen Fällen relativ vorbehaltlos, fast könnte man sagen: in der Art eines europäischen Minderwertigkeitsgefühls, akzeptierte. Das hat sich etwa in allen Aspekten der sog. Terrorbekämpfung, also der Datensammlungen über Bürger gezeigt, die seitens der EU bedenkenlos an US-Amerika ausgeliefert werden.

13. Durch Diskursanpassung Verlust des Überblicks

Und um diesen Anpassungsmechanismus an herrschendes Denken und Wirklichkeitsmodelle wissen natürlich die in so einen Diskurs neu eintretenden Akteure, etwa junge Mitarbeiter in der Verbraucherpolitik, – sie lernen schnell: spricht man nicht die herrschende Sprache und versteht man und akzeptiert man nicht die herrschende Logik, dann wird einer ziemlich rasch ‚nicht mehr ernst genommen'. Zurückgeblendet auf parteipolitische Handlungsfelder, eines lernt ein junger Politiker rasch, wer die vorgegebene Tagesordnung verläßt, wird an den Rand gedrängt. Der deutsche Bundeskanzler Schmidt und dann nach ihm, der österreichische Kanzler Vranitzky, haben es auf trockene Art pragmatisch und an sich auch reaktionär ausgedrückt, daß wer Visionen hat, zum Arzt gehöre (NDR 2008). Langfristige Ziele, der Kern und die Legitimation von Politik zugleich, werden weggeschoben, aus der Tagesordnung genommen. ‚Ernst genommen werden' heißt, sich auf das kurzfristig Machbare zu beschränken.

Das bedeutet, will Verbraucherpolitik (rechtliche) Verbesserungen für Verbraucher durchsetzen, muß sie in der Logik ihrer Auseinandersetzungspartner argumentieren. Sie muß das, denn sonst wird sie nicht ernst genommen. Nicht ernst genommen zu werden, ist für die Menschen, die für ihre Organisationen tätig werden, eine ganz wichtige Angelegenheit; sie betrifft das Image ihrer Arbeitgeber und damit letztendlich ihren eigenen Arbeitsplatz. Soziale Anerkennung ist nicht nur für einzelne Menschen entscheidend, sondern ebenso für Organisationen.

Auf längere Sicht gesehen, wird sich mit diesem Anpassungsmechanismus die Verbraucherpolitik an die klassische, Mainstream-Wirtschafts-Logik annähern, und damit schlußendlich bei einem Verständnis eines deformierten „homo consumens pseudo-oeconomicus" landen. Einsichten über die soziale Verfaßtheit des Konsums, über das Anerkennungsmittel ‚Konsumgut' werden ohne Belang sein, da Wirtschaft – also Produktion und Konsum – kein Bildungsinstrument von Gesellschaft ist, wie Anbietervertreter argumentieren. Und Verbraucherpolitik wird für Bildungsaufgaben in Hinblick auf nachhaltiges soziales Leben auch keine Bündnispartner in anderen Politikfeldern (oder Medien – dazu gleich weiter unten), wie Wirtschaftspolitik, Sozialpolitik, Bildungspolitik usw. - finden, da auch diese Politikfelder sehr pragmatisch orientiert sind und nicht gestaltend tätig sein wollen. Um es sehr abgekürzt zu sagen: kein Politikfeld wird für massiv für Konsumverzicht, Nächstenliebe, Generationenvorsorge, Schlichtheit und Selbstbeschränkung eintreten und dafür werben wollen, jedes Feld will eine möglichst breite Zustimmung in den Medien und in der Bevölkerung erreichen, – eine Populismusfalle, die in demokratisch verfaßten Regimen mit marktwirtschaftlichen Medien, also mit dominierenden Boulevardmedien, eingebaut ist (Meyer 2001). „Realitätsverlust" will kein Akteur als Etikette angeheftet bekommen, ebenso keine politische Organisation. Nur als Anmerkung: undemokratische Institutionen wie die EU-Organe, tun sich hier leichter und realisieren auch unpopuläre Maßnahmen (da die Medien damit nicht gut umgehen können), ein paradigmatisches Beispiel dafür ist das EU-weite Glühlampenverbot als Verdienstchance für die europäische Elektroindustrie.

14. Akzeptanzorientierung

Natürlich teilt die Verbraucherpolitik die eben erwähnten Akzeptanzfragen mit den anderen Politikfeldern. Sie ist jedoch deutlicher davon betroffen, da sie – in Deutschland sind die großen Akteure der Verbraucherpolitik Fremdorganisationen (vzbv [Verbraucherzentrale Bundesverband], Stiftung Warentest) – im Wesentlichen von öffentlichen Fördermitteln abhängig ist. Als Selbstorganisationen, wie in anderen Ländern, wären sie ebenfalls auf Akzeptanz, hier nicht der breiten Öffentlichkeit, allerdings ihrer Mitglieder, verwiesen. Eine öffentlich finanzierte, fremdorganisierte Verbraucherpolitik wird der Öffentlichkeit praktizierte Nachhaltigkeit, damit in vielen Fällen Konsumverzicht, schlecht „verkaufen" können; einer Selbstorganisation gelingt das möglicherweise, wenn ihre Mitglieder entsprechend politisiert sind.

Es kommt noch etwas Drittes dazu. Politik heute ist – im Wechselspiel mit den Medien, insbesondere den Boulevardmedien – „Selbstmediatisierung" nach „theatraler Inszenierungslogik" getrimmt von den eigenen Presseleuten. Sarkastisch ließe sich sagen, die PR-Menschen in Politik, Unternehmen und selbst in Medien gibt es auch PR-Leute, sind die Politkommissare kommerzieller Kommunikation. Politik hat als ihre Instrumente „Event-Politik, Image-Projektion und Scheinhandlung(en)" (Meyer 2001: 12). Medien können nun diese Schein-Ereignisse einfach durchreichen, oder sie weiterinszenieren, oder sie „kritisch auf ihren wirklichen Kern befragen". Der dritte Fall „birgt das Risiko der Ungnade bei jenen Politikern, die man als Informationsquelle schon morgen wieder braucht" (Meyer 2001: 12) und auch kommerziell als Anzeigenkunden (oder als Entscheider über Werbeausgaben von Parteien oder Unternehmen im politischen Einflußbereich) benötigt. Die dritte Reaktionsform ist deshalb eher gering ausgeprägt, und nur bei eher kleinen, stabil finanzierten Qualitätsmedien plausibel und zu finden.

Gerade diese dritte Reaktionsform wäre jedoch modellhaft den Medien im demokratischen System zugewiesen (die sogenannte „Vierte Gewalt"); ein weiterer Hinweis übrigens für kombiniertes und multiples Markt- und Politikversagen. Diese Gefahr, die von den ihrer massenmedialen Logik folgenden, damit entfesselten Medien ausgeht, betrifft nicht nur die „große Politik", sondern alle Politikfelder, und natürlich auch die Verbraucherpolitik. Diese könnte, selbst wenn sie wollte, nicht besonders nachhaltig auf nachhaltigen Konsum fokussieren, da sie schon vorher von den Boulevardmedien pejorisiert würde (Stichwort: „Die Verbraucherschützer wollen den Menschen die endlich preiswert gewordenen und leistbaren Mallorca-Flüge verbieten").

Einerseits Diskursanpassung, also dem Folgen von vorgegebenen Sprachregelungen und Wirklichkeitsverständnissen, um gesellschaftlich ernst genommen zu werden, andererseits die Suche nach öffentlicher Akzeptanz und medialer Aufmerksamkeit, bilden eine dreipolare Klammer aus, die viele an sich mögliche Aktivitäten praktisch unmöglich machen. Etwa Erwachsenenbildung im klassischen Sinn, Aufklärung, substantielle, kritische Information, auch Tadel an jene Haushalte, die ein Viertel ihrer eingekauften Lebensmittel wegwerfen und damit enorm große ökologische Rucksäcke sinnlos vernutzen. Derartige Bildung wäre der Versuch, Menschen von destruktiven Verhaltensweisen abzubringen und zu einem autonomen, sinnvollen Handeln zu motivieren, also damit auch aufklärerisch zu wirken.

15. Neuorientierung durch NGO's?

Es ist eine fatale Situation. Verbraucherorganisationen haben zwar nachhaltigen Konsum auf ihrer Agenda, nicht aber eine nachhaltige Wirtschaft und Gesellschaft, da sie an Mainstream-Verständnissen orientiert bleiben – einige wesentliche Gründe wurden ja vorhin angesprochen.

Politik (diese durch ihre Ausdifferenzierung in nationale, europäische und internationale Politik), die traditionellen Politikfelder und die übernational verflochtenen Wirtschaftssektoren – man denke hier, ganz aktuell, an die Finanzindustrie – haben mittlerweile ein hohes Ausmaß an Selbstreferentialität erreicht, welches jene nicht mehr gut, in einem zukunftsfähigen Sinn, kontrollierbar oder steuerbar macht.

Aus sich heraus haben deshalb auch die Verbraucherorganisationen keine ausgeprägten Veränderungen in Richtung nachhaltige Entwicklung gemacht, sieht man von der Einführung des Ethik-Tests (ein wesentlich erweiterter Warentest, der neben der Gebrauchstauglichkeit der Konsumgüter auch die sozialen und ökologischen Dimensionen der Produktion und teilweise der Entsorgung mit einbezieht) ab, der durch das österreichische Testmagazin „konsument" im Jahr 2000 erfolgte (Kollmann 2000). Diese Testform gibt es heute nach wie vor, jedoch nur sporadisch. Erwartungshaltungen bei der Einführung, daß innerhalb weniger Jahre der traditionelle Gebrauchswert durch einen nachhaltigen Gebrauchswert ersetzt würde, haben sich nicht erfüllt. Hier waren übrigens die Verbraucherorganisationen vieler außermitteleuropäischer Länder ein Hemmschuh.

Welche Chancen bleiben dann für eine Entwicklung zu einer Nachhaltigen Verbraucherpolitik, wenn die Entwicklung aus sich heraus nicht besonders realistisch scheint? Machen wir dazu wieder – wie schon beim Konsumhandeln – eine integrale Exkursion[1] in die gerade für politischökonomische Überlegungen wichtige Sozialpsychologie.

Menschen in Gruppen, auch Akteure in (halb)öffentlichen Strukturen und Organisationen sind von „Gruppendenken" und von „Anerkennungsmotiven" geprägt, dies führt zum „autoritären Charakter" und zur bereits erwähnten „Populismusfalle". Die erschreckenden Ergebnisse der Experimente und Arbeiten von Milgram (Milgram 1982) oder Asch belegen die Härte und Wirkungstiefe von sozialem Druck, Arbeiten etwa von Serge Moscovici (Moscovici 1979) zeigen jedoch, daß Minoritäten, wenn

---

[1] Im Gegensatz zu den „behavioral economics", die ihr traditionelles Modell wirtschaftlichen Handelns nur mit verhaltenswissenschaftlichen Versatzstücken anreichert, ist das Verständnis bei einer modernen Nachhaltigen Ökonomie von vornherein transdisziplinär; auch der hier gewählte Ausgangspunkt war soziales Handeln, das gesellschaftlich überformt, wirtschaftliche Aktivitäten nützt. Dies ist ein grundsätzlicher Unterschied.

sie nur hartnäckig genug sind, Gruppenmeinungen in ihre Richtung verändern können.

Nach wie vor geht es hierbei um Machtfragen und um soziale Anerkennung (auch in unterschiedlichen Gruppen). Ein Akteur kann aber in sozialen Verhandlungssituationen, also wenn sich die Teilnehmer kennen und Vertrauen entwickeln, usw., gestützt durch seine Organisation lange Zeit abweichende Meinungen vertreten. Irgendwann wird die Verhandlungsgruppe ‚nicht immer nein sagen können', ‚ihm auch einen Erfolg gönnen' usw. Die soziale Essenz, die ziemlich grausam den Abweichenden gegenüber sein kann, zeigt sich da von der zweiten Seite. Der Ausdruck erfahrener Verhandler: „etwas Aussitzen", bezieht sich auch auf diese Seite.

16. Rückblick und Ausblick

Blenden wir ein paar Jahrzehnte zurück, an den Anfang der Ökologiebewegung. Diese gab es an sich bereits vor mehr als hundert Jahren mit der damaligen Lebensreformbewegung, hielt sich aber die Jahrzehnte über nur randständig, als überschaubares konservativ-grünes Milieu. Erst durch naturwissenschaftlich orientierte Kritik am sogenannten Waldsterben, und mit Teilen der anti-atom-orientierten 68er-Jugendkultur und der Friedensbewegung, kristallisierten sich daraus Grün-Parteien, die deutschen Grünen 1979, die österreichischen Grünen rund um die Auseinandersetzung um das Atomkraftwerk Zwentendorf 1978.

Die Grünen Parteien und die mit ihnen und rund um sie entstandenen unabhängigen Ökologie-Organisationen, NGO's wie Greenpeace, Global 2000, der WWF und andere, waren in Hinblick auf die Positionierung ökologischer Ziele, Symboliken und Sachverhalte (gedacht ist hier beispielsweise an den Atomkraftwerk-Ausstieg Deutschlands), einigermaßen erfolgreich. Sie haben, durch lockere Kooperation gemeinsam als kleine Minderheit, die großen Parteien und das öffentliche, mediale Klima in Richtung mehr Umweltorientierung geschoben. Die traditionellen Parteien wären von sich aus dazu nicht fähig gewesen. Wenn sich diese NGO's deutlicher in die Richtung einer nachhaltigen Produktion und eines nachhaltigen Konsums bewegen und von den traditionellen Politikfeldern und von den Akteuren, (also den Verbraucherorganisationen) Kooperation und Rechenschaft fordern, könnte sich vielleicht jener damalige Erfolg wiederholen.

Literatur

Arzheimer, K. (2002): Politikverdrossenheit. Bedeutung, Verwendung und empirische Relevanz eines politikwissenschaftlichen Begriffes. Wiesbaden.
Bourdieu, P. (1984): Die feinen Unterschiede – Kritik der gesellschaftlichen Urteilskraft, Frankfurt/Main.
Consumers Union (2011): About Consumers Union. http://www.consumers union.org/about/ (aktuell Juni 2011).
Egner, E. (1967): Die Kosumentengesellschaft, Wirklichkeit oder Aufgabe? in: Jahrbücher für Nationalökonomie und Statistik Bd. 181, Stuttgart.
EU-Kommission (2011): EU-Kommission: Verbraucherbarometer 2010, Brüssel 2011, http://ec.europa.eu/consumers/consumer_research/editions/docs/4th_edition_scoreboard_de.pdf)
Eurobarometer (2011): Eurobarometer 342, Consumer Empowerment, http://ec.europa.eu/public_opinion/archives/ebs/ebs_342_en.pdf
Großegger, B.(2009): Soziale Exklusion aus lebensweltlicher Sicht: Marginalisierung, Exklusionsempfinden und Bewältigungsstrategien von gefährdeten Kindern, Jugendlichen und deren Eltern. Institut für Jugendkulturforschung, Wien.
Hessel, S. (2010): Empört Euch!, Berlin.
Honneth, A. (2003): Axel Honneth: Kampf um Anerkennung, Frankfurt/Main.
Joerges, B.(1981): Ökologische Aspekte des Konsumverhaltens. Konsequenzen für die Verbraucherinformationspolitik. in: Zeitschrift für Verbraucherpolitik, 5 (4).
Kollmann, K (1997): Teleshopping: Bedingungen und Perspektiven. Ein konsumsoziologischer und konsumökonomischer Blick, in: Lorenz Gräf, Markus Krajewski (Hg.): Soziologie des Internet. Handeln im elektronischen Web-Werk. Frankfurt/Main.
Kollmann, K. (2010): Benötigt die Verbraucherpolitik eine Verbrauchertheorie? in: Wirtschaft und Gesellschaft 1/2010, S 79-93.
Kollmann, K. (1980): Zur gesellschaftspolitischen Reichweite der Verbraucherpolitik, in: Wirtschaft und Gesellschaft 3/1980; Wien.
Kollmann, K. (2000): Soziale Verantwortung von Unternehmen und Verbrauchern. Symposium „Ökonomischer Konsum" des VKI (Verein für Konsumenteninformation, Wien 23., 24. Oktober 2000. Tagungsband, Wien 2001. FTP://ftp.wu.ac.at/wuw/kollmann/kollmann-ethischerkonsum2-lang-2000.pdf

Kollmann, K.; Unger, A. (2010): Kaufsucht in Österreich – 2010. Bericht zur siebten österreichischen Kaufsuchtgefährdungsstudie. Materialien Konsumentenpolitik 1/2010, Wien.

Layard, R. (2005): Die glückliche Gesellschaft. Kurswechsel für Politik und Wirtschaft. Frankfurt.

Lüftenegger, C. (2011): Das Konsumentenwissen über geläufige Produkte und Dienstleistungen. Diplomarbeit, Wirtschaftsuniversität, Wien.

Maresch, B. (2011): Beherzte Politik. Massenhysterie, Opportunismus, Energiewende. Deutschland nach Fukushima, telepolis 17. 04. 2011.

McGregor, S. (2005): Sustainable consumer empowerment through critical consumer education: a typology of consumer education approaches. in: International Journal of Consumer Studies, Volume 29 Issue 5, September 2005, S. 437-447.

Meyer, T. (2001): Mediokratie. Die Kolonisierung der Politik durch die Medien. Frankfurt/Main.

Mikl-Horke, G. (2011): Gertraude Mikl-Horke: Soziale Folgen des Arbeitsplatzverlustes, in: Working Papers Verbraucherforschung, Verbraucherpolitik, 4/2011, Wien.

Milgram, S. (1982): Stanley Milgram: Das Milgram-Experiment. Zur Gehorsamsbereitschaft gegenüber Autorität. Reinbek.

Moscovici, S. (1979): Sozialer Wandel durch Minoritäten, München.

NDR-Norddeutscher Rundfunk (2008): Bundeskanzler Helmut Schmidt, vgl. http://www.ndr.de/unternehmen/presse/pressemitteilungen/pressemeldun gndr3000.html. Vom österreichischen Bundeskanzler wurde dessen Plagiat später jedoch bestritten, BR, 10.11.1998, www.br-online.de/down load/pdf/alpha/v/vranitzky.pdf.

Ötsch, W. (1998): Glück und Realität. „Äußere" und „innere" Glücksmodelle in der Theoriegeschichte der Ökonomie. Institut für Volkswirtschaftslehre, Universität Linz, Arbeitspapiere 9827, Linz.

Polany, K. (1978): The Great Transformation. Politische und Ökonomische Ursprünge von Gesellschaften und Wirtschaftssystemen. Frankfurt/Main.

Schatz, H.; Bopp-Schmehl, H. (1984): Verbraucherinteressen im politischen Entscheidungsprozess. Forschungsverbund „Empirische Verbraucherforschung", Frankfurt/Main.

Scherhorn, G. (1975): Verbraucherinteresse und Verbraucherpolitik, Göttingen.

Strünck, C. (2011): Die Verbraucherpolitik braucht Pragmatismus statt wirklichkeitsferner Leitbilder. In: Wirtschaftsdienst, 91. Jg, Heft 3/2011, 165-168.

Wolfgang, G.; Gille M.; Krüger W.; de Rijke, J. (2000): Politikverdrossenheit in Ost und West? Bundeszentrale für Politische Bildung, Aus Politik und Zeitgeschichte B 19-20/2000.

Silke Bustamante

Corporate Social Responsibility – der Beitrag von Unternehmen zur Nachhaltigkeit

Abstract

Der vorliegende Beitrag diskutiert das Konzept der gesellschaftlichen Verantwortung und dessen Rolle für nachhaltiges Wirtschaften. „Corporate Social Responsibility" wird als Verantwortung gegenüber den Stakeholdern eines Unternehmens gesehen; seine Reichweite wird durch gesellschaftliche Erwartungen wesentlich beeinflusst und kann somit geringer sein als die des Nachhaltigkeitskonzeptes. CSR wird als ein Korrekturmechanismus im Falle unzureichender Steuerungswirkungen von Markt, Recht und Politik gesehen. Vor diesem Hintergrund werden ethische und strategische Begründungsansätze der CSR kritisch überprüft und die Reichweite der CSR diskutiert. Nach einer kurzen Darstellung von Handlungsfeldern und Steuerungsdimensionen geht der Beitrag schließlich noch auf globale Aspekte der gesellschaftlichen Verantwortung ein. Insbesondere wird die Kulturgebundenheit des Konzeptes, die Herausforderung der Kontrolle der Wertschöpfungskette bei global verteilen Wertschöpfungsaktivitäten sowie die Problematik globaler öffentlicher Güter und externer Effekte diskutiert und Lösungsmöglichkeiten des Tradeoffs zwischen lokaler Anpassung und Standardisierung angerissen.

1. Der Begriff der „Corporate Social Responsibility

Der Begriff der „Corporate Social Responsibility" (CSR) stammt aus dem angloamerikanischen Bereich und wird in der Regel mit „gesellschaftliche Verantwortung von Unternehmen" oder auch „gesellschaftliche Unternehmensverantwortung" übersetzt[1].

---

[1] Im Grünbuch der EU wird von „sozialer Verantwortung" gesprochen; in der Erläuterung wird aber darauf hingewiesen, dass es um soziale und ökologische Belange geht.

Bowen (1953) vertrat die Ansicht, dass sich die gesellschaftliche Verantwortung der Unternehmen an den Erwartungen, Zielen und Werten einer Gesellschaft zu orientieren habe. Davis (1967) stellte den gesamtgesellschaftlichen Nutzen in den Vordergrund, zu dem der Einsatz der Produktionsmittel beitragen soll. Beide Auffassungen erlauben kulturspezifische Auslegungen über Adressaten und Inhalte des Verantwortungsgedankens.[2]

Die Übernahme von Verantwortung durch Unternehmen bzw. die die in ihnen handelnden Individuen ist auch eine zentrale Forderung der (westlichen) Unternehmensethik (Göbel 2006: 99).[3] Verantwortung von Unternehmen bedeutet, „dass sich Unternehmensmitglieder und die Unternehmung selbst[4] für ihr Tun und Lassen und die Folgen daraus [freiwillig] verantwortlich erklären und sich gemäß dieser Verantwortung auf der Grundlage sittlicher Verbindlichkeiten richtig verhalten wollen" (Göbel 2006: 104). Eine derart verstandene Definition von Verantwortung beinhaltet einerseits das freiwillige Eintreten für die Folgen von Handlungen, andererseits aber auch das gewollte (absichtsvolle) Handeln nach verbindlichen sittlichen Grundsätzen. Dies impliziert die Existenz von Handlungsspielräumen, innerhalb derer die Handelnden unter Berücksichtigung ethischer Überlegungen und der Interessen der von den Folgen betroffenen Personen/Adressaten Entscheidungen fällen (Schreyögg, Koch 2007: 59).

Für welche Handlungen, Folgen und Adressaten sich das Unternehmen verantwortlich erklärt und welches die richtigen sittlichen Grundsätze bzw. Wertvorstellungen sind, kann aus allgemeinen, in der Regel durch eine Gesellschaft definierten ethischen Prinzipien, aus dem Prinzip der Vernunft oder dialogisch aus den Ansprüchen der Verantwortungsadressaten abgeleitet werden (vgl. hierzu zum Beispiel Homann, Gerecke 1999, Ulrich 2001, Steinmann; Löhr 1992). In diesem Zusammenhang wird häufig auf das Konzept der „Stakeholder" rekurriert. Stakeholder als potentielle Adressaten der Unternehmensverantwortung sind Personen oder Personengruppen, die sich von der Unternehmenstätigkeit direkt oder indirekt betroffen fühlen und/oder Einfluss auf das Unternehmen

---

[2] Zu den globalen Aspekten der CSR vgl. Kapitel 5.

[3] Die Unternehmensethik beschäftigt sich mit der Frage nach den richtigen Normen und Wertvorstellungen, denen Unternehmen genügen sollten.

[4] Zur Verantwortungsfähigkeit von Unternehmen vgl. (Enderle 1988: 56).

ausüben können (Freeman 1984) und gleichzeitig gegenüber dem Unternehmen legitime Ansprüche haben (Ulrich 1998). Dies sind zum Beispiel Mitarbeiter, Kunden, Lieferanten, Gläubiger, der Staat und gesellschaftliche Gruppierungen (Umweltschutzverbände, Verbraucherschutzverbände u.ä.). Häufig stehen Stakeholderinteressen miteinander in Konflikt und sind Unternehmen aufgrund begrenzter Ressourcen nicht in der Lage, alle Interessen gleichzeitig wahrzunehmen. Einer der Kernpunkte der Übernahme gesellschaftlicher Verantwortung ist daher die Identifikation und Priorisierung der Interessen betroffener Personengruppen und die gezielte Suche nach einem Ausgleich zwischen unterschiedlichen Interessen (Göbel 2006: 65, 72).

2. CSR als Managementkonzept

In der politischen und betriebswirtschaftlichen Diskussion wird CSR inzwischen als wesentlicher Bestandteil der Unternehmensführung begriffen, durch welches verantwortliche Verhalten im Unternehmen verankert werden kann.

Das Grünbuch der Europäischen Kommission definiert CSR als „ein Konzept, dass den Unternehmen als Grundlage dient, auf freiwilliger Basis soziale Belange und Umweltbelange in ihre Unternehmenstätigkeit und in die Wechselbeziehungen mit den Stakeholdern zu integrieren" (Europäische Kommission 2001: 8), wobei ein „für alle Beteiligten akzeptables Gleichgewicht zwischen den Erfordernissen und Bedürfnissen der verschiedenen Stakeholder herzustellen" sei (Europäische Kommission 2002: 4). Wesentlicher Bestandteil der CSR sind folglich die Freiwilligkeit (das heißt über gesetzliche Verpflichtung hinausgehende Aktivitäten), der Bezug auf das aus der Nachhaltigkeitsdiskussion stammende Drei-Dimensionen-Prinzip sowie die Orientierung an den Erwartungen und Werten der Stakeholder eines Unternehmens.

CSR wird daher auch verstanden als integrierendes Unternehmenskonzept, welches unter Berücksichtigung eigener Ziele, Werte und Kompetenzen sowie der Interessen relevanter Stakeholder verantwortungsvolles Handeln ganzheitlich im Unternehmen verankert. Dabei beinhaltet es alle über gesetzliche Bestimmungen hinausgehenden sozialen, ökologischen und ökonomischen Beiträge eines Unternehmens zur freiwilligen Übernahme gesellschaftlicher Verantwortung (Meffert, Münstermann 2005: 22).

3. Gesellschaftliche Verantwortung und nachhaltige Entwicklung

Nachhaltigkeit wird als „Qualität einer Gesellschaft oder auch einer Firma oder einer einzelnen Handlung definiert, die zum generationenübergreifenden Schutz der Lebensqualität aller Menschen und der Biosphäre beiträgt" (Umbach; Rogall 2011). Der Begriff erfasst damit den Aspekt der gesellschaftlichen Wohlfahrt, sowohl für heutige als auch für zukünftige Generationen, und den Schutz der Biosphäre, der ein vom Menschen unabhängigen Wert zugesprochen wird (Umbach 2008: 95-96). Nachhaltigkeit bzw. eine Entwicklung, welche sich am Konzept der Nachhaltigkeit orientiert, wird insbesondere durch die Übernutzung natürlicher Ressourcen, die Ausnutzung ökonomischer Machtpositionen und durch soziale Ungleichgewichte gefährdet. In marktwirtschaftlichen Systemen kann dies mit der unzureichenden allokativen Steuerungswirkung des Marktes bei externen Effekten, Macht- und Informationsasymmetrien u.ä erklärt werden.[5] Auch ist der Marktmechanismus nicht geeignet, distributive Herausforderungen befriedigend zu lösen.

Vor diesem Hintergrund sind korrigierende Eingriffe in das Wirtschaftssystem notwendig, welche zum Erreichen wirtschaftlicher Wohlfahrt bzw. darüber hinaus zur Unterstützung nachhaltiger Entwicklung beitragen sollen. Diese Eingriffe können sowohl auf der Eben der Wirtschaftsordnung (Makroebene) als auch auf der Ebene der Unternehmen oder der im Unternehmen handelnden Individuen (Meso- bzw. Mikroebene) angesiedelt sein (Schreyögg 2009: 764).[6] Auf der Makroebene geht es im wesentlichen um rechtliche Maßnahmen (Verbraucherschutzgesetze, Arbeitsrecht, Wettbewerbsgesetz u.a.), aber auch um marktkorrigierende Anreize und Restriktionen (z.B. Emissionshandel), die dazu führen, dass nutzenmaximierendes Verhalten der Unternehmen zu gesamtwirtschaftlich sinnvollen Ergebnissen führt. Die Steuerungswirkung des Rechtes ist jedoch aus verschiedenen Gründen begrenzt: So bewirken Informationsasymmetrien, dass das Verhalten von Unternehmen nur eingeschränkt und kostenintensiv kontrolliert werden kann. Hinzu kommt, dass Unternehmen zunehmend global agieren, und sich so nationalen

---

[5] Zur Beschreibung der Gründe der Unzulänglichkeit des Marktmechanismus für das Erreichen gesamtwirtschaftlicher Wohlfahrt („Marktversagen") vgl. Schreyögg 2009, S. 762-763.

[6] Vgl. auch Kapitel 5.

Rahmenordnungen leicht entziehen können (Schreyögg 2009: 764). Aus diesen Gründen wird an Unternehmen appelliert, durch verantwortliches Verhalten die unzureichende Steuerungswirkung des Marktes zu korrigieren und zu nachhaltiger Entwicklung beizutragen:

So soll laut der EU die unternehmerische gesamthafte Steuerung ökologischer, sozialer und ökonomischer Aspekte gleichzeitig das Erreichen einer nachhaltigen Unternehmens- und Geschäftsentwicklung unterstützen und einen positiven Beitrag des Unternehmen zur nachhaltigen Entwicklung der gesamten Gesellschaft (Europäische Kommission 2002: 9) leisten. Auch der World Business Council for Sustainable Development sieht eine Verantwortung von Unternehmen für Nachhaltigkeit und definiert CSR als „commitment of business to contribute to sustainable economic development, working with employees, their families, the local community and society at large to improve their quality of life" (WBCSD 2002: 2).

Inhaltlich greift das CSR-Konzept kürzer als das Nachhaltigkeitskonzept. Während CSR die Verantwortung von Unternehmen gegenüber seinen legitimen Stakeholdern beschreibt, wird bei der Nachhaltigkeit eine Verantwortung gegenüber der gesamten Menschheit, zukünftigen Generationen und der Biosphäre gesehen (Bassen 2005: 234). Diese Verantwortung wird allerdings häufig durch Stakeholdergruppen wie beispielsweise Greenpeace eingefordert.

CSR kann folglich als Unternehmensbeitrag zu nachhaltiger Entwicklung gesehen werden, welcher durch Maßnahmen auf der Makroebene, aber auch durch Beiträge anderer gesellschaftlicher Akteure (NGOs, Zivilgesellschaft) ergänzt werden muss.

4. Gründe und Motive für CSR

Die Notwendigkeit eines Managements sozialer Verantwortung kann aus verschiedenen Überlegungen heraus abgleitet werden. Erstens lässt es sich begründen aus einer „moralischen" Pflicht zu verantwortungsvollem Handeln (Göbel 2006: 18-20). Nicht nur Bürger, sondern auch andere gesellschaftliche Akteure haben Rechte und Pflichten und sind gehalten, sich „sittlich" richtig (bzw. gemäß gesellschaftlich anerkannten Normen und Werten) zu verhalten. Verantwortungsvolles Management wird als Bedingung für die Existenzerechtigung von Unternehmen und Institutionen gesehen (sogenannte „license-to-operate"). Aufgrund der unvollständigen Steuerungswirkung des Marktes, des Rechtes und des Staates sind Ethik und Moral notwendig für ein funktionierendes Gesellschafts- und Wirtschaftssystem und führt verantwortungsvolles Verhalten in der Konsequenz langfristig zu besseren und nachhaltigen (gesamt-)wirtschaftlichen Ergebnissen.[7]

Zweitens kann man die Verfolgung eines verantwortungsvollen Managementkonzeptes aus strategischen Überlegungen heraus begründen (Porter, Kramer 2006: 2). Verantwortungsvolles Verhalten von Unternehmen führt nicht nur zum Aufbau eines Vertrauensverhältnisses und der Steigerung der Reputation gegenüber der Öffentlichkeit und den einzelnen Stakeholdern (Mitarbeiter, Kunden Geschäftspartner und Financiers), sondern auch zu einer Stärkung der internen Erfolgspotenziale durch höhere Motivation der Mitarbeiter, Ressourcen sparendes Verhalten, größere Prozesseffizienz, höhere Innovationsfähigkeit, frühere Risikoidentifikation und der Sicherung zukünftiger Märkte (Kim;Van Dam 2003: 9; Nijhof, Srnka 1999: 231 f). Die Verfolgung eines Managements sozialer Verantwortung kann also zu einer „win-win-Situation" führen, von der alle Beteiligten profitieren (Margolis, Walsh 2001; Freeman u.a. 2007: 6)

Beide Begründungsansätze werden kontrovers diskutiert. Schäfer (2005) betont, dass die Handlungen von Unternehmensleitungen und Stakeholdern immer durch ein ökonomisches Kalkül geleitet werden und dass bei kapitalgeleiteten Unternehmen den Forderungen der Eigenkapitalgeber nach einer risikoadäquaten Verzinsung des Kapitals höchste Priorität eingeräumt werden muss (Schäfer 2005: 22-23). Man kann folglich nicht davon ausgehen, dass sich Unternehmen entgegen ihrem ökonomischen Interesse moralisch verhalten.

Eine Beschränkung von CSR auf jene Fälle, die ökonomisch vorteilhaft sind, kann die in Kapitel 3 beschriebene Problematik des Marktversagens allerdings nur unzureichend lösen. Auch weist Schreyögg (2009) mit Recht darauf hin, dass Unternehmen nach der Marktlogik ohnehin jene Handlungsalternativen wählen (müssen), die den höchsten

---

[7] Albach (2003) weist mit Recht darauf hin, dass eine anreizkonforme Gestaltung des Ordnungsrahmens Priorität haben muss. Verbleibende Handlungsspielräume sollten dann durch moralisches Verhalten zur Umverteilung, nicht aber zu Lasten einer effizienten Ressourcenallokation genutzt werden (Albach 2005b).

Gewinn versprechen, da sie andernfalls langfristig aus dem Markt ausscheiden müssten. Solange sich „moralisches" Verhalten auszahlt, ist eine Diskussion über Unternehmensverantwortung überflüssig, da diese durch die Marktlogik gefordert wird. Verantwortliches Verhalten von Unternehmen fängt folglich da an bzw. ist da besonders wichtig, wo es zu Konflikten zwischen Stakeholderinteressen, insbes. zwischen ökonomischen und moralischen Verpflichtungen kommt (Schreyögg 2009: 766).

Allerdings versagt die Marktlogik teilweise selbst dann, wenn verantwortliches Verhalten für das Unternehmen langfristig ökonomisch sinnvoll wäre: Unternehmensinterne Strukturen und Anreizsysteme sind häufig derart gestaltet, dass kurzfristige Gewinnmaximierung anstatt langfristig ausgelegte Entscheidungen zur nachhaltigen Steigerung der Ertragskraft überwiegen. Die bewusste Änderung innerbetrieblicher Strukturen und die Einflussnahme auf marktpolitische Maßnahmen des Staates, selbst wenn diese ökonomisch nicht nachteilig bzw. sogar vorteilhaft sind, können dann Ausdruck verantwortlichen Verhaltens sein (vgl. Kap. 5.3). Darüber hinaus haben Unternehmen die Möglichkeit, aktiv auf Präferenzen von Marktteilnehmern einwirken, so dass ökologische oder soziale Beiträge eine höhere Wertschätzung erhalten und sich auch ökonomisch für ein Unternehmen lohnen.

Letztendlich geht es bei einem Vergleich der ethischen und der strategischen Motive von CSR im Wesentlichen um eine unterschiedliche Prioritätensetzung hinsichtlich der Bedeutung der ethischen Komponente bei Konflikten zwischen unterschiedlichen Stakeholder-Interessen bzw. zwischen moralisch richtigem und ökonomischem rationalem Handeln. Welchen Interessen stattgegeben wird, kann basierend auf ethischen und wirtschaftlich-strategischen Überlegungen entschieden werden. Nach Homann/Blome-Dress ist es die Aufgabe von Unternehmen, „möglichst weit in den Bereich mit hoher moralischer Akzeptanz vorzustoßen, ohne dabei die legitimen ökonomischen Zielsetzungen zu missachten" (Homann, Blome-Drees 1992: 141). Dabei kann auch gefordert werden, dass Unternehmen bzw. die handelnden Akteure sich auf Basis ihrer eigenen ethischen Maßstäbe ggf. zu Lasten von ökonomischem Erfolg moralisch verhalten, solange sie durch die Konsequenzen ihrer Entscheidungen nicht ihre langfristige ökonomische Existenz gefährden (Homann, Suchanek 2005: 53 ff). Im Wesentlichen verlangt das Prinzip der Verantwortung damit, dass nach lebensdienlichen und zugleich ökonomisch effizienten Lösungen gesucht werden muss (Göbel 2006:147).

5. Die Reichweite gesellschaftlicher Verantwortung

Die Reichweite des Konzeptes der sozialen Verantwortung soll hier über drei Aspekte diskutiert werden:

Erstens über den Einflussbereich des Unternehmen innerhalb der Wertschöpfungskette: Welche Verantwortung tragen Unternehmen für Aktivitäten, welche nicht mehr ihrer direkten Kontrolle unterliegen, da sie von beauftragten oder Partnerunternehmen innerhalb der Supply Chain ausgeführt werden?

Zweitens über die Verantwortung von Unternehmen innerhalb oder außerhalb der Wertschöpfungskette: Begrenzt sich Verantwortung auf solche Aktivitäten, welche mit der Gewinnentstehung und dem Kerngeschäft des Unternehmens unmittelbar verbunden sind, oder schließt sie die Verwendung entstandener Gewinnen für weitere gesellschaftliche Themen (philanthropische Aktivitäten) ein?

Drittens über die Verantwortung auf den unterschiedlichen Ebenen des Wirtschaftssystems: Tragen Unternehmen und die im Unternehmen handelnden Individuen nur für die unmittelbaren Konsequenzen ihrer Entscheidungen und Handlungen Verantwortung oder auch für das institutionelle Gerüst, innerhalb dessen sie ihre Entscheidungen treffen?

5.1 Verantwortung innerhalb der Wertschöpfungskette

Im Zuge der Globalisierung richten immer mehr Unternehmen ihre Tätigkeit weltweit aus. Neben der globalen Vermarktung von Gütern werden Teile der Wertschöpfungskette zunehmend in andere Länder verlegt oder aus der unternehmenseigenen Wertschöpfungskette ausgelagert. Die Entwicklung von Institutionen, welche in der Lage sind, multinationale Unternehmen auf globaler Basis zu steuern, hält dabei mit der Liberalisierung von Handels- und Finanzmärkten nicht Schritt. Durch unterschiedliche gesetzliche Umwelt- und Sozialgesetzgebung in unterschiedlichen Ländern sind die ökonomischen Anreize hoch, striktere Umweltoder Sozialstandards im Heimatland durch Offshoring und Outsourcing zu umgehen und sich an weniger strikten Vorschriften in anderen Ländern zu orientieren. Aus diesem Grund fordern insbesondere NGOs und Stakeholder aus Ländern mit strengerer Umwelt- und Sozialgesetzgebung die Sicherstellung von Umwelt- und sozial verträglicher Wertschöpfung in der gesamten Wertschöpfungskette des Unternehmens (Loew 2005: 24)[8]. Diese Verantwortung wird teilweise auch in Verhaltenskodizes und Standards festgehalten (der Code of Labour Practices der „Green Clothing Campaign"[9], ISO 26000[10]). Insbesondere wenn Unternehmen Teile der Wertschöpfungsstufe ausgelagert haben bzw. Fertig- und Halbfertigerzeugnisse von Zulieferern beziehen (die ihrerseits wieder Produkte von Dritten beziehen), können Unternehmen nur noch schwer alle Aktivitäten der Wertschöpfung kontrollieren. Die unbeschränkte Verantwortung für die Handlungen und Handlungskonsequenzen von Lieferanten und Partnern wird daher teilweise in Frage gestellt (Amaeshi 2008). Die ISO 26000 konstatiert, dass Unternehmen für die Aktivitäten verantwortlich sind, die zu ihrem Einflussbereich („sphere of influence") gehören, wovon bei „Teilen der Wertschöpfungskette" auszugehen ist (ISO 26000 2010b: 16 u. 69). Der Einflussbereich ist abhängig von Faktoren wie der physischen Nähe sowie der Reichweite, Länge und Intensität einer Beziehung; Quellen des Einflusses sind z.B. Eigentum, ökonomische Abhängigkeit, rechtliche/polit. Autorität und/oder die öffentliche Meinung (ISO 26000 2010b: 69). Unternehmen sind demnach verantwortlich für die Aktivitäten ihrer Tochterunternehmen, aber auch für die Aktivitäten sonstiger Lieferanten, sofern eine ökonomische Abhängigkeit bzw. ein ökonomisches Interesse des Lieferanten an der Beziehung besteht. Das Käuferunternehmen kann in diesem Fall das Verhalten des Lieferanten über die Lieferantenauswahl und/oder Einkaufsbedingungen (Forderung nach öko- oder Soziallabels oder Unterzeichnung von Kodizes), aber auch über Qualifizierungsmaßnahmen und Round Tables steuern.[11]

---

[8] Loew zitiert Forderungen von NGOs und der Green 7 auf dem Multistakeholder Forum 2004.

[9] http://www.cleanclothes.org/resources/ccc/corporate-accountability/the-ccc-model-code, zugegriffen am 13.6.2011

[10] Vgl. ISO (2010a).

[11] Für eine Übersicht von Instrumenten der Einflussnahme vgl. Loew 2005 und ISO 2010b)

5.2 Kerngeschäft vs. philanthropische Aktivitäten:

Das Konzept der gesellschaftlichen Verantwortung bezieht sich ohne Zweifel auf jene Aktivitäten, welche den Kern der Unternehmenstätigkeit ausmachen und zur Gewinnentstehung (F&E, Produktion, Vertrieb, Personalmanagement etc.) beitragen (Hiß 2005). Beispiele für CSR-Aktivitäten innerhalb der unternehmenseigenen Wertschöpfungskette sind die Berücksichtigung ökologischer Aspekte im Produktionsprozess bzw. allgemeinem Betrieb (Verwendung umweltfreundlicher Materialien, Maßnahmen der Energieeinsparung, Reduktion von Emissionen u.ä.), Verhaltenskodizes oder soziale Gütesiegel. Darüber hinaus haben Unternehmen über Einkaufsbedingungen oder Informationsaustausch Einfluss auf *Partner* in der Wertschöpfungskette (s. Kap. 5.1).

Diskutierbar ist, wieweit die Unternehmensverantwortung für sonstige gesellschaftliche Themen, welche mit der Unternehmenstätigkeit nicht unmittelbar verbunden sind, reicht. Dieser „äußere"[12] Verantwortungsbereich umfasst philanthropische Aktivitäten, Mäzenentum, Spenden, Corporate Volunteering (Freistellung der Mitarbeiter für soziale Aktivitäten) und Public-Private Partnerships (kooperatives Zusammenwirken von Hoheitsträgern mit privaten Wirtschaftssubjekten), welche als Instrumente des Corporate Citizenship gelten (Schaltegger, Müller 2008: 22). In der Regel sind diese Aktivitäten nicht auf mit der Unternehmenstätigkeit inhärent verbunden bzw. beziehen sich nicht unmittelbar auf deren Konsequenzen. In der Konsequenz bewirken sie keinen Konflikt zwischen dem Gewinnprinzip und relevanten Stakeholdergruppen, der unter Anwendung ethischer Maßstäbe und im Dialog mit den Stakeholdern gelöst werden muss.[13] Nichtsdestotrotz erfüllt das Unternehmen durch Mäzenatentum und Spenden gesellschaftliche Erwartungen und positioniert sich als „Corporate Citizen", so dass auch dieser Bereich grundsätzlich zum Management sozialer Verantwortung gezählt wird (Hiß 2005, Carroll 1979, 1991).

---

[12] Hiß 2005, S. 38, teilt CSR in eine inneren, einen mittleren und einen äußeren Verantwortungsbereich ein.

[13] Dies aber wäre das Prinzip einer (diskursiven) Unternehmensethik (Schreyögg/ Koch 2007, S. 57).

5.3 Verantwortung für individuelle Entscheidungen und institutionelle Rahmenbedingungen

Unternehmerisches Handeln vollzieht sich auf drei Ebenen der Wirtschaft, welche miteinander in wechselseitigem Zusammenhang stehen (Enderle 1988:55 ff):

Die *Mikroebene* setzt sich zusammen aus den individuellen Wirtschaftsakteuren (insbesondere Konsumenten, Produzenten bzw. Dienstleistungsanbieter und Investoren), an deren Verhalten bestimmte Forderungen und Erwartungen geknüpft werden. Die *Mesoebene* konstituiert sich aus den Unternehmen als wirtschaftliche Organisationen. Das Unternehmen als Subjekt mit stabiler Identität kann Wirkungen an Dritten hervorrufen und beeinflusst über die innerbetriebliche Rahmenordnung die Entscheidungen der Unternehmensmitglieder. Gleichzeitig wirken Unternehmensmitglieder auch an der Gestaltung dieser Institutionen mit (Göbel 2006: 91 ff). Die *Makroebene* beschreibt die institutionellen Rahmenbedingungen des Wirtschaftens, das heißt Gesetze, Normen, Kultur, Institutionen etc. Sie bestimmt den Handlungsspielraum von Unternehmen und weist ihnen bestimmte Rollen zu, wobei der Grad der Verbindlichkeit der Rollenerwartungen variiert (gesetzliche Ge- und Verbote versus kulturell geprägte gesellschaftliche Verpflichtungen). Gleichzeitig haben Unternehmen aber die Möglichkeit, die Spielregeln der Rahmenordnung zu beeinflussen, zu bestätigen oder zu verändern.

Entsprechend beschränkt sich auch das Prinzip der Verantwortung nicht auf individuelle Entscheidungen innerhalb eines gegebenen institutionellen Rahmens (Mikroebene). Vielmehr bezieht es sich auch auf Verantwortung für interne Strukturen, welche die Verantwortungsfähigkeit beeinflussen (Anreizsysteme, CSR Verantwortlichkeiten u.ä.) und außerbetriebliche Spielregeln (zum Beispiel Förderung der Entwicklung branchenweiter Standards), die verantwortliches Verhalten erleichtern oder erschweren können (Göbel 2006: 95 ff, Homann, Gerecke 1999: 453).

Verantwortung auf den unterschiedlichen Ebenen der Wirtschaft

Mikroebene: Hier geht es darum, innerhalb existierender Spielregeln sogenannte „win-win-Situationen" zu identifizieren bzw. zu gestalten, in welchen alle Beteiligten zumindest langfristig profitieren. Im Rahmen eines Strategieprozesses werden die Anliegen betroffener Stakeholder analysiert, Ziele gesetzt und entsprechende Strategien und Maßnahmen entwickelt, welche im besten Fall zu einer für alle akzeptablen Lösung führt.

Mesoebene: Über die Verankerung der Werte in der Mission und den Leitlinien des Unternehmens, sowie die Anpassung von Strukturen, Prozessen und Systemen und die Etablierung einer entsprechenden Unternehmenskultur können die innerbetrieblichen Rahmenbedingungen so gestaltet werden, dass verantwortliches Handeln erleichtert bzw. unterstützt wird[14]. So führen z.B. langfristige Anreize zu einer expliziten Berücksichtigung zukünftiger Chancen, Risiken und Erträge.

Makroebene: Auf dieser Ebene können Unternehmen Einfluss nehmen auf die Spielregeln des Wettbewerbs bzw. die institutionellen Rahmenbedingungen, indem sie Regeln fordern oder gemeinsam mit Wettbewerbern festlegen, die verhindern, dass verantwortungsvolles Verhalten einzelner zu Wettbewerbsnachteilen führt (Strategie des „Ethical Displacements" bzw. des Verlegens des Niveaus; vgl. DeGeorge 1993 Nijhof; Srnka 1999: 233). Zum Beispiel können allgemein verbindliche Standards das Free-Rider Problem lösen, Kontrollen und Offenbelegungspflichten führe zum Abbau von Informationsasymmetrien[15].

---

[14] Vgl. hierzu auch die Bausteine des um Nachhaltigkeitsaspekte erweiterten EFQM Modells für Sustainable Excellence (Sustainable Excellence Group/Deutsche Bundesstiftung Umwelt 2006: 7-8)

[15] In diesem Sinne auch Albach (2005a), der argumentiert, dass opportunistisches Verhalten in der Regel das Resultat ineffizienter Institutionen ist.

6. Die Handlungsfelder und Kernthemen der gesellschaftlichen Unternehmensverantwortung

Wie oben beschrieben wird CSR in der Regel mit Rückgriff auf die drei Dimensionen der Nachhaltigkeit definiert und beinhaltet folglich die soziale, ökologische und ökonomische Verantwortung von Unternehmen. Darauf aufbauend formulieren Unternehmen häufig unternehmensspezifische Handlungsfelder, die die besonderen Umstände der Branche und den unternehmenseigenen Wertschöpfungsprozess angepasst sind. So definiert z.B. Henkel 5 Fokusfelder der CSR/Nachhaltigkeit, unter anderem Wasser & Abwasser, Gesundheit und Sicherheit, Gesellschaftlicher Fortschritt und Energie & Klima (Henkel 2011).

Der ISO 26000 Standard identifiziert 7 Kernthemen welche durch die Benennung von „issues" konkretisiert werden (vgl. Abb. 1).

Abbildung 1: Kernthemen der CSR

Quelle: http://www.iso.org, zugegriffen am 16.6.2011

Dabei wird „Organizational governance" sowohl als Kernthema als auch als wesentlicher Befähiger zum Erreichen der Ziele in den anderen Kernthemen angesehen (ISO 2010b: 19).

Die Definition von Handlungsfeldern oder Kernthemen erleichtert die Ableitung und Steuerung von Maßnahmen und Aktivitäten. Sie dient auch als Basis der Beurteilung der CSR-Leitung von Unternehmen.

7. Das Management der gesellschaftlichen Unternehmensverantwortung

7.1 Elemente des Managements der gesellschaftlichen Unternehmensverantwortung

Ziel eines Managements gesellschaftlicher Verantwortung ist es, verantwortliches Handeln ganzheitlich im Unternehmen zu verankern und sich dabei konsequent an den Anliegen und Interessen der relevanten Stakeholder auszurichten. Basierend auf übergeordneten Zielen und Werten (Leitbild bzw. normatives Grundgerüst) sollte die Idee der Verantwortung Eingang finden in strategische Ziele und Handlungspläne (Münstermann 2007: 53 ff.); ihre operative Umsetzung muss unterstützt werden durch entsprechende innerbetriebliche Strukturen & Prozesse und personelle Ressourcen (Göbel 2006: 108 f.). Das Management der gesellschaftlichen Verantwortung im Unternehmen betrifft also im Wesentlichen drei Bereiche, welche im Rahmen eines integrativen Konzept der Unternehmensführung miteinander verzahnt werden müssen:

1. Innerbetriebliche Institutionen, insbesondere
   - Normatives Grundgerüst: Es setzt sich zusammen aus der Mission (Unternehmenszweck bzw. Daseinsberechtigung), den expliziten und impliziten Unternehmenswerten, den Verhaltensgrundsätzen gegenüber Anspruchsgruppen und der Unternehmensvision. Häufig werden Mission, Vision und (explizite) Werte in Form eines Leitbildes formuliert. Die Berücksichtigung der Grundsätze verantwortungsvoller Unternehmensführung im Unternehmensleitbild begründet die Selbstverpflichtung des Unternehmens zu grundsatzkonformem Verhalten und bildet den Ausgangspunkt für den strategischen und operativen Managementprozess (Münstermann 2007: 38). Das Leitbild wird gestützt durch die Unternehmenskultur, die die in einem Unternehmen tatsächlich gelebten und geteilten Werte beinhaltet.

- Organisatorische Strukturen & Prozesse: Durch diese werden Verantwortlichkeiten, Koordinationsregeln, Verfahrensrichtlinien und Prozesse definiert, die die Umsetzung eines verantwortlichen Managements ermöglichen (zum Beispiel CSR Komitees, Stabsstellen, CSR Verantwortlichkeiten bzw. Vorgehensweisen bei ethisch relevanten Entscheidungen, Kontrollroutinen, aber auch Regeln der Personalauswahl- und entwicklung)
- Systeme: Diese unterstützen die Steuerung und Kontrolle von Strategien und operativen Maßnahmen (z.B. Aufnahme von Umweltkennzahlen in Controllingsysteme).

2. Strategischer und operativer Managementprozess, dieser beinhaltet
   - die analyse- und dialoggestützten Identifikation von Strategien,
   - deren Umsetzung in strategischen Programmen und operativen Maßnahmen und
   - der Kontrolle und Kommunikation der Strategien und Maßnahmen
3. Ressourcen und Kompetenzen: In diesem Zusammenhang geht es insbesondere um die qualitative Personalstruktur und die Anpassung der Anforderungen an Mitarbeiter und Führungskräfte, um so verantwortliches Verhalten zu unterstützen.

Abbildung 2: Elemente des Managements sozialer Verantwortung

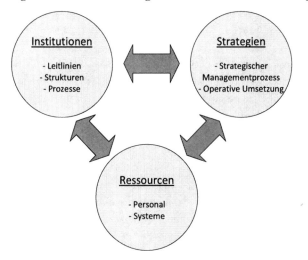

Quelle: Eigene Darstellung in Anlehnung an Göbel (2006): 109 ff.

7.2 Der strategische Managementprozess

Unternehmensstrategien betreffen Entscheidungen bzw. Maßnahmenkombinationen einer Unternehmung und relevanter Teilbereiche gegenüber ihrer Umwelt, welche die grundsätzliche Unternehmensentwicklung bestimmen. Ziel ist in der Regel die Sicherung der langfristigen Erfolgsposition des Unternehmens (Hungenberg 2004: 4). Die Integration des Verantwortungsgedankens in unternehmerisches Handeln sollte bei diesen grundsätzlichen Entscheidungen und Maßnahmenkombinationen ansetzen; sie betrifft die grundsätzliche Ausrichtung des Unternehmens. Die Entwicklung, Planung und Umsetzung der Strategien erfolgt im Rahmen eines zyklisch verlaufenden strategischen Managementprozesses, welcher – ebenso wie die Strategien – das Prinzip der Verantwortung berücksichtigen sollte und in das institutionelle und personelle Rahmengerüst des Unternehmens eingebettet ist (Abb. 3).

Ausgangspunkt des strategischen Prozesses bilden die übergeordneten Ziele bzw. das normative Grundgerüst des Unternehmens. Im Rahmen des strategischen Managementprozesses müssen Stakeholderinteressen identifiziert und bewertet, Ziele geklärt und in strategische Programme und Steuerungsroutinen integriert werden. Die im Rahmen des Strategieprozesses definierten Strategien und -programme haben ihrerseits Einfluss auf die Unternehmensstruktur sowie auf die Anforderungen an die Mitarbeiter und auf die erforderlichen Systeme. In Anlehnung an Abbildung 4 lassen sich dann die folgenden Elemente des strategischen Managementprozesses zusammenfassen, welche zyklisch ineinandergreifen:

Die *strategische Analyse* (1) gibt Aufschluss über gesellschaftliche relevante und aus ethischer Sicht beachtenswerte Themen und Stakeholder sowie über den strategischen Handlungsspielraum und die Kernkompetenzen des Unternehmens. Im Rahmen der internen Analyse werden die Werte, Ressourcen, Kompetenzen und Prozesse des Unternehmens untersucht; die externe Analyse widmet sich gesellschaftlichen Trends und Herausforderungen sowie den Interessen und Ansprüchen der wichtigsten Stakeholder. Resultat der Analyse ist die Konkretisierung von Themen, welche bei der Strategieentwicklung berücksichtigt werden sollten (zum Beispiel Klimaproblematik, demographische Entwicklungen, Seuchen, Demographie) und bei denen das Unternehmen aufgrund seiner Ressourcenposition besonderen Wert schaffen kann. Ausfluss der

Analyse kann außerdem die Einsicht in die Notwendigkeit der Integration zusätzlicher Werte/Prinzipien in das kodifizierte Wertegerüst des Unternehmens sein, sodass dieses nachträglich angepasst wird (Münstermann 2007:38).

Abbildung 3: Der strategische Managementprozess

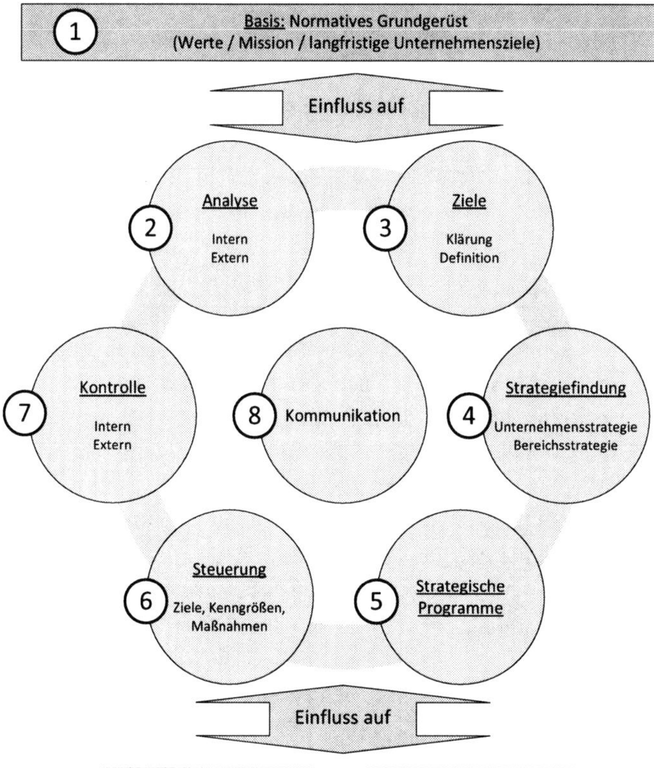

```
        1  Basis: Normatives Grundgerüst
           (Werte / Mission / langfristige Unternehmensziele)
                       Einfluss auf

        2  Analyse              3  Ziele
           Intern                   Klärung
           Extern                   Definition

   7  Kontrolle    8  Kommunikation    4  Strategiefindung
      Intern                              Unternehmensstrategie
      Extern                              Bereichsstrategie

        6  Steuerung            5  Strategische
           Ziele, Kenngrößen,      Programme
           Maßnahmen

                       Einfluss auf

        Struktur / Organisation    Menschen / Ressourcen /
                                   Systeme
```

Quelle: Eigene Darstellung

Die strategische Analyse bildet die Basis zur Festlegung von *Zielen* (2) *und Strategien* (3) des Managements der Verantwortung. Es wird geklärt, welchen Einfluss die Übernahme von Verantwortung auf andere Unternehmensziele wie Kundenzufriedenheit, Kosten oder Qualität hat (Münstermann 2007: 36 f.). Außerdem werden Inhalte und Schwerpunkte, Adressaten und Formen des Verantwortungsmanagements für das gesamte Unternehmen bzw. einzelne Geschäftsbereiche festgelegt (Münstermann 2007:47; Göbel 2006: 148-150). *Strategische Programme* (4) konkretisieren Strategien für die betrieblichen Funktionen und Unternehmensbereiche über die Zeit auf die Gegenwart; sie gelten auch als Bindeglied zur operativen Planung.

Wesentlich für die Umsetzung der Strategie sind interne *Steuerungskonzepte* (5), welche die Ableitung von mittel- und kurzfristigen Zielen, die Definition von Maßnahmen und Kenngrößen (sogenannte Key Performance Indikatoren) für einzelne Unternehmensbereiche und Funktionen beinhalten.

Die *Kontrolle* (6) dient dem Soll-Ist Abgleich der definierten Kenngrößen. Ihre Ergebnisse bilden den Ausgangspunkt eines neuen Strategieprozesses und können zur Umsteuerung der Strategie führen. Kontrolle kann sowohl intern als auch extern realisiert werden (externen Audits oder Ratings); sie ist dann Bestandteil des Managementprozesses, wenn sie intentional durch das Management herbeigeführt wird. Steuerungs- und Kontrollkonzepte werden häufig als ein den gesamten Managementprozess begleitendes Instrument gesehen, da die Steuerung und Kontrolle bereits bei den strategischen Prämissen ansetzen sollte. Da die Ergebnisse der Kontrolle den (nächsten) strategischen Planungsprozess maßgeblich beeinflussen, wird die Kontrolle hier als Bindeglied zur Analyse gesehen.

Die *Kommunikation* (7) schließlich ist einerseits integraler Bestandteil des strategischen und operativen Managements bzw. der internen Steuerung (Zerfaß 2004: 290 ff.); andererseits dient sie der Positionierung des Unternehmens bei seinen relevanten Stakeholdern und ist damit Bestandteil des externen Marketings. Im Zuge der internen Steuerung geht es darum, die Ziele, geplanten Projekte und Maßnahmen und deren Ergebnisse an die Mitarbeiter des Unternehmens sowie ggf. am Prozess beteiligte externe Stakeholder zu kommunizieren, sich Feedback einzuholen, um Umsteuerungsmaßnahmen ableiten zu können (Brandes, Schabel, Wache 2005: 59). Gleichzeitig beeinflusst die interne Kommunikation die Unternehmenskultur (Deekeling, Fiebig 1999: 241), durch welche das Prinzip der Verantwortung wesentlich getragen wird, und wirkt auf das Selbstbild des Unternehmens (Münstermann 2007: 171). Im Zuge der externen Kommunikation geht es darum, die Wahrnehmung des Verantwortungsmanagement durch externe Stakeholder zu gestalten und so das Fremdbild dem angestrebten Bild in der Öffentlichkeit anzunähern (Münstermann 2007: 101), aber auch darum, die Stakeholder durch Stakeholderdialoge und Ergebniskommunikation in den strategischen Prozess einzubeziehen. Letzteres ergibt sich nicht zuletzt aus dem Verständnis des Verantwortungsmanagements als Management eines Interessenausgleichs zwischen unterschiedlichen Stakeholdergruppen.

8. Globale Aspekte der gesellschaftlichen Unternehmensverantwortung

Durch grenzübergreifende externe Effekte, globale öffentliche Güter und die zunehmende Globalisierung von Unternehmen kann sich deren Verantwortung nicht auf nationale Stakeholder und Themen beschränken. Im Fall grenzüberschreitender externer Effekte haben bereits Aktivitäten im Heimatland Auswirkungen in anderen Ländern (z.B. CO_2 Emissionen) und sind daher nicht nur Stakeholder des Heimatlandes, sondern alle betroffenen Stakeholder relevant. Multinationale Unternehmen verfügen darüber hinaus über eine komplexe und global verteilte Wertschöpfungskette. Erstens vermarkten sie ihre Produkte in zahlreichen Ländern, zweitens sind weitere Teile der Wertschöpfungskette (Produktion, Forschung & Entwicklung, unterstützende Funktionen u.ä) häufig global verteilt, und schließlich arbeiten sie meist mit zahlreichen Zulieferern aus unterschiedlichen Ländern (häufig Niedriglohnländern), die wiederrum mit Produkten anderer Zulieferer arbeiten. Daraus ergibt sich eine direkte Verantwortung für Stakeholder in den jeweiligen Absatzmärkten und an den jeweiligen Produktionsstandorten. Darüber hinaus wird häufig auch die Übernahme der Verantwortung für Aktivitäten von Zulieferern und Subunternehmen gefordert, deren Reichweite aufgrund der beschränkten Kontrolle aller Aktivitäten nicht leicht zu beantworten ist (vgl. Kap. 5.1). Aber nicht nur die Identifikation der relevanten Stakeholder und die Kontrolle der Aktivitäten und Handlungen, für deren Konsequenzen Unternehmen verantwortlich sind, stellt eine Herausforderung dar.

Die Fülle und Komplexität der relevanten Gesetzgebung sowie unterschiedliche gesellschaftliche Erwartungen und Werte in unterschiedlichen Ländern bedingt, dass dieselben Unternehmensaktivitäten an unterschiedlichen Orten freiwillig oder rechtlich eingefordert sein können und wirft zusätzlich die Frage auf, an welchen moralischen und gesetzlichen Richtlinien und Normen sich multinationale Unternehmen orientieren müssen und können. Fraglich ist in diesem Zusammenhang, ob es unternehmensintern einheitliche CSR Leitlinien und Vorgaben geben kann, oder ob eine Anpassung an jeweils lokale Bedingungen erfolgen sollte. Einerseits bedingt die Kulturgebundenheit des CSR Konzeptes die Anpassung von Strategien der Verantwortung auf den jeweiligen nationalen Kontext. Andererseits fordern globale Stakeholdergruppierungen (wie Greenpeace und Amnesty International) aufgrund der Existenz globaler öffentlicher Güter und allgemeingültiger Werte die Einhaltung globaler Umwelt- und Sozialstandards (Bustamante 2011: 5) und fordern eine Orientierung an den jeweils strengeren gesetzlichen Auflagen. Stakeholder des Heimatlandes schließlich gehen häufig von einer Priorität ihrer Bedürfnisse und Erwartungen aus und sehen das Wertesystem des Heimatlandes als ausschlaggebend für die CSR Strategie des Unternehmens an. Verantwortungsvolle Unternehmensführung erfordert dann nicht nur eine Priorisierung Stakeholder und „Issues" in unterschiedlichen Ländern, sondern auch eine Entscheidung über den Grad der Anpassung der jeweiligen CSR Strategie an das institutionelle Gerüst in den betroffenen Ländern (Bustamante 2011: 19). Vor diesem Hintergrund wird die Erarbeitung und Förderung internationaler Standards, Prinzipien und Praktiken (wie die OECD Leitsätze für multinationale Unternehmen), die den Unternehmen als Orientierung und Stakeholdern als Messlatte für verantwortungsvolles Verhalten dienen, als wesentlich für die Unterstützung von CSR erachtet (EU 2002: 8 f.).

Der soeben skizzierte Trade-Off zwischen der unternehmensinternen Standardisierung von CSR Strategien bzw. der einheitlichen Orientierung an global anerkannten Richtlinien und der Anpassung an nationale Wertsysteme und Stakeholdererwartungen wirft auch die Frage nach der effizienten unternehmensinternen Steuerung von CSR Aktivitäten auf. Während eine Anpassungsstrategie die Dezentralisierung von Entscheidungsgewalt und Budgetkontrolle nahe legen, erfordert die Standardisierung von CSR Strategien und -praktiken eine Zentralisierung von CSR Entscheidungen. In der Regel wird eine Kombination aus zentralen Vorgaben und lokalen Anpassungen sinnvoll sein, die entsprechende organisatorische Antworten erfordert (Bustamante 2011: 19-20).

Zusammenfassung und Ausblick

Das Konzept der gesellschaftlichen Unternehmensverantwortung verlangt, ethische Überlegungen in Unternehmensentscheidungen einfließen zu lassen. Es basiert auf dem Prinzip der freiwilligen Selbstverpflichtung und orientiert sich an den Erwartungen der Stakeholder, für welche Unternehmen sich verantwortlich erklären. Die Unternehmensverantwortung beschränkt sich nicht auf individuelle Entscheidungen der Unternehmensmitglieder, sondern bezieht sich auch auf die Gestaltung von und den Einfluss auf inner- und außerbetrieblicher Strukturen und Institutionen. Die Steuerung gesellschaftlicher Verantwortung erfolgt im Rahmen des Managementprozesses – sie beginnt bei der Integration grundlegender Prinzipien und Leitlinien im Leitbild des Unternehmens und durchläuft die typischen Phasen des Managementprozesses von der Analyse bis zur Kontrolle.

Die Diskussion um die Verantwortung von Unternehmen wird auch durch externe Entwicklungen wie die Globalisierung, soziale Ungleichgewichte und der zunehmende Bedrohung des Ökosystems getrieben. Diese stellen das Konzept vor weitere Herausforderungen: Durch die Globalisierung ist ein Denken in nationalen Grenzen nicht mehr möglich. Da die Entwicklung internationaler Institutionen zur grenzübergreifenden Steuerung globaler Unternehmen nicht mit der Globalisierung wirtschaftlicher Aktivitäten Schritt hält, stehen Unternehmen in der Verantwortung, ihre Handlungsspielräume so auszunutzen, dass sie ggf. strengeren Auflagen Genüge tun, und müssen interne Strukturen und Prozesse zur sinnvollen Steuerung von CSR Strategien und Maßnahmen angepasst werden. Die Bedrohung des Ökosystems stellt außerdem den Fokus von CSR auf relevante Stakeholder in Frage. Erstens gilt die Umwelt nicht als Stakeholder mit eigenen Interessen; ihr Wert wird aus dem Wert von Umweltgütern für den Menschen abgeleitet. Diese menschenbezogene Sichtweise ist insofern kritisch, als der Wert der Umwelt für den Menschen und die komplexen Zusammenhänge innerhalb und langfristigen Auswirkungen auf das Ökosystems nicht ohne weiteres erkennbar sind. Dieses ist umso mehr von Bedeutung, als dass zukünftige Generationen als mögliche Stakeholder nicht berücksichtigt werden, dass sie ihre Interessen nicht gegenüber dem Unternehmen artikulieren können. Deren Interessen können im Rahmen des CSR Konzeptes nur durch NGOs artikuliert werden, so dass diesen zur Förderung von CSR eine wichtige Rolle zukommt.

Tatsächlich verfolgen inzwischen zahlreichen Unternehmen einen mehr oder weniger intensiven CSR Ansatz. Internationale Standards und Ratings, eine erhöhte Sensibilität in der Öffentlichkeit ebenso wie die steigende Transparenz und Schnelligkeit der Verbreitung von Informationen bewegen immer mehr Unternehmen dazu, sich den Forderungen ihrer Stakeholder zu stellen und die Übernahme von Verantwortung nach außen zu kommunizieren. Dies verdeutlicht, dass die Qualität von CSR auch von dem institutionellen Umfeld – dem Druck der Stakeholder, der Transparenz im privaten Sektor, den marktpolitischen Maßnahmen u.ä. – abhängt. Die dargestellten Herausforderungen und Probleme werden daher nur im Zusammenspiel mit gesetzlichen Regeln, internationalen Leitlinien und einem Umfeld angegangen, in welchem Stakeholder und die Öffentlichkeit in der Lage sind, offen mit Unternehmen in Dialog zu treten und die für sie wesentlichen Informationen zu erhalten.

Literatur

Albach, H. (2003): „Zurück zum ehrbaren Kaufmann. Zur Ökonomie der Habgier", in: WZB Mitteilungen, Heft 100, Juni 2003, S. 37-40.

Albach, H. (2005a): „Betriebswirtschaftslehre ohne Unternehmensethik!", in: Zeitschrift für Betriebswirtschaftslehre (ZfB), Nr. 9, September 2005: 809-831.

Albach, H. (2005b): Unternehmensethik: Ein subjektiver Überblick, in: Zeitschrift für Betriebswirtschaftslehre (ZfB), Special Issue, Nr. 5: 3-36

Amaeshi, K.; Osuji, O.; Nnodim, P. (2008): „Corporate Social Responsibility in Supply Chains of Global Brands: A Boundaryless Responsibility? Clarifications, Exceptions and Implications", Journal of Business Ethics, vol. 81, no. 1, S. 223-234.

Bassen, A.; Jastram, S.; Meyer, K, (2005): „Corporate Social Responsibility. Eine Begriffserläuterung", zfwu 6/2 (2005), 231-236.

Bowen, H. (1953): Social responsibilities of the businessman, 1. ed., New York.

Brandes, W. P.; Schabel, F.; Wache, U. (2005): Intellectual Capital und Kommunikation. Durch strategisches Kommunikationsmanagement Performance steigern, Leistungspotenziale ausschöpfen, Wiesbaden.

Bustamante, S. (2011): Localization vs. Standardization: Global approaches to CSR Management in multinational companies, Working Papers of the Institute of Management Berlin at the Berlin School of Economics and Law, No. 60, 2011.

Carroll, A. B. (1979): „A three-dimensional conceptual model of corporate performance", Academy of Management Review, 4 (4), 1979, S. 497-505.

Carroll, A. B. (1991): The Pyramid o Corporate Social Responsibility. Toward the Moral Management of Organizational Stakeholders", Business Horizons, 34 (4), 39-48.

Davis, K. (1967): „Understanding the social responsibility puzzle", in: Business Horizons, Volume 10, Issue 4, Winter 1967, 45-50.

Deekeling, E.; Fiebig, N. (1999): Interne Kommunikation. Erfolgsfaktor im Corporate Change, Wiesbaden.

Enderle, G (1988): Wirtschaftsethik im Werden, Stuttgart.

Europäische Kommission (Hrsg.) (2001): Europäische Rahmenbedingungen für die soziale Verantwortung von Unternehmen. Grünbuch, erstellt auf der Grundlage von KOM (2001) 366 vom 18.07.2001.

Europäische Kommission (Hrsg.) (2002): Die Soziale Verantwortung der Unternehmen. Ein Unternehmensbeitrag zur nachhaltigen Entwicklung, Luxemburg.

Fetzer, J. (2004): Die Verantwortung der Unternehmung, Gütersloh.

Freeman, R. E.; Harrison, J. S.;Wicks. A. C. (2007): Managing for Stakeholders. Survival, Reputation, and Success, Yale University Press, New Haven/London.

Göbel, E. (2006): Unternehmensethik. Grundlagen und praktische Umsetzung, Stuttgart.

Henkel (2010): Nachhaltigkeitsbericht, Onlineversion, http://nachhaltigkeits bericht.henkel.de /strategie/fokusfelder.html, zugegriffen am 23.6.2011.

Hiß, S. (2006): Warum übernehmen Unternehmen gesellschaftliche Verantwortung? Ein soziologischer Erklärungsversuch, Dissertation, Frankfurt/Main.

Homann, K.; A. Suchanek (2005): Ökonomik: Eine Einführung, 2. Aufl., Tübingen.

Homann, K.; Blome-Drees, F. (1992): Wirtschafts- und Unternehmensethik, Göttingen 1992.

Homann, K.; Gerecke, U. (1999): „Ethik der Globalisierung: Zur Rolle der multinationalen Unternehmen bei der Etablierung moralischer Standards",

Kutschker, M. (Hrsg.), Perspektiven der internationalen Wirtschaft, Wiesbaden, 1999, 429-457.

Hungenberg, H. (2004): Strategisches Management in Unternehmen.: Ziele, Prozesse, Verfahren, 3. Auflage, Wiesbaden.

ISO (2010a): Discovering ISO 26000, Genf, http://www.iso.org /iso/ discovering_iso_26000.pdfhttp://www.iso.org/iso/discovering_iso_26000 .pdf, zugegriffen am 22.6.2011.

ISO (2010b): Guidance on Social Responsibility, Genf.

Kim, R.; Van Dam, E (2003): The Added Value of Corporate Social Responsibility, Arbeitspapier, NIDO.

Loew, T. (2005): CSR in der Supply Chain. Herausforderungen und Ansatzpunkte für Unternehmen, Institute 4 Sustainability, Berlin.

Margolis, J. D.; Walsh, J. P. (2001): People and Profits? The Search for a Link between a Company's Social and Financial Performance. Mahwah, NJ: Lawrence Erlbaum Associates.

Meffert, H.; Münstermann, M. (2005): „Corporate Social Responsibility in Wissenschaft und Praxis – eine Bestandsaufnahme", in: Meffert, H.; Backhaus, K.; Becker, J. (Hrsg.): Corporate Social Responsibility – gesellschaftliche Verantwortung von Unternehmen, Arbeitspapier Nr. 186 der Wissenschaftlichen Gesellschaft für Marketing und Unternehmensführung e.V., Münster.

Münstermann, M. (2007): Corporate Social Responsibility. Ausgestaltung und Steuerung von CSR-Aktivitäten. Wiesbaden.

Nijhof, A.; Srnka, K. .J. (1999): „Sozial verantwortliches Handeln – Eine Besinnung auf die Motive der Manager", in: Nutzinger, H. und das Berliner Forum zur Wirtschafts- und Unternehmensethik: Kritik einer neuen Generation, DNWE Schriftenreihe, 5, München and Mering, Rainer Hampp Verlag, 229-239.

Porter, M. E.; Kramer, M. R. (2006): Strategy and Society. The link between Competitive Advantage and Corporate Social Responsibility, Harvard Business Review, Online Version, http://www.empresaysociedad.org /NR/rdonlyres/http://www.empresaysociedad.org/NR/rdonlyres/ B41F86 FA-5CE0-4E48-8B96-1ED5C05AB53A/9270/StrategySocietyMichel EPorterandMarkRKramerHarvardB.pdf, S. 1-15, zugegriffen am 1.10.2010.

Schäfer, H. (2005): Unternehmenserfolge erzielen und verantworten. Ein finanzmarktgesteuertes Beurteilungs- und Steuerungsmodell von Corporate Responsibility, Bertelsmann Stiftung, Gütersloh.

Schaltegger, S.; Müller, M. (2008): CSR zwischen unternehmerischer Vergangenheitsbewältigung und Zukunftsgestaltung, in: Müller, M.; Schaltegger, S. (Hrsg.): Corporate Social Responsibility. Trend oder Modeerscheinung?, München.

Schreyögg, G. (2009): Ökonomische Fragen der sozialen Verantwortung von Unternehmen, AG – Die Aktiengesellschaft 21/2009, S. 758-766.

Ulrich, P. (1998): Wofür sind Unternehmen verantwortlich?, Diskussionspapier Nr. 80 des Instituts für Wirtschaftsethik der Hochschule St. Gallen.

Umbach, E. (2008): Freiheit, Wissen, macht und Geld – Eine Systemanalyse der Modernen Gesellschaft mit Ziel Soziale Ökologische Marktwirtschaft, MEDU-Verlag, Dreieich bei Frankfurt am Main.

WBCSD (2002): Corporate Social Responsibility. The WBCSD`s Journey, World Business Council for Sustainable Development, Genf.

Zerfaß, A. (2004): Unternehmensführung und Öffentlichkeitsarbeit. Grundlegung einer Theorie der Unternehmenskommunikation und Public Relations, 2. ergänzte Auflage, Wiesbaden.

E. Anhang

Langfassung der Kernaussagen der Nachhaltigen Ökonomie[1]/Ökonomik

Zeit für eine Nachhaltige Ökonomie

In den vergangenen fast 250 Jahren stand die maximale Steigerung der Gewinne und Güterproduktion im Mittelpunkt der Ökonomie, sowohl im Realsystem Wirtschaft als auch indem darauf bezogenen herrschenden Theorie- und Lehrsystem. Das eklatante Marktversagen in den drei Dimensionen einer zukunftsfähigen Entwicklung (ökologische, ökonomische, sozial-kulturell) wurde ausgeklammert oder systematisch unterschätzt. Angesichts der globalen Probleme zu Beginn des 21. Jh. (wie Klimawandel, Übernutzung der natürlichen Ressourcen, Armut und Verteilungsungerechtigkeit) wird sich diese Kurzfristökonomie in Richtung einer Langfristökonomie wandeln müssen, die die Grenzen der natürlichen Tragfähigkeit und die Gerechtigkeitsprinzipien zu respektieren lernt. Wir nennen eine derartige Ökonomie „Nachhaltige Ökonomie" oder „Nachhaltige Ökonomik". Die Mehrzahl der traditionellen Ökonomen (inkl. der Umweltökonomen) kann aufgrund ihrer Paradigmen und Dogmen keinen ausreichenden Beitrag für die Entwicklung zu einer zukunftsfähigen Ökonomie leisten. Die Ökologische Ökonomie hat einen Teil dieser Lücke geschlossen, deshalb baut die Nachhaltige Ökonomie

---

[1] Die vorliegende Langfassung der Kernaussagen der Nachhaltigen Ökonomie basiert auf den Kernaussagen des Netzwerks Nachhaltige Ökonomie (www.nach haltige-oekonomie.de), den Ergebnissen des ersten und zweiten internationalen Workshops des Netzwerks am 8./9.10.2009 und 28./29.09.2010 in Berlin sowie den Veröffentlichungen: Rogall 2008: Ökologische Ökonomie und Rogall 2009: Nachhaltige Ökonomie.

auf ihren Erkenntnissen auf. Bislang hat die Ökologische Ökonomie ihr Erkenntnisinteresse auf die Frage konzentriert, wie die Grenzen der natürlichen Tragfähigkeit eingehalten werden können. Um die ethischen Grundprinzipien einer Nachhaltigen Entwicklung intra- und intergenerativer Gerechtigkeit sowie Verantwortung und Dauerhaftigkeit einzuhalten, muss eine Nachhaltige Ökonomie aber weitergehen und sich damit beschäftigen, wie ausreichend hohe Standards in allen drei Dimensionen im Rahmen der natürlichen Tragfähigkeit erreicht werden können (Definition der Nachhaltigen Entwicklung). Insofern sehen wir die Nachhaltige Ökonomie als eine konsequente Weiterentwicklung der Ökologischen Ökonomie an.

Gründungsgeschichte der Nachhaltigen Ökonomie: Seit den 1990er Jahren wird in der HWR-Berlin (früher FHW) an der Entwicklung der Grundlagen der Nachhaltigen Ökonomie (früher Neue Umweltökonomie genannt) gearbeitet. Seit 2002 unterstützt die Gesellschaft für Nachhaltigkeit (GfN e.V.) diesen Prozess. Nach einigen vorbereitenden Büchern veröffentlichte Prof. Dr. Holger Rogall, Hochschullehrer für Nachhaltige Ökonomie, 2009 das gleichnamige Lehrbuch, das die Grundlagen dieser neuen Wirtschaftsschule aus den Veröffentlichungen der Sustainable Science zusammenfasst. Parallel zur Erstellung des Buches initiierte die GfN die Gründung des Netzwerkes Nachhaltige Ökonomie (www.nachhaltige-oekonomie.de) und warb bei wichtigen VertreterInnen der Sustainable Science um die Unterstützung ihrer Kernaussagen. Heute unterstützen über 200 Personen und Organisationen diese Aussagen, darunter 80 Professoren und Dozenten. 2009 führte das Netzwerk mit Förderung durch das BMU den ersten internationalen Workshop „Grundlagen der Nachhaltigen Ökonomie" in Berlin durch, auf dem die Kernaussagen präzisiert und weiterentwickelt wurden. Auf dem 2. Workshop 2010 wurde diese Arbeit fortgesetzt und vorläufig abgeschlossen.

Sustainable Science

Seit den 1970er Jahren sind zahlreiche Schulen und Forschungsansätze entstanden, die sich mit der Übernutzung der natürlichen Ressourcen und den Bedingungen einer Nachhaltigen Entwicklung beschäftigen (Sustainable Science genannt). In unseren Ausführungen stehen die ökonomisch orientierten Schulen im Fokus. Als besonders wichtig sehen wir an:

(0) Die neoklassische Umweltökonomie (entstanden in den 1970er Jahren), die nur bedingt als Teil der Sustainable Science bezeichnet werden kann, aber ein wichtiger Vorläufer ist,

(1) die Ökologische Ökonomie (1980er Jahre),

(2) die Neue Umweltökonomie als unmittelbarer Vorgänger (1990er Jahre, Rogall 2000),

(3) den Greifswalder Ansatz (GA, Ott; Döring 2004),

(4) das integrierte Nachhaltigkeitskonzept der Helmholtz-Gesellschaft Deutscher Forschungszentren (HGF-Ansatz; Kopfmüller u. a. 2001, Kopfmüller 2006),

(5) die Industrial Ecology (1990er Jahre, Isenmann; Hauff 2007),

(6) die Postautistische Ökonomie (Dürmeier u.a. 2006).

Diese Schulen und Unterschulen haben wichtige Beiträge für die Sustainable Science geliefert, die von der Nachhaltigen Ökonomie aufgenommen wurden.

Nachhaltige Ökonomie (Sustainable Economics) – Kernaussagen

Im Weiteren werden die wichtigsten Kernaussagen zunächst überblicksartig zusammengefasst und anschliessend erläutert.

Kurzfassung:

Die Nachhaltige Ökonomie befindet sich in der Entstehung (s.a. Netzwerk Nachhaltige Ökonomie auf www.Nachhaltige-Oekonomie.de). Sie entwickelt sich aus der Volkswirtschaftslehre und der Sustainable Science (insbes. der Ökologischen Ökonomie und Neuen Umweltökonomie). Das Netzwerk definiert sie als „ökonomische Theorie der Nachhaltigkeitsforschung unter Berücksichtigung der transdisziplinären Grundlagen". Im Zentrum stehen hierbei die Fragen, wie sich ausreichend hohe ökonomische, ökologische und sozial-kulturelle Standards in den Grenzen der natürlichen Tragfähigkeit erreichen sowie das intra- und intergenerative Gerechtigkeitsprinzip verwirklichen lassen. Hierzu hat sich das Netzwerk Nachhaltige Ökonomie zunächst auf die folgenden Kernaussagen verständigt:

(1) *Starke Nachhaltigkeit:* Die derzeitige Entwicklung der Menschheit wird als nicht zukunftsfähig betrachtet, die Nachhaltige Ökonomie sieht daher die Notwendigkeit eines neuen Leitbilds und bekennt sich zu einer Position der starken Nachhaltigkeit. Damit wird die Wirtschaft als ein Subsystem der Natur und die natürlichen Ressourcen größtenteils als nicht substituierbar angesehen. Das Drei-Säulen-Modell, das von einer Gleichwertigkeit der Zieldimensionen ausgeht (ohne absolute Naturgrenzen), wird somit abgelehnt und stattdessen absolute Grenzen der Natur anerkannt. Im Mittelpunkt steht die dauerhafte Erhaltung und nicht der optimale Verbrauch der natürlichen Ressourcen.

(2) *Pluralistischer Ansatz, Abgrenzung bei Aufnahme einzelner Aspekte der neoklassischen Umweltökonomie:* Die Nachhaltige Ökonomie fühlt sich einem Methodenpluralismus verpflichtet. So erkennt sie bestimmte Erkenntnisse der traditionellen Umweltökonomie an (die sozial-ökonomischen Erklärungsansätze der Übernutzung der natürlichen Ressourcen und die daraus abgeleitete Diskussion um die Notwendigkeit politisch-rechtlicher Instrumente).

(3) *Weiterentwicklung der traditionellen Ökonomie und Ökologischen Ökonomie zur Nachhaltigen Ökonomie:* Die Nachhaltige Ökonomie fordert eine grundlegende Änderung der Lehrinhalte der traditionellen Ökonomie. Das beginnt bei den Grundlagen (zum Beispiel dem Menschenbild) und setzt sich bei den Aussagen zur nationalen Wirtschaftspolitik bis zu den globalen Bedingungen für eine gerechte Weltgesellschaft fort. Im Bereich der Umweltökonomie und Umweltpolitik sollen vor allem die absolut gesetzte Konsumentensouveränität, die Diskontierung künftiger Kosten und Erträge von Umweltschutzmaßnahmen, die beliebige Substituierbarkeit aller, auch sämtlicher natürlichen Ressourcen, die Position der schwachen Nachhaltigkeit u.v.a.m. hinterfragt werden. Dagegen soll der Aspekt der Gerechtigkeit eine stärkere Berücksichtigung erfahren. Die Kernaussagen der Nachhaltigen Ökonomie beruhen auf den Erkenntnissen der Nachhaltigkeitswissenschaft (Sustainable Science). Im Zentrum steht die Auseinandersetzung, wie sich ausreichende

ökologische, ökonomische und sozial-kulturelle Standards in den Grenzen der natürlichen Tragfähigkeit erreichen sowie das intra- und intergenerative Gerechtigkeitsprinzip verwirklichen lassen.

(4) *Kontroversen einer Nachhaltigen Ökonomie:* Die Nachhaltige Ökonomie ist keine statische Theorie, sondern sieht die Notwendigkeit weiterer Diskussionsprozesse und die Ausweitung des Erkenntnisinteresses entsprechend der globalen Entwicklung. Hierbei existiert eine Reihe von Kontroversen, die noch geklärt werden müssen. Eine zentrale Kontroverse behandelt die Frage, wie das traditionelle Wachstumsparadigma durch ein Nachhaltigkeitsparadigma ersetzt werden kann: Da ein exponentielles Wachstum mit einer zunehmenden Inanspruchnahme natürlicher Ressourcen über Jahrtausende nicht möglich ist, wird die Ersetzung des heutigen Wachstumsparadigmas durch ein Nachhaltigkeitsparadigma zur notwendigen Voraussetzung einer zukunftsfähigen Entwicklung. Über die mittelfristige Ausgestaltung existieren allerdings unterschiedliche Meinungen (Steady-State-Ansatz mit konstantem BIP versus selektives Wachstum, das den Ressourcenverbrauch trotz wirtschaftlicher Entwicklung senkt). Ein selektives Wachstum soll durch die konsequente Umsetzung der Effizienz-, Konsistenz- und Suffizienzstrategie erreicht werden.

(5) *Eine Nachhaltige Entwicklung und Ökonomie beruht auf ethischen Prinzipien und damit auch auf der Forderung nach persönlicher Verantwortung und Handlung:* Im Mittelpunkt stehen die Grundwerte der intra- und intergenerativen Gerechtigkeit und Verantwortung. Hieraus folgt das Recht auf gleiche Ressourcenansprüche, u.a. auf gleiche Emissionsrechte pro Kopf. Hinzu kommt die Anerkennung weiterer wichtiger Prinzipien: u.a. des Vorsorgeprinzips sowie der Prinzipien der Dauerhaftigkeit und Angemessenheit einer partizipativen und solidarischen Demokratie und Rechtsstaatlichkeit, aus der die Notwendigkeit eines gesellschaftlichen Diskurs- und Partizipationsprozesses sowie die Aufnahme genderspezifischer Aspekte abgeleitet wird. Damit einher geht die Forderung, dass das in der traditionellen Ökonomie verwendete, aber durch zahlreiche Untersuchungen der Verhaltensökonomie und der Gehirnforschung als unrealistisch erkannte Menschenbild des homo oeconomicus zu hinterfragen ist. Stattdessen sollte ein realistischeres Menschenbild verwendet werden, das dem kooperativen Potenzial des menschlichen Handelns (homo cooperativus) und seiner Heterogenität stärker Rechnung trägt. Weiterhin sollen die Potentiale für einen kultu-

rellen Wandel ausgelotet werden, wobei im Mittelpunkt ein nachhaltiger Konsum steht, der zu einer nachhaltigen Produktions- und Lebensweise beitragen soll.

(6) *Inter- und transdisziplinärer Ansatz:* Die Nachhaltige Ökonomie will über die rein ökonomische Betrachtungsweise hinausgehen und die ökonomischen Prozesse im Rahmen eines sozial-ökologischen Zusammenhanges analysieren. Hierbei spielen die Nutzung der Erkenntnisse sowie eine enge Kooperation mit den anderen Sozialwissenschaften sowie mit den Geistes-, Natur- und Ingenieurwissenschaften eine besonders wichtige Rolle.

(7) *Notwendigkeit der Änderung der Rahmenbedingungen mittels politisch-rechtlicher Instrumente:* Mit Hilfe politisch-rechtlicher Instrumente sollen die Rahmenbedingungen so verändert werden, dass die weitere wirtschaftliche Entwicklung die Grenzen der natürlichen Tragfähigkeit einhält. Hierzu werden der Standard-Preis-Ansatz und der Ansatz der meritorischen Güter verwendet.

(8) *Notwendigkeit der Operationalisierung des Nachhaltigkeitsbegriffs, neue Messsysteme:* Eine Sinnentleerung des Nachhaltigkeitsbegriffs soll durch die Formulierung von Prinzipien, Managementregeln und neuen Messsystemen für den Nachhaltigkeitsgrad und die Lebensqualität verhindert werden. Anders als die traditionelle Ökonomie, die Lebensqualität und Wohlstand (gemessen am BIP pro Kopf) gleichsetzt, benötigt eine Nachhaltige Ökonomie geeignete Ziel- und Indikatorensysteme.

(9) *Globale Verantwortung:* Als zentrale Bedingungen für eine Nachhaltige Entwicklung werden u.a. anerkannt: Einführung eines globalen Ordnungsrahmens (mit Regulierung der Finanzmärkte, Abgaben auf die globalen Umweltgüter und Finanztransaktionen, sowie sozial-ökologische Mindeststandards, u.v.a.m.). Senkung des globalen Ressourcenverbrauchs um 50% bis 2050. Akzeptiert wird, dass die Industrieländer aufgrund der historischen Entwicklung und der größeren Leistungsfähigkeit eine Vorreiterrolle für die Verwirklichung der intra- und intergenerativen Gerechtigkeit, globalen Nachhaltigkeit und fairen Handelsbeziehungen einnehmen müssen und daher ihren Ressourcenverbrauch um 80-95% bis 2050 senken müssen. Diese Verantwortung muss sich in entsprechender finanzieller und technologischer Unterstützung niederschlagen.

(10) Nachhaltige (sozial-ökologische) Markt- oder Gemischtwirtschaft: VertreterInnen der Nachhaltigen Ökonomie lehnen eine kapitalistische Marktwirtschaft ebenso ab wie eine zentrale Verwaltungswirtschaft, weil sie davon überzeugt sind, dass nur marktwirtschaftliche Systeme mit einem nachhaltigen Ordnungsrahmen zukunftsfähig sind. Danach muss die Politik aktiv eingreifen, um eine Nachhaltige Entwicklung sicherzustellen und die Folgen von Marktversagen zu vermindern. Hierzu werden die bekannten Ziele des Deutschen Stabilitätsgesetzes um eine Reihe weiterer Ziele ergänzt und ein nachhaltiger Umbau der Volkswirtschaften (Transformation) gefordert. Darüber hinaus werden institutionelle und eigentumsrechtliche Änderungen gefordert und diskutiert (die Umwandlung von Kapitalgesellschaften in Genossenschaften, Stiftungen und Kommunalunternehmen sowie ihre Neugründungen als auch die Änderung des Aktienrechts).

Um die Transformation der Industriegesellschaft in eine nachhaltige Wirtschaft zu beschleunigen, werden zentrale *Strategie-/Handlungsfelder* ausgewählt, in denen dieser Transformationsprozess mit Hilfe der Effizienz-, Konsistenz- und Suffizienzstrategie exemplarisch vorangetrieben wird (nachhaltige Wirtschafts-, Energie-, Mobilitäts-, Landwirtschafts- und Ressourcenschonungspolitik). Besonders wichtig ist hierbei der nachhaltige Umbau der Produkte und Unternehmen, hierdurch wird die Nachhaltige Ökonomik zur Nachhaltigen Ökonomie und Nachhaltigkeitsmanagement. Das gilt auch für die notwendige Reform der Geld-, Finanz- und Währungspolitik.

Im Weiteren sollen diese Kernaussagen erläutert werden:

Erstens: Starke Nachhaltigkeit

Die Nachhaltige Ökonomie sieht die heutige Wirtschaftsordnung als nicht zukunftsfähig an (Müller 2009) und vertritt die Position einer starken Nachhaltigkeit (Bartmann 2001: 62), die von einer Reihe von Positionen gekennzeichnet ist:

(1) *Begrenzte Substituierbarkeit:* Die Mehrzahl der natürlichen Ressourcen wird als existenzielle Lebensgrundlage angesehen, die nicht

durch künstliches Kapital substituierbar ist (Ehrlich 1989). Einige Autoren halten die Intensität der Diskussion um die Substituierbarkeit natürlicher Ressourcen für etwas übertrieben. So scheint es Lerch (2001: 94) geradezu trivial, dass beide Extrempositionen nicht haltbar sind. Tatsächlich sind einzelne natürliche Ressourcen (allerdings unabhängig von der ethischen Frage, ob sie verbraucht werden dürfen) substituierbar, viele andere aber ebenso offensichtlich nicht. Kopfmüller vertritt hierzu eine sog. „mittlere" Position, nach der eine begrenzte Substitution von Naturkapital für zulässig gehalten wird, will aber für die natürlichen Ressourcen kritische Grenzen formulieren, die nicht unterschritten werden dürfen (Grunwald; Kopfmüller 2006: 39), dem schließen wir uns an. Hierbei werden die Interdependenzen zwischen den Dimensionen betont und berücksichtigt (Kopfmüller u.a. 2001).

(2) *Absolute Naturschranken:* Es werden absolute Schranken der natürlichen Tragfähigkeit anerkannt (Majer 2002: 41) und daher ökologische Leitplanken für die wirtschaftliche Entwicklung gefordert. Das Drei-Säulen-Modell, das von einer Gleichwertigkeit der Zieldimensionen ausgeht, wird somit abgelehnt. Wir empfehlen stattdessen das Modell vom Zieldreieck der Nachhaltigen Entwicklung innerhalb der Grenzen der natürlichen Tragfähigkeit (einer ökologische Fahrrinne).

(3) *Dauerhafter Erhalt:* Es geht der Nachhaltigen Ökonomie nicht um einen optimalen Verbrauch natürlicher Ressourcen (neoklassische Position), sondern um ihre dauerhafte Erhaltung, d.h. der Naturkapitalstock soll über die Zeit und Generationen hinweg konstant gehalten werden oder steigen (Held; Nutzinger 2001: 24; Holstein 2003: 69; SRU 2002, Tz. 28; SRU 2008/06: 2). Die natürlichen Ressourcen sind nicht generell substituierbar, sondern nur Jene, wo ein gleichwertiger Ersatz möglich ist (s. Managementregeln der Nachhaltigkeit im Anhang). Neben den Versorgungsleistungen der Natur gilt es, die Regulierungs-, Kultur- und Strukturleistungen (Bodenbildung, Nährstoffkreisläufe und Biomasseaufbau) zu erhalten (siehe Weltagrarbericht 2009).

Hintergrund dieser drei Aussagen sind die folgenden Erkenntnisse: Die *neoklassische Ökonomie* beschäftigt sich kaum mit den natürlichen Ressourcen. Die Umwelt fungiert in dem Marktsystem nur als Randbedingung (Input in den Produktionsprozess), Natur nur als Konsumgut (Herr 2009). Sie begreift die natürlichen Ressourcen als einen von drei Produktionsfaktoren, die effizient zu nutzen sind, damit die Ökonomie funktioniert. Sie verfolgt damit die Position einer schwachen Nachhaltigkeit. Die *Nachhaltige Ökonomie* sieht – aus der Position der starken Nachhaltigkeit – die Erde als ein geschlossenes, nicht materiell wachsendes System (Majer 2002: 41). Die Wirtschaft wird als ein Subsystem der menschlichen Gesellschaft und dieses als ein Subsystem der Natur angesehen (Bartmann 1996: 13 und 33; Costanza u. a. 2001: 93). Hierbei wird die Natur heute stark vom Menschen beeinflusst, dennoch bleibt es dabei, dass menschengemachte Technik und Güter nicht ohne Natur (natürliche Ressourcen und Dienstleistungen) produziert werden können (Held; Nutzinger 2001: 18). Dieses hierarchische Verhältnis kann an folgendem Beispiel veranschaulicht werden: Wenn die Produktionsfaktoren Arbeit und Kapital optimal für ein Sägewerk eingesetzt werden, welchen Wert hat dies ohne Wald? Umgekehrt hat ein Wald mit seinen Funktionen immer einen hohen Wert, ja ohne Wälder – umfassender ohne Pflanzen – könnte keine Wirtschaft funktionieren bzw. kein Leben auf der Erde existieren (WI 2005: 173). Das Gleiche gilt für die Umweltmedien (Boden, Luft, Wasser) und viele andere Ressourcen. Deshalb darf die Natur nicht nach den Interessen der Wirtschaft (eines maximalen wirtschaftlichen Wachstums) umgestaltet werden, sondern die Wirtschaft muss den Grenzen der natürlichen Tragfähigkeit angepasst werden, das heißt, ein radikaler Wirtschaftswandel ist nötig (Nantke 2009).

Aus diesen Erkenntnissen leitet die Nachhaltige Ökonomie ihre Definition einer Nachhaltigen Entwicklung ab: „Eine Nachhaltige Entwicklung will für alle heute lebenden Menschen und künftigen Generationen ausreichend hohe ökologische, ökonomische und sozial-kulturelle Standards in den Grenzen der natürlichen Tragfähigkeit der Erde erreichen und so das intra- und intergenerative Gerechtigkeitsprinzips durchsetzen" (Rogall 2000: 100; vgl. a. Abgeordnetenhaus von Berlin 2006/06: 12).

Zweitens: Pluralistischer Ansatz und Aufnahme einzelner Aspekte der neoklassischen Umweltökonomie

Die Nachhaltige Ökonomie ist, wie die Ökologische Ökonomie, (noch) keine einheitliche Theorie, sondern pluralistisch angelegt (Hinterberger u. a. 1996: 153 und 226). Sie wird von vielen Autoren als eine Art Oberbegriff für verschiedene Erklärungsansätze angesehen (Costanza u. a. 2001: 60). Hierzu gehören auch ein „grüner Keynesianismus" (Schlegelmilch 2009), die Methoden der Zukunftsforschung (Kreibich 2009), und

Teile der System- und Komplexitätstheorie (Beckenbach 2009). Einige Vertreter der Ökologischen Ökonomie akzeptieren die *neoklassische Mikroökonomie* als theoretische Fundierung. Sie verwenden in ihren Theorien nicht nur die Erkenntnisse der Instrumentendiskussion und die sozial-ökonomischen Faktoren, mit denen die Übernutzung der natürlichen Lebensgrundlagen erklärt werden kann und von der Nachhaltigen Ökonomie anerkannt wird, sondern auch viele andere neoklassische Modelle, z.B. das Menschenbild vom homo oeconomicus. Die Mehrzahl der VertreterInnen der Nachhaltigen Ökonomie steht der traditionellen Ökonomie *kritisch* gegenüber. Sie betonen, dass der pluralistische Ansatz nicht zur Beliebigkeit und Inhaltsleere führen darf und weisen darauf hin, dass die traditionelle Ökonomie die nachhaltige Nutzung der natürlichen Ressourcen völlig unzureichend behandelt (Herr 2009). Sie fordern eine grundlegende Reform oder sogar einen Neuaufbau des ökonomischen Lehrgebäudes (s. Drittens). Dabei erkennen auch sie die *sozial-ökonomischen Faktoren des Marktversagens* an (Externalisierung, Öffentliche-Güter-Problematik u.v.a.m.). Hiermit konnte die Umweltökonomie zeigen, dass die Übernutzung der natürlichen Ressourcen und die Gefährdung wichtiger ökologischer Funktionen strukturell bedingt ist und in den Industriestaaten quasi zwangsläufig entsteht. Da neoklassische Ökonomen aber – entgegen ihrer eigenen Erkenntnisse vom Marktversagen – den Markt als alleiniges Verteilungsinstrument erhalten wollen und auch nicht bereit sind, auf andere Dogmen zu verzichten (Diskontierung, Monetarisierung der Umweltkosten, Konsumentensouveränität), treten aus Sicht der Nachhaltigen Ökonomie erhebliche Widersprüche auf (Faber 1998), so dass ihr Beitrag für eine Nachhaltige Ökonomie insgesamt als bescheiden angesehen wird.

Drittens: Weiterentwicklung der traditionellen Ökonomie und Ökologischen Ökonomie zur Nachhaltigen Ökonomie

Die Nachhaltige Ökonomie grenzt sich von einer Reihe von Aussagen der neoklassischen Ökonomie ab und sieht die Zeit gekommen, das Lehrgebäude unter Heranziehung der Erkenntnisse anderer Disziplinen (z.B. der Gehirn- und Verhaltensforschung, Kultur- und Naturwissenschaften) neu zu errichten (sie zu überwinden) bzw. eine umfassende Reform durchzuführen. Dabei sehen viele eine Koexistenz (Nebeneinanderstellung) der traditionellen und der Nachhaltigen Ökonomie nicht als ausreichend an, sie fordern eine grundlegende Veränderung der Lehrinhalte in der ökonomischen Lehre (Binswanger, Ekardt, Hauchler, Kreibich, Nantke 2009). Hierbei sehen sie u.a. die drei Grundaxiome der Neoklassik als überholt an (Menschenbild, Selbststeuerung über Märkte, grenzenlose Naturverfügbarkeit; Hauchler 2009). Hierbei müssen auch die rechenbaren Gleichgewichtsmodelle ersetzt werden (Beckenbach 2009). Die Erkenntnisse der Nachhaltigen Ökonomie sollen in alle wirtschaftlichen Studiengänge und Lehrbücher aufgenommen werden. Im Mittelpunkt steht die Aufgabe, das volkswirtschaftliche Lehrgebäude so umzuformulieren, dass es künftig einen Beitrag leisten kann, die Prinzipien und Managementregeln einer Nachhaltigen Entwicklung einzuhalten. Das beginnt schon bei den grundlegenden Begriffen und Grundlagen: Umweltgüter sind meritorische Güter und nicht öffentliche Güter, da sie knapp sind; die rein zweck-rationale Konsumentenentscheidung wird durch ein mehrfaktorielles Modell ersetzt (mit sozial-kulturellen und psychologischen Faktoren). Weiterhin sollen die Dogmen der Konsumentensouveränität und des grenzenlosen Freihandels nur noch als historische Positionen gelehrt werden und stattdessen die Notwendigkeit von Gemischtwirtschaften mit nachhaltigen Leitplanken und einem globalen Ordnungsrahmen in den Mittelpunkt rücken. Diese Aussage gilt auch für das wissenschaftlich überholte Menschenbild des Homo oeconomicus, das durch ein realistischeres ersetzt werden soll (siehe fünftens). Die zentralen Aussagen der Nachhaltigen Ökonomie wurden in die vorliegenden Kernaussagen zusammengefasst, sie werden als Grundlage des Netzwerkes Nachhaltige Ökonomie akzeptiert.

Viertens: Kontroversen der Nachhaltigen Ökonomie

Die Vertreter der Nachhaltigen Ökonomie sind sich einig, dass ihre Schule keine starre Theorie ist, sondern eines stetigen Diskussionsprozesses und der Weiterentwicklung bedarf. Hierzu gehören auch die Ausweitung des Erkenntnisinteresses und die „Einmischung" in andere Fachdisziplinen, um so die Prinzipien der Nachhaltigkeit in alle Wissenschaftsdisziplinen zu implementieren.

Eine *wesentliche Kontroverse* ist die Frage, wie das Wachstumsparadigma der traditionellen Ökonomie durch ein *Nachhaltigkeitsparadigma* ersetzt werden kann. Vertreter der beiden größten Wirtschaftsschulen, die nachfrageorientierten Keynesianer wie die angebotsorientierten Neoklassiker, sind sich darüber einig, dass wirtschaftliches Wachstum als das wichtigste wirtschaftspolitische Ziel anzusehen ist (auch wenn Keynes aufgrund der absoluten Einkommenshypothese nicht an ein dauerhaftes Wachstum glaubte). Dass eine dauerhafte exponentielle Steigerung des BIP (z.B. über 1.000 Jahre) nicht möglich ist, wird verdrängt, die Folgen für die Übernutzung der natürlichen Lebensgrundlagen verharmlost. Die Vertreter beider Schulen fragen nicht, was wachsen soll, sondern fordern ganz generell die Steigerung des BIP. Besonders deutlich wurde diese Einstellung mit den nachlassenden Wachstumsraten in Europa seit der Jahrtausendwende, als der Ruf nach Innovationen um ihrer selbst willen immer lauter wurde. Lange Zeit schien es so, als stünden immer genügend Ressourcen zur Verfügung und Abfälle (hier definiert als alle unerwünschten Emissionen und Rückstände, die beim Konsum und bei der Produktion entstehen) könnten problemlos an die Natur zurückgegeben werden. Dies ging kurze Zeit gut, führte aber zu der Vernachlässigung der Regenerationsrate der natürlichen Ressourcen, was sich aus Sicht der Nachhaltigen Ökonomie zu einer Art „Raubritterökonomie" entwickelte, die die natürlichen Ressourcen bedenkenlos ausplündert, ohne über die Folgen nachzudenken. Um die mangelnde Zukunftsfähigkeit eines derartigen Wirtschaftens und die notwendigen Lösungsansätze zu verdeutlichen, benutzen die Nachhaltige Ökonomie und die Ökologische Ökonomie das Modell der „Raumschiff-Wirtschaft" (Economy of the Spaceship). Dieses Modell stammt von *Boulding* (1966; vgl. a. Costanza u. a. 2001: 74). Die Erde mag zwar größer sein als die heutigen Spaceshuttles, aber es bleiben die gleichen strukturellen Probleme. Dauerhaft können nicht mehr Ressourcen verbraucht und nicht mehr Emissionen abgegeben werden, als sich regenerieren. Dieses Modell macht deutlich, dass die Erde ein in sich geschlossenes System ist, das außer der Sonnenenergie keine zusätzlichen Ressourcen erhält und somit dauerhaft nur als Kreislaufsystem existieren kann. Durch dieses Bild wird auch einsichtig, dass das traditionelle Ziel der Ökonomie (dauerhaft für eine stetige Steigerung der Güterproduktion zu sorgen) überholt ist. An dessen Stelle tritt das Nachhaltigkeitsparadigma, das die Grundbedürfnisse der Menschen (Ernährung, Unterkunft, Kleidung, Trinkwasser, Wärme, Mobilität, soziale Zugehörigkeit usw.) mit möglichst *wenig Ressourcen* und Güterverbrauch befriedigen will, so dass künftige Generationen die gleichen Ressourcen vorfinden wie die gegenwärtig lebenden Generationen (Frey 1985: 17). Von dieser Erkenntnis ist die Mehrzahl der Wirtschaftsakteure aber weit entfernt, trotz aller Lippenbekenntnisse zum effizienten Umgang mit den natürlichen Ressourcen unternehmen sie nichts Wirkungsvolles, um die immer schnellere Ausbeutung der Ressourcen zu stoppen. *Dürr* vergleicht die Ökonomie mit Bankräubern, die in immer raffiniertere und teurere Schweißgeräte investieren, um immer dickwandigere Tresore mit den in der Vergangenheit angesammelten Schätzen zu knacken (Dürr 1995: 65 in: Bartmann 2001: 63).

Vertreter der Nachhaltigen Ökonomie sind sich daher darüber einig, dass dieses *Wachstumsparadigma* nicht zukunftsfähig ist (Bartmann 2001: 62). Aus ihrer Sicht muss das Wachstumsparadigma durch ein *Nachhaltigkeitsparadigma* ersetzt werden, dass den *scale*, die absolute Nutzung der natürlichen Ressourcen (den Stoffdurchsatz), kontinuierlich senkt (im Unterschied zum relativen Verbrauch, der den Verbrauch pro BIP misst; Hinterberger u.a. 1996: 40 und 227). Das soll durch *drei Strategiepfade* der Nachhaltigen Ökonomie (Effizienz, Konsistenz, Suffizienz; Huber 1995 und 2000) erreicht werden. Hierbei herrscht Einigkeit darüber, dass die Realisierung einzelner Effizienzmaßnahmen nicht zu einer Nachhaltigen Entwicklung führen kann (BUND u.a. 2008: 233), es vielmehr um eine neue industrielle Revolution geht (Transformation), die den Verbrauch der natürlichen Ressourcen in den Industriestaaten innerhalb der nächsten 40 Jahre um 80 bis 95% vermindert. Das bedeutet aber nicht weniger als die Neuerfindung (fast) aller Produkte und Anlagen nach den Kriterien und Managementregeln der Nachhaltigkeit. Umstritten ist die Hierarchie dieser Strategie-Pfade:

Ein Teil spricht sich für eine *Steady-state Ökonomie* mit eingefrorenem BIP aus und stellt die Suffizienz in den Mittelpunkt.

Die *zweite Gruppe* will das Ziel des stetigen Wachstums durch eine *wirtschaftliche Entwicklung in den Grenzen der natürlichen Tragfähigkeit* ersetzen (ein „selektives Wachstum" mit Wachstums- und Schrumpfungsprozessen in ausgewählten Sektoren, Eppler 1981: 147; Rogall 2000: 71 u. 132). Durch die konsequente Umsetzung der drei Nachhaltigkeits-Strategiepfade soll eine absolute Abkoppelung, d.h. eine stetige absolute Minderung des Ressourcenverbrauchs erreicht werden. Dieser Strategieansatz wird durch die *Formel für nachhaltiges Wirtschaften* verdeutlicht. Das soll durch einen Automatismus erreicht werden, der mittels Abgaben die Preise der natürlichen Ressourcen, die die Formel nicht einhalten, Jahr für Jahr um einen angemessenen Prozentsatz erhöht, bis die Nicht-Einhaltung der Formel in den vergangenen Jahren überkompensiert ist. Hierdurch können auch die Rebound- und Sideeffekte kompensiert werden (Beckenbach 2009). Durch diesen Lösungsansatz bestimmt das Ausmaß der Strategiepfade das maximale Volumen der Güterproduktion, ob hierdurch das BIP insgesamt steigt oder sinkt, wird als weniger wichtig erachtet.

Formel für nachhaltiges Wirtschaften:

$$\Delta \text{ Ressourcenproduktivität} > \Delta \text{ BIP}$$

d.h. die Steigerung der Ressourcenproduktivität muss immer – Jahr für Jahr – größer als die Steigerung des BIP sein, so dass der absolute Ressourcenverbrauch ständig sinkt und die wirtschaftliche Entwicklung sich an den Grenzen der natürlichen Tragfähigkeit orientiert.

Einigkeit herrscht darüber, dass auf längere Sicht neben den Strategiepfaden auch das globale Wachstum gedämpft werden muss (Binswanger 2009) und auf lange Sicht kein materielles Wachstum möglich ist (Hauchler 2009). Fraglich ist hierbei, in welcher Zeit eine fast wachstumslose Gesellschaft zu realisieren wäre. Einige sehen auf absehbare Zeit eine Art Wachstumszwang, da eine stagnierende Wirtschaft zu sozial-politisch gefährlichen Schrumpfungsprozessen führen könnte (Binswanger 2009). Entscheidend ist hierbei, dass sich die Wachstumsraten an die natürliche Tragfähigkeit anpassen.

Fünftens: Ethische Grundlagen – Persönliche Verantwortung

Im Gegensatz zu anderen wirtschaftlichen Ansätzen basieren die Theorien der Nachhaltigen Ökonomie auf ethischen Prinzipien. Grundwerte (Grundprinzipien) sind die *intra- und intergenerative Gerechtigkeit* (Bartmann 1996: 210; Hampicke 1999: 167) sowie das Prinzip der *Verantwortung* (Kopfmüller 2003: 22) und Dauerhaftigkeit. Hierbei wird das

Gerechtigkeitsprinzip nicht allein als Ziel formuliert, sondern als unbedingte Voraussetzung für eine Nachhaltige Ökonomie, sie ist ein Essential (Ekardt, Hauchler, Ott 2009). Nach dem *intergenerativen Gerechtigkeitsprinzip* muss jede Generation darüber selbst entscheiden können, welche Güter sie wie herstellt und wie sie diese gerecht verteilt. Die Veränderung des Klimas, die Zerstörung der Ozonschicht, die Vergiftung der Böden, ausgestorbene Arten, ausgebeutete Rohstoff- und Energiequellen schränken diese Freiheit unzulässig ein, da die negativen Veränderungen nicht in akzeptablen Zeitspannen rückgängig gemacht werden können. Da die natürlichen Lebensgrundlagen eine notwendige Bedingung (Voraussetzung) für das menschliche Leben und Wirtschaften darstellen, entzieht sich ihre Zerstörung einer Abwägung mit wirtschaftlichen Zielen. Das *intragenerative Gerechtigkeitsprinzip* fordert die gerechte Verteilung von (Teilhabe an) Lebenschancen, Ressourcenverbrauch und Wohlstand, es muss in der Diskussion verstärkt aufgenommen werden (Dzung 2009). An *Rawls* und *Sen* anknüpfend, definiert die Nachhaltige Ökonomie eine Gesellschaft als gerecht, in der alle Menschen die gleichen Chancen und Rechte haben, ein glückliches Leben zu führen und dabei allen Mitgliedern der Gesellschaft die Menschenrechte und die Grundbedürfnisse zum Leben sichert (zur ungleichen Inanspruchnahme der natürlichen Ressourcen s. BUND u. a. 2008: 125, 127). Das heißt, dass es einer Nachhaltigen Ökonomie nicht alleine um Optimierungs- und Effizienzziele geht (wie der neoklassischen Umwelt- und Ressourcenökonomie), sondern auch um Gerechtigkeit (Verteilungsgerechtigkeit und Solidarität) und Erhaltung. Für alle heute und künftig lebenden Menschen soll das Recht auf Befriedigung ihrer Grundbedürfnisse und fairen Zugang zu den natürlichen Ressourcen sowie den Erhalt der natürlichen Lebensgrundlagen durchgesetzt werden (Kopfmüller 2003: 25). In der Konsequenz bedeutet die Anerkennung dieser Grundwerte aber auch, dass nur die Produkte und Konsumstile als nachhaltig bezeichnet werden können, die auf alle Menschen übertragen nicht zur Überschreitung der Grenzen der natürlichen Tragfähigkeit führen (die Diskussion, ob der Verzicht eines Menschen Fleisch zu essen, nicht einem anderen die Möglichkeit zum Verzehr der doppelten Menge gibt, führen wir an anderer Stelle).

Ob bei dem Schutz der natürlichen Lebensgrundlagen ein *moderater Öko- bzw. Biozentrismus* (der der Natur einen eigenen Wert verleiht) oder ein *aufgeklärter Anthropozentrismus* (der den Menschen in den Mittelpunkt stellt, aber der Natur eigene Schutzrechte aus dem Vorsorgeprinzip ableitet) zu Grunde gelegt wird, soll hier zunächst zweitrangig sein (Lerch 2001: 100). Konrad Ott sieht einen moderaten Biozentrismus als Grundlage einer Nachhaltigen Ökonomie an (Ott, Döring 2004). Der WBGU hingegen kommt zu dem Ergebnis, dass ein moderater Biozentrismus und ein aufgeklärter Anthropozentrismus in ihren Forderungen und Konsequenzen weitestgehend übereinstimmen (WBGU 1999: 31). Menschen müssen in beiden Fällen eine treuhänderische Verantwortung übernehmen (wie bei geistig behinderten oder dementen Menschen).

Die *Ethik der Nachhaltigen Ökonomie* beinhaltet die Prinzipien der intragenerativen Gerechtigkeit, der intergenerativen Gerechtigkeit, Verantwortung und Solidarität, der Vorsorge mit eigenen Schutzrechten für die Natur nach dem Grundsatz des Friedens und der Harmonie mit der Mitwelt, Dauerhaftigkeit und Angemessenheit sowie nachhaltiger Demokratie. Diese Prinzipen haben weit reichende Konsequenzen – während traditionelle Ökonomen fordern, dass in das Marktgeschehen erst eingegriffen wird, wenn die Folgen und Ursachen von Umweltgefahren sicher bewiesen sind, fordern Vertreter der Nachhaltigen Ökonomie vorausschauend, bereits dann einzugreifen, wenn sich hinreichend große Hinweise für eine Gefährdung ergeben. Daraus folgt die Anwendung des *Vorsorge- und Gestaltungsprinzips* (im Sinne eines vorausschauenden Risikominimierungsprinzips; Costanza u. a. 2001: 170).

Dabei ist Vertretern der Nachhaltigen Ökonomie wichtig, einen *gesellschaftlichen Diskurs* zu initiieren, der die Bürgergesellschaft in die Entscheidungsprozesse integriert und das bürgerschaftliche Engagement verstärkt. Insofern ist die *Diskursethik* ein wichtiger Bestandteil der Nachhaltigen Ökonomie (Ott 2009). Hierdurch tritt zu der zentralen Rolle der Politik als unverzichtbare rahmensetzende Instanz die persönliche Verantwortung jedes Einzelnen. Aus der Forderung der Verstärkung der Bürgergesellschaft und des gesellschaftlichen Diskussionsprozesses wurde einige Zeit die Illusion geschürt, dass Agendaprozesse (Entscheidungen für eine Nachhaltige Entwicklung) auf dem Konsensprinzip beruhen würden. Eine ökologische Umstrukturierung der Industriegesellschaft und die Durchsetzung des intragenerativen Gerechtigkeitsgrundsatzes verletzen aber die kurzfristigen Interessen mächtiger Wirtschaftsakteure. Von diesen die freiwillige Aufgabe von Privilegien durch Diskussionsprozesse zu erwarten, erscheint wirklichkeitsfremd. Sie (die Vertreter der Nachhaltigen Ökonomie) sind stattdessen davon überzeugt, dass es ohne eine Änderung der Rahmenbedingungen durch die demokratisch legitimierten Entscheidungsträger keine Nachhaltige Entwicklung geben wird.

Aus den Prinzipien der Nachhaltigkeitsethik ergibt sich auch die Forderung nach persönlich verantwortungsvollem *Handeln*. Eine Nachhaltige Entwicklung wird daher als ein sozial-kultureller Transformationsprozess verstanden. Hierbei bezieht sich die Nachhaltigkeitsethik von ihrem Selbstverständnis her nicht allein auf individuelles Handeln, vielmehr ist sie immer auch politische Gerechtigkeitstheorie (Ekardt 2009).

Die Nachhaltige Ökonomie fordert auf, das in der traditionellen Ökonomie verwendete, aber durch zahlreiche Untersuchungen der Verhaltensökonomie und der Gehirnforschung als unrealistisch erkanntes *Menschenbild* des *homo oeconomicus* zu verzichten. Stattdessen sollte ein realistischeres Menschenbild verwendet werden (Beckenbach, Ekardt 2009). Rogall schlägt als Menschenbild den homo cooperativus vor (Rogall 2009: 197), das dem heterogenen Potenzial des Menschen Rechnung trägt (zum kooperativen und idealistischem Handeln, aber auch zum Eigennutz und Grausamkeit).

So spielt auch ein menschengerechtes *Verbraucherbild* für die Nachhaltige Ökonomie eine entscheidende Rolle. Der Mensch darf nicht auf seine Funktion als Verbraucher reduziert werden, vielmehr geht es um die Zusammenführung der Dimensionen des Bürgers, des Erwerbsarbeiters (meist des Arbeitnehmers), des Verbrauchers und des physischen Lebewesens Mensch, in einem zu sozialer Verantwortung fähigen Akteur von Alltagsleben und Geschichte.

Sechstens: Inter- und transdisziplinärer Ansatz

Die Gründungsgeschichte der Nachhaltigen Ökonomie ist von der Diskussion zwischen verschiedenen Disziplinen geprägt (z.B. Ökonomen und Naturwissenschaftlern). Es herrscht der Konsens, dass keine Disziplin und kein Land allein die globalen Umweltprobleme lösen kann (und schon gar nicht die gesamte Themenbreite einer Nachhaltigen Entwicklung). Die neoklassische Umweltökonomie betrachtet die Ursachen und Lösungsstrategien der Übernutzung der natürlichen Ressourcen allein als ökonomisches Problem und sieht die Erreichung ökonomischer Ziele als eine Aufgabe der Märkte an. Sie geht von der Alleinzuständigkeit der Ökonomie aus (sog. Primat der Ökonomie).

Vertreter der Nachhaltigen Ökonomie hingegen arbeiten bei Analyse und Strategieentwicklung mit Wissenschaftlern anderer Disziplinen zusammen. Besonders wichtig erscheinen uns hierbei die Erkenntnisse der Philosophie (Menschenbild, Quellen für ethische Handlungen, Normen und Werte, die persönliche Ebene), der Politikwissenschaft (Akteursanalyse, Instrumentendiskussion), der Rechtswissenschaft (Kodifizierung der Instrumente), der Technik- und Ingenieurwissenschaft (nachhaltige Produkt- und Technikentwicklung) sowie selbstverständlich der Naturwissenschaften (Grenzen der natürlichen Tragfähigkeit, Klimamodelle). In diesem Sinne zeigt die Nachhaltige Ökonomie an Hand der Akteursanalyse die Interessen der Akteursgruppen und ihre Mittel zur Interessendurchsetzung auf, um so das eklatante Akteursversagen zu erklären (im Klimaschutz, Rogall 2009: 236). So entstehen transdisziplinäre Lösungen (Michaelis 2009, Lacher 2009). Damit können auch die Wissensgebiete von Theorie und Praxis zusammengebracht werden (Lacher 2009). Darüber hinaus müssen Vertreter der Nachhaltigen Ökonomie ihr Wissen in andere Disziplinen und Themenfelder einbringen (zur Notwendigkeit der Erweiterung der Nachhaltigkeitsdiskussion auf weitere Themen siehe Kopfmüller 2003: 43). Die Kooperation über Fachgrenzen hinweg wird von Vertretern der Nachhaltigen Ökonomie auch für Unternehmensführung und Politik angestrebt. Bisher verfolgten die Fachpolitiker und Mitarbeiter der Fachverwaltungen nicht selten ihre spezifischen Ziele ohne jegliche Abstimmung miteinander. Z.B. findet sich in dem ursprünglichen GATT-Freihandels-Vertrag kein einziger Bezug zum Umweltschutz, die jahrelangen Verhandlungen zur Vorbereitung der Rio-Konferenz UNCED 1992 und zu den WTO-Verträgen liefen ohne Abstimmung nebeneinander her. Teilweise enthielten die Schlussdokumente miteinander unvereinbare Ziele und Aussagen. Erst im letzten Augenblick konnte in die WTO-Präambel das in Rio vereinbarte neue Entwicklungsleitbild Nachhaltige Entwicklung aufgenommen werden. Wie die ständigen Konflikte zwischen Umweltschutzabkommen und WTO zeigen, existiert auf diesem für Nachhaltigkeit zentralen Gebiet bis heute noch keine konsistente Politik. Um hier bei der Verwirklichung eines Ordnungsrahmens voran zu schreiten, muss das Leitbild einer Nachhaltigen Entwicklung in allen internationalen Organisation auf der Strategieebene verankert werden (Michaelis 2010). Dies ist allerdings weniger ein Methodenproblem als ein Machtproblem. Des Weiteren gilt es, die Wissensstränge von Theorie und Praxis zusammenzubringen (Lacher 2009).

Es wird noch geprüft, ob ganzheitliche Ansätze und/oder die Methoden der Systemwissenschaft (Analyse, Theorie) geeignet sind, die Forderungen nach Inter- und Transdisziplinarität zu fundieren.

Siebtens: Notwendigkeit von Instrumenten auf der Grundlage des Standard-Preis-Ansatzes und des Ansatzes der meritorischen Güter

Die meisten Vertreter der Nachhaltigen Ökonomie akzeptieren die neoklassische Analyse, dass die sozial-ökonomischen Faktoren quasi zwangsläufig zu einer Übernutzung der natürlichen Ressourcen führen. So ist die Ökobilanz (der Ressourcenverbrauch) von Bürgern mit einem durchschnittlichen oder überdurchschnittlichen Einkommen, die sich für umweltbewusst halten, aufgrund ihrer Flugreisen, größeren Wohnungen und Autos erheblich schlechter, als die von Bürgern mit niedrigen Einkommen, denen die Umwelt nach eigenen Angaben unwichtig ist (Kulke 1993; Bodenstein u. a. 1998). Vertreter der Nachhaltigen Ökonomie schlussfolgern daraus, dass die Höhe des Einkommens für den Umweltverbrauch der Mehrheit eine wichtigere Rolle spielt als der Bewusstseinsstand und der Staat daher mit Hilfe von politisch-rechtlichen Instrumenten eingreifen muss, um das Marktversagen auszugleichen (Holstein 2003: 107). Es herrscht ein Konsens darüber, dass Marktsysteme ökologische Probleme nicht lösen können (Herr 2009) und die Politik daher erneut das Primat der Entscheidungen übernehmen muss (Hauchler 2009). Hierzu gehört auch, dass die Politik in die Technologieentwicklung eingreifen muss (Herr, Kreibich 2009). Derartige politisch-rechtliche Instrumente (ökologische Leitplanken) werden somit als eine Art notwendige Bedingung angesehen, ohne die es keine Nachhaltige Entwicklung geben kann. Daher bekennen sich die Vertreter der Nachhaltigen Ökonomie auch zur Notwendigkeit agierender statt reagierender Institutionen und Politik (Costanza u. a. 2001: 95). Im Mittelpunkt steht hierbei ein Instrumentenmix, insbes. mit umweltökonomischen (Ökologisierung des Finanzsystems, Bonus-Malus-Regelungen und Naturnutzungsrechten) und ordnungsrechtlichen Instrumenten mit Stufenplänen (Nutzungspflichten, Standards und Grenzwerte). Die neoklassische Forderung der Errechnung eines (ökonomisch) optimalen Naturnutzungspunktes wird aber aus ethischen Gründen und den Monetarisierungsproblemen abgelehnt. Allerdings verwenden Vertreter der Nachhaltigen

Ökonomie die Methode der Monetarisierung aus taktischen Gründen, um in der öffentlichen Diskussion die Größenordnung der Umweltkosten (z.B. einer unzureichenden Klimaschutzpolitik) zu verdeutlichen. Eine so verstandene Monetarisierung scheint uns in der Auseinandersetzung um die öffentliche Meinung legitim. Es darf aber darüber nicht vergessen werden, dass es eigentlich darum geht, die Grenzen der natürlichen Tragfähigkeit zu ermitteln und sie einzuhalten, d.h. den Verbrauch der natürlichen Ressourcen (den scale) auf ein dauerhaft aufrechterhaltbares Maß zu senken (dabei sollten sich Vertreter der Nachhaltigen Ökonomie immer im Klaren sein, dass auch die Grenzen der natürlichen Tragfähigkeit nicht exakt angegeben werden können und Grenzfestsetzungen daher immer nur auf der Grundlage des Vorsorgeprinzips den Stand von Wissenschaft und Forschung widerspiegeln können). Insofern erscheint der Internalisierung der externen Kosten als wichtiges Instrument (Lacher 2009), aber nicht als ausreichend (Herr 2009). Viele Vertreter der Nachhaltigen Ökonomie verwenden daher statt der neoklassischen Errechnung der Internalisierung externalisierter Kosten zwei alternative theoretische Ansätze, anhand derer ermittelt werden kann, in welchem Ausmaß der Staat mit Internalisierungsstrategien in das Wirtschaftsgeschehen eingreifen muss.

(1) *Der Standard-Preis-Ansatz* (*environmental charges and standards approach*): Statt der Errechnung eines ökonomisch optimalen Naturnutzungspunktes legen beim Standard-Preis-Ansatz die demokratisch legitimierten Entscheidungsträger mit Hilfe von Fachexperten aus verschiedenen Disziplinen Nachhaltigkeitsziele und -standards fest, die dann mittels politisch-rechtlicher Instrumente durchgesetzt werden. Ausgangsidee dieses Ansatzes ist die *Theorie des Standard-Preis-Ansatzes* der Ökonomen *Baumol* und *Oates* (Baumol; Oates 1971: 42, im Deutschen vgl. Bartmann 1996: 141). Nach dieser Theorie legt (1) der Staat mit Hilfe von Wissenschaftlern (z.B. Ökologen und Klimaforschern) einen *Umweltstandard* fest (z.B. Immissionsgrenzwerte oder kritische Schwellen, sog. critical loads). Anschließend werden (2) Abgaben auf die Nutzung der natürlichen Ressourcen erhoben, damit erhöhen sich die Preise der Produkte, die diese Ressourcen beinhalten, und die Nachfrage nach ihnen geht zurück. (3) Die Höhe der Abgaben (Preise) wird über ein langjähriges Trial-and-Error-Verfahren in Verbindung mit einem detaillierten

Monitoring solange verändert, bis die Nutzung der natürlichen Ressourcen dem vorher festgelegten Umweltstandard entspricht. In weiterentwickelter Form kann der Standard auch erreicht werden, indem – statt Umweltabgaben – Naturnutzungszertifikate oder ordnungsrechtliche Standards eingeführt werden. In beiden Fällen kann die Zielerreichung durch eine stufenweise Verschärfung erfolgen (parallel zur stufenweisen Erhöhung der Umweltabgaben). In der wissenschaftlichen Diskussion wird manchmal kritisiert, dass der Standard-Preis-Ansatz präventive Ziele vernachlässigt (Hinterberger 1996 u.a.: 169), das ist aber abhängig vom Standard, nicht vom Instrument. So müssen die Standardfestsetzungen aus Sicht der Nachhaltigen Ökonomie nach dem Vorsorgeprinzip ausgerichtet sein (z.B. dem Faktor-10-Ziel).

(2) *Theorie der meritorischen Güter:* Aufgrund der theoretischen Defizite der Neoklassik verwenden viele Vertreter der Nachhaltigen Ökonomen die Theorie der meritorischen Güter, die von Musgrave u.a. (1975: 76) entwickelt, u. a. von Bartmann (1996: 47 und 66) präzisiert wurde. Die Theorie unterscheidet zwischen verschiedenen Güterarten, die besondere Charakteristika aufweisen und daher unterschiedlich zu behandeln sind. Die Theorie der meritorischen Güter (Güter die für die Gesellschaft positive externe Effekte erbringen) erklärt, warum Märkte über keine Instrumente verfügen, die zu einer gesellschaftlich optimalen Ausstattung mit meritorischen Gütern führen.

Der Meritorische-Güter-Ansatz und der Standard-Preis-Ansatz bieten Lösungsvorschläge, die nur in der Theorie immer ideal sind. Die Realität ist oft von einem Politikversagen und dem Irrtum der Wissenschaft geprägt. führen die durch Wahlen legitimierten Mehrheitsentscheidungen nicht immer zu einem optimalen Ergebnis, da Politiker aus Angst vor den Wählern nicht selten vor den notwendigen Maßnahmen zurückschrecken. Um wieder gewählt zu werden, gaukeln die Politiker der Bevölkerung Lösungen vor, die zwar effektiv erscheinen, aber in Wirklichkeit kaum etwas bewirken, Symbolpolitik genannt. Daher fordern Vertreter der Nachhaltigen Ökonomie die Verstärkung des gesellschaftlichen Diskurses (z.B. in Form von Enquete-Kommissionen, Bartmann 1996: 66) und des öffentlichen Drucks durch NGO's und Wissenschaft (vgl. Kernaussage sechs).

Achtens: Operationalisierung des Nachhaltigkeitsbegriffs, neue Messsysteme

Durch die Vielzahl an Definitionen und Interpretationen besteht die Gefahr, dass der Nachhaltigkeitsbegriff zum inhaltsleeren Allerweltsbegriff wird (Müller 2009). Vertreter der Nachhaltigen Ökonomie sind sich darüber einig, dass diese Entwicklung durch die Formulierung von Prinzipien, Managementregeln und neuen Messsystemen verhindert werden muss (siehe Anhang). Hier wird die Notwendigkeit von quantitativen und qualitativen Aussagen betont (Buhlmann, Diefenbacher 2009). Der Nachhaltigkeitsbegriff soll so wie die Begriffe Demokratie und Rechtsstaat zwar unterschiedliche Ausprägungen im Detail zulassen (z.B. in Großbritannien und Deutschland), in der Substanz aber eindeutig bleiben (Lerch 2001: 96). Die Ökonomie versucht seit vielen Jahrzehnten, die Lebensqualität bzw. die Wohlfahrt (Begriff der Neoklassik) zu messen. Traditionelle Ökonomen setzen hierbei oft Wohlfahrt und Wohlstand (Konsum) gleich (Radke 1999: 123). Dies hat dazu geführt, dass lange Zeit das BIP pro Kopf als Wohlfahrtsindikator verwendet wurde. Die Nachhaltige Ökonomie nimmt die Kritik am BIP als Wohlstandsindikator auf und entwickelt neue Messsysteme in Form von Ziel- und Indikatorensystemen (Costanza u. a. 2001: 133), z.B. der Wohlfahrtsindex NWI (Diefenbacher 2009) und die Vorschläge der Stiglitz-Kommission (Michaelis 2009). Hierbei werden auf der Grundlage von Qualitätszielen messbare Handlungsziele formuliert und der Zielerreichungsgrad durch das Statistische Bundesamt überwacht (vgl. Bundesregierung 2008/11: 36). Das BIP als Wohlstandsindikator muss ersetzt werden, denn wenn wir die falschen Maßzahlen verwenden, streben wir nach dem Falschen (Stiglitz u.a. 2009; Michaelis 2010).

Neuntens: Globale Verantwortung

Durch die Globalisierungsprozesse herrschen für die Einleitung einer Nachhaltigen Entwicklung besondere Bedingungen und Hemmnisse, die berücksichtigt werden müssen. Über die folgenden zentralen Aussagen herrscht unter den Vertretern der Nachhaltigen Ökonomie relative Einigkeit:

(1) *Bewertung der Globalisierung und des Freihandels:* Die Globalisierung birgt Chancen (ökonomische und sozial-kulturelle), aber auch erhebliche Risiken (ökonomische, sozial-kulturelle, ökologische Stabilität, Verlust der staatliche Steuerungspotenziale). Die ungerechten Austauschbeziehungen und die einseitige Arbeitsteilung zwischen Industrie- und Entwicklungsländern führen zu materiellem Wohlstand in den Industrieländern und zum Teil zu Armut in den Entwicklungsländern. Eine Nachhaltige Entwicklung ist aber ohne die Verwirklichung der intragenerativen Gerechtigkeit (zu der auch die internationale Gerechtigkeit gehört) nicht möglich. Dass über 900 Mio. Menschen hungern und ca. 2,7 Mrd. (40% der Weltbewohner) mit weniger als 2 US-$ auskommen müssen, wird als eklatanter Verstoß gegen die Existenzrechte und die Gerechtigkeit angesehen (Weltbank, in: BUND u. a. 2008: 82). Daher wird die Frage, „welche Art der Globalisierung die Menschheit anstrebt und wie sie die geschilderten Risiken verhindern will?", als eine der wichtigsten Entscheidungen des 21. Jh. angesehen. Hierbei ist noch nicht sicher, ob sich die künftige Weltgesellschaft an den Prinzipien des „Rechts der Stärkeren" oder an der „Stärkung des Rechts" (der Gerechtigkeit) orientieren wird (WI 2005: 19).

(2) *Ordnungsrahmen:* Die Einführung eines politisch-rechtlichen Ordnungsrahmens ist für die globale Weltwirtschaft unerlässlich, da der schrankenlose Freihandel zum Turbo- und Casinokapitalismus sowie einer ressourcenineffizienten Industriegesellschaft geführt hat. Dieser Ordnungsrahmen umfasst zahlreiche ökonomische und sozial-ökologische Leitplanken (Mindeststandards) und die Regulierung der Finanzmärkte sowie Abgaben auf die Nutzung globaler Güter (Luftraum, Weltmeere usw. zur Finanzierung von Entwicklungsprogrammen), um so den Turbo-Kapitalismus zu zügeln (Diefenbacher 2001). Hierbei spielen die Einführungen von Kontrollen und Instrumenten zur Eindämmung der globalen Finanztransaktionen im Sinne einer Reform des globalen Finanzsystems eine besondere Rolle (Kreibich 2009). Sind diese Bedingungen erfüllt, ist ein Handelsaustausch immer sinnvoll, wenn es einem Land gelingt, ein Gut ohne Ausnutzung von sozial-ökologischem Dumping preiswerter oder mit deutlich besserer Qualität herzustellen als ein anderes Land.

(3) *Umweltregime:* Trotz der vielfältigen Hemmnisse hat die Weltgemeinschaft in den letzten 30 Jahren zahlreiche umweltschutzrelevante Umweltregime eingerichtet (insbes. zum Ozonabbau, Senkung der SO_2-

Emissionen). Einschränkend hierzu muss betont werden, dass diese nur unter günstigen Bedingungen erfolgreich waren, oft mussten sogar mehrere Faktoren gleichzeitig erfüllt sein, viele Initiativen sind gescheitert oder bis zur Wirkungslosigkeit verwässert worden (Rogall 2008: 302). Die Einführung einzelner Umweltschutzregime kann eine Nachhaltige Entwicklung nicht einleiten, vielmehr ist eine ganze Reihe von auf einander abgestimmten Umweltregimen einzuführen, die möglichst auch eine ökonomische Perspektive bieten.

(4) *Ökologische Leitplanken:* Der heutige Pro-Kopf-Ressourcenverbrauch der Industrieländer kann nicht auf alle 7 – bis 2050 etwa 9 bis 11 Milliarden Menschen übertragen werden (DSW 2005/03: 4). Vielmehr sind die Belastungsgrenzen bereits heute überschritten. Vertreter der Nachhaltigen Ökonomie fordern, dass der Verbrauch der natürlichen Ressourcen bis zum Jahr 2050 global um 50% gesenkt wird. Da die Entwicklungsländer ihren geringen Pro-Kopf-Verbrauch nicht senken werden, sondern ihnen vielmehr eine gewisse Steigerung zusteht (im Sinne von contraction-and-convergence), müssen die Industriestaaten aufgrund des intragenerativen Gerechtigkeitsgrundsatzes ihren Ressourcenverbrauch auf ein dauerhaft aufrechterhaltbares Maß senken. Heute wissen wir, dass die Industriestaaten bis 2050 ihre THG-Emissionen um 95% senken und dann den vollständigen Transformationsprozess vom fossilen Zeitalter in das „Solarzeitalter" vollziehen müssen.

(5) *Rolle der Industriestaaten:* Aufgrund der historischen Entwicklung und ihrer hohen Leistungsfähigkeit tragen die Industriestaaten eine besonders hohe Verantwortung und Verpflichtung zur Vorreiterrolle (Prinzip der gemeinsamen, aber unterschiedlichen Verantwortung; Kopfmüller 2003: 37). Das deckt sich auch mit der Meinung einer sehr großen Mehrheit der Deutschen (77% stimmen dieser Position voll und ganz oder eher zu; BMU2008/12: 27). Damit der globale Nachhaltigkeitsprozess Aussicht auf Erfolg hat, müssen die Industriestaaten die nachhaltige Umgestaltung der Industriegesellschaft konsequent vorantreiben und das Know-how für nachhaltige Produkte und Techniken den Schwellen- und Entwicklungsländern zur Verfügung stellen sowie alle Formen des sozial-ökologischen Dumpings und Subventionen verhindern. Auch die Erfüllung von finanziellen Zusagen der Industrienationen, z.B. im Rahmen der offiziellen Entwicklungszusammenarbeit (ODA), ist zur Unterstützung einer Nachhaltigen Entwicklung in ärmeren Ländern unabdingbar und zudem eine wichtige Voraussetzung, um im Sinne einer Partner-

schaft auf Augenhöhe in internationale Verhandlungen voranzuschreiten (Michaelis 2010). Eine besondere Rolle spielt aufgrund ihrer wirtschaftlichen Leistungsfähigkeit die USA. Die EU könnte diesen Nachhaltigkeitsprozess unterstützen oder gar anführen, wenn es dem Staatenbund gelingt, den innereuropäischen Wettbewerbsdruck um Standortkonkurrenzen abzumildern und Liberalisierungsbestrebungen nicht als Selbstzweck zu fördern, sondern übergeordneten Zielen des Gemeinwohls im Sinne einer Nachhaltigen Entwicklung unterzuordnen. Dadurch könnte Europa einen zusätzlichen Legitimationsschub erhalten und glaubwürdig eine Art leadership in dem globalen Prozess einer Nachhaltigen Entwicklung übernehmen. Sollte der Politikwechsel in den USA nur unzureichend stattfinden, müsste ein eigener Wirtschaftsraum diskutiert werden, der besonders enge Beziehungen zu Staaten pflegt, die bereit sind, sozial-ökologische Mindeststandards einzuführen.

(6) *Rolle der Schwellen- und Entwicklungsländer:* Die Schwellen- und Entwicklungsländer (insbes. die sog. neuen bevölkerungsreichen Verbrauchsstaaten wie China, Indien, Brasilien usw.) dürfen die Technik- und Strukturentwicklung der Industriestaaten nicht einfach nachahmen, sondern müssen von Anfang an nachhaltige Techniken einsetzen (analog der Konsistenzstrategie). Es stellt sich die Herausforderung der Ernährungssicherung bei wachsender Bevölkerung ohne weitere Zerstörung der Ökosysteme. Wie der Weltagrarbericht 2009 aufzeigt, ist hierfür die Mobilisierung und Anerkennung älteren Wissens unerlässlich, energie- und chemieintensive Anbautechniken samt Tierhaltung wären nicht zukunftsfähig (Lacher 2009). Auch tragen sie Verantwortung für die weitere Bevölkerungsentwicklung. Da die Gesamtbelastung der natürlichen Lebensgrundlagen sich aus dem Pro-Kopf-Verbrauch mal der Bevölkerungsanzahl ergibt, liegt ihre Verantwortung bei der Senkung bzw. Begrenzung ihrer Bevölkerungsanzahl (Costanza u. a. 2001: 109, 206). Viele Ökologische Ökonomen thematisieren das Thema der Bevölkerungsentwicklung leider nicht, wahrscheinlich weil die so genannte „Bevölkerungsexplosion" in der Vergangenheit von vielen Autoren missbraucht wurde, um von der ressourcenintensiven Wirtschaftsstruktur der Industriestaaten abzulenken. Auch zeigt der fehlgeschlagene Versuch Indiens, das Bevölkerungswachstum zu senken, dass eine Politik der Bevölkerungskontrolle demokratisch schwer durchsetzbar ist, wenn sie nicht von einer umfassenden sozialen und ökonomischen Begleitungsstrategie ergänzt wird. Das Verdrängen von heiklen Themen ist aber keine akzep-

table Methode, mit Problemen umzugehen. Für uns ist die Begrenzung der Bevölkerungszunahme jedenfalls eine weitere notwendige Bedingung einer Nachhaltigen Entwicklung.

(7) *Abrüstung:* Mit dem Ende des Kalten Krieges hofften viele auf weltweit sinkende Rüstungsausgaben, eine „Friedensdividende", mit der die Entwicklungsziele der Weltgemeinschaft hätten finanziert werden können. Diese Hoffnung hat sich bis heute nicht erfüllt, so dass ein neuer Anlauf genommen werden muss. Zurzeit werden jährlich weltweit etwa 1.500 Mrd. US-Dollar für das Militär verwendet (Sipri 2009: 10). Die schrittweise Rückführung dieser Ausgaben auf z.B. ein Drittel würde ausreichend viel Mittel frei machen, um den Umbau zu einer nachhaltigen Energieversorgung zu sichern.

(8) *Perspektiven:* Diese Forderungen sind allerdings leichter erhoben, als in der Praxis umgesetzt. Zwar ist die Anzahl der Kritiker des heutigen „gesetzeslosen" Globalisierungsprozesses gewachsen, aber die Hemmnisse, die der Einführung eines akzeptablen Ordnungsrahmens entgegenstehen, erweisen sich aufgrund der großen Interessengegensätze als sehr stark. Der modellhafte Vergleich möglicher Lösungsansätze zeigt, wie weit die Weltgemeinschaft noch von zufrieden stellenden Lösungen entfernt ist. Auch sind die Ziel- und Interessenkonflikte enorm. Das gilt nicht nur für die Partikularinteressen einzelner Staaten und gesellschaftlicher Gruppen, sondern auch für die Frage, wie eine gerechte und für alle Menschen auskömmliche Versorgung mit materiellen Gütern gewährleistet werden könnte, ohne die Grenzen der natürlichen Tragfähigkeit zu überschreiten. Nach den vorliegenden Erkenntnissen nimmt die Wirtschaft bereits heute einen so hohen Anteil am Umweltraum ein, dass eine Fortsetzung des in den Industriegesellschaften mehrheitlich festgelegten Konsum- und Lebensstils und eine Übertragung dieser Lebensstile auf alle Länder der Welt nicht zukunftsfähig sind. Die derzeitige ungerechte Verteilung der Lebenschancen wird sich aber die Mehrheit der Menschheit, die in Armut lebt oder nicht weit davon entfernt ist, dauerhaft nicht bieten lassen.

(9) *Weiterentwicklung der internationalen Institutionen:* Um die dargestellten Ziele zu erreichen, müssen die internationalen Institutionen systematisch nach den Zielen der Nachhaltigen Entwicklung reformiert und gestärkt werden (dabei müssen die Schwellenländer, z.B. nach dem G-20 Gedanken, in die Entscheidungprozesse integriert werden; Michaelis 2009). Hierbei müssen auch Differenzen zwischen ihren Aus-

sagen und Handlungen stärker untersucht werden (Kreibich 2009). Auch müssen diese Institutionen einem verbindlichen und legitimen Auftrag nachgehen. Unerlässlich dabei ist die Schaffung von Sanktionsinstrumenten, die für das Erreichen der Ziele als unerlässlich anzusehen sind (vgl. Stiglitz 2002 und 2006).

Der Weg zu einem globalen Ordnungsrahmen ist langwierig – das sollte jedoch kein Grund sein, ihn nicht zu beschreiten. Parallel sollten nationale und regionale Nachhaltigkeitsstrategien verfolgt werden (Michaelis 2010).

Zehntens: Nachhaltige Marktwirtschaft

Vertreter der Nachhaltigen Ökonomie kommen aufgrund ihrer Analyse zu dem Ergebnis, dass kapitalistische Marktwirtschaften ebenso wenig zukunftsfähig sind wie zentrale Verwaltungswirtschaften. Zentrale Verwaltungswirtschaften sind zu ineffizient (auch zu ressourcenineffizient) und in Marktwirtschaften existiert in vielen Bereichen Marktversagen (z.B. Armut und Verteilungsungerechtigkeit, Übernutzung der natürlichen Ressourcen, Unterausstattung mit meritorischen Gütern, Stabilitätsprobleme wie Arbeitslosigkeit und wirtschaftliche Entwicklung). Dieses Marktversagen kann nur dann auf ein akzeptables Maß reduziert oder überwunden werden, wenn die Politik gestaltend eingreift. Daher sprechen sie sich für eine (sozial-ökologische) *nachhaltige Markt- bzw. Gemischtwirtschaft* aus (Hauff 2008/01: 49; andere sprechen von einer ökologisch-sozialen Marktwirtschaft; BUND u.a.: 298). Hierbei wird die Notwendigkeit einer agierenden, statt einer reagierenden Politik betont (Costanza u. a. 2001: 96). Strittig ist allerdings die Frage, wie es gelingen soll, die Ziele des nachhaltigen Umbaus der Industriegesellschaft ausreichend konsequent festzulegen, und welche Instrumente hierzu besonders geeignet sind (zur gesellschaftlichen Abkehr von rein wirtschaftsliberalen Positionen; Niejahr; Schmidt 2007/08: 3; Stiglitz 2006). So muss die Nachhaltigkeitsformel von der Makro- auf die Mikroebene übertragen werden (Beckenbach 2009). Zu der Transformation der kapitalistischen Marktwirtschaft in eine nachhaltige Marktwirtschaft gehören auch *institutionelle und eigentumsrechtliche Änderungen*. Viele Vertreter der Nachhaltigen Ökonomie fordern die Stärkung von genossenschaftlichen und kommunalen Unternehmen und sprechen sich für eine grundlegende

Reform des Aktienrechts aus, um so den Wachstumszwang und das Gewinnmaximierungsprinzip zu mindern. Mittelfristig wird von ihnen die (Wieder-)Aufteilung der Aktien in Namensaktien und Inhaberaktien (Binswanger 2009) oder die Umwandlung von Aktiengesellschaften in Stiftungen gefordert (Binswanger, Hauchler 2009). Weiterhin sprechen sie sich für die Rekommunalisierung der Unternehmen der Daseinsvorsorge aus (dem Rückkauf der Stromnetze). Weiterhin werden gesetzliche Maßnahmen zur Verringerung wirtschaftlicher Macht und eine Stärkung der Transparenz und Lobby-Kontrolle gefordert (Lacher 2009). Hinzu tritt die Forderung, den Artikel 14 GG konsequenter als bisher anzuwenden und die Sozialbindung des Eigentums durch eine Bindung an Nachhaltigkeit zu ergänzen (Hauchler 2010). Eine weitere zentrale Fragestellung beschäftigt sich damit, wie die wirtschaftliche Machtkonzentration verringert werden kann, die Transparenz und Lobby-Kontrolle sich erhöhen lassen (Lacher 2009).

Vertreter der Nachhaltigen Ökonomie lehnen alle Formen der Diktatur und Willkürherrschaft ab. Dies gilt auch für eine „Öko-Diktatur". Stattdessen werden nur Systeme für dauerhaft aufrechterhaltbar angesehen, in denen die Prinzipien einer *partizipativen Demokratie und Rechtsstaatlichkeit* verwirklicht sind. Aus diesen beiden Prinzipien wird die Verpflichtung abgeleitet, dass wirksame Langfriststrategien zu entwickeln und durchzusetzen sind, die eine konsequente Umsteuerung zu einer Nachhaltigen Entwicklung ohne gesellschaftliche Entwicklungsbrüche beinhalten.

Zentrale Handlungsfelder

Um die Transformation der heutigen Industriegesellschaft in eine nachhaltige Wirtschaft zu beschleunigen, werden zentrale Strategie-/Handlungsfelder ausgewählt in denen dieser Prozess forciert und exemplarisch vorangetrieben wird. Hierzu zählen: nachhaltige (1) Energie-, (2) Mobilitäts- und, (3) Ressourcenschonungspolitik sowie eine (4) nachhaltige Landwirtschaft (Dzung 2009). Diese Handlungsfelder eignen sich besonders gut, da sich hier exemplarisch zeigen lässt, dass eine nachhaltige Wirtschaft nicht Askese propagiert und Armut verfestigt, sondern im Zuge einer 3. Industriellen Revolution eine ausreichende Güterausstattung und hohe Lebensqualität innerhalb der Grenzen der natürlichen

Tragfähigkeit ermöglicht. Z.B. sehen Vertreter der Nachhaltigen Ökonomie die Klimaerwärmung und ihre Folgen als die größte Herausforderung des 21. Jh. an und fordern, dass sich alle Politikfelder den Klimaschutzzielen unterordnen. Damit hat die Entwicklung von Strategien zur Verhinderung der Überschreitung des 2°C-Zieles für die Nachhaltige Ökonomie einen besonderen Stellenwert (Dzung 2009). Im Zuge der stärkeren Thematisierung der Arbeitslosigkeit (Hauchler 2009), müssen die Chancen des nachhaltigen Umbaus der Industriegesellschaft für den Arbeitsmarkt stärker herausgearbeitet werden (Kosmicki 2009). Weiterhin muss die Nachhaltige Ökonomie auch andere Strategien der Bekämpfung der Arbeitslosigkeit entwickeln, z.B. Formen der Arbeitszeitverkürzung (Hauchler 2009).

Mittelfristig muss die Nachhaltige Ökonomie auch Strategien entwickeln, wie ihre Erkenntnisse – im Sinne eines Nachhaltigen Managements – auf die einzelwirtschaftliche Ebene transformiert werden kann. Besonders wichtig ist hierbei der nachhaltige Umbau der Produkte und Unternehmen, hierdurch wird die Nachhaltige Ökonomik zur „*Nachhaltigen Ökonomie und Nachhaltigkeitsmanagement*".

Nachhaltige Geld-, Währungs- und Finanzpolitik: Bislang wird die zentrale Rolle einer nachhaltigen Geld-, Währungs-, und Finanzpolitik von vielen Wissenschaftlern der Sustainable Science nicht erkannt. Aufgrund ihrer Bedeutung muss sie aber ein zentrales Element der Nachhaltigen Ökonomie werden. So muss im Zuge der Entwicklung einer nachhaltigen Geldpolitik die Zulässigkeit der privaten Geldschöpfung durch die Geschäftsbanken hinterfragt werden, sie ist ein wesentlicher Faktor des heutigen Wachstumszwanges. Für die Reform des Geldsystems gibt es unterschiedliche Ansatzpunkte. Binswanger 2009 empfiehlt z.B. die Idee des 100%-Geldes von Irving Fischer, der sich viele Vertreter der Nachhaltigen Ökonomie anschließen. Hiernach wären nur noch die Zentralbanken zur Geldschöpfung berechtigt, die Geschäftsbanken wären verpflichtet, das Buch- oder Bankgeld zu 100% durch Zentralbankguthaben bzw. Banknoten zu decken, eine spekulative Aufblähung der Geldmenge würde unterbunden, der geldbegründete Wachstumszwang vermindert (Binswanger 2009: 5). Umsetzbar wäre eine derartige Reform im Rahmen internationaler Vereinbarungen (z.B. der G-20). Auch muss über ein neues Währungssystem, Kapitalverkehrskontrollen und die Einführung von internationalen Transaktionssteuern nachgedacht werden (Herr 2009).

Wesentliche Grundlagenwerke der Nachhaltigen Ökonomie und Literaturverzeichnis

Bartmann, H. (2001): Substituierbarkeit von Naturkapital, in: Held, M.; Nutzinger, H.: Nachhaltiges Naturkapital, Frankfurt a.M.

Beckenbach, F. (2009): Diskussionsbeitrag auf dem 1.internationalen Workshop des Netzwerks Nachhaltige Ökonomie, in der HWR-Berlin, gefördert durch das BMU.

Binswanger, H. (2006): Die Wachstumsspirale, Marburg.

Binswanger, H. (2009): Diskussionsbeitrag auf dem 1. internationalen Workshop des Netzwerks Nachhaltige Ökonomie, in der HWR-Berlin, gefördert durch das BMU.

Binswanger, H. (2020): Vorwärts zur Mäßigung, Hamburg.

BUND; Brot für die Welt (2008, Hrsg.): Zukunftsfähiges Deutschland in einer globalisierten Welt. Studie des Wuppertal Institutes für Klima, Umwelt, Energie, Frankfurt a.m.

Costanza, R.; Cumberland, J..; Daly, H.; Goodland, R.; Norgaard, R. (2001): Einführung in die Ökologische Ökonomik, Stuttgart. Titel der Originalausgabe (1998): An Introduction to Ecological Economics, Boca Raton FL/USA.

Dzung, N. (2009): Diskussionsbeitrag auf dem 1.internationalen Workshop, in der HWR-Berlin, gefördert durch das BMU.

Eckardt, F. (2009): Diskussionsbeitrag auf dem 1. internationalen Workshop des Netzwerks Nachhaltige Ökonomie,, in der HWR-Berlin, gefördert durch das BMU.

Grunwald, A.; Kopfmüller, J. (2006): Nachhaltigkeit, Frankfurt.

Hauchler, I. (2009): Diskussionsbeitrag auf dem 1. internationalen Workshop, Berlin.

Hauchler, I. (2010): Stellungnahme auf dem zweiten internationalen Workshop am 28./29.09.2010 des Netzwerk der Nachhaltigen Ökonomie in der HWR-Berlin, gefördert durch das BMU.

Hauff, M. v. (2008/01): Von der öko-sozialen zur nachhaltigen Marktwirtschaft, in Landeszentrale für politische Bildung Baden-Württemberg.

Hauff, M. v.; Kleine, A. (2009): Nachhaltige Entwicklung: Grundlagen und Umsetzung, München.

Herr, H. (2009): Diskussionsbeitrag auf dem 1. internationalen Workshop, in der HWR-Berlin, gefördert durch das BMU.

Holstein, L. (2003): Nachhaltigkeit und neoklassische Ökonomik, Marburg.

Huber, J. (2000): Industrielle Ökologie. Konsistenz, Effizienz, und Suffizienz in zyklusanalytischer Betrachtung, in: Kreibich, R.; Simonis, U. (2000): Global Change, Baden-Baden.

Kopfmüller, J. (2006, Hrsg.): Ein Konzept auf dem Prüfstand – Das integrative Nachhaltigkeitskonzept in der Forschungspraxis, Berlin.

Kopfmüller, J. u.a. (2001, Hrsg.): Nachhaltige Entwicklung integrativ betrachtet, Berlin.

Kosmicki, E. (2009): Diskussionsbeitrag auf dem 1. internationalen Workshop, Berlin.

Kreibich, R. (2009): Diskussionsbeitrag auf dem 1. internationalen Workshop des Netzwerks Nachhaltige Ökonomie, in der HWR-Berlin, gefördert durch das BMU.

Lacher, Ch. (2009): Diskussionsbeitrag auf dem internationalen Workshop, Berlin.

Lerch, A. (2001): Naturkapital und Nachhaltigkeit – normative Begründungen unterschiedlicher Konzepte der nachhaltigen Entwicklung, in: Held, M.; Nutzinger, H. (2001, Hrsg.): Nachhaltiges Naturkapital, Ökonomik und zukunftsfähige Entwicklung, Frankfurt a.M.

Meyer, B. (2008): Wie muss die Wirtschaft umgebaut werden? Bonn.

Michaelis, N. (2009): Diskussionsbeitrag auf dem 1. internationalen Workshop des Netzwerks Nachhaltige Ökonomie, in der HWR-Berlin, gefördert durch das BMU.

Müller, M. (2009): Diskussionsbeitrag auf dem 1. internationalen Workshop des Netzwerks Nachhaltige Ökonomie, in der HWR-Berlin, gefördert durch das BMU.

Müller, M.; Niebert, K. (2009): Epochenwechsel, München

Nantke, J. (2009): Diskussionsbeitrag auf dem 1. internationalen Workshop, in der HWR-Berlin, gefördert durch das BMU.

Niejahr, E.; Schmidt, T. (2007/08): Es war nicht alles schlecht, in Die Zeit Nr. 35: 3.

Nutzinger, H. G. (2000): Geteilte Arbeit und ganzer Mensch, in: Held, M. (Hrsg.): Perspektiven der Arbeitsgesellschaft; Frankfurt a.M.

Ott, K.; Döring, R. (2004): Theorie und Praxis starker Nachhaltigkeit, Marburg.

Rogall, H. (2000): Bausteine einer zukunftsfähigen Umwelt- und Wirtschaftspolitik, Berlin.

Rogall, H. (2009): Nachhaltige Ökonomie – Ökonomische Theorie einer nachhaltigen Entwicklung, Marburg.

Schlegelmilch, K. (2009): Diskussionsbeitrag auf dem 1. internationalen Workshop, des Netzwerks Nachhaltige Ökonomie, in der HWR-Berlin, gefördert durch das BMU.

Sipri- Stockholm International Peace Research Institute (2009): Yearbook, Armaments, Diasarmament, and international security, Kurzfassung auf Deutsch online am 29.11.2010: http://www.sipri.org/yearbook/2009/files/ SIPRIYB09summaryDE.pdf

SRU (2008/06) – Sachverständigenrat für Umweltfragen: Umweltgutachten 2008 – Umweltschutz im Zeichen des Klimawandels. Hausdruck. Online: http://www. umweltrat.de/frame02.htm.

Stiglitz, J. (2006): Die Chancen der Globalisierung, Bonn; Original (2006): Making Globalization Work, New York.

Weizsäcker E.U. v. u.a. (2010): Faktor Fünf, München.

Neue Managementregeln zum nachhaltigen Wirtschaften –

Zur Diskussion[1]

Aus den ethischen Prinzipien der Nachhaltigen Ökonomie lassen sich Managementregeln (Handlungsgrundsätze) ableiten, die als Grundlagen für alle politischen und wirtschaftlichen Entscheidungen dienen sollten. Derartige Managementregeln wurden von der Enquete-Kommission des Deutschen Bundestages „Schutz des Menschen und der Umwelt" formuliert (Deutscher Bundestag 1998/06). Leider hat sich die Enquete-Kommission an einigen Stellen sehr an rein marktwirtschaftlichen Positionen orientiert, die sich aus unserer Sicht aufgrund des Marktversagens nicht mit den Prinzipien einer Nachhaltigen Ökonomie vereinbaren lassen. Wir haben die Managementregeln daher an einigen Stellen modifiziert und stellen sie hier zur Diskussion.

---

[1] Aus Rogall 2009: 315.

Ökologische Managementregeln der Nachhaltigen Ökonomie (auf der Grundlage: Enquete-Kommission 1998; vgl Rogall 2009):

(1) *Klimaschutz:* Die Freisetzung von Stoffen darf (...) nicht größer sein als die Tragfähigkeit bzw. Aufnahmefähigkeit der Umwelt (Treibhausgase).

(2) *Naturverträglichkeit, Erhaltung der Arten und Landschaftsvielfalt:* Das Zeitmaß menschlicher Eingriffe (bzw. Einträge) in die Umwelt muss der Natur ausreichend Zeit zur Selbststabilisierung lassen.

(3) *Nachhaltige Nutzung erneuerbarer Ressourcen:* Die Nutzung erneuerbarer Ressourcen darf die Regenerationsrate nicht überschreiten (z.B. Wald, Forderung nach Erhaltung des ökologischen Realkapitals).

(4) *Nachhaltige Nutzung nicht-erneuerbarer Ressourcen:* Bei der Nutzung nicht-erneuerbarer Ressourcen muss die „exponentielle Spar-Regel" (compound saving rule, Binswanger 2010: 174) angewendet werden, so dass die Ressource niemals völlig erschöpft wird. Hierbei wird zunächst festgelegt wie lange eine natürliche Ressource noch gewinnbar (abbaubar) ist (Beispiel Kupfer 1.000 Jahre), dann wird der jährliche Verbrauch im Startjahr auf den Bruchteil der Ressourcenmenge beschränkt – in unserem Beispiel auf ein Tausendstel – und künftig der Verbrauch jährlich um 0,1 bis 1 Prozent reduziert. Nach 3500 Jahren wären bei diesem Beispiel und einer Reduktionsrate von 0,3% immer noch zwei Drittel der ursprünglichen Ressourcenmenge vorhanden (Binswanger 2010: 176).

(5) *Gesunde Lebensbedingungen:* Risiken und Schäden für Mensch und Umwelt sind zu vermeiden. Schadstoffeinträge, Strahlen und Lärm sind auf ein unschädliches Maß zu begrenzen.

Ökonomische Managementregeln der Nachhaltigen Ökonomie (auf der Grundlage Deutscher Bundestag 1998: 26,):

(1) *Berücksichtigung der volkswirtschaftlichen Folgen: Wirtschaftliche Handlungen sollen die volkswirtschaftlichen Folgen berücksichtigen* (die Folgen einer Handlung für eine selbständige Existenzsicherung bei akzeptabler Arbeitsqualität).

(2) *Gewährleistung der Grundbedürfnisse mit nachhaltigen Produkten:* Das ökonomische System soll individuelle und gesellschaftliche Bedürfnisse im Rahmen der natürlichen Tragfähigkeit so effizient wie möglich befriedigen (…). Die Rahmenbedingungen sind so zu ge-

stalten, dass funktionsfähige Märkte entstehen, die Innovationen in Richtung einer Nachhaltigen Entwicklung anregen und die Grenzen der natürlichen Tragfähigkeit gewahrt werden.

(3) *Preise sollen angemessen sein und eine wesentliche Lenkungsfunktion wahrnehmen.* Diese sollen die Knappheit der Ressourcen und Produktionsfaktoren widerspiegeln. Wenn dies die Märkte aufgrund von Externalitäten (Überwälzung von sozialen Kosten, z.B. Umweltkosten) nicht leisten können, müssen die demokratisch legitimierten Entscheidungsträger dafür sorgen, dass z.B. durch Umweltabgaben die Produkte die „ökologische Wahrheit" sagen bzw. die angestrebten Nachhaltigkeitsstandards durch andere politisch-rechtliche Instrumente erreicht werden.

(4) *Außenwirtschaftliches Gleichgewicht bei hoher Selbstversorgung:* Ein außenwirtschaftliches Gleichgewicht wird angestrebt. Nur die Güter sollen international getauscht werden, die nach Internalisierung der sozialen Kosten für Konsumenten und Umwelt einen Vorteil erbringen (z.B. Herstellung von Aluminium in Ländern mit 100% Deckung des Stromverbrauchs durch erneuerbare Energien), hierbei sind wirtschaftliche Abhängigkeiten zu vermeiden (…).

(5) *Handlungsfähiger Staatshaushalt bei ausreichender Ausstattung mit meritorischen Gütern:* Die ökonomische Leistungsfähigkeit einer Gesellschaft, insbesondere ihr Sozial- und Humankapital, soll ständig qualitativ verbessert werden. Dabei ist eine ausreichende Ausstattung mit kollektiven bzw. meritorischen Gütern sicherzustellen (alle Güter, die wie die Bildung und Gesundheitsfürsorge positive Effekte für die Gesellschaft erzeugen). Gleichzeitig ist ein (ausgeglichener) handlungsfähiger Staatshaushalt anzustreben.

Sozial-kulturelle Managementregeln der Nachhaltigen Ökonomie (auf der Grundlage Deutscher Bundestag 1998: 26; vgl. Rogall 2009):

(1) *Partizipative Demokratie und gesellschaftliche Verträglichkeit:* Die Menschenrechte und Rechtsstaatsprinzipien sowie die Beteiligung der Gesellschaftsmitglieder an Entscheidungsprozessen sind zu gewährleisten.

(2) *Soziale Sicherheit, keine Armut:* (…) Jedes Mitglied der Gesellschaft erhält Leistungen von den sozialen Sicherungssystemen entsprechend seiner geleisteten Beiträge bzw. von der Gesellschaft ent-

Duale Hochschule Villingen-Schwenningen
Bibliothek
Friedrich-Ebert-Str. 30
78054 Villingen-Schwenningen

sprechend seiner Bedürftigkeit. Diese Leistungen können nur im Umfang der wirtschaftlichen Leistungsfähigkeit wachsen. Hierbei muss jedes Mitglied der Gesellschaft entsprechend seiner Leistungsfähigkeit einen (finanziellen und ideellen) Beitrag für die Gesellschaft leisten. Die demografische Entwicklung muss beherrschbar bleiben.

(3) *Chancengleichheit und soziale Integration:* Die demokratisch legitimierten Entscheidungsträger haben die Verpflichtung dafür zu sorgen, dass im Rahmen der natürlichen Tragfähigkeit eine gerechte Verteilung der Lebenschancen für heutige und zukünftige Generationen sichergestellt wird.

(4) *Globale Konfliktvermeidung:* Alle Strukturen und Politiken, die die internationale Sicherheit destabilisieren, sind zu vermeiden.

(5) Umkehr der Fehlentwicklungen in Wirtschaft und Tecjhnik: Alle politischen und wirtschaftlichen Entscheidungen müssen ihre Strategien an den Managementregeln ausrichten und gefährliche Fehlentwicklungen rückgängig machen, hierzu gehört auch der Werteverfall.

Autoren und Herausgeber

Prof. Dr. Hans Christoph Binswanger lehrte von 1969 bis zu seiner Emeritierung 1994 als Professor für Volkswirtschaftslehre an der Universität St. Gallen. Von 1967 bis 1992 war er Direktor der Forschungsgemeinschaft für Nationalökonomie, seit 1980 geschäftsführend. Von 1992 bis 1995 wirkte er als Direktor des neu gegründeten Insituts für Wirtschaft und Ökologie. Zu seinen Arbeitsschwerpunkten zählen Umwelt- und Ressourcenökonomie, Geldtheorie, Europäische Integration und ökonomische Theoriegeschichte.

Prof. Dr. Silke Bustamante ist seit 2004 Professorin für Unternehmensführung und Fachleiterin des Studiengangs BWL/Dienstleistungsmanagement an der Hochschule für Wirtschaft und Recht. Vor ihrer Berufung war sie bei der Boston Consulting Group als Beraterin tätig. Ihre gegenwärtigen Lehr- und Forschungsschwerpunkte sind CSR, Nachhaltigkeit und internationales Management.

Prof. Dr. Felix Ekardt, LL.M., M.A. ist seit 2002 Gastdozent für Philosophie an der Universität Leipzig, von 2003 bis 2008 war er Juniorprofessor für Öffentliches Recht mit dem Schwerpunkt deutsches, europäisches und internationales Umweltrecht an der Universität Bremen. Seit Anfang 2009 ist er Professor an der Universität Rostock und lehrt Umweltrecht und Rechtsphilosophie an der Universität Rostock und leitet die Forschungsgruppe Nachhaltigkeit und Klimapolitik.

Prof. Dr. Anja Grothe ist seit 1993 Professorin an der Hochschule für Wirtschaft und Recht Berlin (früher FHW Berlin) für das Fach Umweltmanagement. Seit 2009 ist sie an der HWR Professorin für Nachhaltigkeitsmanagement. Ihre Arbeitsschwerpunkte sind Bewertung, Analyse und Implementierung von Nachhaltigkeitsmanagement. Sie ist Leiterin des Masterstudiengangs „Nachhaltigkeits- und Qualitätsmanagement", Autorin zahlreicher Fach- und Lehrbücher, Trägerin des Umweltpreises des B.A.U.M. e.V. und Vorsitzende des Instituts für zukunftsfähiges Wirtschaften Berlin e.V. (SUSTAINUM).

Prof. Wolf-Dieter Hasenclever arbeitet seit seiner Pensionierung als Präsident des niedersächsischen Landesamts für Lehrerbildung und Schulentwicklung als Politik-und Wirtschaftsberater in Berlin und als Honorarprofessor für Wirtschaftsethik und nachhaltige Entwicklung am Baltic College in Schwerin. Er war Gründungsvorsitzender der Grünen Baden-Württemberg und von 1980-83 deren erster Fraktionsvorsitzender im Landtag.

Prof. Dr. Ingomar Hauchler ist Professor für Wirtschaftswissenschaften. Er lehrte an der Hochschule Bremen. Er war Mitglied des Vorstandes und Kuratoriums der Stiftung Entwicklung und Frieden, Herausgeber und Autor des Jahrbuches Globale Trends. Ingomar Hauchler gehörte als Abgeordneter dem Deutschen Bundestages an. Er war Sprecher der SPD für Entwicklungspolitik und Weltwirtschaft, zeitweise Mitglied im Finanzausschuss und im Auswärtigen Ausschuss. Er ist Mitglied der Grundwertekommission der SPD und des Netzwerks Nachhaltige Ökonomie. Hauchlers Interesse gilt strukturellen Reformen der Wirtschaftspolitik, die neben sozialen Aspekten die Erhaltung der natürlichen Lebensgrundlagen in den Mittelpunkt rückt.

Prof. Dr. Hansjörg Herr ist seit 1994 Professor für Supranationale Wirtschaftsintegration an der Hochschule für Wirtschaft und Recht Berlin und Autor zahlreicher Publikationen zur Volkswirtschaftslehre und Reformoptionen zur deregulierten Marktwirtschaft. Seine Forschungsschwerpunkte liegen im Bereich der Finanzmärkte, insbesondere mit Blick auf die Analyse von Weltwährungssystemen. Er ist Mitglied im Netzwerk Nachhaltige Ökonomie.

Prof. Dr. Martin Jänicke ist Professor für Politikwissenschaft und Gründungsdirektor des Forschungszentrums für Umweltpolitik an der Freien Universität. Jänicke ist international als Politikberater tätig und u. a. an mehreren Veröffentlichungen des International Panel on Climate Change (IPCC) beteiligt. Seit 2011 ist er als Sachverständiger in die Enquete-Kommission des Bundestages „Wachstum, Wohlstand, Lebensqualität – Wege zu nachhaltigem Wirtschaften und gesellschaftlichem Fortschritt in der Sozialen Marktwirtschaft" berufen worden. Er ist Mitglied im Netzwerk Nachhaltige Ökonomie.

Prof. Dr. Karl Kollmann lehrt an der Wirtschaftsuniversität Wien und forscht dort am Institut für Technologie und nachhaltiges Produktmanagement, Arbeitsschwerpunkte: Konsumökonomie, Verbraucherforschung, Verbraucher und Neue Kommunikationstechnologien. Er ist Autor und Herausgeber von Sachbüchern und mancher kontroverser Zeitschriftenbeiträge. Stv. Abteilungsleiter Konsumentenpolitik der Kammer für Arbeiter und Angestellte für Wien.

Jürgen Kopfmüller ist seit 1991 wissenschaftlicher Mitarbeiter im Institut für Technikfolgenabschätzung und Systemanalyse (ITAS) innerhalb des Karlsruher Instituts für Technologie (KIT, früher Forschungszentrum Karlsruhe). Er ist Leiter des Forschungsbereichs „Nachhaltige Entwicklung und Umwelt". Seine Arbeitsschwerpunkte sind die Konzipierung des Nachhaltigkeitsleitbilds und seine Operationalisierung in unterschiedlichen Themenfeldern. Von 2005 bis 2010 war er Vorsitzender der Vereinigung für Ökologische Ökonomie.

Prof. Dr. Nina V. Michaelis ist seit März 2009 Professorin für Volkswirtschaftslehre, insb. Internationale Wirtschaft an der Fachhochschule Münster. Davor war sie sechs Jahre Referentin für Ökonomie an der Geschäftsstelle des Wissenschaftlichen Beirats der Bundesregierung Globale Umweltveränderungen (WBGU). Promoviert hat sie 2003 zum Thema „Nachhaltige Entwicklung und programmgebundene Kreditvergabe der Weltbank".

Michael Müller hat Betriebswirtschaft, Ingenieurwesen und Sozialwissenschaft studiert. Er war von 1983 bis 2009 Mitglied im Bundestag, dort u. a. umweltpolitischer Sprecher und stellvertretender Vorsitzender der SPD-Bundestagsfraktion. Er war auch Sprecher der Klima-Enquete und Vorsitzender der Nachhaltigkeits-Enquete. Zuletzt war Müller Parlamentarischer Staatssekretär im Bundesumweltministerium und ist jetzt Sachverständiger in der Enquete-Kommission „Wachstum, Wohlstand, Lebensqualität" des Bundestages.

Prof. Dr. Hans G. Nutzinger, Jahrgang 1945, war von 1978-2010 Professor für Theorie öffentlicher und privater Unternehmen an der Universität Kassel. Seine Lehr- und Forschungstätigkeiten leistete er unter anderem an den Universitäten Heidelberg, Dortmund, Bielefeld, Hamburg, Wien und als Fellow am Wissenschaftskolleg zu Berlin und am Max-Weber-Kolleg der Universität Erfurt. Seine Forschungsschwerpunkte sind Wirtschaft und Ethik, Ökologische Ökonomie/Umweltökonomie, Arbeitsbeziehungen, Grundfragen der Wirtschaftspolitik, Geschichte des ökonomischen Denkens. Er hat zahlreiche Buch- und Aufsatzpublikationen auf diesen Gebieten.

Prof. Dr. Holger Rogall ist seit 1996 Professor für Nachhaltige Ökonomie (bis 2009 Umweltökonomie) an der Hochschule für Wirtschaft und Recht

Berlin. Seine Arbeitsschwerpunkte sind Nachhaltige Ökonomie und Volkswirtschaftslehre. Er ist Autor zahlreicher Lehrbücher, Träger des Deutschen Solarpreises 2006, Vorsitzender der Gesellschaft für Nachhaltigkeit und Koordinator des Netzwerks für Nachhaltige Ökonomie. Seit 2011 ist er geschäftsführender Herausgeber des Jahrbuchs Nachhaltige Ökonomie.

Prof. Dr. Gerhard Scherhorn (Volkswirt) ist emeritierter Professor für Konsumökonomik der Universität Hohenheim in Stuttgart und Senior Consultant des Wuppertal Instituts. Er war Mitglied des Sachverständigenrats zur Begutachtung der gesamtwirtschaftlichen Entwicklung, Mitglied des Verbraucherbeirats beim Bundesminister für Wirtschaft, Mitglied des Verwaltungsrats der Stiftung Warentest und Mitherausgeber des Journal of Consumer Policy. Er ist Mitglied des Netzwerks Nachhaltige Ökonomie.

Prof. Dr. Jerzy Sleszynski has been working at the Warsaw University, Faculty of Economic Sciences, since 1979. His research activity focuses on environmental economics, environmental protection policy and sustainable development. Prof. Sleszynski is an active member of the Warsaw Ecological Economics Center where he participated in numerous projects on economic valuation of non-market goods and services and on indicators of sustainable development. Recently, his most valuable papers deal with valuation of cultural heritage and synthetic indicators of sustainability. Prof. Sleszynski published his papers in „Ecological Economics" and in American books. He belongs to the Editorial Board of the ESEE journal „Environmental Policy and Governance".

Apl. Prof. Dr. Eberhard Umbach ist interdisziplinärer Sozial-, Wirtschafts- und Systemwissenschaftler. Er arbeitete bis zur Erreichung der Altersgrenze in 2005 als Hochschullehrer am interdisziplinären Institut für Umweltsystemwissenschaften der Universität Osnabrück und ist gegenwärtig Lehrbeauftragter am Fachbereich Sozialwissenschaften der Universität Osnabrück. Seine momentanen Forschungsschwerpunkte sind Finanzsystem, Energiepolitik und Strategien zur Erreichung einer Sozialen Ökologischen Marktwirtschaft. Er ist Mitglied des Netzwerks Nachhaltige Ökonomie.